全国优秀畅销书

辽宁省“十二五”
普通高等教育本科省级规划教材

经济法概论

(第八版)

贵立义 林清高 主编

东北财经大学出版社
Dongbei University of Finance & Economics Press
大连

图书在版编目(CIP)数据

经济法概论 / 贵立义，林清高主编．—8版．—大连：东北财经大学出版社，2016.8（2017.2重印）

ISBN 978—7—5654—2290—4

Ⅰ．经… Ⅱ．①贵… ②林… Ⅲ．经济法-中国-高等学校-教材 Ⅳ．D922.29

中国版本图书馆CIP数据核字（2016）第067423号

东北财经大学出版社出版

(大连市黑石礁尖山街217号 邮政编码 116025)

教学支持：（0411）84710309

营 销 部：（0411）84710711

总 编 室：（0411）84710523

网 址：http：//www.dufep.cn

读者信箱：dufep@dufe.edu.cn

大连美跃彩色印刷有限公司印刷 东北财经大学出版社发行

幅面尺寸：148mm×210mm 字数：359千字 印张：12 插页：1

2016年8月第8版 2017年2月第50次印刷

责任编辑：时 博 责任校对：惠恩乐

封面设计：冀贵收 版式设计：钟福建

定价：24.00元

出版说明

《经济法概论》自1983年8月问世以来，已经作过七次全面修订，这是第八次修订，作为第八版与读者见面。根据我们的体会，作为一本成熟的教材，必须在长期使用的过程中，经过反复修订才能适应不断发展的教学实际。本教材经过多次、全面、系统的修订后，其内容更加新颖、实用。作为教材，它受到广大学生的欢迎；作为法律读物，它又得到广大读者的厚爱。在此，我们对所有采用该教材的学校及师生，对广大读者表示诚挚的谢意!

《经济法概论》出版发行至今，国家的政治、经济形势发生了巨大的变化。特别是党的十八大的胜利召开，以及其后的几次全会，对我国政治、经济体制改革和法治建设提出了新的奋斗目标。而且，近两年，国家的法律和行政法规等规范性文件又有了新的发展，或立或废或改，尤其是《民事诉讼法》有较大的修订。这些对教材的修订提出了客观的要求。为此，在这次修订中，我们仍然把“求新、务实”作为宗旨。求新就是内容要新，要讲解最新的法律法规的规定，采纳学术领域最新的研究成果，使教材跟上时代的步伐；务实就是内容实用，要阐明国家经济建设中最迫切需要的法律知识，传授解决实践中诸多纠纷问题的经验和做法，使教材成为破难解惑的工具。

参加本教材修订的是东北财经大学法学院具有多年教学和科研经验的教授、副教授。他们是（以撰写章次先后为序）：刘玉平教授（第一章）、贵立义教授（第二、十四、十五章）、王岩教授（第三、六、十三章）、孙非亚教授（第四[①]、十一章）、刘金科副教授（第五章）、林清高教授（第七、八、十二章）、王彦教授（第九、十章[②]）、赵敏燕副教授（第十六章）。由贵立义、林清高教授任主编。

本教材为方便教学，还配备了教学资源库，请任课教师登录东北财经大学出版社网站（www.dufep.cn）免费下载。

本教材虽经过多次修订、精心编审，但由于水平所限，书中的缺点、错误仍难以避免，诚望读者批评、指正。

编　者

2016年4月于大连

① 根据2014年3月1日起施行的新《公司法》修订。
② 根据2014年5月1日起施行的新《商标法》修订。

目 录

第一章　法律基础知识 …… 1
第一节　法律概述 …… 1
第二节　社会主义法律的本质和作用 …… 5
第三节　社会主义法律的制定和实施 …… 8
第四节　依法治国，建设社会主义法治国家 …… 19
第二章　经济法概述 …… 33
第一节　经济法的概念 …… 33
第二节　经济法的产生和发展 …… 36
第三节　经济法的作用 …… 41
第四节　经济法律关系 …… 42
第三章　企业法 …… 51
第一节　企业法概述 …… 51
第二节　全民所有制工业企业法 …… 53
第三节　合伙企业法 …… 62
第四节　个人独资企业法 …… 72
第四章　公司法 …… 78
第一节　公司法概述 …… 78
第二节　有限责任公司 …… 79
第三节　股份有限公司 …… 88
第四节　公司债券及公司财务会计 …… 98
第五节　公司的合并、分立、变更和解散 …… 101
第六节　法律责任 …… 103

第五章　外商投资企业法 …… 108
第一节　外商投资企业法概述 …… 108
第二节　中外合资经营企业法 …… 112
第三节　中外合作经营企业法 …… 122
第四节　外资企业法 …… 124
第五节　外商投资合伙企业的法律规定 …… 127
第六节　外资并购和外商投资性公司的法律规定 …… 129
第六章　企业破产法 …… 137
第一节　企业破产法概述 …… 137
第二节　破产申请的提出和受理 …… 139
第三节　破产管理人 …… 142
第四节　债权人会议 …… 143
第五节　重整与和解制度 …… 146
第六节　破产宣告和破产清算 …… 151
第七节　破产财产的分配和破产程序的终结 …… 153
第七章　合同法 …… 157
第一节　合同法概述 …… 157
第二节　合同的订立 …… 160
第三节　合同的效力 …… 167
第四节　合同的履行 …… 176
第五节　合同的变更、转让和终止 …… 182
第六节　违约责任 …… 189
第八章　担保法 …… 197
第一节　担保法概述 …… 197
第二节　保　证 …… 198
第三节　抵　押 …… 205
第四节　质　押 …… 212
第五节　留　置 …… 216
第六节　定　金 …… 218

第九章　专利法 …… 221
第一节　专利法概述 …… 221
第二节　专利法的保护对象 …… 222
第三节　授予专利权的条件 …… 227
第四节　专利的申请与审批 …… 230
第五节　专利权人的权利和义务 …… 236
第六节　专利权的法律保护 …… 239
第十章　商标法 …… 244
第一节　商标法概述 …… 244
第二节　商标注册 …… 248
第三节　注册商标所有人的权利和义务 …… 253
第四节　注册商标专用权的法律保护 …… 255
第五节　驰名商标的特殊保护 …… 260
第十一章　银行法 …… 265
第一节　银行法概述 …… 265
第二节　中国人民银行法 …… 267
第三节　商业银行法 …… 276
第十二章　税　法 …… 287
第一节　税法概述 …… 287
第二节　税法的构成要素 …… 289
第三节　我国现行税种 …… 291
第四节　税收征收管理 …… 294
第五节　税务争议的处理 …… 299
第六节　法律责任 …… 302
第十三章　票据法 …… 307
第一节　票据法概述 …… 307
第二节　票据法的一般规定 …… 309
第三节　汇　票 …… 314
第四节　本　票 …… 320

第五节 支　票 …… 321
第六节 法律责任 …… 325
第十四章 会计法 …… 327
第一节 会计法概述 …… 327
第二节 会计核算 …… 329
第三节 会计监督 …… 333
第四节 会计机构和会计人员 …… 335
第五节 法律责任 …… 336
第十五章 审计法 …… 339
第一节 审计法概述 …… 339
第二节 审计机关和审计人员 …… 342
第三节 审计程序 …… 344
第四节 内部审计和社会审计 …… 346
第五节 法律责任 …… 349
第十六章 经济纠纷的解决 …… 351
第一节 经济纠纷的解决概述 …… 351
第二节 经济诉讼 …… 352
第三节 仲　裁 …… 366
主要参考书目 …… 375

第一章　法律基础知识

第一节　法律概述

一、法律的本质和概念

法律，在广义上也被称做“法”。我们在日常生活中，有时说要遵守法律，有时说要守法，这里的法律和法的含义是一样的。在狭义上，法律和法是有区别的。本教材为学习和叙述方便，一律从广义上采用法律常用的概念。

法律的概念，是一个历来都被剥削阶级，特别是资产阶级思想家、法学家弄得混乱不堪的问题。什么是法律，法律的本质是什么？对这个问题，一切剥削阶级的思想家、法学家都没有作出正确的回答，只有马克思主义法学家才对法律这个十分重要而又复杂的社会现象，给予了科学的解释。

马克思和恩格斯在《共产党宣言》中指出：“你们的观念本身是资产阶级的生产关系和所有制关系的产物，正像你们的法不过是被奉为法律的你们这个阶级的意志一样，而这种意志的内容是由你们这个阶级的物质生活条件来决定的。”①这一论断虽然是针对资产阶级法律而言的，但对于我们认识一切类型法律的本质具有普遍的指导意义。

（一）法律是统治阶级意志的体现

法律是统治阶级意志的体现，这是对法律本质最深刻的揭示和科学概括。在阶级社会中，由于阶级利益的根本对立，法律不是也不可能是社会各阶级共同意志的体现，而只能是在经济上、政治上居于支配地位的统治阶级意志的体现，是整个统治阶级的根本利益和共同愿望的反

① 马克思，恩格斯.马克思恩格斯选集：第1卷[M].北京：人民出版社，1972：268.

映。因此，法律绝不是超阶级的，它具有强烈的阶级性。阶级性是法律的根本属性，法律所具有的其他属性，则从属于其阶级性。

需要指出的是，在现今各国的法律中，有些内容往往也反映了被统治阶级的需要，这是否意味着法律的阶级性已经不存在了呢？不是，这并没有改变法律的阶级本质。把有利于被统治阶级利益的内容规定到法律中，正是统治阶级实现统治的需要，仍然是统治阶级的意志的体现。

（二）法律是被提升为国家意志的统治阶级意志

法律固然是统治阶级意志的体现，但统治阶级的意志同时还反映在它的哲学、政治、道德、文学艺术等方面，而法律与这些意识形态的不同之处，就在于它是被提升为国家意志的统治阶级意志。因此，法律与反映统治阶级意志的其他意识形态和社会规范相比，具有以下两个基本特征：

第一，法律是由国家制定或认可的。所谓国家制定，就是国家机关按照特定程序，创制具有不同法律效力的规范性文件。所谓国家认可，是指国家赋予某些早已存在的有利于统治阶级的社会规范以法律效力。由国家制定或认可的法律规范，对社会成员具有普遍的约束力。

第二，法律是以国家强制力保证实施的。统治阶级的利益和被统治阶级的利益在某些方面是根本对立的。统治阶级在实现其意志和维护自身利益的过程中，必然会遭到被统治阶级的抵制和反抗。统治阶级为了迫使被统治阶级遵守法律，服从自己的意志，就必须以国家强制力为后盾，否则法律就会成为难以实施的一纸空文。

（三）法律的内容是由统治阶级的物质生活条件所决定的

社会存在决定社会意识。一定阶级的意志是由它所赖以生存的物质生活条件所决定的。法律按其本质来说是统治阶级意志的反映或体现，但归根结底，法律是从产生这种阶级意志的社会关系中引申出来的。物质生活条件包括地理环境、人口、社会生产方式等诸多方面。其中，社会生产方式是决定社会面貌、性质和发展方向的主要因素。在有阶级存在的社会里，社会生产方式也是决定法律的本质、内容和发展方向等的主要因素。

历史实践证明，任何统治阶级都不可能离开其赖以生存的经济基础而随心所欲地制定法律。如果离开了一定经济关系，统治阶级的意志便无从产生，法律也无从制定。如果硬要去制定违反或脱离现存经济关系的法律，那只能是徒劳无益的。

综上所述，我们对法律的概念可作如下表述：法律是反映统治阶级意志的、由国家制定或认可并以国家强制力保证实施的行为规则的总和，是保护、巩固和发展有利于统治阶级的社会关系和社会秩序，实现阶级统治的工具。

二、法律发展的一般规律

马克思主义认为，法律和国家一样，不是从来就有的，而是人类社会发展到一定历史阶段的产物。它是随着私有制和阶级的产生而产生的，也必将随着私有制、阶级的消亡而消亡。

（一）法律的产生

在原始社会，社会生产力水平十分低下，与此相适应，生产关系的基础是生产资料的原始公社公有制。在当时，集体生产所获得的极为有限的产品归集体所有，在社会成员中平均分配，没有剩余，这样，也就没有进行剥削的可能。正因为没有私有财产和剥削，没有阶级和阶级压迫，自然也就不需要作为阶级统治工具的法律了。

原始社会虽然没有法律，但并不等于说不存在约束人们行为的共同规则。原始社会人们共同遵守的行为规则，主要是代表集体意志和利益的习惯。它调整着氏族成员之间的相互关系，维护着氏族社会的社会秩序。

原始社会末期，由于生产工具的改进，特别是金属工具的制造和使用，大大地促进了生产力的发展，并导致了三次社会大分工的出现。社会生产力的发展和社会分工的出现，加速了氏族制度的解体和私有制的产生，社会分化为奴隶主和奴隶两大对立阶级，奴隶制社会最终取代了原始社会。

奴隶制社会是人类历史上第一个阶级社会。奴隶主和奴隶在根本利益上的不同，必然要产生不可调和的对抗性矛盾。为了调整这种新型的社会关系，维护自己的统治，奴隶主阶级运用掌握的国家政权，制定了代表本阶级意志和利益的行为规则，这就是奴隶制的法律。可见，法律与国家一样，是适应阶级斗争的需要而产生的，是阶级矛盾不可调和的产物。

法律的产生经历了一个长期的、复杂的过程。法律最初是以不成文的形式出现的，即所谓的习惯法。它是统治阶级将那些有利于本阶级的习惯由国家加以确认，使其具有法律效力。后来，出现了成文法，并有了较为完备的成文法典。据考证，目前所知道的世界历史上第一部成文法典是公元前21世纪位于西亚两河流域乌尔第三王朝颁布的《乌尔纳姆法典》。公元前18世纪古巴比伦王朝颁布的《汉穆拉比法典》和公元前5世纪中叶古罗马奴隶制国家颁布的《十二铜表法》，也是比较著名的奴隶制法典。在我国，公元前21世纪夏王朝时就产生了习惯法。公元前536年，春秋时期郑国的执政子产"铸刑书"，产生了我国最早公布的成文法。战国时期魏相李悝于公元前407年编成的《法经》，是我国历史上第一部比较系统的成文法典。

（二）法律的历史类型

自从人类社会出现阶级以来，它经历了奴隶制社会、封建制社会、资本主义社会和社会主义社会四种不同的社会形态。与此相适应，也产生了四种历史类型的法律，即奴隶制法律、封建制法律、资本主义法律和社会主义法律。前三种类型的法律，尽管它们赖以存在的经济基础不同、阶级性质不同，但都是建立在以生产资料私有制为核心的生产关系基础上，体现着剥削阶级的意志，是少数人统治大多数人的工具。因此，它们统称为剥削阶级历史类型的法律。社会主义法律建立在以生产资料公有制为核心的生产关系基础上，它体现了以工人阶级为领导的广大人民的意志，是组织社会主义经济建设，实现人民民主专政的重要工具。

法律历史类型更替的根本原因是人类社会基本矛盾的运动。社会革命是法律历史类型更替的根本手段。

（三）法律的消亡

法律不是从来就有的，也不是永恒存在的，它属于一个历史范畴。到了共产主义社会，法律将随着国家的消亡而自行消亡。这是历史发展的必然规律，是不以人们的主观意志为转移的。法律消亡是一个长期的历史过程，必须具备一定的经济、政治、思想等条件。

第二节 社会主义法律的本质和作用

一、社会主义法律的本质

我国社会主义法律集中反映了工人阶级领导的全国人民的共同意志。这是我国社会主义法律的根本属性，即本质属性。它主要包括三方面内容：(1) 我国社会主义法律反映了我国工人阶级的意志。因为工人阶级是我国的领导阶级，这一阶级意志在我国社会主义法律中处于领导和指导的地位。(2) 我国社会主义法律反映了我国农民阶级的意志。工农联盟是社会主义时期人民民主专政的基础。(3) 我国社会主义法律反映了其他社会主义劳动者的意志，包括一切社会主义的建设者、拥护社会主义的爱国者和拥护祖国统一的爱国者的意志。

我国社会主义法律所反映的工人阶级领导下的广大人民的共同意志不是自发形成的，它是在工人阶级的先锋队——中国共产党的领导下形成的。它通过各种渠道，将各种分散的意见集中起来，从建设富强、民主、文明的社会主义现代化国家的共同目标出发，兼顾长远利益和当前利益，最终形成了代表广大人民共同利益的共同意志。

二、社会主义法律的作用

(一) 在促进和保障社会主义经济建设方面的作用

社会主义法律是建立社会主义经济的有力杠杆，是保卫社会主义公共财产的强大武器，是公民个人合法财产的有力保障，是促进社会主义经济发展的重要手段。同时，社会主义法律在维护和促进经济体制改革方面也发挥着重要作用。

(二) 在建立和发展社会主义市场经济方面的作用

社会主义市场经济是法制经济。法制经济就是要用法律规范市场主体的行为，用法律调控社会，一切都纳入法制轨道。社会主义法律在社会主义市场经济中具有衡量人们的活动合法性的评价作用，具有为人们的行为指明方向的指引作用，具有教育人们遵纪守法、稳定社会秩序的教育作用，具有预先估计人们相互间将如何行为的预测作用，具有制裁、惩罚违法犯罪行为的强制作用。社会主义市场经济在人才、资源配置上将严格按经济规律办事，使经济活动更加有秩序。实践证明，行政、经济、法律三种手段相比，法律手段起到的作用更大。

（三）在保卫和巩固人民民主专政方面的作用

社会主义法律不仅赋予人民政治、经济、文化、人身等各方面的民主权利和自由，而且赋予人民同一切侵权行为作斗争的权利，同时，还规定了保证这些民主权利和自由得以真正实现的物质条件。社会主义法律还通过解决人民内部矛盾来促进安定团结，以巩固人民民主专政制度。

在社会主义国家实现对敌专政的任务中，法律发挥了重大作用。它明确规定了专政的对象；具体规定了惩办各种犯罪的刑罚种类和方法；同时，它还规定了通过劳动改造的方法，把各种刑事犯罪分子改造成为守法公民。这样，就能有效地镇压阶级敌人的反抗，并且有利于化消极因素为积极因素。

（四）在保障社会主义精神文明和政治文明建设方面的作用

社会主义精神文明大体可以分为思想道德建设和教育科学文化建设两方面。社会主义法律在发展教育、科学、文学艺术、新闻出版、卫生体育等各项文化事业和提高人民群众的文化知识水平方面，不仅提供了法律保障，而且直接起着组织作用。在思想道德建设方面，社会主义法律的作用尤为显著。它以社会主义道德教育人民，要求人们树立同社会主义制度相适应的主人翁思想、集体主义思想；树立同社会主义国家制度相适应的权利义务观念、组织纪律观念和爱国主义、国际主义思想；反对资本主义、封建主义和其他腐朽思想，从而使越来越多的社会公民成为有理想、有道德、有文化、守纪律的公民。

社会主义法律对政治文明的发展具有重要作用。政治文明，是指人类社会政治生活的进步状态，是人类在政治实践活动中形成的文明成果，包括政治思想、政治文化、政治传统、政治结构、政治活动和政治制度等方面的有益成果。政治文明的核心内容是民主发展的积极成果，而法律对民主的发展是不可或缺的。人类社会是经济、政治和文化形态的有机统一体，人类文明也是由物质文明、政治文明和精神文明有机构成的统一体。人们在改造客观世界的实践活动中形成的有益成果，表现为物质生产方式和经济生活的进步即物质文明；在政治实践活动中形成的有益成果，表现为政治生活的进步即政治文明；在改造客观世界的同时改造主观世界中形成的有益成果，表现为精神生活的进步即精神文明。一定的政治文明建设以一定的物质文明为基础，以一定的精神文明为条件，同时又影响和决定着一定的物质文明和精神文明的发展方向和进程。我国的社会主义政治文明建设只有在不断总结我国人民社会主义政治实践经验的基础上，合理吸收人类政治文明的有益经验，才能取得更加丰硕的成果。

（五）在推动社会主义和谐社会发展方面的作用

从根本上说，国家制定法律的目的就是为了保证社会的和谐。法律对构建社会主义和谐社会的作用主要体现在规范、引导和制裁等方面。规范，是指对公民、法人和社会组织的各种行为作出规定，划清合法与违法的界限，人们只有自觉遵守法律，依法办事，社会才能和谐。引导，是指国家通过制定法律，向人们宣示提倡什么，反对什么，保护什么，打击什么，从而创造一种良好的社会风气，对社会成员的精神文明、政治文明素质培养起着重要的作用，这必然推动和谐社会的发展。制裁，是指对社会成员中破坏社会和谐的违法分子和违法行为，及时给予打击或处罚，以保证社会和谐稳定。

（六）在全面建成小康社会方面的作用

法律是治国理政的基本方式，在全面建成小康社会的整体规划中，法律占据着突出地位，法律既是小康社会的重要组成部分，也是全面建成小康社会的根本保障。

通过健全和完善立法，加快转变经济发展方式，推进社会主义民主政治制度化、规范化、程序化。加快形成科学有效的社会管理体制，一方面要以立法完善社会保障体系，健全基层公共服务和社会管理网络；另一方面要推进社会管理法律化，及时把加强和创新社会管理的成功经验上升为法律制度，弥补我国社会管理法律、体制和机制的不足。加快建立生态文明法律制度，健全国土空间开发、资源节约、生态环境保护的体制机制，推动形成人与自然和谐发展现代化建设新格局，引导我国依法平稳度过当前的生态环境敏感期，全面建成美丽中国。

再从法律实施角度看，就是要根据全面建成小康社会的各项基本要求，确保司法机关和行政执法部门通过对法律统一、正确、有效的实施，为全面建成小康社会提供坚强的法律保障，创造良好的法律环境。

通过法律的实施维护社会主义市场经济秩序，保障市场经济平稳、健康、有序发展。通过法律的实施全面落实人民民主，实现尊重和保障人权。我国从宪法、基本法到各级立法对实现人民民主、尊重和保障人权都有相对完整的规定，保障这些法律的正确实施，对充分发挥人民的积极性、主动性、创造性，实现民主选举、民主决策、民主管理、民主监督具有重要作用。通过法律的实施落实各项行政法律法规，推动各级政府依法行政。通过法律的实施保障社会稳定，营造平安和谐的社会环境。维护公平正义，实现人民群众的根本利益是我国法律的基本准则。保障法律全面正确实施，是维护社会和谐稳定、畅通不同利益群体表达机制、满足人民群众的法律诉求、从源头上化解社会矛盾、提升社会管理水平的根本途径。

第三节　社会主义法律的制定和实施

一、社会主义法律制定

（一）法律制定和立法的概念

法律制定，是指国家制定、修改或废止法律规范的专门活动，是统治阶级将自己的意志上升为法律，变成国家意志的基本方式。同样的道理，在我们社会主义国家，法律制定就是社会主义国家的立法机关，依据法定权限和程序，制定、修改或废止法律规范的专门活动。

立法，在我国一般有广义和狭义两种含义。广义的立法，是指有关国家机关依照法定权限和程序制定具有各种不同效力范围的规范性文件的活动。它既包括国家最高权力机关和它的常设机关依法制定法律这种特定的规范性文件的活动，也包括由有关国家行政机关和有关地方国家权力机关、行政机关，依据法定权限和程序制定的诸如行政法规、地方性法规、规章等活动。在这里，广义的立法同法律制定的含义相同。

狭义的立法，是专指国家最高权力机关依据法定权限和程序制定法律这种特定的规范性文件的活动。在我国，根据宪法的规定，它既包括全国人民代表大会制定刑事、民事及其他基本法律的活动，也包括全国人民代表大会常务委员会制定和修改除基本法律以外的其他法律以及在一定条件下对基本法律进行部分补充和修改的活动。

（二）社会主义法律制定的程序

法律制定程序，是指国家机关在制定、修改或废止法律规范的活动中，必须履行的法定步骤和手续。在我国，作为国家最高权力机关的全国人民代表大会在制定法律时，通常可以分为以下四个步骤：

1.法律议案的提出

法律议案是法律制定机关开会时，提请该机关列入议程讨论决定的关于法律制定、修改或废除的提案或建议，一般是具有法律提案权（立法提案权）的国家机关和人员向法律制定机关提出的。

根据我国宪法和《中华人民共和国立法法》（以下简称《立法法》）的规定，全国人民代表大会主席团可以向全国人民代表大会提出法律案，由全国人民代表大会审议。

一个代表团或者30名以上全国人大代表联名，可以向全国人民代表大会提出法律案，由主席团决定是否列入会议议程，或者先交有关专门委员会审议、提出是否列入会议议程的意见，再决定是否列入会议议程。

全国人大常委会、全国人大各专门委员会、国务院及中央军事委员会、最高人民法院和最高人民检察院，可以向全国人民代表大会提出法律案，由主席团决定是否列入会议议程。

2.法律草案的审议

法律草案的审议，是指法律制定机关对列入议事日程的法律草案正式进行审查和讨论。

法律草案的审议，是立法民主化的重要环节。通常，在法律草案正式审议之前，提出法律草案的机关或人员都要指派负责人员向法律制定机关说明草案的基本精神、内容及立法意图，以便代表们进行充分酝酿和讨论。

3.法律的表决通过

法律的表决通过，是指法律制定机关对法律草案经过讨论后表示正式同意，从而使法律草案成为法律。这是立法程序全过程中最具有决定意义的步骤。法律的表决通过须获得代表机关的法定人数的赞成。根据我国宪法及立法法的规定，宪法的修改，须由全国人民代表大会全体代表的2/3以上的多数通过。法律和其他议案须由全国人民代表大会全体代表的过半数通过。

4.法律的公布

法律的公布，是指法律制定机关将通过的法律用一定的形式予以正式公布。根据有关法律规定，法律由中华人民共和国主席根据全国人民代表大会和全国人民代表大会常务委员会的决定，以中华人民共和国主席令的形式公布。

二、社会主义法律规范

法律规范是反映统治阶级意志的、由国家制定或认可并以国家强制力保证实施的行为规则。法律规范是构成法律的细胞，一国的法律就是该国全部法律规范的总和。

社会主义法律规范，是社会主义国家制定或认可的，体现了工人阶级领导下的广大人民的意志，以国家强制力保证实施的一般行为规则。社会主义法律规范是社会主义法律的基本单位，社会主义法律是社会主义法律规范的总和。

我国社会主义法律规范按其本身的某些特征，可作不同的分类。

按法律规范所表现的强制性程度，可分为强制性规范和任意性规范。强制性规范，是指所规定的权利义务具有绝对肯定形式，不允许任何人以任何方式加以变更或违反的法律规范。任意性规范，是指在法定范围内允许当事人自己确定相互权利义务关系的法律规范。

按法律规范所规定内容的性质，可分为禁止性规范、义务性规范和授权性规范。禁止性规范，是指规定人们不得为某种行为的法律规范。刑法中的规定大多属于此类。义务性规范，是指规定人们必须依法作出一定行为的法律规范。我国宪法中关于公民应尽各种义务的规定，都属于义务性规范。授权性规范，是指规定人们有权作出某种行为的法律规范。我国宪法中关于公民权利的规定，以及其他法律中关于公民享有政治、经济、文化等各方面权利的规定，都属于这一类。

法律规范按其内容确定的程度，还可以分为确定性规范、准用性规范和委任性规范三种。确定性规范，是指在规范中直接而明确地规定了规范的内容及制裁方式。绝大多数法律规范属这类规范。准用性规范，是指在该规范中没有明确规定行为规则的内容和制裁方式，只是规定在适用该规范时，准予援用其他有关的规范。委任性规范，是指在该规范中只规定了一般原则，具体内容委任给特定机关来规定。

法律规范要以一定的形式表现出来，也称做法的表现形式。我国社会主义法律规范的表现形式主要有以下几类：

（一）宪法

宪法是国家的根本法，具有最高的法律效力。在我国社会主义法律形式中，宪法居于首要地位。它以法律形式确认了中国各族人民奋斗的成果，规定了国家的根本制度和根本任务。现行宪法是治国安邦的总章程。

（二）法律

法律是由全国人民代表大会和全国人民代表大会常务委员会所制定的除宪法以外的规范性文件的总称。全国人民代表大会制定和修改刑事、民事、国家机构和其他的基本法律。全国人大常委会制定和修改除应由全国人大制定的法律以外的其他法律；在全国人大闭会期间，对全国人大制定的法律进行部分的补充和修改，但是不得同该法律的基本原则相抵触。法律所规定的内容是关于社会和国家生活中某些社会关系中的基本问题。

（三）行政法规

行政法规是国务院为领导和管理国家的各项行政工作，根据宪法和法律制定的规范性文件。行政法规使用的具体名称为条例、规定、办法。

（四）地方性法规、自治条例和单行条例

地方性法规是省、自治区、直辖市人民代表大会及其常务委员会，以及设区的市、自治州的人民代表大会及其常务委员会，在不同宪法、法律和行政法规相抵触的前提下，根据本地的具体情况和实际需要，在法定权限内所制定的规范性文件。

民族自治地方的人民代表大会有权依照当地民族的政治、经济和文化特点，制定自治条例和单行条例。自治区的自治条例和单行条例，报全国人民代表大会常务委员会批准后生效。自治州、自治县的自治条例和单行条例，报省、自治区、直辖市的人民代表大会常务委员会批准后生效。

（五）规章

规章包括部门规章和地方政府规章。部门规章，是指国务院各部、委员会、中国人民银行、审计署和具有行政管理职能的直属机构，根据法律和国务院的行政法规、决定、命令，在本部门权限内制定的规范性文件。地方政府规章，是指省、自治区、直辖市的人民政府，以及设区的市、自治州的人民政府，为执行法律、行政法规、地方性法规，对属于本行政区域的具体行政管理事项所制定的规范性文件。

此外，我国法律规范的形式还包括我国与外国签订的某些政治、经济、贸易、文化等条约。

三、社会主义法律体系和法律部门

（一）社会主义法律体系的概念、特征及完善

1.中国特色社会主义法律体系的概念

中国特色社会主义法律体系，是指以宪法为核心，以刑法、民商法等多个法律部门的法律为主干，由法律、行政法规、地方性法规等多个层次的法律规范构成的有机联系的法律统一体。

我国社会主义法律体系，是由我国各法律部门组成的统一的法律整体。

一国的现行法律规范，在形式上是多种多样的，在内容上也是各不相同的。但是，不管它们的形式如何繁杂、内容如何不同，在整体上应是相互联系、彼此协调的，有自己的逻辑体系。因为一国的现行法律规范是同一经济基础上的上层建筑的重要组成部分，都是统治阶级意志的体现，有着共同的指导思想，担负着同样的任务；各种法律规范所调整的对象即社会关系是相互联系的，因而各个法律规范之间也必然是相互联系、协调一致的。法律体系不是一成不变的。随着经济基础的不断变化和发展，法律部门也在不断地发展和变化，法律体系也要相应地协调一致。

2.中国特色社会主义法律体系的特征

由于各国的历史文化传统、具体国情和发展道路的不同，社会制度、政治制度和经济制度的不同，决定了各国的法律体系必然具有不同特征。中国特色社会主义法律体系，是新中国成立以来特别是改革开放30多年来经济社会发展实践经验制度化、法律化的集中体现，是中国

特色社会主义制度的重要组成部分，具有十分鲜明的特征。

（1）中国特色社会主义法律体系体现了中国特色社会主义的本质要求。一个国家法律体系的本质，由这个国家的法律确立的社会制度的本质所决定。中国是工人阶级领导的、以工农联盟为基础的人民民主专政的社会主义国家。在社会主义初级阶段，中国实行公有制为主体、多种所有制经济共同发展的基本经济制度，这就决定了中国的法律制度必然是社会主义的法律制度，所构建的法律体系必然是中国特色社会主义性质的法律体系。中国特色社会主义法律体系所包括的全部法律规范、所确立的各项法律制度，有利于巩固和发展社会主义制度，充分体现了人民的共同意志，维护了人民的根本利益，保障了人民当家做主。中国制定哪些法律，具体法律制度的内容如何规定，都坚持从中国特色社会主义的本质要求出发，从人民群众的根本意志和长远利益出发，将实现好、维护好、发展好最广大人民的根本利益作为根本出发点和落脚点。

（2）中国特色社会主义法律体系体现了改革开放和社会主义现代化建设的时代要求。中国新时期最鲜明的特点是改革开放。中国特色社会主义法律体系与改革开放相伴而生、相伴而行、相互促进。一方面，形成中国特色社会主义法律体系，是改革开放和现代化建设顺利进行的内在要求，是在深入总结改革开放和现代化建设丰富实践经验基础上进行的。另一方面，中国特色社会主义法律体系的形成，为改革开放和社会主义现代化建设提供了良好的法制环境，发挥了积极的规范、引导、保障和促进作用。同时，中国特色社会主义法律体系妥善处理了法律稳定性和改革变动性的关系，既反映和肯定了改革开放和现代化建设的成功做法，又为改革开放和现代化建设进一步发展预留了空间。

（3）中国特色社会主义法律体系体现了结构内在统一而又多层次的国情要求。一个国家的法律体系如何构成，一般取决于这个国家的法律传统、政治制度和立法体制等因素。中国是统一的多民族的单一制国家，由于历史的原因，各地经济社会发展很不平衡。与这一基本国情相适应，中国宪法和法律确立了具有中国特色的统一而又多层次的立法体制，这就决定了中国特色社会主义法律体系内在统一而又多层次的结构特征，这既反映了法律体系自身的内在逻辑，也符合中国国情和实际。与其相适应，中国特色社会主义法律体系以宪法为核心，由法律、行政法规、地方性法规等多个层次的法律规范构成。这些法律规范由不同立法主体按照宪法和法律规定的立法权限制定，具有不同法律效力，都是中国特色社会主义法律体系的有机组成部分，共同构成一个科学和谐的统一整体。

（4）中国特色社会主义法律体系体现了继承中国法制文化优秀传统和借鉴人类法制文明成果的文化要求。各国的法律制度基于本国历史文化传统和社会现实情况不断发展，也随着经济全球化趋势的增强而相互沟通、交流、借鉴。中国特色社会主义法律体系的形成，始终立足于中国国情，坚持将传承历史传统、借鉴人类文明成果和进行制度创新有机结合起来。一方面，注重继承中国传统法制文化优秀成分，适应改革开放和社会主义现代化建设需要进行制度创新，实现了传统文化与现代文明的融合；另一方面，注意研究借鉴国外立法有益经验，吸收国外法制文明先进成果，但又不简单照搬照抄，使法律制度既符合中国国情和实际，又顺应当代世界法制文明时代潮流。这个法律体系具有很强的包容性和开放性，充分体现了它的独特文化特征。

（5）中国特色社会主义法律体系体现了动态、开放、与时俱进的发展要求。一个国家的法律体系通常是对这个国家一定历史发展阶段现状的反映。随着经济社会的发展，法律体系需要不断丰富、完善、创新。中国处于并将长期处于社会主义初级阶段，整个国家还处于体制改革和社会转型时期，社会主义制度还需要不断自我完善和发展，这就决定了中国特色社会主义法律体系必然具有稳定性与变动性、阶段性与连续性、现实性与前瞻性相统一的特点，决定了中国特色社会主义法律体系必然是动态的、开放的、发展的，而不是静止的、封闭的、固定的，必将伴随中国经济社会发展和法治国家建设的实践而不断发展完善。

3. 中国特色社会主义法律体系的完善

完善中国特色社会主义法律体系，是推进中国特色社会主义制度发展完善的内在要求，也是今后立法工作面临的重要任务。

中国已经确定了21世纪头20年发展的奋斗目标，进入改革发展和全面建设小康社会的关键时期。国内外形势的新情况新变化，广大人民群众的新要求新期待，改革发展稳定面临的新课题新矛盾，迫切需要法律制度建设予以回应和调整。实现科学发展，加快转变经济发展方式，进一步保障和改善民生，迫切需要法律制度建设予以推动和引导。利益主体多元化、利益格局复杂化的客观现实，对科学立法、民主立法的要求愈来愈高，通过立法调整社会利益关系的难度愈来愈大。因此，当前和今后一个时期，中国将根据经济社会发展的客观需要，紧紧围绕实现科学发展、加快转变经济发展方式、着力保障和改善民生、推动和谐社会建设，不断健全各项法律制度，推动中国特色社会主义法律体系不断完善。

（1）继续加强经济领域立法。适应社会主义市场经济发展要求，完善民事商事法律制度；适应深化财税、金融等体制改革要求，完善预算管理、财政转移支付、金融风险控制、税收等方面的法律制度，特别是加强税收立法，适时将国务院根据授权制定的税收方面的行政法规制定为法律；完善规范国家管理和调控经济活动、维护国家经济安全的法律制度，促进社会主义市场经济健康发展。

（2）积极加强发展社会主义民主政治的立法。适应积极稳妥推进政治体制改革的要求，完善选举、基层群众自治、国家机构组织等方面的法律制度；加强规范行政行为的程序立法，完善审计监督和行政复议等方面的法律制度；适应司法体制改革要求，完善诉讼法律制度；完善国家机关权力行使、惩治和预防腐败等方面的法律制度，扩大社会主义民主，加强对权力行使的规范和监督，不断推进社会主义民主政治制度的完善和发展。

（3）突出加强社会领域立法。坚持以人为本，围绕保障和改善民生，在促进社会事业、健全社会保障、创新社会管理等方面，逐步完善劳动就业、劳动保护、社会保险、社会救助、社会福利、收入分配、教育、医疗、住房以及社会组织等法律制度，不断创新社会管理体制机制，深入推进社会事业建设。

（4）更加注重文化科技领域立法。适应推进文化体制改革、促进科技进步的要求，完善扶持公益性文化事业、发展文化产业、鼓励文化科技创新、保护知识产权等方面的法律制度，推动社会主义文化大发展大繁荣，建设创新型国家。

（5）高度重视生态文明领域立法。适应资源节约型、环境友好型社会建设的要求，完善节约能源资源、保护生态环境等方面的法律制度，从制度上积极促进经济发展方式转变，努力解决经济社会发展与环境资源保护的矛盾，实现人与自然和谐相处。

（6）深入推进科学立法、民主立法，着力提高立法质量。完善人大代表参与立法工作机制，充分发挥人大代表在立法工作中的作用；完善法律案审议制度，建立健全科学民主的审议和表决机制；探索公众有序参与立法活动的途径和形式，完善立法座谈会、听证会、论证会和公布法律法规草案征求意见等制度，建立健全公众意见表达机制和采纳公众意见的反馈机制，使立法更加充分体现广大人民群众的意愿；建立健全立法前论证和立法后评估机制，不断提高立法的科学性、合理性，进一步增强法律法规的可操作性。

在完善各项法律制度的同时，更加注重保障法律制度的有效实施。建立健全工作机制，做好法律法规配套规定制定工作；完善法律解释机制的途径和方法，建立法律解释常态化机制，对需要进一步明确法律规定的具体含义或者法律制定后出现新情况需要明确法律适用依据的，及时作出法律解释；健全备案审查机构，完善备案审查机制，改进备案审查方式，加强对法规、规章、司法解释等规范性文件的备案审查；健全法律法规清理工作机制，逐步实现法律法规清理工作常态化，确保法律体系内在科学、和谐统一。

（二）我国社会主义法律部门

我国社会主义法律部门是按照法律规范所调整的社会关系的性质来划分的。通常把调整同一类性质的社会关系的法律规范归并为一个部门。我国社会主义法律体系，一般认为，主要由以下几个法律部门构成：

1.宪法

除宪法本身外，还包括与宪法相配套、直接保障宪法实施和国家政权运作等方面的法律规范，用于调整国家政治关系，主要包括国家机构的产生、组织、职权和基本工作原则方面的法律，民族区域自治制度、特别行政区制度、基层群众自治制度方面的法律，维护国家主权、领土完整、国家安全、国家标志象征方面的法律，保障公民基本政治权利方面的法律。

2.民商法

可以分为民法和商法。民法是调整平等主体的公民之间、法人之间、公民和法人之间的财产关系和人身关系的法律规范，遵循民事主体地位平等、意思自治、公平、诚实信用等基本原则。商法调整商事主体之间的商事关系，遵循民法的基本原则，同时秉承保障商事交易自由、等价有偿、便捷安全等原则。

3.行政法

行政法是关于行政权的授予、行政权的行使以及对行政权的监督的法律规范，调整的是行政机关与行政管理相对人之间因行政管理活动发生的关系，遵循职权法定、程序法定、公正公开、有效监督等原则，既保障行政机关依法行使职权，又注重保障公民、法人和其他组织的权利。

4.经济法

经济法是调整国家从社会整体利益出发，对经济活动实行干预、管理或者调控所产生的社会经济关系的法律规范。经济法为国家对市场经济进行适度干预和宏观调控提供法律手段和制度框架，防止市场经济的自发性和盲目性所导致的弊端。

5.社会法

社会法是调整劳动关系、社会保障、社会福利和特殊群体权益保障等方面的法律规范，遵循公平和谐和国家适度干预原则，通过国家和社会积极履行责任，对劳动者、失业者、丧失劳动能力的人以及其他需要扶助的特殊人群的权益提供必要的保障，维护社会公平，促进社会和谐。

6.刑法

刑法是规定犯罪与刑罚的法律规范。它通过规范国家的刑罚权，惩罚犯罪，保护人民，维护社会秩序和公共安全，保障国家安全。

7.诉讼与非诉讼程序法

诉讼与非诉讼程序法是规范解决社会纠纷的诉讼活动与非诉讼活动的法律规范。诉讼法律制度是规范国家司法活动解决社会纠纷的法律规范，非诉讼程序法律制度是规范仲裁机构或者人民调解组织解决社会纠纷的法律规范。

四、社会主义法律的适用和遵守

(一) 社会主义法律的适用

法律适用，是法律实施的基本形式之一。它通常专指国家司法机关依照法定职权和程序具体运用法律处理案件的专门活动。它是以国家名义运用法律规定实现国家司法权的活动，通常简称“司法”。

社会主义法律制定后，能否正确实施，直接关系到国家和人民的利益，也是法律本身能否“取信于民”的根本问题。根据我国司法工作的实践经验，国家对适用法律的基本要求是正确、合法、及时。

正确，是指适用法律时事实要清楚，证据要确凿，处理要得当。

合法，是指司法机关要依法办事，对案件不仅定性和处理要合法，而且办案程序也必须合乎法律规定。

及时，是指在正确、合法的前提下，司法机关办案必须有高度的政治责任感，提高效率，遵守法定办案期限。

社会主义法律适用，必须遵循：以事实为根据，以法律为准绳的原则；公民在法律面前一律平等的原则；司法机关依法独立行使职权的原则；实事求是，有错必纠的原则等。

(二) 社会主义法律的遵守

社会主义法律的遵守，是指在社会主义国家里，任何组织和个人的活动都必须符合国家现行法律的要求。在社会主义制度下，守法的含义有着新的内容和要求。

首先，一切组织和所有的人都要遵守国家的法律。一切组织，既包括一切国家机关和武装力量，也包括一切非国家组织，如各政党和各种社会团体、企业事业组织、集体经济组织等。所有的人，包括国家领导人和每个普通公民，我国公民和在我国境内的外国人、无国籍人等。总之，任何组织和任何个人，在法律面前一律平等，都没有超越宪法和法律的特权。

其次，必须树立宪法意识。宪法是国家的根本大法。它反映了全国各族人民的共同意志和根本利益。全国各族人民、一切国家机关和武装力量、各政党和各社会团体、各企业事业组织的活动，都必须以宪法为根本活动准则，并且负有维护宪法尊严、保护宪法实施的职责。

最后，党和国家公职人员要模范地遵纪守法。他们只有模范地遵守法律的义务，绝没有可以不守法的任何特权。

五、社会主义法律实施的保证

法律实施的保证问题，是整个社会主义法律的中心环节。法律制定后，必须在实际生活中保证其贯彻执行，真正做到有法必依、执法必严、违法必究。

保证法律实施，首先要保证宪法的实施。因为宪法是治国安邦的根本大法，是全国各族人民意志和利益的最高体现。只有保证宪法的实施，才能保证其他法律的实施。

保证法律实施，必须维护社会主义法治的统一和尊严。坚持这一原则的要求是制定出统一的法律，并保证它们在全国范围内和全国人民中得到统一的执行和遵守。社会主义法治的尊严表现在它的权威性。法治的权威性，不仅来自国家的强制力和普遍的约束力，更重要的是来自人民的意志和利益，来自人民的支持和拥护。

保证法律实施，必须建立一套比较系统的法律实施的监督体系。规定严格的法律监督，是从制度上给法律实施以有力的保证。在保证宪法和法律的实施方面，全国人大和它的常委会起着主导作用。同时，以宪法为核心的一整套法律，还需要运用从中央到地方的全部国家机构的力量来保证和监督它们的实施。各级国家权力机关、行政机关和司法机关都必须在各自职权和责任的范围内，切实保证有法必依、执法必严和违法必究。我国宪法还规定，人民检察院作为专门的法律监督机关，实施法律监督。

第四节　依法治国，建设社会主义法治国家

一、全面推进依法治国是全面建成小康社会的迫切要求

依法治国，就是广大人民群众在党的领导下，依照宪法和法律的规定，通过各种途径和形式管理国家事务，管理经济和文化事业，管理社会事务，保证国家各项工作都依法进行，逐步实现社会主义民主的制度化、法律化，使这种制度和法律不因领导人的改变而改变，不因领导人

看法和注意力的改变而改变。党的十八大报告根据到2020年全面建成小康社会的新形势和新要求，作出了“全面推进依法治国”的重大决策和战略部署，明确指出：“法治是治国理政的基本方式。要推进科学立法、严格执法、公正司法、全民守法，坚持法律面前人人平等，保证有法必依、执法必严、违法必究。”党的十八大报告吹响了在新的历史起点上全面推进依法治国的进军号，对加快建设社会主义法治国家具有重要指导意义。

党的十八大报告突出强调：全面建成小康社会，必须“坚决破除一切妨碍科学发展的思想观念和体制机制弊端，构建系统完备、科学规范、运行有效的制度体系，使各方面制度更加成熟更加定型”。全面推进依法治国，既是全面建成小康社会的重要内容和内在目标，又是全面建成小康社会的制度动力和根本保障。全面建成小康社会，要求我们党必须把全面推进依法治国放在更加突出、更加重要的全局性、基础性和战略性地位。

（一）深入贯彻落实科学发展观迫切要求全面推进依法治国

党的十八大把科学发展观同马克思列宁主义、毛泽东思想、邓小平理论、“三个代表”重要思想一道，确立为党必须长期坚持的指导思想，这对坚持和发展中国特色社会主义、全面建成小康社会具有重大现实意义和深远历史意义。深入贯彻落实科学发展观，既是一场深刻的观念变革，更是一次全面的制度创新。我们要勇于把自己的思想从各种不适应不符合科学发展的观念中解放出来，但观念的变革容易受到体制、机制和制度的影响与束缚，容易停顿、反复甚至逆转；因此，我们更要把法治作为深入贯彻落实科学发展观的基本方式和有效载体，通过制度供给、制度导向、制度创新来解决制约科学发展的制度空白、制度缺陷和制度冲突，真正把科学发展建立在制度化的基础上，纳入法制化的轨道内。我们要清醒地认识到，越是从发展的早期进入发展的中期和后期，越是从粗放发展阶段转向科学发展阶段，就越需要通过法治来克服在发展过程中个体行为选择和政府决策行为选择的功利化、短期化、表面化现象，纠正各种重速度轻效益、重总量轻质量、重效率轻公平、重局部轻全局、重当前轻长远的做法，建立健全一整套支持、推动和保障科学发展的长效体制、机制和制度体系，从而为建设中国特色社会主义和全面建成小康社会提供强大动力和制度保障。

（二）发展社会主义政治文明迫切要求全面推进依法治国

人民民主是社会主义的生命，是我们党始终高举的光辉旗帜；不断扩大人民民主是全面建成小康社会的重要目标，是发展社会主义政治文明的核心内容。在当代中国，要实现最广泛的人民民主，就必须坚定不移地走中国特色社会主义政治发展道路，坚持党的领导、人民当家做主、依法治国有机统一，充分发挥社会主义法治对人民民主的根本保障作用，加快推进社会主义民主政治制度化、规范化、程序化，从各层次各领域扩大公民有序政治参与，实现国家各项工作法治化。改革开放以来，正是由于我们党成功开辟和坚持了中国特色社会主义政治发展道路，才有力地保证了人民依法享有广泛的民主、权利和自由，保证了人民积极性、主动性、创造性的充分发挥，保证了党与国家最高领导权的平稳交接和党的领导集体坚强有力，保证了党和国家的长治久安。面对全面建成小康社会的新任务和新要求，我们必须把依法治国的基本方略、依法执政的基本方式和依法行政的基本准则全面落到实处，不断提高依靠法治治国、执政和行政的水平，努力开启建设社会主义政治文明的新时代。

（三）建设社会主义和谐社会迫切要求全面推进依法治国

社会和谐是中国特色社会主义的本质属性，推动社会主义和谐社会建设是党的十八大提出的重要任务。当前，我国社会矛盾纠纷持续高发多发，触点很多、燃点较低、处理不易。一些领导干部依法执政和依法行政的意识、能力和责任感不强，容易导致处理失当、激化矛盾，甚至演化成大规模的群体性事件。法治是调节社会利益关系的基本方式，是社会公平正义的集中体现，是构建社会主义和谐社会的最重要基础。在我国这样一个13亿多人口的大国，要实现政治清明、社会公正、民心稳定、长治久安，根本上要靠法治，要靠全面推进和落实依法治国。应通过整体、全面、合理的制度安排，从制度上理顺各种利益关系，平衡不同利益诉求，努力以制度防纠纷于未起、化矛盾于未发，从源头上有效预防与减少社会矛盾和纠纷。诚然，法治建设的成效有一个从小到大、从隐性到显性的过程，难以立竿见影，快速见效。但是，法治的导向和预期作用却使其收益随着时间的推移呈现“雪球效应”，法治执行得越持久、越稳定，其成效就越成倍放大；而如果我们现在在法治建设上稍有松懈，未来出现的问题就可能是全局性、长期性甚至是灾难性的，解决起来事倍功半，积重难返。总之，我们只有把法治作为构建社会主义和谐社会的牢固基石，把以人为本、公平正义作为法治建设的灵魂，把切实保护每个公民的每一项合法权益作为法治建设的根本任务，才能为建设社会主义和谐社会奠定最坚实的基础。

（四）提高党的执政能力迫切要求全面推进依法治国

全面建成小康社会，关键在党，关键在“提高党科学执政、民主执政、依法执政水平”。2004年9月，党的十六届四中全会明确指出：“依法执政是新的历史条件下党执政的一个基本方式。”中国共产党依法执政，集中反映了我们党在新形势下治国执政方式的与时俱进和制度创新，突出体现了执政党在领导国家法治建设中的积极性、主动性、创造性和关键性，有力地巩固了我们党的执政地位、提高了党的执政水平。通过全面推进依法治国，把党的意志和路线方针政策规范化、程序化、法律化，落实到经济、政治、文化、社会和生态文明建设的各个方面和各个环节，是我们党有效应对执政考验、改革开放考验、市场经济考验、外部环境考验以及提高拒腐防变和抵御风险能力的必然要求。

二、围绕法治建设的重点环节全面推进依法治国

全面推进依法治国是一项十分庞大和复杂的综合性社会系统工程，需要整体规划、突出重点、统一实施、狠抓落实。

（一）坚持科学立法、民主立法，完善中国特色社会主义法律体系

党的十八大报告指出：要“完善中国特色社会主义法律体系，加强重点领域立法，拓展人民有序参与立法途径”。加强立法、有法可依，是全面推进依法治国的首要前提。经过新中国成立60多年来、特别是改革开放30多年来坚持不懈的努力，中国特色社会主义法律体系已经形成，这是我国社会主义民主法治建设史上的重要里程碑。但是，如何按照全面建成小康社会和加强社会主义民主法治建设的新要求，进一步完善中国特色社会主义法律体系，仍然是一项长期和艰巨的任务。

我们要自觉适应形势任务的新变化，及时回应人民群众的新期待，努力推动立法从主要服务于经济增长的速度、总量和规模，向更加注重

服务于经济发展的效益、质量和方式，推动科学发展转变；从主要进行有关经济调节和市场监管的立法、致力于建立健全社会主义市场经济体制，向更加注重有关社会管理和公共服务的立法、同时着力于建立社会主义和谐社会和服务型政府转变；从主要强调立法的数量和速度，向更加注重立法的质量和效果转变。这就要求我们重点加强完善经济体制、改善民生和发展社会事业、促进文化建设、保护生态环境、预防化解社会矛盾纠纷以及规范制约权力等领域和方面的立法。要完善科学民主立法机制，创新公众参与立法方式，扩大立法工作透明度和公众参与度，以保证立法真正遵循客观规律、集中公众智慧、实现人民利益，切实增强法律法规的科学性、针对性和有效性。

（二）推进依法行政，到2020年基本建成法治政府

党的十八大报告指出：要“推进依法行政，切实做到严格规范公正文明执法”，到2020年实现“法治政府基本建成”的目标。深入推进依法行政、加快建设法治政府，是全面推进依法治国的中心环节。改革开放以来，特别是2002年党的十六大明确提出“推进依法行政”任务、2004年国务院《全面推进依法行政实施纲要》第一次明确提出“建设法治政府”的目标以来，我国推进依法行政、建设法治政府取得了重大成就，为全面推进依法治国、加快建设社会主义法治国家打下了有力基础。但是，我们也应当看到，我国依法行政的现状与经济社会发展的要求，特别是与全面建成小康社会的要求还不相适应，在一些地方和部门还存在着“形式化”、“口号化”、“实用化”的倾向。在我国，行政机关承担着经济、政治、文化、社会、生态文明建设等各个领域的繁重管理任务，实施80%以上的法律法规，其行政能力和执法水平与人民群众的生产生活息息相关。因此，我们完全可以说，不深入推进依法行政，就不可能做到全面推进依法治国；不建成法治政府，就不能说全面建成了小康社会。这正是党的十八大报告把“法治政府基本建成”作为全面建成小康社会重要目标的重大意义所在。

到2020年基本建成法治政府，时间紧、任务重、难度大，我们要围绕行政决策、行政执法、行政公开、行政权力监督、行政化解矛盾纠纷等主要环节深入推进依法行政，着力规范政府行为，特别是要紧紧抓住行政机关严格规范公正文明执法这个重点和难点任务，完善执法体

制，创新执法方式，加大执法力度，规范执法行为，全面落实行政执法责任制，真正做到有法必依、执法必严、违法必究，切实维护公共利益、人民权益和经济社会秩序。

（三）进一步深化司法体制改革，不断提高司法公信力

党的十八大报告指出：要“进一步深化司法体制改革，坚持和完善中国特色社会主义司法制度，确保审判机关、检察机关依法独立公正行使审判权、检察权”。深化司法改革、保证司法公正，是全面推进依法治国的重要保障。近年来，司法体制和工作机制改革逐步向纵深推进，取得重大进展。但新形势下人民群众对司法公正有着更高的期待和要求，司法体制改革仍然任重道远。

当前，我们要切实按照党的十八大确立的“司法公信力不断提高”的目标，重点解决影响司法公正和制约司法能力的深层次矛盾和问题，加快建设公正、高效、权威的中国特色社会主义司法制度。要继续优化司法职权配置，努力形成结构合理、配置科学、程序严密、制约有效的审判权、检察权运行机制。要严格规范司法行为，大力推进司法公正和司法公开，积极回应人民群众对司法公正、公开日益高涨的关注和要求，努力让人民群众在每一个司法案件中都能感受到公平正义。要进一步加强政法队伍建设，完善各项管理制度，提升法官、检察官的司法理念、业务能力和工作水平，切实维护司法公信力和权威。

（四）深入开展法制宣传教育，弘扬社会主义法治精神

党的十八大报告指出：要“深入开展法制宣传教育，弘扬社会主义法治精神，树立社会主义法治理念，增强全社会学法尊法守法用法意识”。提高全民法治意识、努力建设法治社会，是全面推进依法治国的坚实基础。党的十八大报告鲜明提出要“弘扬社会主义法治精神”，这是对我国社会主义法治认识不断深化的重要成果，是对中国特色社会主义法治理论的重大发展。社会主义法治精神是准确体现党的领导、人民当家做主、依法治国有机统一的精神，是全面反映依法治国、执法为民、公平正义、服务大局、党的领导的社会主义法治理念的精神，是集中代表党的事业至上、人民利益至上、宪法法律至上的精神，对推进我国社会主义法治建设具有重要的理论和实践指导

意义。

人民群众是法律实施的重要主体，是全面推进依法治国的基础力量，要通过在全社会深入开展法治宣传教育，使社会主义法治精神真正进社区、进乡村、进机关、进企业、进学校，并逐步深入人心。要创新法治宣传方式，提高舆论引导能力，抵御错误观点的干扰和影响，让社会公众在学法尊法守法用法中深化对社会主义法治精神的认识和信仰。要坚持依法治国和以德治国相结合，高度重视道德对社会公众的规范作用，大力推进公民道德建设工程，培育知荣辱、讲正气、作奉献、促和谐的文明道德风尚，形成依法维护权利、自觉履行义务的现代公民意识。

三、切实提高各级领导干部推进依法治国的意识和能力

全面推进依法治国，关键在各级领导干部。党的十八大报告指出：要“提高领导干部运用法治思维和法治方式深化改革、推动发展、化解矛盾、维护稳定能力”。这是党的十八大根据全面推进依法治国的新形势对各级领导干部提出的新要求，具有很强的针对性和指导性。

（一）各级领导干部要自觉学法、尊法、守法，努力提高法治思维水平和能力

各级领导干部作为执掌党的执政权和国家立法权、行政权、司法权等公权力的特殊群体，作为运用法治方式治国理政的执政主体，必须具有较高的法治思维水平和能力，就像其必须具有较高的理论思维、战略思维、辩证思维水平和能力一样。领导干部的法治思维水平和能力是其法治意识和能力的集中体现。所谓法治思维，在本质上区别于人治思维和权力思维，其实质就是各级领导干部想问题、作决策、办事情，必须时刻牢记人民授权和职权法定，必须严格遵循法律规则和法定程序，必须切实保护人民权利和尊重保障人权，必须始终坚持法律面前人人平等，必须自觉接受监督和承担法律责任。因此，这就要求各级领导干部一定要认真学习宪法和法律，真正尊崇宪法和法律，带头遵守宪法和法律，自觉在宪法和法律的范围内活动，切实维护国家法制的统一、尊严、权威，绝不允许以言代法、以权压法、徇私枉法，努力做到越是工作重要、越是事情紧急、越是矛盾突出，越是自觉坚持依法执政、依法行政和依法办事。

（二）各级领导干部要更加注重发挥法治在国家治理和社会管理中的重要作用，善于运用法治方式深化改革、推动发展、化解矛盾、维护稳定

党的十八大报告指出：要“更加注重发挥法治在国家治理和社会管理中的重要作用”。这是立足我国经济社会发展客观实际和紧迫需要作出的一个重要论断。经过30多年的改革开放，我国已进入改革发展稳定的关键时期。改革发展稳定的难度在加大，复杂性在加深，利益冲突在加剧，各种矛盾的关联性、集聚性、突发性进一步增强，加上互联网、手机媒体、微博等新兴媒体的广泛运用及其对负面新闻和社会情绪的放大效应，很容易引发矛盾冲突和局部危机。同时，人民群众的民主法治和权利保护意识不断增强，对公平正义和公共服务的要求越来越高。这些既给我们深化改革开放、推动科学发展、促进社会和谐、维护社会稳定带来很大压力，也增添了内在动力。各级领导干部一定要深刻认识改革发展稳定新形势对法治建设提出的新要求，深刻认识法治是改革发展稳定的强大推动力，是一个地方的重要软实力和核心竞争力，坚决纠正把法治与改革发展稳定对立起来，认为依法办事束缚手脚、妨碍改革、阻碍发展、影响维稳的不正确观念和做法，真正做到以法治凝聚改革共识、规范发展行为、促进矛盾化解、保障社会和谐，努力使改革发展稳定进程与法治建设进程相协调、相统一。

（三）各级领导干部要大力推进依法治国、依法执政、依法行政，加快建设社会主义法治国家和法治政府

各级领导干部一定要认真学习领会党的十八大报告对法治建设的重要论述，充分认识全面推进依法治国对于全面建成小康社会和建设中国特色社会主义的重大意义，真正把思想认识从重经济建设、轻法治建设的观念中转变过来，把法治建设从重立法重形式重宣传、轻执法轻落实轻效果的倾向中转变过来，把法治工作从重治民重处罚重管理、轻治官轻教育轻服务的方式中转变过来，在重视程度、领导力度和推进速度上都进一步增强使命感、紧迫感和责任感。各地区、各部门要建立健全由一把手挂帅的推进法治建设领导小组及其办事机构，党政主要领导要切实担负起推进依法执政、依法行政第一责任人的责任，统一领导本地区、本部门的法治建设工作，把法治建设任务与改革发展稳定任务一起规划、一起部署、一起落实、一起考核，深入研究解决法治建设面临的

重大和突出问题，及时消除影响和制约法治发展的体制机制障碍，重视提拔使用依法执政、依法行政意识和能力强且实绩突出的优秀干部。要加强法治建设考核工作，把推进法治建设成效作为衡量各级领导干部和广大公务员工作实绩的重要依据，纳入政绩考核指标体系，使法治建设真正成为一种硬标准、硬要求、硬约束。要勇于实践、敢于开拓，既要积极借鉴、吸收世界各国的优秀法治文明成果，更要立足我国国情总结自己的法治经验、适应自己的法治需求、彰显自己的法治特色、创新自己的法治举措，绝不搞“全盘西化”、绝不搞“全面移植”、绝不搞“照抄照搬”，坚定不移地走中国特色社会主义法治道路。

总之，只要我们在中国共产党领导下，坚持法治规律与中国国情的创造性结合，坚持自上而下有力推动与自下而上全民参与相结合，坚持依法治国、依法执政、依法行政共同推进，法治国家、法治政府、法治社会一体建设，就一定能开创全面推进依法治国的新局面，就一定能取得加快建设社会主义法治国家的新成效，就一定能在社会主义中国创造出与经济建设奇迹相媲美的法治建设奇迹。

四、发展社会主义民主，加强社会主义法制

（一）社会主义民主的概念

民主一词来源于古希腊文，原意是指人民的权力或多数人的统治。列宁指出，民主是一种国家形式，一种国家形态。民主是国家制度问题，是建立在一定经济基础之上的上层建筑，是阶级社会特有的现象，具有鲜明的阶级性。世界上没有什么绝对的民主。民主的发展总是同一定的经济基础、阶级利益和社会历史条件相联系的。民主制度的建设必须适合本国的国情。

社会主义民主是社会主义的政治制度或国家制度。它是全体人民在社会主义公有制的基础上，享有管理国家和其他一切事务的权力。社会主义民主是人类历史上从未有过的绝大多数人的民主，是社会主义制度不可动摇的政治原则和优越性的重要体现。我国要不断完善社会主义民主制度，充分发挥这一制度的优越性。加强我国的民主制度建设，要坚定不移地走适合我国国情的政治发展道路，坚持社会主义政治制度的自我完善和发展。这是社会主义民主政治得以健康发展、永葆活力的重要保证。我们绝不照搬西方政治制度的模式，但也要注意研究和借鉴人类政治文明的有益成果。

随着我国经济社会的快速发展和改革开放的不断推进，广大人民群众对社会主义民主有了新的更高的期待。科学发展观要求坚持统筹兼顾，深化政治体制改革虽然势在必行，但深化政治体制改革必须从我国社会主义初级阶段的实际出发，不可能一蹴而就，必须积极稳妥地推进，必须从改革开放的大局和全局的高度进行谋篇布局、总体设计。正是从改革开放全局大局的高度出发，十八大报告中还明确地提出了今后几年推进政治建设和政治体制改革的七项重要任务。这七项任务，不仅蕴含了许多关于政治建设的新构想、新观点，而且体现了党中央对政治建设的系统构想。

一是要支持和保证人民通过人民代表大会行使国家权力。十八大报告中明确指出，要支持人大及其常委会充分发挥国家权力机关作用，依法行使立法、监督、决定、任免等职权，加强立法工作组织协调，加强对“一府两院”的监督，加强对政府全口径预算决算的审查和监督。为了进一步发挥人民代表的作用，切实、及时反映人民群众的心声、诉求，十八大报告中还提出了“在人大设立代表联络机构，完善代表联系群众制度”的新构想。

二是要健全社会主义协商民主制度。人民民主的实现形式是多种多样的，不仅体现在普选上，也体现在协商上。改革开放以来，协商民主在实践中得到很大的发展，为推进人民民主发挥了重要的作用。党的十八大报告首次把协商民主制度列为我们党推进社会主义政治文明的重要任务，这充分体现了我们党对协商民主的高度重视和肯定，对中国共产党领导的多党合作和政治协商制度的特色和优势的高度自信。

三是要完善基层民主制度。十八大报告提出，“健全基层党组织领导的充满活力的基层群众自治机制，以扩大有序参与、推进信息公开、加强议事协商、强化权力监督为重点，拓宽范围和途径，丰富内容和形式，保障人民享有更多更切实的民主权利。”这一论述从多个方面为今后几年的基层民主建设指明了方向。

四是要全面推进依法治国。十八大报告不但从法治建设的立法、执法、司法、守法等各个环节，强调了法律面前人人平等的重要理念，而且明确强调执政党本身“必须在宪法和法律范围内活动”。“任何组织或者个人都不得有超越宪法和法律的特权，绝不允许以言代法、以权压法、徇私枉法”。这一论述把十七大报告所说的“各级党组织和全体党员要自觉在宪法和法律范围内活动，带头维护宪法和法律权威”提到一个强制性的高度，真正体现了依法治党和依法治国的统一。

五是要深化行政体制改革。十八大报告在这里提出了深化行政管理体制改革和推进政府职能转变的方向，是要“推动政府职能向创造良好发展环境、提供优质公共服务、维护社会公平正义转变”。另外，十八大还提出了“稳步推进大部门制改革，健全部门职责体系”的新目标。

六是要建立健全权力运行制约和监督体系。十八大报告中对建立健全权力运行的制约和监督机制提出了更加明确的规定，不仅强调了决策过程必须科学、民主、依法，而且强调要建立和健全决策问责和纠错制度；不仅强调权力公开化、规范化的问题，而且强调要发挥各种监督机制的作用，形成监督合力和实效。

七是要巩固和发展最广泛的爱国统一战线。十八大报告明确强调建立爱国统一战线并不是无原则的，而必须坚持“高举爱国主义、社会主义旗帜”这一根本前提、思想基础和基本原则。只有在爱国主义和社会主义旗帜下统一思想认识，爱国统一战线才能巩固。

（二）社会主义法制的概念

法制的概念有广义和狭义两种理解。广义的理解，法制就是一个国家的法律和制度。从这个意义上讲，人类历史上一切类型的国家都有自己的法制。狭义的理解，法制是一定阶级民主政治的制度化、法律化，并严格依照法律进行国家管理的一种原则，与“法治”的含义基本相同。在这里，我们主要是从广义上阐述民主与法制的关系。

社会主义法制是社会主义国家按照工人阶级和广大人民的意志建立起来的法律和制度。它是立法、执法、守法和监督法律实施等几方面的统一，中心环节是依法办事。社会主义法制的基本内容和要求是“有法可依、有法必依、执法必严、违法必究”。

有法可依，是指社会主义国家应当高度重视和加强立法工作，根据社会主义建设事业的实际需要，逐步地及时地制定完备的法律。这是健全社会主义法制的前提。

有法必依，是指普遍守法的原则。它要求一切国家机关、社会组织和公民，在自己的活动中，必须严格遵守和执行社会主义法律，依法办事。有法必依是健全社会主义法制的关键。

执法必严，是指执法机关和执法人员必须严格执行法律，坚决维护法律的权威和尊严，绝不允许背离法律的规定。这是健全社会主义法制的重要条件。

违法必究，是指对一切违法犯罪行为都必须依法平等地予以追究和制裁，任何组织和个人都不能例外。这是健全社会主义法制的保障。

（三）社会主义民主和社会主义法制的关系

1.社会主义民主是社会主义法制的前提

首先，社会主义民主是社会主义法制产生的依据。社会主义法制是社会主义民主的产物和结果。马克思主义认为，社会主义民主最根本的内容就是人民当家做主，行使管理国家、管理经济和文化等事业的权力。社会主义法制是取得胜利、掌握国家政权的人民意志的体现，是人民民主的法律化。工人阶级领导下的全体人民，只有掌握国家的统治权，实现了当家做主这一民主事实之后，才能把自己的意志通过国家机构制定为法律，建立革命的法制。没有人民民主，就谈不上民主的制度化、法律化，社会主义法制就失去了存在的前提。

其次，社会主义民主决定社会主义法制的性质和内容。近代意义上的法制，都与民主有密切联系，有什么性质的民主，就有什么性质的法制。社会主义国家是新型民主与新型专政相结合的国家政权，人民是国家的主人、民主的主体，保障人民民主是社会主义国家不可动摇的政治原则。因此，作为治国工具的社会主义法制，必须同社会主义民主紧密联系，把保障和实现人民民主权力，特别是人民行使国家权力，作为法制的出发点和归宿。它要求法律由人民通过自己的国家机关来制定和执行，国家机关的一切活动对人民负责，并由人民加以监督。

最后，社会主义民主是社会主义法制的力量源泉。社会主义法制是保护人民、打击敌人、惩罚犯罪、发展经济的有力武器。对违法犯罪的人，它是压力和束缚；对于破坏社会主义制度的敌对分子，它是无情的铁腕；对于广大人民群众则是自觉遵守的行为准则。社会主义法制作用发挥的程度同社会主义民主发展程度相一致，民主越健全，法制的威力越强大；民主越发展，法制作用的发挥越充分。没有社会主义民主，也就没有社会主义法制。

2.社会主义法制是社会主义民主的保障

首先，社会主义法制是人民民主专政国家制度的体现和保障。工人阶级领导广大人民经过革命夺取了政权，争得了民主以后，就需要制定法律来组织和确认人民的政权，确认对人民的民主和对敌人的专政，把人民民主专政制度化、法律化，以镇压阶级敌人的反抗和破坏，保障人民当家做主。

其次，社会主义法制是人民运用国家政权来管理国家、管理社会、管理经济文化权力的体现和保障。人民掌握了政权，成为国家和社会的主人以后，怎样管理国家、管理社会、管理经济文化，怎样选举、监督和罢免人民代表、国家干部，也必须通过法律，使之制度化、法律化。这样，可以防止阴谋家、野心家篡夺人民政权，防止官僚主义者对人民权力的践踏和破坏，防止国家干部和一切公职人员由人民的公仆变成人民的老爷。

最后，社会主义法制是公民的权利和自由的体现和保障。在社会主义国家，人民当家做主之后，应当享有什么经济权利、政治权利、人身权利和其他权利，应当履行什么义务，也必须通过法律规定出来，使之制度化、法律化。没有健全的社会主义法制，人民的权利和自由就缺乏有力的保障，就不可能得到真正的实现。

3.社会主义民主和社会主义法制的结合

从上述两方面的分析可以看出，社会主义民主与社会主义法制的关系是极其密切、不可分离的。我们绝不能把社会主义民主与社会主义法制割裂开来或对立起来。如果离开社会主义民主来讲法制，社会主义法制就可能改变性质，沦为封建专制或法西斯专政的工具。这种脱离社会主义民主的法制，绝不是社会主义法制。如果离开社会主义法制来讲民主，社会主义民主就会失去保障，就可能离开社会主义法制所确定的正确方向，而成为资产阶级自由化的工具，或无政府主义的“极端民主”。这样的民主，也绝不是社会主义的民主。在现实生活中，有些人不能正确认识社会主义民主与社会主义法制的相互关系，把它们看成是互相排斥、互相对立的，认为要发扬社会主义民主，就不应加强社会主义法制；而加强社会主义法制就必然要影响和限制社会主义民主。这种认识是极为错误的。我们应当把社会主义民主与社会主义法制紧密结合起来理解，防止任何把二者割裂、对立起来的片面性。

由于社会主义民主和社会主义法制是密切联系、互相依存、互相配合的，因此，社会主义民主建设和社会主义法制建设，必须紧密结合、同步进行、互相促进。这样，才能及时地促进社会主义民主的制度化、法律化，也才能促使社会主义法制不断加强和完善。实践证明，孤立地搞民主建设或法制建设，都不可能收到预期的效果。

复习思考题

一、概念题

法律　法律制定　社会主义法律规范　行政法规　地方性法规　规章　法律体系　法律部门　依法治国　社会主义民主　社会主义法制

二、问答题

1. 法律的本质是什么？
2. 社会主义法律的作用表现在哪些方面？
3. 社会主义法律规范的形式有哪些？
4. 社会主义法制的基本内容和要求是什么？
5. 如何理解社会主义民主与社会主义法制的关系？
6. 试述如何完善我国社会主义法律体系。

第二章　经济法概述

第一节　经济法的概念

一、经济法的调整对象

要搞清经济法的概念，先要研究经济法的调整对象。因为经济法的概念是由经济法的调整对象决定的。这里所说的调整对象，是指法律规范所调整的社会关系。任何一部法律都有它所调整的特定的社会关系，如民法调整平等主体的公民之间、法人之间、公民和法人之间的财产关系和人身关系，婚姻法调整婚姻家庭关系等。

关于经济法的调整对象问题，法学界莫衷一是。前些年，有人从广义上去解释，认为经济法是调整经济关系的法律。经济关系是内容非常丰富、层次非常复杂的社会关系。如果笼统地说经济法调整经济关系，就意味着调整经济关系的各个方面，这样的调整对象未免过宽，而且把传统的调整经济关系的其他法律部门都包括在内。这种无所不包的经济法就不可能有自己的特定的调整对象。还有一种意见是从狭义上去解释，认为经济法是调整以行政命令和计划为前提的纵向经济关系的法律；或认为经济法就是调整社会组织之间根据经济合同而发生的横向经济关系的法律。这种对经济法调整对象的解释又未免太窄，与当前庞大的经济法体系不相适应。可见，它们都难以完整地揭示出经济法的科学含义。

近几年，法学界有一种比较一致的观点，认为经济法不能调整所有的经济关系，有的经济关系还要由其他法律部门调整，如民法、商法、行政法等。经济法也不能只调整以国家机关行政管理为主的纵向经济关系，或只调整横向经济关系，因为如果这样，经济法与行政法、民商法就没有区别了。正确的说法是经济法应调整一定范围内的经济关系。这个“一定范围内”，有的学者将其概括为经济管理关系和经济协作关系。我们认为，这是有道理的。根据这种观点，经济法只调整下述两种特定的经济关系：

（一）经济法调整经济管理关系

经济管理，是指国家对生产部门、流通部门和其他非生产部门的生产、交换、分配、消费所进行的组织、计划、指导、调节和监督活动的总称。由此而产生的经济关系，不是一般的平等主体间的经济关系，而是具有国家通过政权机关对经济实行管理的内容，所以称为经济管理关系。这种经济管理关系具有三个显著特点：（1）当事人一方是国家经济管理机关；（2）国家同社会组织之间在经济管理过程中发生的是物质利益关系；（3）从管理对象的范围来划分，经济管理关系又可分为国内经济管理关系和涉外经济管理关系。

具体地说，我国经济法调整的经济管理关系，主要包括以下六个方面：（1）确定国民经济管理体制。这主要是规定中央、地方、企业和劳动者个人在生产、交换、分配、消费中的相互关系以及中央、地方、企业对人力、物力、财力的权益划分，中央和地方各级人民政府对经济活动管理的权限分工以及国家机关在实施管理经济活动中的职权等。（2）确定经济法主体在经济管理和经营活动中的法律地位。这包括经济法主体的活动原则、相互间的权利和义务以及经济责任、经济利益等，以法律的形式把它们的权、责、利固定下来，以利充分发挥其主动性、创造性。（3）确定国家对国民经济实行宏观调控和实行社会主义市场经济的形式和范围。其中包括规定宏观调控部门的职权与责任以及社会组织在国民经济建设中所享有的权利和承担的义务；规定社会主义市场经济正常运行的保障措施等。（4）把价格、利润、成本、税收、信贷、工资、奖金等经济杠杆和经济措施以法律形式规定下来，用以调节社会生产。（5）确定涉外经济组织的法律地位、设立程序、管理体制及应享受的优惠待遇等。（6）确定国民经济管理机关和经济组织违法时应承担的法律责任。

为了完成上述经济管理机关的调整任务，作为国家最高权力机关的全国人民代表大会及其常务委员会，除了在《宪法》、《刑法》、《民法通则》等重要法律中规定了相应内容外，还颁布了《会计法》、《审计法》、《统计法》、《商标法》、《专利法》、《企业法》、《预算法》、《对外贸易法》、《产品质量法》、《破产法》、《税收征管法》、《公司法》、《劳动法》、《中国人民银行法》、《商业银行法》、《中外合资经营企业法》、《中外合作经营企业法》、《外资企业法》等一批重要的法律。国务院作为国家最高权力机关的执行机关和最高行政机关，还依据宪法规定的职权，颁布了有关税收、物价、工商管理、证券、金融等许多具有经济内容的行政法规。这些都是经济法体系中的重要组成部分。

（二）经济法调整经济协作关系

在我国，法人之间、法人与其他经济组织之间在进行经济活动过程中，基于平等、自愿、公平的原则而发生的经济关系，是经济协作关系。这种经济协作关系具有以下三个特点：（1）参与经济协作关系的主体具有平等的法律地位；（2）社会组织在经济协作中发生的是物质利益关系；（3）根据经济协作关系所涉及的范围不同，可以分为国内经济协作关系和涉外经济协作关系。

我国经济法调整的经济协作关系主要包括以下四个方面：（1）规定社会组织在参与经济活动过程中，怎样以合同的形式确定相互之间的权利义务关系；（2）我国企业之间在进行横向经济联合时，应遵守的法律规定及国家的保护措施；（3）规定我国企业或其他经济组织同外国企业、经济组织或者个人之间发生经济交往时，怎样以合同形式确定权利义务关系；（4）规定社会经济组织在经济协作中发生纠纷的解决方法、程序等。

为了完成上述经济协作关系的调整任务，国家已制定了合同法，国务院还制定了一批保护横向经济联合的行政法规。这些也都是经济法的组成部分，并为调整经济协作关系提供了法律依据。

至于社会经济组织内部的经济关系，一般指企业内部上下左右之间在企业管理和生产经营活动中所发生的经济关系，是一种特殊的经济关系。它既有纵向的又有横向的，可以分别归属于上面所述的经济管理关系和经济协作关系。经济组织与公民个人发生的经济关系，一般由民法调整，但涉及与国家管理职能相关的重大事项也应由经济法调整，如个体工商户依法纳税、公民购买国家发行的债券等。

二、经济法的概念

关于经济法的概念，历来国内外法学界都是众说纷纭。法国空想社会主义者摩莱里早在1755年就在他的《自然法典》中提出了“经济法”这个名词，但并未阐明经济法的具体含义。1842年法国另一位空想社会主义者泰·德萨米在《公有法典》中再一次提出“经济法”这个名词，但没有对经济法一词作任何解释。德国学者奥特1906年在《世界经济年鉴》上，首先使用“经济法”这一概念，也仅是用来说明与经济有关的各种法规，并未寓以任何严格的理论含义。在经济法发源地德国，直到现在人们对经济法概念的认识也并不一致。前苏联的一些法学家对于经济法概念的争论，持续了60余年，但最终仍然观点各异。

为了便于教学，对“经济法”下一个简明的定义是非常必要的。近年来，我国学者从各种不同角度给经济法下定义，概括起来有：(1) 从经济法的内容下定义，认为“经济法是规定社会经济活动中的相互关系的法律的通称”，如土地法、森林法、公司法、保险法、外贸法等都属于经济法。(2) 从经济法的作用下定义，认为“经济法就是处理国家、集体、个人之间的经济关系的法律”。(3) 从经济法的结构和体系下定义，认为“经济法是各种经济法规的总称，它是一种范围相当广泛的带有综合性的法律”。(4) 从经济法的调整对象下定义，认为“我国经济法是国家为调整社会主义的各种经济关系的法律规范的总称”。目前，从调整对象这个角度来表述经济法的定义已被绝大多数学者所认同。我们认为，法律部门的划分既然是以它们所调整的社会关系的不同为根据的，那么，从调整对象的角度来阐明经济法的含义是比较科学的。

基于这一点，根据我们在上面对经济法调整对象的分析，可将我国经济法的定义简明地概括为：经济法是调整特定范围的经济管理关系和经济协作关系的法律规范的总称。

第二节　经济法的产生和发展

一、经济法的产生

经济法的产生和其他社会现象的产生一样，都有其深刻的历史原因。列宁指出：“为了解决社会科学问题，为了真正获得正确处理这个问题的本领而不被一大堆细节或各种争执意见所迷惑，为了用科学眼光观察这个问题，最可靠、最必须、最重要的就是不要忘记基本的历史联系，考察每个问题都要看某种现象在历史上怎样产生，在发展中经过了哪些主要阶段，并根据它的这种发展去考察这一事物现在是怎样的。”①我们探讨经济法的产生和发展，也要从历史联系和变化中全面地加以考察。

世界上最早出现的法律多是诸法合一。在以自然经济为主，商品经济不发达的时代，不用说经济法，就连刑法和民法也很难分离出来。随着简单商品经济的发展，被称为民法雏形的罗马的“市民法”和“万民法”先后产生，用以调整财产关系。到了资本主义时期，生产力得到很大的发展，经济生活更加繁杂，需要更多的法律部门去调整各种不同的社会关系，特别是商品经济关系。于是，1804年法国颁布了民法典(亦称拿破仑法典)，集中地反映了资本主义商品经济的基本要求。1807年又颁布了商法典，使调整商品经济关系的法律更加完备。但这些都不是现代意义的经济法。

据学者考证，现代意义的经济法产生于19世纪末，以1890年美国颁布的《谢尔曼反托拉斯法案》为代表。该法案针对当时美国经济中垄断与竞争的矛盾，为维护竞争而宣布“……政府开始向托拉斯下手”，成为资本主义国家反垄断法的鼻祖。但经济法的大量出现还是在第一次世界大战以后。因为此时资本主义已进入帝国主义阶段，一方面生产更加集中，大垄断资本家的经济权利和政治权利日益膨胀，逐渐直接或间接地控制着资产阶级国家机器；另一方面垄断的资本家又各自为政，各行其是。于是，代表整个资产阶级利益的资产阶级国家，一方面通过“国有化”，直接控制国民经济的一些重要部门，实行国家垄断资本主义；另一方面则不得不运用法律手段直接制约经济关系，干预经济生活。特别是在战败的德国，为扭转物资匮乏、经济崩溃的局面，曾颁布了《卡特尔规章法》、《煤炭经济法》(1919年颁布，是世界上第一个以经济法命名的法规）等。这些经济法规比较明显地摆脱了民商法所确立的经济活动自由化的原则，以法律形式提出了国家意志对社会经济生活

① 列宁.列宁选集：第4卷[M].中文2版.北京：人民出版社，1972：43.

的干预，从而标志着经济法的正式产生。

通过上述分析，不难看出，现代意义的经济法产生于资本主义国家。这是由资本主义政治经济发展的客观要求所决定的。

首先，经济法的产生是资本主义经济发展的客观需要。资本主义商品经济的发展，需要用法律调整各种经济关系，没有法律调整，经济秩序必然处于混乱状态，从而威胁到资产阶级整体利益。而在奴隶制、封建制社会里，商品经济不发达，立法的重点主要是刑法。

其次，经济法的产生是资产阶级民主制度的产物。资产阶级民主的重要表现形式之一就是改人治为法治，国家对经济活动的管理也要依法进行，社会组织在经济活动中地位平等，这样就必须制定调整经济关系的法律，否则就无法实现经济活动中的公平、自由等原则。

最后，经济法的产生也是协调资产阶级国家内部关系的需要。在资本主义国家，作为资产阶级利益总代表的国家中央机关，经常与企业发生种种经济利益冲突，这些问题处理不好，也会削弱资产阶级统治，要协调它们之间的关系，就必须制定有关的法规，特别是经济法规。

二、经济法的发展

经济法自20世纪初从德国产生后，对世界各国影响很大。一些欧洲国家和日本渐次接受了“经济法”这一概念，并进行经济立法。尤其是在第二次世界大战以后，由于世界科学技术的进步和生产力的迅速发展，各国之间对外经济关系的日益扩大，国家愈来愈需要用经济法来调整各方面的经济关系，使经济法获得了较快的发展。

（一）资本主义国家经济法发展概况

如果说在第一次世界大战以前，资本主义国家立法主要是调整垄断与竞争的关系的话，那么，战后则把注意力放到规范经济主体及其活动方式上。如法国1925年颁布的《有限公司法》；德国1937年颁布《单行股票法》作为对其1892年《有限公司法》的补充；英国1929年颁布的《公司法》；美国各州都分别制定了自己的公司法，在此基础上，美国联邦议院于1928年制定了统一的企业公司法；日本1938年也制定了《有限公司法》。

在经历了1929—1933年经济大危机后，资本主义国家认识到，只有对社会经济生活进行总体调节，才能使资本主义经济大体恢复平衡。

于是，总体调节国民经济成为经济立法的重点。如美国1933年颁布了《紧急银行条例》、《金融改革法案》、《农业经济调整和农业信贷法》、《产业复兴法案》等70余部经济法规。在以后的几年，又颁布了《土地保护法》、《新农业法》、《国家劳动关系法》等。据有关文献介绍，仅1933—1944年，美国颁布经济法规就达8 000多部。德国在这个时期也以国民经济总体调节为目标，颁布了《卡特尔条例》、《小商人保护法》、《德国经济有机结构条例》等一系列经济法规。

第二次世界大战后，由于世界范围内逐步形成一个相对稳定的经济秩序，使世界经济获得飞速发展，科学技术日新月异，国际间的经济联系日益广泛，经济生活国际化已成为世界经济发展的一个基本趋势，因此，经济立法也趋向国际化。如美国于1969年颁布的《出口管理法》，1974年颁布的《贸易法》；日本于1950年颁布的《关于外国资本的法律》等。总之，资本主义国家的经济立法正朝着完备化、系统化、国际化的方向发展。

（二）社会主义国家经济立法概况

社会主义国家经济法是随着社会主义革命的胜利和公有制的建立而诞生的。社会主义国家建立之初的经济立法一般都是关于确立和巩固公有制经济的立法。如俄国十月革命胜利后首先颁布了《土地法令》，宣布土地、矿藏、森林、河流归国家所有，废除了地方土地私有制；接着又颁布了《关于银行国有化的法令》、《关于土地社会化法令》，1922年又颁布了《苏俄土地法典》等。其他社会主义国家无不如此，如南斯拉夫革命刚一胜利，就颁布了《土地改革法》，1946年颁布了《私人经济企业国有化法》、《关于合作化的基本法》等。

当社会主义公有制获得巩固，国家开始搞经济建设时，社会主义国家在计划经济指导下，普遍注重制定国家经济管理方面的法规。如前苏联从20世纪30年代到80年代先后颁布过《社会主义国营生产企业条例》、《产品供应条例》、《日用消费品条例》等几百部经济法规。前南斯拉夫从50年代初起以联邦立法形式制定了600多部经济法规，占全联邦立法的80%。前捷克斯洛伐克于1964年6月4日颁布了世界上第一部也是至今唯一的一部经济法典——《捷克斯洛伐克社会主义共和国经济法典》。

1950年，前南斯拉夫率先开始经济体制改革，接着前苏联也开始改革，匈牙利、波兰等社会主义国家也相继开始搞经济体制改革，这个时期经济立法的突出特点是以法律形式推动和保护经济体制改革的进行。如前苏联1957年颁布了《关于进一步改进工业和建筑业管理组织》的法令；1965年颁布了《社会主义国营工业条例》等一系列与改革相关的经济法律和法令。据有关资料统计，前苏联从1957年开始的先后四次改革中，仅部级以上机关制定的经济法规就有几百部。近几年，朝鲜民主主义人民共和国也先后颁布了《合资经营法》、《外国人投资法》、《外国独资企业法》和《合作法》等涉外经济法律。

现在，虽然前苏联已经解体，东欧社会主义国家也已发生变化，但作为经济法发展史上的一页，仍有研究的必要。

（三）我国经济法的发展概况

早在新中国成立之前，我国在革命根据地和老解放区，人民政权就颁布过一些经济法规。新中国成立后，陆续颁布过一批财政、物价、税收、商业、金融等经济法规，对恢复国民经济，建立社会主义公有制经济，起到了有力的促进和保证作用。但从20世纪50年代后期起，由于受法律虚无主义思想的影响，再加上“十年动乱”的冲击，我国的法制建设惨遭破坏。1978年党的十一届三中全会以后，由于国家工作重点转移到经济建设上来，为适应经济体制改革和对外开放的需要，经济立法取得了前所未有的发展。据有关部门统计，1979—1988年的10年中，由全国人大及其常委会通过的法律和国务院发布或批准的法规共560部，其中经济法律、法规395部；在这之后，经济立法始终没有停止，成为国家立法的重要任务。目前，我国以宪法为基础的社会主义法律体系初步形成，国家政治生活、经济生活和社会生活各个方面无法可依的局面已有了很大的改变。特别是经济立法方面，国家正在抓紧制定保障改革开放和国家经济持续、稳定、协调发展的宏观调控方面的经济法律，包括有利于社会主义市场经济培育和发展的法律。我国加入世界贸易组织后，国家正在按照世贸组织规则清理我国现有的法律法规，并及时进行修订，这对我国社会主义现代化建设，必将起到极大的促进和保护作用。

第三节　经济法的作用

我国经济法的作用已被改革开放和社会主义现代化建设的实践所证实，而且越来越显示出它的巨大威力。这些作用主要是：

（一）使社会主义公有制经济得到巩固和发展

我国宪法规定，社会主义经济制度的基础是生产资料的社会主义公有制；国有经济是国民经济中的主导力量，国家保障国有经济的巩固和发展。这说明，生产资料的社会主义公有制，决定着我国社会主义制度的性质和本质特征。

经济法是保护社会主义公有制经济的强大武器，它表现为：(1) 一切经济立法都把巩固和发展社会主义公有制经济作为重要的任务和立法宗旨。(2) 对一切侵占、扰乱、破坏公有制经济的行为，经济法都规定了制裁措施。

（二）保障经济体制改革的不断深化和发展

加快社会主义现代化建设，集中力量发展社会生产力，是社会主义尤其是社会主义初级阶段的中心任务。要实现这个任务，必须对长期形成的不适应生产力发展的旧体制进行改革。

改革是一场革命，它充满着曲折和斗争。经济法对改革的顺利进行和不断深化，起着重要的作用。其表现是：(1) 经济法把改革纳入了法制的轨道，使改革沿着正确的方向前进；(2) 经济法把改革中成功的经验以法律形式肯定下来，从而保护了改革的成果；(3) 经济法制裁那些形形色色干扰和破坏改革的违法犯罪行为，为改革创造良好的社会环境。这足以说明，改革离不开经济法，经济法在积极地为改革服务。

（三）保护社会主义市场经济的培育和发展

我国经济体制改革的目标是建立社会主义市场经济体制。不管何种社会制度下的市场经济，其本身是一种法制经济。市场经济因其经济关系的契约化、企业行为的自主化、宏观调控的间接化、经营管理的制度化以及竞争的公平、公开化而必须通过系统、完备、严密的法律来调节、制约其运行。经济法对社会主义市场经济的建立，有着重要的作用。其主要表现为：(1) 经济法为社会主义市场经济确立一套完整的市场规则，以保证市场体系的培育和发展；（2）经济法为社会主义市场经济的发展创造良好的法制环境，以保证市场经济有秩序地运行；（3）经济法对妨害、干扰和破坏社会主义市场经济的行为予以制裁，以保证市场经济的健康发展。

（四）使企业的合法权益得到保护，有利于企业的自身发展

企业是社会主义现代化建设的基本经济单位。企业的积极性调动起来了，就能保证我国经济的全面增长。为了充分调动企业的积极性，一方面，国家通过经济体制改革，增强企业的活力，扩大企业的经营自主权；另一方面，对国家赋予企业的各种权利给予保护。

经济法在保护企业合法权益方面的作用主要表现为：（1）规定企业应享有的权利；（2）规定对企业合法权益的保护措施；（3）以立法形式协调企业之间及企业内部组成部分之间的关系；（4）规定企业应履行的义务；（5）制裁侵犯企业利益的行为。

（五）有利于发展我国对外经济贸易，加强国际经济技术合作

我国实行改革开放以来，国际间的经济交往日渐频繁，不仅对外经济贸易有了很大发展，而且技术引进、技术合作等项目也越来越多。这对于加速我国实现社会主义现代化是十分有利的。在国际经济贸易和技术合作中，法律保护非常重要。

经济法在这方面的作用主要表现为：（1）确立了外国企业、经济组织和个人在我国经济活动中的法律地位；（2）确立了我国企业和经济组织在对外经济活动中应遵循的原则；（3）通过涉外经济立法明确了外商来华投资和经济合作所享有的优惠待遇及其保护措施。

第四节　经济法律关系

一、经济法律关系的概念

在我们的日常生活中，不是所有的社会关系都是法律关系，如同学关系、朋友关系、师生关系等，迄今为止，国家还没有颁布相应的法律来调整这些关系，所以就不能称其为法律关系。而婚姻关系、继承关系就是法律关系，因为它们分别被婚姻法和继承法所调整，法律明确规定了当事人之间的权利和义务。由此可见，当社会关系被法律调整时所产

生的权利义务关系就是法律关系。

在国家对经济的管理活动中，在企业事业单位的经济协作中，产生了复杂的经济关系。这些经济关系如果被相应的经济法规所调整，也就成为经济法律关系。如税收关系、财政关系、会计关系、金融关系等，都有与之相适应的税收法规、财政法规、会计法规、金融法规来调整，在当事人之间形成了一定的经济权利和经济义务关系，所以它们就属于经济法律关系。由此，我们可以给经济法律关系下这样一个定义：经济法律关系，是指在经济管理和经济协作过程中，当事人根据经济法的规定所形成的经济权利和经济义务关系。

研究经济法律关系有着重要的意义。首先应明确，在社会经济活动中，不是所有的经济关系都受法律保护，只有被经济法调整的那部分经济关系，即经济法律关系才受法律的保护。其次应明确，只有经济法律关系的当事人才能依法享有权利并承担义务，否则，不仅其权利不能得到保护，而且也不能施以法律手段强制其履行义务。

二、经济法律关系的构成

经济法律关系和其他所有的法律关系一样，都由三个方面的要素所构成，这就是主体、客体和内容。

（一）经济法律关系的主体

经济法律关系的主体就是经济法律关系的当事人。如甲企业与乙企业签订了一份买卖合同，这样，甲企业和乙企业就是这一买卖合同法律关系的主体。

经济法律关系的主体有哪些？经济法学界争论较多。但我们认为，确定经济法律关系主体，不能离开经济法的调整对象。前面讲过，经济法既然调整的是经济管理关系和经济协作关系，那么，在经济管理关系和经济协作关系中的参加者，理所当然地就成为经济法律关系的主体。

根据这个原则，经济法律关系主体可以概括为如下几种：

1.国家经济管理机关

国家经济管理机关，是指在国民经济管理过程中，负有经济管理职权的国家行政机关。具体地说，就是国务院和地方各级人民政府中的经济管理机关。这种机关可分为三种类型：（1）宏观调控机关，如国家发展改革委员会、国务院商务部等。这类机关一方面按照各自的权限，负责统筹安排国民经济和社会发展的总体计划；另一方面，按照国家规定，有权审查批准企业提出的基本建设、重大技术改造、对外经济合作等计划及对国家指令性计划的实施方案。国家对企业的这种控制，能保证国家宏观经济有计划按比例地协调发展。否则，一旦造成国民经济各部门间比例失调，不仅严重影响社会主义现代化建设，而且企业自身也要蒙受损失。（2）企业上级主管机关。它们对企业负有服务、监督的职能。如制定、调整产业政策，指导企业的发展规划；为企业经营决策提供咨询信息；协调企业与其他单位之间的关系，调解处理纠纷等。同时，对所分管的企业还要依法实行监督，包括任免、考核、奖惩厂长和有关人员，负责厂级领导干部的培训等。（3）企业的监督机关，如工商行政管理、税务、审计、海关、物价、计量、环保、产品质量监督、食品药品监督等国家机关。这些机关对企业生产经营活动依法监督和管理。

2.法人和其他组织

在大量的频繁的经济交往中，国家机关、企业事业单位和社会团体等，都是以法人的地位进行的。所以，法人应作为经济法律关系的重要主体。

根据我国《民法通则》的规定，法人是具有民事权利能力和民事行为能力，依法独立享有民事权利和承担民事义务的组织。这里所说的权利能力，是指能够依法行使权利和承担义务的资格。经济法中所说的法人的权利能力实际上就是在经济管理和经济协作过程中，国家法律赋予法人享受权利和承担义务的资格。如法人有权依照法律规定销售自己的产品，购买原材料，有权签订合同等；企业法人有义务向国家缴纳税金和各种管理费用等。法律上所说的行为能力，是指能够以自己的行为依法行使权利和承担义务，使法律关系发生、变更或消灭的资格。经济法中所说的法人的行为能力，是指法人在经济活动中能够以自己的行为依法行使权利和承担义务的资格。如法人不仅有权从事生产经营活动，而且还有足够的资金、完整的设备及固定的营业场所及组织领导机构，能充分保证生产经营权利的实现，这才叫有行为能力。可见，法人有行为能力必定有权利能力，而有权利能力不一定有行为能力。法人的权利能力和行为能力，从法人成立时产生，到法人终止时消灭。

根据法律规定，不是所有的社会组织都是法人。法人必须具备一定的条件：(1) 依法成立；(2) 有必要的财产或者经费；(3) 有自己的名称、组织机构和场所；(4) 能够独立承担民事责任。

法人根据其业务的性质可分为企业法人、机关法人、事业单位法人和社会团体法人。企业法人，是指有符合国家规定的资金数额，有组织章程、组织机构和场所，能够独立承担民事责任，经主管机关核准登记的全民所有制企业、集体所有制企业、联营企业、私营企业及其他需要依法办理企业法人登记的企业。企业的名称可以叫“工厂”、“公司”等。在我国领域内设立的中外合资经营企业、中外合作经营企业和外资企业，具备法人条件的，依法经工商行政管理机关核准登记，取得中国法人资格。机关法人，是指有独立经费的机关从成立之日起，具有法人资格。事业单位、社会团体具备法人条件，依法不需要办理法人登记的，从成立之日起，具有法人资格。

凡不具有法人资格的社会组织，都属于其他组织，包括企业法人内部的非法人分支机构，社会上的非法人团体，合伙组织，不具有法人资格的联合体、私营企业等，它们也是经济法律关系的主体，经工商部门核准登记，可以从事生产经营活动。

3.公民

根据宪法规定，凡具有中华人民共和国国籍的人都是中国公民。公民是经济法律关系的当然参加者，如依法向国家纳税，依法登记开办个体经济组织，则成为经济管理法律关系的主体；公民同国家有关机关及企业签订与国计民生相关的合同，又成为经济协作法律关系的主体。

个体工商户、专业户都不是法人，它们参加经济活动，其法律地位属于公民。

在中国领域内的外国人、无国籍人，除法律另有规定的以外，与中国公民享有同样的经济权利，承担同样的经济义务。所以，他们作为外国公民也可以成为我国经济法律关系的主体。

除此以外，在某种情况下，国家本身也可以成为特殊的经济法律关系的主体。如国家发行债券、国库券等，也要承担按期还本付息的义务。

（二）经济法律关系的客体

经济法律关系的客体，是指经济法律关系的主体权利和义务所指向的目标和要达到的目的，以此说明权利和义务的具体内容。客体是经济法律关系不可缺少的要素，没有客体，权利和义务就无所指，从而就不会形成经济法律关系。

由于经济法律关系主体权利和义务所要求的内容不同，可将客体分为财物、完成一定工作、履行一定劳务及智力成果等。

1.财物

财物，是指可为人们所控制而又有经济价值的一切物质财富。它包括货币、有价证券和其他能被人们所控制并且有价值和使用价值的物质。财物是经济法律关系最普遍、最重要的客体。但作为经济法律关系的客体的物，有些要受国家法律和政策的限制，如根据宪法规定，矿藏、河流、国有森林、山岭、草原、荒地、滩涂等，都不能直接参与经济流转，只能作为国家所有权的客体。有些物，如麻醉品、毒品、武器弹药及国家规定由某些部门专营的产品，只能在特定主体间流转。

2.完成一定工作

完成一定工作，是指经济法律关系主体在经济管理和经济协作关系中依照职权或经营范围所完成的工作。这里包括两个方面：一是国家行政机关在经济管理中所完成的管理工作，如计划部门完成计划的编制、审查、下达工作；统计部门完成的统计工作；会计人员完成的会计核算工作等，都分别是计划法律关系、统计法律关系和会计法律关系的客体。二是法人和其他组织在经济协作关系中，一方利用自己的资金与技术设备为对方完成某项工作，而对方则根据完成工作的数量与质量支付一定的报酬，如绘制图纸、勘察设计等。

3.履行一定劳务

履行一定劳务，是指经济法律关系主体的一方利用自己的设施与条件为对方提供一定的劳务，而对方则支付一定的酬金，如利用仓库保管货物，利用运输工具运送货物等。这种经济法律关系的客体虽然是通过某种物表现出来，但客体并不是物，而是履行一定的劳务。

4.智力成果

智力成果，是指人们通过脑力劳动获得的成果，如发明创造、注册商标、文艺作品等，都可以成为经济法律关系的客体。

（三）经济法律关系的内容

经济法律关系的内容，是指经济法律关系主体享有的经济权利或承担的经济义务。这是经济法律关系的核心。因为法律关系的实质就是权利和义务关系，经济法律关系也是如此。这种经济权利和经济义务直接由法律规范确定，并得到国家强制力的保护和监督。

经济权利，是指经济法律关系主体依法享有的某种经济权益。表现为享有权利的人有权作出一定的行为和要求他人作出相应的行为（义务），在必要时可请求有关国家机关（法院、行政机关）以强制性的协助实现其权益。

经济义务，是指经济法律关系主体依法应履行的某种经济责任。表现为要求负有义务的人必须作出一定行为或禁止作出一定行为，以保证经济权利人的权利得以实现。

经济权利和经济义务是对立统一的关系，是相互依存、相互适应、相互制约的。如果经济法律关系主体一方有了某种权利，同时也意味着另一方负有相应的义务。就享有权利或负有义务的一方来说，也包含着自身要履行某种义务或享有某种权利。只享有权利而不履行义务，或者只尽义务而不享有权利的情况是违背权利义务相统一的原则的。因此，无论是权利的滥用，还是义务没有履行，都同样负有经济责任。

三、法律事实

（一）法律事实的概念

前面讲过，当某种经济关系被相应的经济法规所调整而形成的经济权利和义务关系就是经济法律关系。这似乎是说经济法律关系的产生是由经济法规所决定的。其实不然，我国虽然颁布了合同法，但如果两个企业之间不签订合同，在它们之间就不会产生合同法律关系。由此可见，经济法律关系的产生，除了要有相应的经济法律、法规之外，还要有一种客观事实存在。这种客观事实被称为法律事实，即凡是能引起经济法律关系产生、变更和消灭的客观事实，都是法律事实。在经济活动中，经济法律关系总是不断地变化，经常地产生、变更和消灭着。例如，甲厂向乙厂购货，就产生了经济法律关系；两厂在签订合同后，又协商少供一部分货，使经济法律关系发生变更；货物全部供完，并结清货款，经济法律关系就消灭了。这里的购货、少供货和全部供完货，就是分别引起两个企业间经济法律关系产生、变更和消灭的原因，即法律事实。可见，仅有法律规定，而没有法律事实，就不能引起经济法律关系产生、变更和消灭。

（二）法律事实的分类

法律事实可分为两类：一类叫法律事件；一类叫法律行为。

法律事件，是指不以人的意志为转移的客观现象。如因台风、地震、洪水、霜冻等自然灾害的发生，致使合同无法履行，根据合同法的规定，发生了变更或解除合同的法律后果。

法律行为指人（包括法人）的有意识的活动。它以意思表示为要件。意思表示，是指能够发生经济法律关系的内在意志表现于外部的行为。如主动提出要约、签订合同，或故意不履行合同，都会引起合同法律关系的产生、变更或解除的法律后果。可见，不是所有的客观现象和人的活动都可以成为法律事实，客观事实只有由法律规定将它和一定法律后果联系起来，才能成为法律事实。

法律规范、法律事实和经济法律关系是三个既不相同又相互联系的概念。三者的关系是：法律规范是经济法律关系产生的前提；法律规范是确定法律事实的依据；法律事实是引起经济法律关系产生、变更和消灭的原因。

四、经济法律关系的保护

（一）经济法律关系保护的意义

经济法律关系的保护，就是以法律的强制力，保证经济法律关系主体能享有权利并履行义务。因为经济法律关系是纳入到社会主义法制轨道的特殊的经济关系，作为这种经济关系的参加者，能否严格依法办事，履行法律规定的义务，关系到改革开放能否有一个良好的经济秩序；关系到国民经济建设能否稳定、协调发展；关系到国家、集体和个人三者利益能否得到切实保证等一系列重大问题。所以，国家通过各种措施，对经济法律关系予以保护。

（二）经济法律关系保护的方法

对经济法律关系的保护，总的来说，就是通过国家立法和执法活动这两个方面加以保护。

1.国家立法保护

国家制定和颁布的所有的经济法律、法规，目的都是保护具体的不同的经济法律关系。这些经济法律、法规，一般都规定了确立各种经济法律关系的基本原则，经济法律关系的主体资格，经济法主体间的权利和义务以及对违法者的制裁措施。这就为国家对经济法律关系的保护，提供了法律依据。同时，也使经济主体之间的活动，能沿着法制的轨道进行，切实做到有法可依。

除经济立法外，在其他立法中，也十分重视对经济法律关系的保护。如在宪法总纲中，规定了我国社会主义经济制度的基础，规定了国有经济在国民经济中的地位，自然资源和土地的权属，以及城乡劳动者个体经济、外商企业法律地位等。在国家机构中，又规定了国家权力机关、国务院对经济管理的权限。这些都为确定符合我国特点的经济法律关系，提供了法律依据。再如，在刑法中，对破坏各种经济法律关系的犯罪行为，规定了制裁的办法；在民法通则中，对公民、合伙、法人及联营企业间的权利和义务，对债权和民事责任，也作了重要的规定。无疑，这些法律都有利于各种经济法律关系的稳定和发展。

2.国家执法保护

国家执法保护，是指国家行政执法机关和司法机关，通过适用法律对经济法律关系的保护，主要表现为：

第一，对违法行为予以行政和经济制裁。这是指国家工商行政管理、财政、税务、审计、物价等行政执法部门，对经济法律关系主体的各种违法行为所给予的制裁。主要制裁方式有：警告；罚款；没收违法所得、没收非法财物；责令停产停业；暂扣或者吊销许可证、暂扣或者吊销执照；行政拘留；法律、行政法规规定的其他行政处罚。

第二，对犯罪行为予以刑事制裁。这是指国家司法机关对经济法律关系主体及其责任人员的各种已构成犯罪的严重违法行为所给予的制裁。根据犯罪行为所侵犯的客体不同，可以确定相应的罪名，科以不同的刑罚。如打击贪污、盗窃、诈骗、行贿受贿、职务侵占、挪用公款等经济犯罪行为，都有利于经济法律关系的保护。

第三，对民事侵权行为追究民事责任。这主要是指国家司法机关在审理经济纠纷案件中，判令违反经济义务、侵犯经济权利的责任方承担财产责任。如拖欠贷款，应承担给付迟延期间的利息，或按规定支付违约金；侵犯他人财产所有权，要承担返还原物或赔偿损失的责任。

复习思考题

一、概念题

经济法　经济法律关系　法人　法人的权利能力　法人的行为能力　经济法律关系的主体　经济法律关系的客体　经济法律关系的内容　法律事实　意思表示

二、问答题

1.我国经济法调整的经济管理关系主要包括哪些内容?
2.我国经济法调整的经济协作关系主要包括哪些内容?
3.我国经济法的作用主要有哪些?
4.经济法律关系的构成要素有哪些?
5.国家通过什么途径保护经济法律关系?

第三章　企业法

第一节　企业法概述

一、企业的概念及分类

（一）企业的概念

企业是现代经济关系中最重要、最活跃的主体，是经济的细胞和经济动力之所在。企业又是一国社会关系的缩影，其组织和运行与一国的历史文化和社会经济发展水平密切相关。

那么，企业是什么？经济学界和法学界对此有不同的说法。从经济学意义上说，企业是从事生产、流通或者服务的经营性主体。从其构成上说，是资产或资本和人的集合。从性质上说，企业是经营性组织，其经营性不等于营利性，企业可以从事营利性经营，也可以从事非营利性经营，如政策性或者公益性经营即属于非盈利性经营。企业的经营性也不等于经济性，企业不一定直接参与社会的生产活动，它可以营利为目的从事文化、教育、艺术、体育等活动。从形式上说，企业一般应当是一定的组织。在国际上，一般将那些经合法登记注册、拥有固定地址而相对稳定经营的个人经营者也划归为企业。这样，企业就与流动商贩、从事一次性交易活动的经营者区分开来。

上述这些观点，虽从不同的角度对什么是企业作出了解释，但基本上都是从经济学的角度来研究企业的。经济法是要从法律角度研究企业的属性。从法律角度讲，企业是依法设立的，具有民事权利能力和民事行为能力的经济组织。企业可以取得法人资格，依法独立享有权利，承担义务和责任，但非法人的企业也是大量存在的，如合伙企业、分公司等。

（二）企业的分类

从传统上看，一般依照企业资金来源、风险责任承担的不同，将企业分为独资企业、合伙企业、公司企业。这是典型的企业分类。新中国成立后，在实行计划经济的年代，一直以所有制的形式对企业进行分类，如将企业划分为全民所有制企业、集体所有制企业等。这种分类方法对于企业分类管理、经济统计、维护国有财产和集体财产的安全，是必要的。但随着改革开放的深入，由于所有制形式的多元化，这种分类就显现出局限性。从法律形态上对企业分类，是目前较为通行的做法。法律形态是法律确认的企业承担法律责任的形式。企业承担法律责任的形式表明两层含义：一是企业的外部关系；二是企业的内部关系。企业的外部关系，是指企业在与外部进行的交易活动中，是承担无限责任还是有限责任；企业的内部关系，是指企业成员（如股东、合伙人）之间相互是否承担连带责任。从法律形态上划分，可以将企业分为独资企业、合伙企业、有限责任公司、股份有限责任公司等。

二、企业法的概念和体系

（一）企业法的概念

企业法是调整企业在设立和生产经营活动中所发生的社会关系的法律规范的总称。它以企业为规范对象，规定企业的设立、变更、终止，企业的法律地位，企业的资本来源，生产经营活动及投资者与企业的关系等一系列内部和外部关系。可见，企业法既是组织法，也是行为法。

（二）企业法的体系

企业法体系是指调整企业关系的法律、法规所组成的相互联系的系统。在国外，企业法主要是商事合伙法和公司法，当然也包括民法典中有关民事主体的一般规定，如法人制度等。

我国的企业法体系，呈现出自身的特点，由于企业的类型比较特殊，表现为各类企业的核心法加相关配套法规组成我国企业法的体系，主要有全民所有制工业企业法、乡镇企业法、合伙企业法、公司法、个人独资企业法、外资企业法等。随着企业改革的深入发展，企业形式日益规范化，企业法的体系将会更加科学合理。

三、企业法的作用

（一）确认各类企业的主体资格

企业作为市场经济的主体，需要有合法的资格和地位，这首先要由有关国家机关依法确认。企业法通过对企业设立的条件或程序的规定，使企业取得主体资格有了法律依据，进而从法律上确认了企业的主体地位，为其参加市场经营等活动提供法律的前提保障。

（二）规范企业的活动

企业的权利和义务不是由企业自身产生的，而是由法律规定的。通过企业法的规范，赋予各类企业法定权利并为其设定义务，使其成为真正意义上的法律关系主体；同时规定企业从事各类活动应遵守的法定原则，使企业的活动有章可循，促进企业健康发展。

（三）维护企业的合法权益

企业法通过法律责任的规定，一方面，对企业自身的违法行为进行制裁；另一方面，对于危害企业的行为也规定了相应的制裁办法，以维护企业的合法权益，为企业的发展提供良好的法律环境。

第二节 全民所有制工业企业法

一、全民所有制工业企业法概述

（一）全民所有制工业企业法的概念

全民所有制工业企业法是调整全民所有制工业企业经济关系的法律规范的总称。这里所说的经济关系，是指全民所有制工业企业在生产经营活动中与国家行政管理机关或其他社会组织之间所发生的社会关系。它的内容包括：企业在设立、变更和终止中的关系，企业在实现权利和履行义务中的关系，企业内部管理关系，企业和政府的关系等。全民所有制工业企业法是经济法的重要组成部分，在我国社会主义法律体系中占有重要的地位。

全民所有制工业企业是以生产资料全民所有制为基础的依法自主经营、自我发展、自我约束、自负盈亏的商品生产者和经营者。全民所有制工业企业是以生产工业产品为主的企业。搞好全民所有制工业企业对于加速我国现代化建设有着极其重要的意义。为了保障我国经济的发展，明确全民所有制工业企业的权利、义务及责任，1988年4月13日，第七届全国人民代表大会第一次会议通过了《中华人民共和国全民所有制工业企业法》（以下简称《企业法》），并于1988年8月1日起施行。应当明确，该部法律虽然称为工业企业法，但该法的原则适用于全民所有制交通运输、邮电、地质勘探、建筑安装、商业、外贸、物资、农林、水利企业。为了全面贯彻执行企业法，推动全民所有制工业企业走向市场，1992年7月23日，国务院发布了《全民所有制工业企业转换经营机制条例》(以下简称《条例》)，具体规定了企业享有的经营自主权，为推动企业深化改革、走向市场发挥了巨大的作用。

（二）全民所有制工业企业法的基本原则

根据《企业法》和《条例》等规定，我国企业法的基本原则主要有：

1.两权分离的原则

两权分离，是指企业的财产属于全民所有，国家在保持其财产所有权的同时，把特定的国家财产授予企业经营管理。企业对国家授予其经营管理的财产享有占有、使用和依法处分的权利。

2.政企职责分开的原则

政企职责分开，是指在政府与企业的关系上要按照自主经营、自主管理的原则，将生产经营权下放到企业，政府的责任是依照法律、法规的规定为企业提供服务并进行监督管理。

3.党政明确分工的原则

企业法确定了企业实行厂长负责制。党组织对企业的生产经营管理工作实行保证监督。这不仅解决了企业在生产指挥和管理上无人负责的问题，也加强和改善了党的领导，理顺了企业中的党政关系。

4.民主管理原则

企业法中关于保障职工主人翁地位、保护职工合法权益的规定，关于职工代表大会性质和职权的规定等，都体现了民主管理的原则。在企业实行厂长负责制的同时，加强民主管理，这就使厂长的权力受到一定的制约，建立起企业健全的自我约束机制，防止厂长权力的滥用，使其决策更加科学，保证企业各项工作的正常进行。

二、企业的设立、变更和终止

（一）企业的设立

申请设立全民所有制工业企业，必须具备以下条件：(1) 产品为社会所需要；(2) 有能源、原材料、交通运输的必要条件；(3) 有自己的名称和生产经营场所；(4) 有符合国家规定的资金；(5) 有自己的组织机构；（6）有明确的经营范围；（7）法律、法规规定的其他条件。

（二）企业的变更

企业变更，是指企业转产、停产整顿、合并和分立及企业其他重要事项的变更。

1.转产

企业的主导产品不符合国家产业政策，或者没有市场销路，积压严重，应当实行转产。企业为获取更大的经济效益，可以根据市场预测和自身条件，主动实行转产。

2.停产整顿

企业经营性亏损严重的，可以自行申请整顿，政府主管部门也可以责令企业停产整顿。停产整顿期间企业应当停发奖金，并采取有效措施，保护企业财产。停产整顿的期限一般不超过1年。

3.合并（含兼并）

政府可以决定或者批准企业的合并。在全民所有制企业间的合并，可以采取资产无偿划拨的方式进行。合并各方经充分协商，签订合并协议。

企业可以自主决定兼并其他企业。企业兼并是一种有偿的合并形式。经兼并企业与债权人协商，可以订立分期偿还或者减免债务协议，财政部门和银行应给予适当的优惠政策。

4.分立

经政府批准，企业可以分立，由一个企业分成两个或者两个以上的企业。

企业其他重要事项的变更，是指企业法人改变名称、住所、经营场所、法定代表人、经济性质、经营范围、经营方式、注册资金、经营期限，以及增设或者撤销分支机构等。

企业的权利、义务不能因企业的变更而消失。在企业变更的情况下，原企业的权利、义务由变更后的企业享有或者承担。企业合并、分立时，必须依法清理债权、债务，合并、分立前企业的债权、债务，由合并、分立后的企业享有和承担。

企业变更应依法到登记主管部门办理变更登记。

（三）企业的终止

企业因下列原因终止：（1）违反法律、法规被责令撤销；（2）政府主管部门依照法律、法规的规定决定解散；（3）依法被宣告破产；（4）其他原因。

企业解散，由政府主管部门指定的清算组进行清算。企业被宣告破产的，应当由人民法院依照破产法的规定成立清算组进行清算。清算的内容包括两个方面：一是查清企业财产，核实债权、债务，并登记造册；二是受偿债权，清偿债务，依法处理剩余财产。

企业终止，应当向登记主管机关办理注销登记。

三、企业的经营权、义务和自负盈亏的责任

（一）全民所有制工业企业的经营权

全民所有制工业企业的经营权，是指企业在生产经营活动中享有的自主经营、自负盈亏、自我发展、自我约束的权利。这是企业权利的核心。经营权主要有：（1）生产经营决策权；（2）产品劳务定价权；（3）产品销售权；（4）物资采购权；（5）进出口权；（6）投资决策权；（7）留用资金支配权；（8）资产处置权；（9）联营、兼并权；（10）劳动用工权；（11）人事管理权；（12）工资、奖金分配权；（13）内部机构设置权；（14）拒绝摊派权。

（二）全民所有制工业企业的义务

1.企业对国家的义务

企业对国家的义务主要有：（1）遵守法律、法规；（2）完成指令性计划；（3）降低产品成本，提高劳动生产率；（4）遵守财经纪律，依法缴纳税金、费用、利润；（5）维护生产秩序，保护国家财产。

2.企业对社会的义务

企业对社会的义务主要有：（1）保证产品质量和服务质量；（2）履行依法订立的合同；（3）防止污染和保护环境。

3.企业对职工的义务

企业对职工的义务主要有：（1）搞好职工教育、提高职工队伍素质；（2）支持职工开展科学技术活动和劳动竞赛；（3）实行安全生产和文明生产。

（三）企业的自负盈亏责任

为了防止企业滥用经营权，保证国有资产的保值、增值，企业应从以下四个方面承担自负盈亏责任：

1.厂长（经理）对企业亏损的责任

根据企业经营管理不善造成亏损时间的长短及责任的大小，相应地可以降低厂长（经理）和厂级领导的工资，还可以给予免职或者降级、降职的处分。

2.企业上缴利润、欠收自补的责任

实行承包制的企业未完成上缴利润任务的，应当以企业风险抵押金、工资储备基金以及留利补交。

3.企业对潜亏的责任

对于企业采取不正当手段造成利润虚增或虚盈实亏的，责令企业从留用资金中补足，坚决杜绝潜亏。

4.企业分配约束机制

企业每年应当从工资总额的新增部分中提取不少于10%的数额，作为工资储备基金；企业必须坚持工资总额增长幅度低于本企业经济效益增长幅度，工人实际平均收入增长幅度低于本企业劳动生产率增长幅度的原则；企业职工的工资、奖金、津贴、补贴以及其他工资性收入，都应纳入工资总额，取消工资总额以外的一切单项奖。

四、企业的内部领导制度

（一）厂长（经理）负责制

1.厂长（经理）负责制的概念

厂长（经理）负责制，是指企业的生产经营管理工作由厂长（经理）统一领导和全面负责的一种企业内部领导制度。它是一种与企业民主化管理相结合的企业首长负责制。

在我国，实行厂长（经理）负责制的企业，必须实行民主管理，健全职工代表大会制，同时要建立管理委员会或者其他协助厂长（经理）决策的机构。我国的厂长（经理）负责制是一种符合实际的企业内部领导制度。

2.厂长（经理）的产生

根据企业法的规定，除国务院另有规定外，厂长采取两种方式产生：一是政府主管部门委任或者招聘；二是企业职工代表大会选举。政府主管部门委任或者招聘的厂长人选，须征求职工代表的意见；职工代表大会选举的厂长，须报经政府主管部门批准。

3.厂长的职权和职责

厂长是企业的法定代表人，在企业的生产经营管理工作中，厂长行使下列职权：（1）依照法律和国务院的规定，决定或者报请审查批准企业各项计划；（2）决定企业机构的设置；（3）报请政府主管部门任免或者聘任及解聘副厂级行政领导干部，法律和国务院另有规定的除外；（4）任免或者聘任、解聘企业中层领导干部，法律另有规定的除外；（5）提出工资调整方案、奖金分配方案和重要的规章制度，提请职工代表大会审查同意，提出福利基金使用方案和其他有关职工生活福利的重大事项建议，提请职工代表大会审议决定；（6）依法奖惩职工，提请政府主管部门奖惩副厂级领导干部。

厂长必须依靠职工群众履行企业法规定的企业的各项义务，支持职工代表大会、工会和其他群众组织的工作，执行职工代表大会依法作出的决定。

（二）企业的民主管理

1.职工代表大会

职工代表大会是企业实行民主管理的基本形式，是职工行使民主权力的机构，职工代表大会的工作机构是企业的工会委员会，它负责职工代表大会的日常工作。

职工代表大会的职权有：（1）企业重大经营决策审议权；（2）企业重要制度的审查同意或者否决权；（3）重大生活福利事项审议决定权；（4）评议、监督企业的各级领导干部，提出奖励和任免的建议；（5）选举厂长（经理）权，选出的厂长（经理）要报政府主管部门批准。

职工代表大会至少每半年召开一次，每次会议必须有2/3以上的职工代表出席，职工代表大会进行选举和作出决议，必须经全体职工代表过半数通过。

2.职工

职工是企业的主人，职工的合法权益受法律保护。根据企业法的规定，职工有下列权利：（1）参加企业民主管理，对企业的生产和工作提出意见和建议的权利；（2）依法享受劳动保护、劳动保险、休息、休假的权利；（3）向国家机关反映真实情况，对企业领导干部提出批评和控告的权利；（4）女职工有按照国家规定，享受特殊劳动保护和劳动保险的权利。

职工在享受上述权利的同时，也应当以国家主人翁的态度从事劳动，遵守纪律和规章制度，完成生产和工作任务。

五、企业和政府的关系

为转换经营机制，使企业真正成为自主经营、自负盈亏、自我约束、自我发展的市场主体，必须明确政府和企业的关系，特别是政府对企业的监督、管理和为企业提供服务方面，企业法等都作了明确、具体的规定。其主要内容有：

（一）加强国有资产管理

为保证国家对企业财产的所有权，加强国有资产管理，防止国有资产流失，国务院代表国家行使企业财产所有权。政府和政府有关部门在企业财产收益、处分等方面的职权和职责包括：（1）考核企业财产保值、增值指标，对企业资产负债和损益情况进行审查和审计监督；（2）根据国务院的有关规定，决定国家与企业之间财产收益的分配方式、比例或定额；（3）根据国务院的有关规定，决定、批准企业生产性建设项目，按规定由企业自主决定的投资项目除外；（4）决定或者批准企业的资产经营形式和企业的设立、合并（不含兼并）、分立、终止、拍卖，批准企业提出的被兼并申请和破产申请；（5）根据国务院的有关规定，审批企业财产的报损、冲减、核销及关键设备、成套设备或者重要建筑物的抵押、有偿转让，组织清算和收缴被撤销、解散企业的财产；（6）依照法定条件和程序，决定或者批准企业厂长的任免（聘任、解聘）和奖惩；（7）拟订企业财产管理法规，并对执行情况进行监督、检查；（8）维护企业依法行使经营权，保障企业的生产经营活动不受干预，协助企业解决实际困难。

（二）政府应转变职能，改变管理企业的方式，为企业提供服务

1.加强宏观调控和行业管理

这方面的工作具体包括：（1）制定经济和社会发展战略、方针和产业政策，控制总量平衡，规划和调整产业布局；（2）运用利率、税率、

汇率等经济杠杆和价格政策，调控和引导企业行为；（3）根据产业政策和规模经济要求，引导企业组织结构调整，实现资源合理配置；（4）建立和完善适应市场经济发展的企业劳动人事工资制度、财务制度、成本制度、会计制度、折旧制度、收益分配制度和税收征管制度，制定考核企业的经济指标体系，逐步将企业职工的全部工资性收入纳入成本管理；（5）推动技术进步，开展技术和业务培训，为企业决策和经营活动提供信息、咨询。

2.培育和完善市场体系，发挥市场调节作用

这方面的工作具体包括：（1）打破地区、部门分割和封锁，建立和完善平等竞争、规则健全的全国统一市场；（2）按照国民经济发展总体规划和布局，统筹规划、协调和建立生产资料市场、劳务市场、金融市场、技术市场、信息市场和企业产权转让市场等，促进市场体系的发育和完善；（3）发布市场信息，加强市场管理，制止违法经营和不正当竞争。

3.建立和完善社会保障体系

这方面的工作主要有：（1）建立和完善养老保险制度，实行基本养老保险、企业补充养老保险、职工个人储蓄养老保险相结合的制度；（2）建立和完善职工的待业保险制度，使职工在待业期间能够得到一定数量和一定期限的待业保险金，保证其基本生活；（3）建立和完善医疗保险、工伤保险和生育保险等保险制度。

4.为企业提供服务

这方面的工作主要有：（1）发展和完善与企业有关的公共设施和公益事业，减轻企业的社会负担；（2）完善劳动就业服务体系，培训待业人员，帮助其再就业；（3）建立和发展会计师事务所、审计事务所、职业介绍所、律师事务所、资产评估机构和信息、咨询服务机构等社会服务组织；（4）健全劳动争议仲裁制度，及时妥善处理劳动纠纷，维护企业和职工的合法权益；（5）协调企业与其他单位的关系，保障企业的正常生产经营秩序。

六、违反企业法的法律责任

（一）对企业违法行为的法律制裁

未经政府或政府主管部门审核批准和工商行政管理部门核准登记，

以企业名义进行生产经营活动的，责令停业、没收违法所得。企业向登记机关弄虚作假、隐瞒真实情况的，给予警告或处以罚款；情节严重的，吊销营业执照。

企业因生产、销售质量不合格的产品，给用户和消费者造成财产、人身损害的，应当依照产品质量法的规定承担相应的责任；构成犯罪的，企业及直接责任人员依刑法的规定承担刑事责任。

企业滥用经营权的，政府或政府有关部门应当责令其改正；情节严重的，对厂长（经理）、其他厂级领导和直接责任人员，分别追究行政责任、给予经济处罚，并依法对企业给予相应的行政处罚；构成犯罪的，依法追究刑事责任。

（二）对政府有关部门违法行为的法律制裁

政府有关部门违反法律规定，侵犯企业经营权的，上级机关应当责令其改正；情节严重的，由同级机关或者有关上级机关对主管人员和直接责任人员，给予行政处分；构成犯罪的，依法追究刑事责任。

（三）对企业和政府有关部门的领导干部违法行为的法律制裁

企业领导干部滥用职权，侵犯职工合法权益，情节严重的，由政府主管部门给予行政处分；滥用职权、假公济私，对职工实行报复陷害的，依法追究刑事责任。

企业和政府有关部门的领导干部，因工作过失给企业和国家造成较大损失的，由政府主管部门或有关上级机关给予行政处分。

企业和政府有关部门的领导干部玩忽职守，致使企业财产、国家和人民利益遭受重大损失的，依法追究刑事责任。

（四）对其他违法行为的法律制裁

阻碍企业领导干部依法执行职务，未使用暴力、威胁方法的，由企业所在地公安机关依照《中华人民共和国治安管理处罚法》的规定处罚；使用暴力、威胁方法的，依法追究刑事责任。

扰乱企业的秩序，致使生产、营业、工作不能正常进行，尚未造成严重损失的，由企业所在地公安机关依法予以行政处罚；情节严重，致使生产、营业、工作无法进行，造成严重损失的，依法追究刑事责任。

第三节　合伙企业法

一、合伙企业法概述

(一) 合伙企业的概念和种类

合伙企业，是指自然人、法人和其他组织依照法律在中国境内设立的普通合伙企业和有限合伙企业。

普通合伙企业是指由普通合伙人组成、合伙人对合伙企业债务承担无限连带责任的企业。在普通合伙企业中还存在着一种特殊的普通合伙企业。

有限合伙企业是指由普通合伙人和有限合伙人组成、普通合伙人对合伙企业债务承担无限连带责任、有限合伙人以其认缴的出资额为限对合伙企业债务承担责任的企业。

(二) 合伙企业法的概念

合伙企业法是调整合伙关系的法律规范的总称。合伙关系，是指因合伙企业设立、变更、解散、经营等所形成的内外部关系。为了规范合伙企业，保护合伙企业和合伙人的合法权益，第八届全国人民代表大会常务委员会第二十四次会议于1997年2月23日通过了《中华人民共和国合伙企业法》(以下简称《合伙企业法》)。2006年8月27日第十届全国人民代表大会常务委员会第二十三次会议修订了《合伙企业法》，并自2007年6月1日起施行。

二、普通合伙企业

(一) 普通合伙企业的设立

设立普通合伙企业应具备下列条件：

1.有2个以上的合伙人

普通合伙应当有2个以上合伙人。合伙人为自然人的，应当具有完全民事行为能力。国有独资公司、国有企业、上市公司以及公益性的事业单位、社会团体不能成为普通合伙人。

2.有书面合伙协议

合伙协议应当载明下列事项：(1) 合伙企业的名称和主要经营场所的地点；(2) 合伙目的和合伙企业的经营范围；(3) 全体合伙人的住所

及其姓名；（4）合伙人出资的方式、数额和缴付出资的期限；（5）利润分配和亏损分担的办法；（6）合伙企业的事务执行；（7）入伙与退伙；（8）争议解决办法；（9）合伙企业的解散与清算；（10）违约责任。此外，合伙协议还可以载明合伙企业的经营期限和聘用经营管理人员等。

合伙协议一经订立就在当事人之间产生约束力。合伙协议生效后，全体合伙人可以在协商一致的基础上，予以修改或者补充。

3.有合伙人认缴或者实际缴付的出资

合伙人可以用货币、实物、土地使用权、知识产权或者其他财产权利出资，也可以用劳务出资。对于非货币的出资，需要评估作价的，由全体合伙人协商确定，也可以委托法定评估机构评估。合伙人应当按照合伙协议约定的出资方式、数额和缴付期限，履行出资义务。以非货币财产出资的，依照法律、行政法规的规定，需要办理财产权转移手续的，应当依法办理。

合伙人按照合伙协议的约定或者经全体合伙人决定，可以增加或者减少对合伙企业的出资。

4.有合伙企业的名称和生产经营场所

企业名称一般由以下几部分组成：企业所在地行政区划名称、字号、行业或者经营特点、组织形式。在普通合伙企业名称中应当标明“普通合伙”字样。合伙企业进行经常性、持续性的生产经营活动，应当有经营场所。

5.法律、行政法规规定的其他条件

如果法律、行政法规对普通合伙企业的设立规定了其他条件的，应当符合该规定的要求。

对于合伙企业的设立程序，合伙企业法规定，申请设立合伙企业，应当向企业登记机关提交登记申请书、合伙协议书、合伙人身份证明等文件。合伙企业的经营范围有属于法律、行政法规规定在登记前需经批准项目的，该项经营项目应当依法经过批准，并在登记时提交批准文件。

登记主管机关是各级工商行政管理机关。登记管理机关应在收到上述文件20日内作出是否予以登记的决定。对符合法律规定的予以登记，发给营业执照；否则，不予登记，并给予书面答复。合伙企业营业执照签发之日，为合伙企业的成立日期。

合伙企业设立分支机构的，应当向分支机构所在地的企业登记机关申请登记，领取营业执照。

（二）普通合伙企业的内部关系

1.普通合伙企业的财产

合伙企业财产由三部分构成：一是合伙人的出资；二是以合伙企业的名义取得的收益；三是依法取得的其他财产。合伙企业的财产，归全体合伙人共有，因此，只能由全体合伙人共同管理和使用。在合伙企业存续期间，合伙企业进行清算前，合伙人不得要求分割合伙企业的财产；但法律另有规定的除外。

除合伙协议另有约定外，合伙人向合伙人以外的人转让其在合伙企业中的全部或者部分财产份额时，须经其他合伙人一致同意。合伙人之间转让在合伙企业中的全部或者部分财产份额时，应当通知其他合伙人。合伙人依法转让其财产份额的，在同等条件下，其他合伙人有优先购买权。

合伙人以其在合伙企业中的财产份额出质的，需经其他合伙人一致同意，否则该出质行为无效，由此给善意第三人造成损失的，由行为人依法承担赔偿责任。

为维护交易安全，合伙人在合伙企业清算前私自转移或者处分合伙企业财产的，合伙企业不得以此对抗善意第三人。

2.普通合伙企业的事务执行

合伙人对执行合伙企业事务享有同等的权利，合伙企业的事务可以由全体合伙人共同执行，也可以由合伙协议约定或者全体合伙人决定，委托一名或者数名合伙人执行。执行合伙企业事务的合伙人，对外代表合伙企业，其他合伙人不再执行合伙企业的事务。根据合伙企业法规定，除合伙协议另有约定外，下列事务必须经全体合伙人同意：（1）改变合伙企业的名称；（2）改变合伙企业的经营范围、主要经营场所的地点；（3）处分合伙企业的不动产；（4）转让或者处分合伙企业的知识产权和其他财产权利；（5）以合伙企业的名义为他人提供担保；（6）聘任合伙人以外的人担任合伙企业的经营管理人；（7）依照合伙协议约定的有关事项。

无论是合伙人共同执行事务，还是委托个别合伙人执行事务，合伙人均有权随时了解有关合伙企业的经营状况和财务状况，有权查阅账簿和其他业务文件。在委托事务执行人的情况下，不执行事务的合伙人享有对事务执行人的监督权。事务执行人有义务向不参加事务执行的合伙人报告事务执行情况以及合伙企业经营状况和财务状况。

合伙协议约定或者经全体合伙人决定，合伙人分别执行合伙事务时，合伙人可以对其他合伙人执行的事务提出异议。提出异议时，应暂停该项事务的执行。被委托执行合伙企业事务的合伙人不按照合伙协议或者全体合伙人的决定执行事务的，其他合伙人可以决定撤销该委托。

合伙人对合伙企业有关事项作出表决时，按照合伙协议约定的表决办法办理。合伙协议未约定或者约定不明确的，实行合伙人一人一票并经全体合伙人过半数通过的表决办法。但法律对合伙企业的表决办法另有规定的，从其规定。

3.普通合伙人的忠实义务

由于合伙企业具有“人合”的性质，信任关系对于合伙企业的存续意义很大，由此派生出一系列被称为“忠实义务”的行为准则。其具体包括：（1）竞业禁止。合伙人不得自营或者同他人合作经营与本合伙企业相竞争的业务。合伙人也不能受他人委托，为他人经营与本合伙企业相竞争的业务。（2）交易禁止。合伙人非经合伙协议约定或者全体合伙人同意，不得同本合伙企业进行交易。（3）其他损害行为的禁止。合伙人不得从事损害本合伙企业利益的活动，如玩忽职守、隐瞒真实情况、在事务执行中谋私利等。

4.普通合伙企业的分配

合伙企业的利润和亏损，由合伙人依照合伙协议约定的比例分配和分担；合同协议未约定或者约定不明确的，由合伙人协商确定；协商不成的，由合伙人按照实缴出资比例分配和分担；无法确定出资比例的，由合伙人平均分配和分担。

合伙协议不得约定将全部利润分配给部分合伙人或者由部分合伙人承担全部亏损。

另外，合伙企业的生产经营所得和其他所得，按照国家有关的税收规定，由合伙人分别缴纳所得税。

（三）普通合伙企业与第三人的关系

1.保护善意第三人

合伙企业法允许每个合伙人可对外代表合伙企业执行合伙事务，但也规定了一些事务必须经全体合伙人一致同意；在委托一名或者数名合伙人执行合伙企业事务时，被委托的合伙人对外代表合伙企业的权利也会受到许多限制。为保护善意第三人的利益，维护交易安全，合伙企业法规定，合伙企业对合伙人执行合伙企业事务以及对外代表合伙企业权利的限制，不得对抗善意第三人。

2.普通合伙企业债务的承担

普通合伙企业的债务，是在合伙企业存续期间，因合伙企业对第三人的合同行为或侵权行为而产生的，所以承担债务的主体是合伙企业，但承担债务的财产范围却是合伙企业财产和每个合伙人的个人财产。

普通合伙企业对其债务，应先以其全部财产进行清偿。合伙企业财产不足清偿到期债务的，各合伙人应当承担无限连带清偿责任。以合伙企业财产清偿合伙企业债务时，其不足的部分，由合伙人依照合伙协议约定的比例或平均分担的形式以其在合伙企业出资以外的财产承担清偿责任。合伙人由于承担连带责任，所清偿数额超过其应当承担数额时，有权向其他合伙人追偿。

3.普通合伙企业债务与合伙人个人债务

虽然合伙企业债务由合伙人承担无限连带责任，但合伙企业债务与合伙人个人债务完全不同。合伙人的个人债务是合伙人以自己的名义对他人所欠的债务，该债权债务关系的当事人是合伙人与债权人，与合伙企业及合伙企业事务无关，所以合伙人个人债务只能用合伙人的个人财产来承担，合伙企业不予承担。对此法律作了具体规定：（1）合伙企业中某一合伙人的债权人，不得以该债权抵销其对合伙企业的债务；（2）合伙人个人负有债务，其债权人不得代位行使该合伙人在合伙企业中的权利；（3）合伙人个人财产不足清偿其个人所负债务时，该合伙人只能以其从合伙企业中分取的收益用于清偿，债权人也可依法请求人民法院强制执行该合伙人在合伙企业中的财产份额用于清偿。

（四）普通合伙企业的入伙和退伙

1.入伙

入伙，是指在合伙企业存续期间，合伙人以外的第三人加入合伙企业并取得合伙人地位和资格的法律行为。

根据合伙企业法的规定，新合伙人入伙应符合下列条件：（1）全体合伙人一致同意；（2）订立书面入伙协议。

新合伙人与原合伙人享有同等权利，承担同等责任。但是，入伙协议另有约定的，从其约定。新合伙人对入伙前合伙企业的债务承担无限连带责任。这有利于保护债权人利益及合伙关系的稳定。

2.退伙

退伙，是指在合伙企业存续期间，合伙人退出合伙企业，从而丧失合伙人资格的法律行为。根据退伙发生的原因不同，分为自愿退伙、当然退伙、除名退伙。

自愿退伙，又称声明退伙，是指合伙人按照自己的意愿退出合伙企业的情形。根据合伙企业法规定，对于合伙协议未约定经营期限的，合伙人在不给合伙企业事务造成不利影响的情况下可以退伙，但应当提前30日通知其他合伙人。对于合伙协议约定合伙企业经营期限的，发生下列情形之一的，合伙人可以退伙：（1）合伙协议约定的退伙事由出现；（2）经全体合伙人一致同意；（3）发生了合伙人难以继续参加合伙企业的事由；（4）其他合伙人严重违反合伙协议约定的义务。

当然退伙，又称法定退伙，是指基于法律直接规定的事由，而使原合伙人丧失合伙人资格的情形。合伙人有下列情形之一的，为当然退伙：（1）作为合伙人的自然人死亡或者被依法宣告死亡；（2）个人丧失偿债能力；（3）作为合伙人的法人或者其他组织依法被吊销营业执照、责令关闭、撤销，或者被宣告破产；（4）法律规定或者合伙协议约定合伙人必须具有相关资格而丧失该资格；（5）被人民法院强制执行在合伙企业中的全部财产份额。

除名退伙，又称开除退伙，是指被除名人因其他合伙人的一致要求，而被强制退出合伙企业的情形。合伙人有下列情形之一的，经其他合伙人一致同意，可以将其除名：（1）未履行出资义务；（2）因故意或重大过失给合伙企业造成损失；（3）执行合伙企业事务时有不正当行为；（4）合伙协议约定的其他事由。

合伙人退伙，势必要引起合伙企业财产的清理、结算与退还，这是关系到退伙人与其他合伙人重大财产关系的事项，对此，合伙企业法作出了具体的规定：（1）合伙人退伙的，其他合伙人应当与该退伙人对合伙财产进行结算；（2）其他合伙人与该退伙人应当以退伙时的合伙企业财产状况为准，进行结算；（3）在结算的基础上，按照合伙协议约定或退伙时由全体合伙人决定可以退还货币，也可退还实物，但退伙人对给合伙企业造成的损失负有赔偿责任的，相应扣减其应当赔偿的数额；（4）退伙时有未了结的合伙企业事务的，待了结后进行结算。

退伙人对其退伙前已发生的合伙企业债务，与其他合伙人共同承担无限连带责任。这是根据合伙人对合伙企业债务承担无限连带责任的法律原则，对退伙的合伙人所作的特别规定。合伙人退伙时，合伙企业财产少于合伙企业债务的，退伙人应当按照合伙协议约定的比例分担合伙企业的亏损；如果在合伙协议中未约定分担比例的，退伙人则与其他合伙人平均分担亏损。

（五）特殊的普通合伙企业

以专业知识和专门技能为客户提供有偿服务的专业服务机构，可以设立为特殊的普通合伙企业，如会计师事务所、评估师事务所等。特殊的普通合伙企业，是指合伙人依照合伙企业法的特别规定承担责任的普通合伙企业。特殊的普通合伙企业名称中应当标明“特殊普通合伙”字样。

合伙企业法对这类合伙企业的特别规定是：一个合伙人或者数个合伙人在执业活动中因故意或者重大过失造成合伙企业债务的，应当承担无限责任或者无限连带责任，其他合伙人以其在合伙企业中的财产份额为限承担责任；合伙人在执业活动中非因故意或者重大过失造成的合伙企业债务以及合伙企业其他债务，由全体合伙人承担无限连带责任。

除此之外，特殊的普通合伙企业适用法律对普通合伙企业的规定。

为了保护债权人的利益，特殊的普通合伙企业应当建立执业风险基金、办理执业保险。

三、有限合伙企业

（一）有限合伙企业的设立条件

1.合伙人符合法定人数

有限合伙企业由2个以上50个以下合伙人设立，但是法律另有规定的除外。有限合伙企业中至少应当有一个普通合伙人。除合伙协议另有约定外，普通合伙人转变为有限合伙人，或者有限合伙人转变为普通合伙人，应当经全体合伙人一致同意。

2.有书面的合伙协议

合伙协议除载明一般普通合伙协议所要求的内容外，还应当包括：（1）普通合伙人和有限合伙人的姓名或者名称、住所；（2）执行事务合伙人应具备的条件和选择程序；（3）执行事务合伙人权限与违约处理办法；（4）执行事务合伙人的除名条件和更换程序；（5）有限合伙人入伙、退伙的条件、程序以及相关责任；（6）有限合伙人和普通合伙人相互转变程序。

3.有合伙人认缴或者实际缴付的出资

有限合伙人可以用货币、实物、知识产权、土地使用权或者其他财产权利作价出资。有限合伙人不得以劳务出资。有限合伙人应当按照合伙协议的约定按期足额缴纳出资，未按期足额缴纳的，应当承担补缴义务，并对其他合伙人承担违约责任。有限合伙企业登记事项中应当载明有限合伙人的姓名或者名称及认缴的出资数额。

4.有合伙企业的名称和生产经营场所

这方面的要求与普通合伙企业基本相同。只是在有限合伙企业的名称中应当标明“有限合伙”字样。

5.法律、行政法规规定的其他条件

如果法律、行政法规对有限合伙企业的设立规定了其他条件的，应当符合该规定的条件。

（二）有限合伙企业的内部关系

1.合伙企业的财产

在合伙企业存续期间，有限合伙人可以按照合伙协议的约定向合伙人以外的人转让其在有限合伙企业中的财产份额，但应当提前30日通知其他合伙人。

除合伙协议另有约定外，有限合伙人可以将在有限合伙企业中的财产份额出质，而不必经全体合伙人一致同意。

2.合伙企业的事务执行

有限合伙企业由普通合伙人执行合伙事务。执行事务合伙人可以要求在合伙协议中确定执行事务的报酬及报酬的支付方式。有限合伙人不执行合伙事务，不得对外代表有限合伙企业。有限合伙人未经授权以有限合伙企业名义与他人进行交易，给有限合伙企业或者其他合伙人造成损失的，该有限合伙人应当承担赔偿责任。

有限合伙人不执行合伙事务，不得对外代表有限合伙企业。有限合伙人的下列行为，不视为执行合伙事务：（1）参与决定普通合伙人入伙、退伙；（2）对企业的经营管理提出建议；（3）参与选择承办有限合伙企业审计业务的会计师事务所；（4）获取经审计的有限合伙企业财务会计报告；（5）对涉及自身利益的情况，查阅有限合伙企业财务会计账簿等财务资料；（6）在有限合伙企业中的利益受到侵害时，向有责任的合伙人主张权利或者提起诉讼；（7）执行事务合伙人怠于行使权利时，督促其行使权利或者为了本企业的利益以自己的名义提起诉讼；（8）依法为本企业提供担保。

3.利润分配

有限合伙企业不得将全部利润分配给部分合伙人，但合伙协议另有约定的除外。

除合伙协议另有约定外，有限合伙人可以同本有限合伙企业进行交易；可以自营或者同他人合作经营与本有限合伙企业相竞争的业务。

（三）有限合伙企业与第三人的关系

有限合伙人对合伙企业债务承担有限责任也不是绝对的，当出现法定情形时，有限合伙人也会对合伙企业债务承担无限连带责任。当第三人有理由相信有限合伙人为普通合伙人并与其交易时，该有限合伙人对该笔交易承担与普通合伙人同样的责任，即对该笔债务承担无限连带责任。

有限合伙人的自有财产不足清偿其与合伙企业无关的债务的，该合伙人可以以其从有限合伙企业中分取的收益用于清偿；债权人也可以依法请求人民法院强制执行该合伙人在有限合伙企业中的财产份额用于清偿。

人民法院强制执行有限合伙人的财产份额时，应当通知全体合伙人。在同等条件下，其他合伙人有优先购买权。

有限合伙人转变为普通合伙人的，对其作为有限合伙人期间有限合伙企业发生的债务承担无限连带责任。

普通合伙人转变为有限合伙人的，对其作为普通合伙人期间合伙企业发生的债务承担无限连带责任。

（四）有限合伙企业的入伙和退伙

根据有限合伙企业的特点，合伙企业法对其入伙和退伙问题，作了如下一些规定：

第一，新入伙的有限合伙人对入伙前有限合伙企业的债务，以其认缴的出资额为限承担责任；

第二，作为有限合伙人的自然人在有限合伙企业存续期间丧失民事行为能力的，其他合伙人不得因此要求其退伙；

第三，作为有限合伙人的自然人死亡、被依法宣告死亡或者作为有限合伙人的法人及其他组织终止时，其继承人或者权利承受人可以依法取得该有限合伙人在有限合伙企业中的资格；

第四，有限合伙人退伙后，对基于其退伙前的原因发生的有限合伙企业债务，以其退伙时从有限合伙企业中取回的财产承担责任。

此外，法律对有限合伙企业未作特别规定的，适用关于普通合伙企业的一般规定。

四、合伙企业的解散、破产与清算

（一）合伙企业的解散

合伙企业有下列情形之一的，应当解散：（1）合伙协议约定的经营期限届满，合伙人不再继续经营；（2）合伙协议约定的解散事由出现；（3）全体合伙人决定解散；（4）合伙企业已不具备法定人数满30天；（5）合伙协议约定的合伙目的已实现或者无法实现；（6）被依法吊销营业执照、责令关闭或者被撤销；（7）出现法律、行政法规规定的合伙企业解散的其他原因。

（二）合伙企业的破产

合伙企业不能清偿到期债务的，债权人可以依法向人民法院提出破产清算申请，也可以要求普通合伙人清偿。

合伙企业依法被宣告破产的，普通合伙人对合伙企业债务仍应承担无限连带责任。

（三）合伙企业的清算

合伙企业清算，是指合伙企业宣告解散后，为了终结合伙企业现存的各种法律关系，依法清理合伙企业债权债务的行为。合伙企业解散进行清算时，应当通知和公告债权人。

合伙企业解散，清算人可以由全体合伙人担任；不能由全体合伙人担任的，经全体合伙人过半数同意，可以自合伙企业解散后15日内指定一名或者数名合伙人，或者委托第三人担任清算人；如果15日内未能确定清算人的，合伙人或者其他利害关系人可以申请人民法院指定清算人。

清算人在清算期间执行下列事务：（1）清理合伙企业财产，分别编制资产负债表和财产清单；（2）处理与清算有关的合伙企业未了结事务；（3）清缴所欠税款；（4）清理债权、债务；（5）处理合伙企业清偿债务后的剩余财产；（6）代表合伙企业参加诉讼或仲裁活动。

合伙企业财产在支付清算费用和职工工资、社会保险费用、法定补偿金以及缴纳所欠税款、清偿债务后的剩余财产，按照合伙协议的约定办理；合伙协议未约定或者约定不明确的，由合伙人协商决定；协商不成的，由合伙人按照实缴出资比例分配；无法确定出资比例的，由合伙人平均分配。

清算结束后，清算人应当编制清算报告，经全体合伙人签名、盖章后，在15日内向登记机关报送清算报告，办理合伙企业注销登记。

合伙企业注销后，原普通合伙人对合伙企业存续期间的债务仍应承担无限连带责任。

第四节　个人独资企业法

一、个人独资企业法概述

（一）个人独资企业的概念和特征

个人独资企业，是指在中国境内依法设立的，由一个自然人投资，财产为投资人个人所有，投资人以其个人财产对企业债务承担无限责任的经营实体。

个人独资企业具有如下特征：(1) 它是由一个自然人投资的企业。国家机关、国家授权投资的机构或者国家授权的部门、企业、事业单位都不能作为个人独资企业的投资人。此外，外商独资企业也不能作为个人独资企业的投资人。(2) 投资人对企业的债务承担无限责任。当企业的资产不足以清偿到期债务时，投资人应以自己个人的全部财产用于清偿。(3) 其内部机构设置简单，经营管理方式灵活。(4) 个人独资企业不具有法人资格。

（二）个人独资企业法的概念

个人独资企业法是调整个人独资企业在设立、变更、终止和在生产经营活动中产生的各种社会关系的法律规范的总称。为了保护个人独资企业的财产和其他合法权益，规范个人独资企业的生产经营活动，1999年8月30日，第九届全国人民代表大会常务委员会第十一次会议通过了《中华人民共和国个人独资企业法》（以下简称《个人独资企业法》），自2000年1月1日起施行。

二、个人独资企业的设立

（一）个人独资企业的设立条件

设立个人独资企业，应当具备下列条件：(1) 投资人为一个自然人，且只能是中国公民。投资人应当具有完全民事行为能力。(2) 有合法的企业名称。个人独资企业的名称中不得使用“有限”、“有限责任”或者“公司”字样。(3) 有投资人申报的出资。设立个人独资企业可以用货币出资，也可以用实物、土地使用权、知识产权或者其他财产权利出资。投资人可以个人财产出资，也可以家庭共有财产作为个人出资。以家庭共有财产作为个人出资的，投资人应当在设立登记申请书上予以注明。(4) 有固定的生产经营场所和必要的生产经营条件。(5) 有必要的从业人员。

（二）个人独资企业的设立程序

申请设立个人独资企业，应当由投资人或者其委托的代理人向个人独资企业所在地的登记机关提出设立申请。

登记机关应当在收到设立申请文件之日起15日内，对符合个人独资企业法规定条件的予以登记，发给营业执照；不符合个人独资企业法规定条件的，不予登记，并发给企业登记驳回通知书。个人独资企业的营业执照签发日期，为个人独资企业成立日期。

个人独资企业设立分支机构的，应当由投资人或者其委托的代理人向分支机构所在地的登记机关申请登记，领取营业执照。分支机构核准登记后，应将登记情况报该分支机构隶属的个人独资企业的登记机关备案。分支机构的民事责任由设立该分支机构的个人独资企业承担。

三、个人独资企业的投资人及事务管理

（一）个人独资企业的投资人

个人独资企业的投资人为一个具有中国国籍的自然人，但法律、行政法规规定禁止从事营利性活动的人，不得作为投资人申请设立个人独资企业。

个人独资企业投资人对本企业的财产依法享有所有权，其有关权利可以依法转让或继承。个人独资企业投资人在申请企业设立登记时明确以家庭共有财产作为个人出资的，应当依法以家庭共有财产对企业债务承担无限责任。

（二）个人独资企业的事务管理

个人独资企业投资人可以自行管理企业事务，也可以委托或者聘用其他具有民事行为能力的人负责企业的事务管理。投资人委托或者聘用他人管理个人独资企业事务，应当与受托人或者被聘用的人签订书面合同，合同应订明委托的具体内容、授予的权利范围等。受托人或者被聘用的人员应当履行诚信、勤勉义务，按照与投资人签订的合同负责个人独资企业的事务管理。

个人独资企业的投资人与受托人或者被聘用的人员之间有关权利的限制只对受托人或者被聘用的人员有效，对第三人并无约束力，受托人或者被聘用的人员超出投资人的限制与善意第三人的有关业务交往应当有效。

投资人委托或者聘用的管理人员不得有下列行为：（1）利用职务上的便利，索取或者收受贿赂；（2）利用职务或者工作上的便利侵占企业财产；（3）挪用企业的资金归个人使用或者借贷他人；（4）擅自将企业资金以个人名义或者以他人名义开立账户储存；（5）擅自以企业财产提供担保；（6）未经投资人同意，从事与本企业相竞争的业务；（7）未经投资人同意，同本企业订立合同或者进行交易；（8）未经投资人同意，擅自将企业商标或者其他知识产权转让给他人使用；（9）泄露本企业的商业秘密；（10）法律、行政法规禁止的其他行为。

四、个人独资企业的权利和义务

个人独资企业可以依法申请贷款，取得土地使用权，并享有法律、行政法规规定的其他权利。任何单位和个人不得违反法律、行政法规的规定，以任何方式强制个人独资企业提供财力、物力、人力；对于违法强制提供财力、物力、人力的行为，个人独资企业有权拒绝。

个人独资企业应当依法设置会计账簿，进行会计核算。个人独资企业招用职工的，应当依法与职工签订劳动合同，保障职工的劳动安全，按时、足额发放职工工资。个人独资企业应当按照国家规定参加社会保险，为职工缴纳社会保险费。

五、个人独资企业的解散和清算

（一）个人独资企业的解散

个人独资企业的解散，是指个人独资企业终止活动使其民事主体资格消灭的行为。根据个人独资企业法的规定，个人独资企业有下列情形之一时，应当解散：（1）投资人决定解散；（2）投资人死亡或者被宣告死亡，无继承人或者继承人放弃继承；（3）被依法吊销营业执照；（4）法律、行政法规规定的其他情形。

（二）个人独资企业的清算

个人独资企业解散时，应当进行清算。可由投资人自行清算或者由债权人申请人民法院指定清算人进行清算。投资人自行清算的，应当在清算前15日内书面通知债权人，无法通知的，应当予以公告。债权人应当在接到通知之日起30日内，未接到通知的应当在公告之日起60日内，向投资人申报其债权。

个人独资企业解散的，财产应当按照下列顺序清偿：（1）所欠职工工资和社会保险费用；（2）所欠税款；（3）其他债务。个人独资企业财产不足以清偿债务的，投资人应当以其个人的其他财产予以清偿。

清算期间，个人独资企业不得开展与清算目的无关的经营活动，在按前述财产清偿顺序清偿债务前，投资人不得转移、隐匿财产。

个人独资企业清算结束后，投资人或者人民法院指定的清算人应当编制清算报告，并于清算结束之日起15日内向原登记机关申请注销登记。经登记机关注销登记，个人独资企业终止。个人独资企业办理注销登记时，应当缴回营业执照。

六、法律责任

（一）投资人违法行为应承担的法律责任

投资人提交虚假文件或采取其他欺骗手段，取得企业登记的，责令改正，处以5 000元以下的罚款；情节严重的，并处吊销营业执照。

个人独资企业使用的名称与其在登记机关登记的名称不相符合的，责令限期改正，处以2 000元以下的罚款。

涂改、出租、转让营业执照的，责令改正，没收违法所得，处以3 000元以下的罚款；情节严重的，吊销营业执照。伪造营业执照的，责令停业，没收违法所得，处以5 000元以下的罚款；构成犯罪的，依法追究刑事责任。

个人独资企业成立后无正当理由超过6个月未开业的或者开业后自行停业连续6个月以上的，吊销营业执照。

未领取营业执照，以个人独资企业的名义从事经营活动的，责令停止经营活动，处以3 000元以下的罚款。个人独资企业登记事项发生变更时，未按照规定办理变更登记的，责令限期办理变更登记；逾期不办理的，处以2 000元以下的罚款。

侵犯职工合法权益，未保障职工劳动安全，不缴纳社会保险费的，依照有关法律、行政法规的规定予以处罚，并追究有关责任人员的责任。

在清算前或清算期间隐匿或转移财产，逃避债务的，依法追回其财产，并按照有关规定予以处罚；构成犯罪的，依法追究刑事责任。

违反个人独资企业法的规定，应当承担民事赔偿责任和缴纳罚款、罚金，其财产不足以支付的，或者被判处没收财产的，应当先承担民事赔偿责任。

（二）管理人员对投资人造成损害或侵犯投资人权益的法律责任

投资人委托或者聘用的人员管理个人独资企业事务时违反双方订立的合同，给投资人造成损害的，承担民事赔偿责任。

投资人委托或者聘用的人员违反个人独资企业法的规定，侵犯个人独资企业财产权益的，责令退还侵占的财产；给企业造成损失的，依法承担赔偿责任；有违法所得的，没收违法所得；构成犯罪的，依法追究刑事责任。

（三）企业登记机关及其上级部门有关人员的法律责任

登记机关对不符合个人独资企业法规定的条件予以登记，或者对符合规定条件的企业不予登记的，对直接责任人员依法给予行政处分；构成犯罪的，依法追究刑事责任。

登记机关的上级部门的有关主管人员强令登记机关对不符合规定条件的企业予以登记，或者对符合规定条件的企业不予登记的，或者对登记机关的违法登记行为进行包庇的，对直接责任人员依法给予行政处分；构成犯罪的，依法追究刑事责任。

复习思考题

一、概念题

厂长（经理）负责制　普通合伙企业　有限合伙企业　个人独资企业

二、问答题

1. 全民所有制工业企业的经营权包括哪些内容？
2. 普通合伙企业的合伙人对企业债务应如何承担？
3. 设立有限合伙企业应具备哪些条件？
4. 法律对有限合伙企业内部事务执行作了哪些规定？
5. 设立个人独资企业应具备哪些条件？
6. 个人独资企业法对独资企业的清算是如何规定的？

第四章 公司法

第一节 公司法概述

一、公司的概念和特征

公司是依照公司法设立的、以营利为目的的企业法人。它是适应市场经济社会化大生产的需要而形成的一种企业组织形式。

公司具有如下主要特征：(1) 公司以营利为目的。公司必须是从事生产经营活动，以获取最大利润为目的的经济组织。那些不从事生产经营活动的事业单位、行政机关，或者不以获取最大利润为目的的生产经营单位，均不属于公司的范畴。(2) 公司具有法人资格。我国公司法明确规定，公司是企业法人，有独立的法人财产，享有法人财产权。公司以其全部财产对公司的债务承担责任。(3) 公司依照公司法而设立。这里所指的公司，必须依照公司法规定的条件和程序而设立，那些依据其他法律设立的法人企业或公司，都不是公司法上所说的公司。

二、公司的种类

公司可以从不同角度划分其类型。从世界各国公司法的规定看，依据股东承担责任形式的不同，可将公司分为无限责任公司、有限责任公司、两合公司、股份有限公司。我国公司法仅规定了有限责任公司和股份有限公司两种形式。此外，我国公司法根据一公司对另一公司的控制与依附关系不同，将公司分为母公司和子公司；根据公司的管辖系统不同，将公司分为本公司和分公司等。对公司进行分类，涉及公司责任的承担，并对公司管理具有实际意义。

三、公司法的概念和作用

(一) 公司法的概念

公司法是调整公司在设立、变更、解散及其从事生产经营活动中发生的社会关系的法律规范的总称。由此可见，公司法有广义和狭义之分。狭义的公司法，是指经国家立法机关制定，并以公司法名称命名的单行法律。1993年12月29日，第八届全国人民代表大会常务委员会第五次会议通过了《中华人民共和国公司法》（以下简称《公司法》），该法于2005年10月27日经第三次修订，并自2006年1月1日起施行。2013年12月28日，第十二届全国人民代表大会常务委员会第六次会议审议并通过了公司法修正案草案，自2014年3月1日起施行。广义的公司法，是指除公司法之外，还包括其他法律、法规中有关公司的法律规定。本章从狭义理解我国的公司法。

（二）公司法的作用

公司法对我国市场经济的确立和发展起着极大的推动和保护作用，主要表现在以下三个方面：

第一，保障公司的健康发展。公司法明确规范了各类公司成立的条件，统一了各种公司的合理模式，禁止和取消不符合法定条件的公司，从法律上保证了公司沿着正确的方向健康发展。

第二，维护社会经济秩序。公司法将公司活动纳入法制轨道，规定了公司的财产制度和经营活动原则，保证了公司独立承担债务和责任的能力，从而促进了市场经济活动的正常进行，维护了社会经济秩序的稳定。

第三，促进国际经贸合作与交流。公司法不仅规范了公司的组织行为，还确立了外国公司在我国的法律地位，使公司法成为具有国际性的法律制度，这对加强各国间的经济交往具有十分重要的作用。

第二节 有限责任公司

一、有限责任公司的概念和特征

有限责任公司又称有限公司，是指股东以出资额为限对公司承担责任，公司以其全部资产对其债务承担责任的公司。

有限责任公司有如下主要特征：（1）有限责任公司的股东均负有限责任。股东仅以其出资额为限对公司承担责任，而不再涉及其他个人财产。（2）有限责任公司资本不分成等额股份，证明股东出资额的权利证书为不分财产份额的“出资证明书”，而不是股票，这是有限责任公司与股份有限公司的最主要区别。(3) 有限责任公司股东有最高人数限制，而股份有限公司股东没有最高人数限制。

二、有限责任公司的设立

(一) 设立有限责任公司的条件

有限责任公司的设立，应当具备下列条件：

1.股东符合法定人数

有限责任公司由50个以下股东出资设立。股东可以是自然人，也可以是法人。

2.有符合公司章程规定的全体股东认缴的出资额

有限责任公司的注册资本为在公司登记机关登记的全体股东认缴的出资额。法律、行政法规以及国务院决定对有限责任公司注册资本实缴、注册资本最低限额另有规定的，从其规定。

股东可以用货币出资，也可以用实物、知识产权、土地使用权等可以用货币估价并可以依法转让的非货币财产作价出资；但是，法律、行政法规规定不得作为出资的财产除外。全体股东的货币出资金额不得低于有限责任公司注册资本的30%。

3.股东共同制定公司章程

有限责任公司设立时，由全体股东共同制定公司章程，股东应当在公司章程上签名、盖章。公司章程应当载明：(1) 公司名称和住所；(2) 公司经营范围；(3) 公司注册资本；(4) 股东姓名或者名称；(5) 股东的出资方式、出资额和出资时间；(6) 公司机构及其产生办法、职权、议事规则；(7) 公司法定代表人；(8) 股东会会议认为需要规定的其他事项。

4.有公司名称，建立符合有限责任公司要求的组织机构

公司名称必须标明“有限责任公司”或者“有限公司”字样，必须符合有关法律、行政法规的规定。公司须建立与法律规定相一致的组织机构。

5.有公司住所

公司以其主要办事机构所在地为住所。

（二）设立有限责任公司的登记

股东依据公司章程缴足认缴的出资后，由全体股东指定的代表或者共同委托的代理人向公司登记机关报送公司登记申请书、公司章程、验资证明等文件，申请设立登记。申请登记的公司经公司登记机关依法登记，领取企业法人营业执照，方取得企业法人资格。未经公司登记机关登记的，不得以公司名义从事经营活动。

登记事项发生变更的，应当办理变更登记。未经登记或者变更登记的，不得对抗第三人。

三、有限责任公司的组织机构

（一）股东会

1.股东会的性质和职权

有限责任公司的股东会由全体股东组成。股东会是公司的权力机构。它行使下列职权：（1）决定公司的经营方针和投资计划；（2）选举和更换非由职工代表担任的董事、监事，决定有关董事、监事的报酬事项；（3）审议批准董事会的报告；（4）审议批准监事会或者监事的报告；（5）审议批准公司的年度财务预算方案、决算方案；（6）审议批准公司的利润分配方案和弥补亏损方案；（7）对公司增加或者减少注册资本作出决议；（8）对发行公司债券作出决议；（9）对公司合并、分立、解散、清算或者变更公司形式作出决议；（10）修改公司章程；（11）公司章程规定的其他职权。

2.股东会会议和议事规则

股东会会议分为定期会议和临时会议。定期会议应当按照公司章程的规定按时召开。代表1/10以上表决权的股东、1/3以上的董事、监事会或者不设监事会的公司的监事提议召开临时会议的，应当召开临时会议。首次股东会会议由出资最多的股东召集和主持。除首次会议外，有限责任公司设立董事会的，股东会会议由董事会召集，董事长主持；董事长不能履行职务或者不履行职务的，由副董事长主持；副董事长不能履行职务或者不履行职务的，由半数以上董事共同推举一名董事主持。有限责任公司不设董事会的，股东会会议由执行董事召集和主持。董事会或者执行董事不能履行或者不履行召集股东会会议职责的，由监事会或者不设监事会的公司的监事召集和主持；监事会或者监事不召集和主持的，代表1/10以上表决权的股东可以自行召集和主持。

股东会会议由股东按照出资比例行使表决权；但是，公司章程另有规定的除外。股东会会议作出修改公司章程、增加或者减少注册资本的决议，以及公司合并、分立、解散或者变更公司形式的决议，必须经代表2/3以上表决权的股东通过。

股东会的议事方式和表决程序，除公司法有规定的外，由公司章程规定。

（二）董事会、执行董事和经理

1.董事会的性质和组成

董事会是由股东会选举产生的董事组成的业务执行机关，其成员为3~13人。由两个以上的国有企业或者两个以上的其他国有投资主体投资设立的有限责任公司，其董事会成员中应当有公司职工代表；其他有限责任公司董事会成员中可以有公司职工代表。董事会中的职工代表由公司职工通过职工代表大会、职工大会或者其他形式民主选举产生。董事会设董事长1人，可以设副董事长。董事长、副董事长的产生办法由公司章程规定。公司法定代表人依照公司章程的规定，由董事长、执行董事或者经理担任，并依法登记。

2.董事会的职权和董事的任期

董事会对股东会负责，行使下列职权：（1）召集股东会会议，并向股东会报告工作；（2）执行股东会的决议；（3）决定公司的经营计划和投资方案；（4）制订公司的年度财务预算方案、决算方案；（5）制订公司的利润分配方案和弥补亏损方案；（6）制订公司增加或者减少注册资本以及发行公司债券的方案；（7）制订公司合并、分立、解散或者变更公司形式的方案；（8）决定公司内部管理机构的设置；（9）决定聘任或者解聘公司经理及其报酬事项，并根据经理的提名决定聘任或者解聘公司副经理、财务负责人及其报酬事项；（10）制定公司的基本管理制度；（11）公司章程规定的其他职权。

董事任期由公司章程规定，但每届任期不得超过3年。董事任期届满，连选可以连任。董事任期届满未及时改选，或者董事在任期内辞职导致董事会成员低于法定人数的，在改选出的董事就任前，原董事仍应当依照法律、行政法规和公司章程的规定，履行董事职务。

3.董事会会议

董事会会议由董事长召集和主持；董事长不能履行职务或者不履行职务的，由副董事长召集和主持；副董事长不能履行职务或者不履行职务的，由半数以上董事共同推举1名董事召集和主持。董事会的议事方式和表决程序，除公司法有规定外，由公司章程规定。

4.执行董事和经理

股东人数较少或者规模较小的有限责任公司，可以设1名执行董事，不设董事会。执行董事可以兼任公司经理。执行董事的职权由公司章程规定。

经理由董事会聘任或者解聘。经理对董事会负责，并列席董事会会议。经理依法行使下列职权：(1) 主持公司的生产经营管理工作，组织实施董事会决议；(2) 组织实施公司年度经营计划和投资方案；(3) 拟订公司内部管理机构设置方案；(4) 拟订公司的基本管理制度；(5) 制定公司的具体规章；(6) 提请聘任或者解聘公司副经理、财务负责人；(7) 决定聘任或者解聘除应由董事会决定聘任或者解聘以外的负责管理人员；(8) 董事会授予的其他职权。公司章程对经理职权另有规定的，从其规定。

（三）监事会或监事

1.监事会或监事的设立和监事会的组成

有限责任公司设立监事会，其成员不得少于3人。股东人数较少或者规模较小的有限责任公司，可以设1~2名监事，不设监事会。监事会应当包括股东代表和适当比例的公司职工代表，其中职工代表的比例不得低于1/3，具体比例由公司章程规定。监事会中的职工代表由公司职工通过职工代表大会、职工大会或者其他形式民主选举产生。董事、高级管理人员不得兼任监事。

2.监事会或监事的职权和监事任期

监事会或不设监事会的公司的监事依法行使下列职权：(1) 检查公司财务；(2) 对董事、高级管理人员执行公司职务的行为进行监督，对违反法律、行政法规、公司章程或者股东会决议的董事、高级管理人员提出罢免的建议；(3) 当董事、高级管理人员的行为损害公司的利益时，要求董事、高级管理人员予以纠正；(4) 提议召开临时股东会会议，在董事会不履行本法规定的召集和主持股东会会议职责时召集和主持股东会会议；（5）向股东会会议提出提案；（6）依照公司法的规定，对董事、高级管理人员提起诉讼；（7）公司章程规定的其他职权。除此之外，监事会、不设监事会的公司的监事发现公司经营情况异常，可以进行调查；必要时，可以聘请会计师事务所等协助其工作，费用由公司承担。监事可以列席董事会会议，并对董事会决议事项提出质询或者建议。

监事的任期每届为3年。监事任期届满，连选可以连任。监事任期届满未及时改选，或者监事在任期内辞职导致监事会成员低于法定人数的，在改选出的监事就任前，原监事仍应当依照法律、行政法规和公司章程的规定，履行监事职务。

3.监事会会议

监事会设主席1人，由全体监事过半数选举产生。监事会主席召集和主持监事会会议；监事会主席不能履行职务或者不履行职务的，由半数以上监事共同推举1名监事召集和主持监事会会议。

监事会每年度至少召开一次会议，监事可以提议召开临时监事会会议。监事会的议事方式和表决程序，除公司法规定外，由公司章程规定。监事会决议应当经半数以上监事通过。

（四）董事、监事、高级管理人员的任职资格和义务

1.董事、监事、高级管理人员任职资格的限制

公司的董事、监事、高级管理人员均是公司机构的主要人员，有必要对这些人员的任职资格加以限制。为此，公司法规定，下列人员不得担任公司的董事、监事、高级管理人员：（1）无民事行为能力或者限制民事行为能力；（2）因贪污、贿赂、侵占财产、挪用财产或者破坏社会主义经济秩序，被判处刑罚，执行期满未逾5年，或者因犯罪被剥夺政治权利，执行期满未逾5年；（3）担任破产清算的公司、企业的董事或者厂长、经理，并对该公司、企业的破产负有个人责任的，自该公司、企业破产清算完结之日起未逾3年；（4）担任因违法被吊销营业执照、责令关闭的公司、企业的法定代表人，并负有个人责任的，自该公司、企业被吊销营业执照之日起未逾3年；（5）个人所负数额较大的债务到期未清偿。除此之外，公司违反上述规定选举、委派董事、监事或者聘

任高级管理人员的，该选举、委派或者聘任无效。董事、监事、高级管理人员在任职期间出现上述所列情形的，公司应当解除其职务。

2.董事、监事、高级管理人员的义务

董事、监事、高级管理人员应当遵守法律、行政法规和公司章程，对公司负有忠实义务和勤勉义务。董事、监事、高级管理人员不得利用职权收受贿赂或者其他非法收入，不得侵占公司的财产。

董事、高级管理人员不得有下列行为：（1）挪用公司资金；（2）将公司资金以其个人名义或者以其他个人名义开立账户存储；（3）违反公司章程的规定，未经股东会、股东大会或者董事会同意，将公司资金借贷给他人或者以公司财产为他人提供担保；（4）违反公司章程的规定或者未经股东会、股东大会同意，与本公司订立合同或者进行交易；（5）未经股东会或者股东大会同意，利用职务便利为自己或者他人谋取属于公司的商业机会，自营或者为他人经营与所任职公司同类的业务；（6）接受他人与公司交易的佣金归为己有；（7）擅自披露公司秘密；（8）违反对公司忠实义务的其他行为。

董事、高级管理人员违反上述规定所得的收入应当归公司所有。董事、监事、高级管理人员执行公司职务时违反法律、行政法规或者公司章程的规定，给公司造成损失的，应当承担赔偿责任。

股东会或者股东大会要求董事、监事、高级管理人员列席会议的，董事、监事、高级管理人员应当列席并接受股东的质询。董事、高级管理人员应当如实向监事会或者不设监事会的有限责任公司的监事提供有关情况和资料，不得妨碍监事会或者监事行使职权。

（五）股东的诉讼

董事、高级管理人员执行公司职务时违反法律、行政法规或者公司章程的规定，给公司造成损失的，有限责任公司的股东、股份有限公司连续180日以上单独或者合计持有公司1%以上股份的股东，可以书面请求监事会或者不设监事会的有限责任公司的监事向人民法院提起诉讼；监事有上述规定的情形的，前述股东可以书面请求董事会或者不设董事会的有限责任公司的执行董事向人民法院提起诉讼。

监事会、不设监事会的有限责任公司的监事，或者董事会、执行董事收到上述规定的股东书面请求后拒绝提起诉讼，或者自收到请求之日起30日内未提起诉讼，或者情况紧急、不立即提起诉讼将会使公司利益受到难以弥补的损害的，前款规定的股东有权为了公司的利益以自己的名义直接向人民法院提起诉讼。

他人侵犯公司合法权益，给公司造成损失的，有限责任公司的股东、股份有限公司连续180日以上单独或者合计持有公司1%以上股份的股东，可以依照前两款的规定向人民法院提起诉讼。

董事、高级管理人员违反法律、行政法规或者公司章程的规定，损害股东利益的，股东可以向人民法院提起诉讼。

四、一人有限责任公司

（一）一人有限责任公司的概念

一人有限责任公司，是指只有一个自然人股东或者一个法人股东的有限责任公司。

（二）一人有限责任公司的特点

一人有限责任公司有以下特点：（1）一个自然人只能投资设立一个一人有限责任公司。（2）一人有限责任公司应当在公司登记中注明自然人独资或者法人独资，并在公司营业执照中载明。（3）一人有限责任公司章程由股东制定。一人有限责任公司不设股东会。（4）一人有限责任公司应当在每一会计年度终了时编制财务会计报告，并经会计师事务所审计。（5）一人有限责任公司的股东不能证明公司财产独立于股东自己的财产的，应当对公司债务承担连带责任。

五、国有独资公司

（一）国有独资公司的概念和特点

国有独资公司，是指国家单独出资、由国务院或者地方人民政府授权本级人民政府国有资产监督管理机构履行出资人职责的有限责任公司。

国有独资公司具有以下特点：（1）为国家单独出资，由政府授权的国有资产监督管理机构所开办。（2）公司章程由国有资产监督管理机构制定，或者由董事会制定报国有资产监督管理机构批准。（3）重要的国有独资公司，按照国务院的规定确定。

（二）国有独资公司的组织机构

国有独资公司不设股东会，由国有资产监督管理机构行使股东会职权。国有资产监督管理机构可以授权公司董事会行使股东会的部分职权，决定公司的重大事项，但公司的合并、分立、解散、增加或者减少注册资本和发行公司债券，必须由国有资产监督管理机构决定，其中，重要的国有独资公司合并、分立、解散、申请破产的，应当由国有资产监督管理机构审核后，报本级人民政府批准。

国有独资公司的董事会，依照公司法关于有限责任公司的相关规定行使职权。董事每届任期不得超过3年。董事会成员由国有资产监督管理机构委派；但是，董事会成员中应当有公司职工代表，并由公司职工代表大会选举产生。董事会设董事长1人，可以设副董事长。董事长、副董事长由国有资产监督管理机构从董事会成员中指定。

国有独资公司设经理，由董事会聘任或者解聘。经理依照公司法关于有限责任公司相关规定行使职权。经国有资产监督管理机构同意，董事会成员可以兼任经理。

国有独资公司的董事长、副董事长、董事、高级管理人员，未经国有资产监督管理机构同意，不得在其他有限责任公司、股份有限公司或者其他经济组织兼职。

国有独资公司监事会成员不得少于5人，其中职工代表的比例不得低于1/3，具体比例由公司章程规定。监事会成员由国有资产监督管理机构委派；但是，监事会成员中的职工代表由公司职工代表大会选举产生。监事会主席由国有资产监督管理机构从监事会成员中指定。监事会依照公司法关于有限责任公司的相关规定行使职权和国务院规定的其他职权。

六、股权转让

（一）股权转让的一般规定

有限责任公司的股东之间可以相互转让其全部或者部分股权。股东向股东以外的人转让股权，应当经其他股东过半数同意。股东应就其股权转让事项书面通知其他股东征求同意，其他股东自接到书面通知之日起满30日未答复的，视为同意转让。其他股东半数以上不同意转让的，不同意的股东应当购买该转让的股权；不购买的，视为同意转让。

经股东同意转让的股权，在同等条件下，其他股东有优先购买权。两个以上股东主张行使优先购买权的，协商确定各自的购买比例；协商不成的，按照转让时各自的出资比例行使优先购买权。公司章程对股权转让另有规定的，从其规定。

（二）法院强制执行的股权转让

人民法院依照法律规定的强制执行程序转让股东的股权时，应当通知公司及全体股东，其他股东在同等条件下有优先购买权。其他股东自人民法院通知之日起满20日不行使优先购买权的，视为放弃优先购买权。

（三）异议股东的股权回购请求权

有下列情形之一的，对股东会该项决议投反对票的股东可以请求公司按照合理的价格收购其股权：（1）公司连续5年不向股东分配利润，而公司该5年连续盈利，并且符合本法规定的分配利润条件的；（2）公司合并、分立、转让主要财产的；（3）公司章程规定的营业期限届满或者章程规定的其他解散事由出现，股东会会议通过决议修改章程使公司存续的。

自股东会会议决议通过之日起60日内，股东与公司不能达成股权收购协议的，股东可以自股东会会议决议通过之日起90日内向人民法院提起诉讼。

（四）股东资格的继承取得

自然人股东死亡后，其合法继承人可以继承股东资格；但是，公司章程另有规定的除外。

（五）股权转让的记载

股东转让股权后，公司应当注销原股东的出资证明书，向新股东签发出资证明书，并相应修改公司章程和股东名册中有关股东及其出资额的记载。对公司章程的该项修改不需再由股东会表决。

第三节 股份有限公司

一、股份有限公司的概念

股份有限公司又称股份公司，是指由一定人数的股东组成，公司全部资本分为等额股份，股东以其所认购股份为限对公司承担责任，公司以其全部资产对公司债务承担责任的公司。

二、股份有限公司的设立

（一）设立股份有限公司的条件

股份有限公司的设立分为发起设立和募集设立。发起设立，是指由发起人认购公司的全部股份而设立公司的方式。募集设立，是指发起人认购公司应发行股份的一部分，其余部分进行募集而设立公司的方式。股份有限公司的设立应当具备下列条件：

1.发起人符合法定人数

股份有限公司发起人，是指按照公司法规定，制定公司章程，积极筹办公司事务，认购其应认购股份，并在公司章程上签名、盖章的人。发起人可以是自然人，也可以是法人。发起人应当在2人以上200人以下，其中须有过半数的人应在中国境内有住所。发起人应当签订发起人协议，明确各自在公司设立过程中的权利和义务。

2.有符合公司章程规定的全体发起人认购的股本总额或者募集的实收股本总额

法律、行政法规以及国务院决定对股份有限公司注册资本实缴、注册资本最低限额另有规定的，从其规定。

股份有限公司采取发起设立方式设立的，注册资本为在公司登记机关登记的全体发起人认购的股本总额。在发起人认购的股份缴足前，不得向他人募集股份。

股份有限公司采取募集方式设立的，注册资本为在公司登记机关登记的实收股本总额。以募集设立方式设立股份有限公司的，发起人认购的股份不得少于公司股份总数的35%；但是，法律、行政法规另有规定的，从其规定。

3.股份发行、筹办事项符合法律规定

以发起设立方式设立股份有限公司的，发起人应当书面认足公司章程规定其认购的股份，并按照公司章程规定缴纳出资。以非货币财产出资的，应当依法办理其财产权的转移手续。发起人不依法缴纳出资的，应当按照发起人协议承担违约责任。

发起人向社会公开募集股份，必须公告招股说明书，并制作认股书。认股书应当载明法律规定的所列事项，由认股人填写认购股数、金额、住所，并签名、盖章。认股人按照所认购股数缴纳股款。发起人向社会公开募集股份，应当由依法设立的证券公司承销，签订承销协议；应当同银行签订代收股款协议。

4.发起人制定公司章程，采用募集方式设立，经创立大会通过

股份有限公司的章程应当按照公司法的相关规定载明有关事项。采用募集方式设立的股份有限公司，发行股份的股款缴足后，必须经依法设立的验资机构验资并出具证明。发起人应当自股款缴足之日起30日内主持召开公司创立大会。创立大会由发起人、认股人组成。发行的股份超过招股说明书规定的截止期限尚未募足的，或者发行股份的股款缴足后，发起人在30日内未召开创立大会的，认股人可以按照所缴股款并加算银行同期存款利息，要求发起人返还。

发起人应当在创立大会召开15日前将会议日期通知各认股人或者予以公告。创立大会应有代表股份总数过半数的发起人、认股人出席，方可举行。创立大会对法律所列事项作出决议，必须经出席会议的认股人所持表决权过半数通过。

发起人、认股人缴纳股款或者交付抵作股款的出资后，除未按期募足股份、发起人未按期召开创立大会或者创立大会决议不设立公司的情形外，不得抽回其股本。

5.有公司名称，建立符合股份有限公司要求的组织机构

公司名称必须标明“股份有限公司”或者“股份公司”的字样，必须符合有关法律、行政法规的规定。公司须建立与法律规定相一致的组织机构。

6.有公司住所

公司以其主要办事机构所在地为住所。

（二）设立股份有限公司的登记

发起人认足公司章程规定的出资后，应当选举董事会和监事会，由董事会向公司登记机关报送公司章程，由依法设定的验资机构出具的验资证明以及法律、行政法规规定的其他文件，申请设立登记。

董事会应于创立大会结束后30日内，向公司登记机关报送有关文件，申请设立登记。

以募集方式设立股份有限公司公开发行股票的，还应当向公司登记机关报送国务院证券监督管理机构的核准文件。

三、股份有限公司的组织机构

（一）股东大会

1.股东大会的性质和职权

股份有限公司股东大会由全体股东组成。它是公司的权力机构，依照公司法的规定行使职权。

2.股东大会会议和议事规则

股东大会应当每年召开一次年会。有下列情形之一的，应当在2个月内召开临时股东大会：（1）董事人数不足法定的人数或公司章程所定人数的2/3时；（2）公司未弥补的亏损达实收股本总额1/3时；（3）单独或者合计持公司股份10%以上的股东请求时；（4）董事会认为必要时；（5）监事会提议召开时；（6）公司章程规定的其他情形。股东大会会议由董事会召集，董事长主持；董事长不能履行职务或者不履行职务的，由副董事长主持；副董事长不能履行职务或者不履行职务的，由半数以上董事共同推举一名董事主持。

董事会不能履行或者不履行召集股东大会会议职责的，监事会应当及时召集和主持；监事会不召集和主持的，连续90日以上单独或者合计持有公司10%以上股份的股东可以自行召集和主持。

股东出席股东大会会议，所持每一股份有一表决权。但是，公司持有的本公司股份没有表决权。

股东大会作出的决议，必须经出席会议的股东所持表决权过半数通过。但是，股东大会作出修改公司章程、增加或者减少注册资本的决议，以及公司合并、分立、解散或者变更公司形式的决议，必须经出席会议的股东所持表决权的2/3以上通过。

公司法和公司章程规定公司转让、受让重大资产或者对外提供担保等事项必须经股东大会作出决议的，董事会应当及时召集股东大会会议，由股东大会就上述事项进行表决。

股东大会选举董事、监事，可以依照公司章程的规定或者股东大会的决议，实行累积投票制。所谓累积投票制，是指股东大会选举董事或者监事时，每一股份拥有与应选董事或者监事人数相同的表决权，股东拥有的表决权可以集中使用。

股东可以委托代理人出席股东大会会议，代理人应当向公司提交股东授权委托书，并在授权范围内行使表决权。股东大会应当对所议事项的决定做成会议记录，主持人、出席会议的董事应当在会议记录上签名。会议记录应当与出席股东的签名册及代理出席的委托书一并保存。

（二）董事会和经理

1.董事会的性质和组成

董事会为公司经营决策和业务执行机构，其成员为5~19人。董事会成员中可以有公司职工代表。董事会中的职工代表由公司职工通过职工代表大会、职工大会或者其他形式民主选举产生。董事会设董事长1人，可以设副董事长。董事长和副董事长由董事会以全体董事的过半数选举产生。

2.董事会、董事长的职权和董事的任期

关于有限责任公司董事任期和董事会职权的规定，适用于股份有限公司董事和董事会。

董事长召集和主持董事会会议，检查董事会决议的实施情况。副董事长协助董事长工作，董事长不能履行职务或者不履行职务的，由副董事长履行职务；副董事长不能履行职务或者不履行职务的，由半数以上董事共同推举一名董事履行职务。

3.董事会会议

董事会会议分定期会议和临时会议。定期会议每年度至少召开两次，每次会议应当于会议召开10日前通知全体董事和监事。

代表1/10以上表决权的股东、1/3以上董事或者监事会，可以提议召开董事会临时会议。董事长应当自接到提议后10日内，召集和主持董事会会议。董事会召开临时会议，可以另定召集董事会的通知方式和通知时限。

董事会会议应有过半数的董事出席方可举行。董事会作出决议，必须经全体董事的过半数通过。

董事会会议，应由董事本人出席；董事因故不能出席，可以书面委托其他董事代为出席，委托书中应载明授权范围。

董事会应当对会议所议事项的决定做成会议记录，出席会议的董事应当在会议记录上签名。

董事应当对董事会的决议承担责任。董事会的决议违反法律、行政法规或者公司章程、股东大会决议，致使公司遭受严重损失的，参与决议的董事对公司负赔偿责任。但经证明在表决时曾表明异议并记载于会议记录的，该董事可以免除责任。

董事会决议的表决，实行一人一票。

4.经理

公司经理，由董事会聘任或解聘，也可由董事会决定由董事兼任经理。经理对董事会负责，列席董事会会议，并依照公司法的规定行使职权。

（三）监事会

1.监事会的性质和组成

监事会应当包括股东代表和适当比例的公司职工代表，其中职工代表的比例不得低于1/3，具体比例由公司章程规定。监事会中的职工代表由公司职工通过职工代表大会、职工大会或者其他形式民主选举产生。

监事会设主席1人，可以设副主席。监事会主席和副主席由全体监事过半数选举产生。董事、高级管理人员不得兼任监事。

2.监事会的职权及监事的任期

监事会依照公司法的规定行使职权，其行使职权所必需的费用，由公司承担。监事的任期和列席董事会会议的权利，适用公司法对有限责任公司的规定。

3.监事会会议

监事会主席召集和主持监事会会议；监事会主席不能履行职务或者不履行职务的，由监事会副主席召集和主持监事会会议；监事会副主席不能履行职务或者不履行职务的，由半数以上监事共同推举一名监事召集和主持监事会会议。

监事会每6个月至少召开一次会议。监事可以提议召开临时监事会会议。监事会的议事方式和表决程序，除公司法有规定的外，由公司章程规定。

监事会决议应当经半数以上监事通过。监事会应当对所议事项的决定做成会议记录，出席会议的监事应当在会议记录上签名。

股份有限公司的董事、监事、高级管理人员的任职资格和义务，与有限责任公司的相同。

四、股份发行和转让

（一）股份发行

股份是以股票形式表现的、体现股东权利和义务的公司资本的组成部分。股票是股份有限公司签发的，证明股东所持股份的凭证。

股份的发行，是指股份有限公司或者设立中的股份有限公司为了筹集公司资本，出售和分配股份的法律行为。它分为设立发行和新股发行。股份的发行的原则为公平、公正，同次发行的同种类股票，每股的发行条件和价格应当相同；任何单位或者个人所认购的股份，每股应当支付相同价额。

股票发行价格可以按票面金额，也可以超过票面金额，但不得低于票面金额。股票采用纸面形式或者国务院证券监督管理机构规定的其他形式。国务院可以对公司发行公司法规定以外的其他种类的股份，另行作出规定。

公司发行的股票，可以为记名股票，也可以为无记名股票。公司向发起人、法人发行的股票，应当为记名股票，并应当记载该发起人、法人的名称或者姓名，不得另立户名或者以代表人姓名记名。公司发行记名股票的，应当置备股东名册，并记载法定事项；发行无记名股票的，应当记载其股票数量、编号及发行日期。

公司公开发行新股，应当符合证券法规定的下列条件：（1）具备健全且运行良好的组织机构；（2）具有持续盈利能力，财务状况良好；（3）最近3年财务会计文件无虚假记载，无其他重大违法行为；（4）经国务院批准的国务院证券监督管理机构规定的其他条件。

公司经国务院证券监督管理机构核准公开发行新股时，必须公告新股招股说明书和财务会计报告，并制作认股书。公司发行新股募足股款后，必须向公司登记机关办理变更登记并公告。

（二）股份转让

股份转让，是指股份有限公司的股份持有人依法自愿将自己的股份转让给他人，使他人取得股份成为股东的法律行为。股东转让其股份，应当在依法设立的证券交易场所进行或者按照国务院规定的其他方式进行。

记名股票，由股东以背书方式或者法律、行政法规规定的其他方式转让；转让后由公司将受让人的姓名或者名称及住所记载于股东名册。股东大会召开前20日内或者公司决定分配股利的基准日前5日内，不得进行法律规定的股东名册的变更登记。但是，法律对上市公司股东名册变更登记另有规定的，从其规定。

无记名股票的转让，由股东将该股票交付给受让人后即发生转让的效力。

发起人持有的本公司股份，自公司成立之日起1年内不得转让。公司公开发行股份前已发行的股份，自公司股票在证券交易所上市交易之日起1年内不得转让。

公司董事、监事、高级管理人员应当向公司申报所持有的本公司的股份及其变动情况，在任职期间每年转让的股份不得超过其所持有本公司股份总数的25%；所持本公司股份自公司股票上市交易之日起1年内不得转让。上述人员离职后半年内，不得转让其所持有的本公司股份。公司章程可以对公司董事、监事、高级管理人员转让其所持有的本公司股份作出其他限制性规定。

五、上市公司

（一）上市公司的概念及申请股票上市的条件

上市公司，是指其股票在证券交易所上市交易的股份有限公司。

股份有限公司申请股票上市，应当符合证券法规定的下列条件：（1）股票经国务院证券监督管理机构核准已公开发行。（2）公司股本总额不少于人民币3 000万元。（3）公开发行的股份达公司股份总数的25%以上；公司股本总额超过人民币4亿元的，向社会公开发行股份的比例为10%以上。（4）公司最近3年无重大违法行为，财务会计报告无虚假记载。

证券交易所可以规定高于前款规定的上市条件，并报国务院证券监督管理机构批准。国家鼓励符合产业政策并符合上市条件的公司股票上市交易。

（二）上市公司的独立董事

1.独立董事的概念

独立董事，是指不在公司担任除董事外的其他职务，并与其所受聘的上市公司及其主要股东不存在可能妨碍其进行独立客观判断的关系的董事。

独立董事对上市公司及全体股东负有诚信与勤勉义务。独立董事应当按照相关法律、法规和公司章程的规定，认真履行职责，维护公司整体利益，尤其要关注中小股东的合法权益不受损害。按照有关规定，上市公司应当聘任适当人员担任独立董事，独立董事至少在董事会成员中占1/3，其中至少包括一名具有高级职称或注册会计师资格的专业人士。

2.独立董事的任职条件及其限制

独立董事应当具备如下条件：（1）根据法律、行政法规及其他有关规定，具备担任上市公司董事的资格；（2）具有相应的独立性；（3）具备上市公司运作的基本知识，熟悉相关法律、行政法规、规章及规则；（4）具有5年以上法律、经济或者其他履行独立董事职责所必需的工作经验；（5）公司章程规定的其他条件。

下列人员不得担任独立董事：（1）在上市公司或者其附属企业任职的人员及其直系亲属、主要社会关系；（2）直接或间接持有上市公司已发行股份1%以上或者是上市公司前10名股东中的自然人股东及其直系亲属；（3）直接或间接持有上市公司已发行股份5%以上的股东单位或者在上市公司前5名股东单位任职的人员及其直系亲属；（4）最近1年内曾经具有前3项所列举情形的人员；（5）为上市公司或者其附属企业提供财务、法律、咨询等服务的人员；（6）公司章程规定的其他人员；（7）中国证监会认定的其他人员。

3.独立董事的特别职权

独立董事除应当具有公司法和其他相关法律、法规赋予董事的职权外，上市公司还应当赋予独立董事以下特别职权：（1）重大关联交易（指上市公司拟与关联人达成的总额高于300万元或高于上市公司最近经审计净资产值的5%的关联交易）应由独立董事认可后，提交董事会讨论；独立董事作出判断前，可以聘请中介机构出具独立财务顾问报告，作为其判断的依据。（2）向董事会提议聘用或解聘会计师事务所。（3）向董事会提请召开临时股东大会。（4）提议召开董事会。（5）独立聘请外部审计机构和咨询机构。（6）可以在股东大会召开前公开向股东征集投票权。

独立董事行使上述职权应当取得全体独立董事的1/2以上同意。如果上述提议未被采纳或上述职权不能正常行使，上市公司应将有关情况予以披露。如果上市公司董事会下设薪酬、审计、提名等委员会的，独立董事应当在委员会成员中占有1/2以上的比例。

独立董事除履行上述职责外，还应当对以下事项向董事会或股东大会发表独立意见：（1）提名、任免董事；（2）聘任或解聘高级管理人员；（3）公司董事、高级管理人员的薪酬；（4）上市公司的股东、实际控制人及其关联企业对上市公司现有或新发生的总额高于300万元或高于上市公司最近经审计净资产值的5%的借款或者其他资金往来，以及公司是否采取有效措施回收欠款；（5）独立董事认为可能损害中小股东权益的事项；（6）公司章程规定的其他事项。独立董事应当就上述事项发表同意或保留意见及其理由，或反对意见及其理由，或无法发表意见及其障碍的意思表示。如有关事项属于需要披露的事项，上市公司应当将独立董事的意见予以公告，独立董事出现意见分歧无法达成一致时，董事会应将各独立董事的意见分别披露。

六、对上市公司股份发行、转让的监管

（一）监管机构及其职责

中国证券监督管理委员会（以下简称证监会）是国务院证券监督管理机构，对全国证券市场依法实行集中统一监督管理。证监会根据需要可以设立派出机构，按照授权履行管理职能。证监会履行下列职责：（1）依法制定有关证券市场监督管理的规章、规则，并依法行使审批或者核准权；（2）依法对证券的发行、交易、登记、托管、结算，进行监督管理；（3）依法对证券发行人、上市公司、证券交易所、证券公司、证券登记结算机构、证券投资基金管理机构、证券投资咨询机构、资信评估机构以及从事证券业务的律师事务所、会计师事务所、资产评估机构的证券业务活动，进行监督管理；（4）依法制定从事证券业务人员的资格标准和行为准则，并监督实施；（5）依法监督检查证券发行和交易的信息公开情况；（6）依法对证券业协会的活动进行指导和监督；（7）依法对违反证券市场监督管理法律、行政法规的行为进行查处；（8）法律、行政法规规定的其他职责。

（二）监管机构的职权

证监会在履行职责的过程中，有权采取下列措施：（1）进入违法行为发生场所调查取证；（2）询问当事人和与被调查事件有关的单位和个人，要求其对与被调查事件有关事项作出说明；（3）查阅、复制当事人和与被调查事件有关的单位和个人的证券交易记录、登记过户记录、财务会计资料及其他相关文件和资料；对可能被转移或者隐匿的文件和资料，可以予以封存；（4）查询当事人和与被调查事件有关的单位和个人的资金账户、证券账户，对有证据证明有转移或者隐匿违法资金、证券迹象的，可以申请司法机关予以冻结。

此外，为加强对申请首发、增发、配股公司的监管，确保拟发行股票公司符合发行条件，督促其切实按照证券法、公司法及信息披露准则的规定，做到信息披露的真实、准确、完整、充分和及时，降低发行风险，证监会对主承销商和相关专业中介机构的工作也作了严格规定。

第四节　公司债券及公司财务会计

一、公司债券

（一）公司债券的概念和特征

公司债券，是指公司依照法定程序发行的，约定在一定期限还本付息的有价证券。它具有如下法律特征：（1）是公司依法向不特定主体发行的；（2）是一种有价证券；（3）在约定期限内还本付息。

（二）公司债券的种类

以公司债券上是否载明公司债券持有人的姓名或名称为标准，可将其分为记名公司债券和无记名公司债券。记名公司债券被盗、遗失或灭失时，债券持有人可以依照公示催告程序，请求人民法院予以补救。无记名公司债券灭失时，无法请求人民法院依法补救，但易于投资者的资本转换和流通。

以公司债券是否可转换成股票为标准，可将其分为可转换公司债券和不可转换公司债券。上市公司经股东大会决议可以发行可转换为股票的公司债券，并在公司债券募集办法中规定具体的转换办法。上市公司发行可转换为股票的公司债券，应当报国务院证券监督管理机构核准。

发行可转换为股票的公司债券的，公司应当按照其转换办法向债券持有人换发股票，但债券持有人对转换股票或者不转换股票有选择权。

（三）发行公司债券的条件

公司发行公司债券应当符合证券法规定的下列条件：（1）股份有限公司的净资产不低于人民币3 000万元，有限责任公司的净资产不低于人民币6 000万元；（2）累计债券余额不超过公司净资产的40%；（3）最近3年平均可分配利润足以支付公司债券1年的利息；（4）筹集的资金投向符合国家产业政策；（5）债券的利率不超过国务院限定的利率水平；（6）国务院规定的其他条件。

公开发行公司债券筹集的资金，必须用于核准的用途，不得用于弥补亏损和非生产性支出。

上市公司发行可转换为股票的公司债券，除应当符合上述规定的条件外，还应当符合证券法关于公开发行股票的条件，并报国务院证券监督管理机构核准。公司债券在证券交易所上市交易的，按照证券交易所的交易规则转让。

二、公司财务会计

（一）公司财务会计报告

公司的财务会计报告，是指由公司的业务执行部门按照国家规定，在每一法定期间内制作的、反映公司财务会计状况和经营成果的书面文件。它主要由资产负债表、利润表、财务状况变动表和附属明细表等组成，并由公司的业务执行部门在每一个会计年度终了时进行制作。公司的财务会计报告，经验证机构验证后，有限责任公司应当依照公司章程规定的期限将财务会计报告送交各股东。股份有限公司的财务会计报告应当在召开股东大会年会的20日前置备于本公司，供股东查阅；公开发行股票的股份有限公司必须公告其财务会计报告。

（二）公司的公积金及股利分配

1.公积金

公积金，是指公司为了增强自身的财产能力，扩大公司的经营规模和经营范围，弥补公司将来的亏损，依照法律、公司章程和股东大会或股东会的决议，从公司的营业利润或者其他收入中提取的一种储备金。公积金分为法定公积金与任意公积金。

法定公积金，是指法律强制公司必须从其利润和其他收入中提取一定比例的公积金。依来源不同，法定公积金分为法定盈余公积金和资本公积金。法定盈余公积金，是指依法从公司的税后利润中提取的储备基金。按照公司法规定，公司分配当年税后利润时，应当提取利润的10%列入公司法定公积金。公司法定公积金累计额为公司注册资本的50%以上的，可以不再提取。

公司的法定公积金不足以弥补以前年度亏损的，在依照法律规定提取法定公积金之前，应当先用当年利润弥补亏损。

公司从税后利润中提取法定公积金后，经股东会或者股东大会决议，还可以从税后利润中提取任意公积金。任意公积金又称盈余公积金，是指根据公司章程或股东会决议于法定公积金外自由存入的公积金。

股东会、股东大会或者董事会违反法律规定，在公司弥补亏损和提取法定公积金之前向股东分配利润的，股东必须将违反规定分配的利润退还公司。

股份有限公司以超过股票票面金额的发行价格发行股份所得的溢价款以及国务院财政部门规定列入资本公积金的其他收入，应当列为公司资本公积金。

公司的公积金用于弥补公司的亏损、扩大公司生产经营或者转为增加公司资本。但是，资本公积金不得用于弥补公司的亏损。

法定公积金转为资本时，所留存的该项公积金不得少于转增前公司注册资本的25%。

2.股利分配

股利，是指依照法律或公司章程的规定，以一定的数额和方式分配给股东的盈余。

公司弥补亏损和提取公积金后所余税后利润，有限责任公司依照公司法的规定分配；股份有限公司按照股东持有的股份比例分配，但股份有限公司章程规定不按持股比例分配的除外。公司持有的本公司股份不得分配利润。

（三）会计师事务所的聘用、解聘

公司聘用、解聘承办公司审计业务的会计师事务所，依照公司章程的规定，由股东会、股东大会或者董事会决定。

公司股东会、股东大会或者董事会就解聘会计师事务所进行表决时，应当允许会计师事务所陈述意见。

公司应当向聘用的会计师事务所提供真实、完整的会计凭证、会计账簿、财务会计报告及其他会计资料，不得拒绝、隐匿、谎报。

公司除法定的会计账簿外，不得另立会计账簿。对公司资产，不得以任何个人名义开立账户存储。

第五节　公司的合并、分立、变更和解散

一、公司的合并与分立

（一）公司合并与分立的概念和种类

公司的合并，是指依法定程序将两个以上的公司变为一个公司的法律行为。它分为吸收合并和新设合并两种。吸收合并指公司接纳一个以上的公司加入本公司，加入方解散，接纳方存续的合并形式。新设合并指两个以上的公司合并生成一个新公司，原合并各方解散的合并形式。

公司的分立，是指一个公司将其全部财产和经营业务分别归两个以上公司的法律行为。它分为新设分立和派生分立。新设分立，是指原公司不存在，其全部财产和经营业务分别归属于两个以上新设公司的分立形式。派生分立，是指原公司存在，在原公司的基础上，以其公司的部分财产和经营业务归属于另一新设公司的分立形式。

（二）公司合并与分立的程序

公司的合并与分立主要有以下步骤：（1）股东会或者股东大会作出决议；（2）签订合并与分立协议，编制资产负债表及财产清单；（3）通知并公告债权人，债权人可以要求清偿债务或提供相应担保；（4）进行合并与分立登记。

（三）公司合并与分立的效力

合并或分立后不继续存在的公司无须经过清算程序，法人资格自动消灭；继续存在的公司发生变更的效力；新产生的公司发生设立效力。公司合并或分立前的权利、义务，全部由合并或分立后存续公司或新设公司承继。

公司合并时，合并各方的债权、债务，应当由合并后存续的公司或者新设的公司承继。

公司分立前的债务由分立后的公司承担连带责任。但是，公司在分立前与债权人就债务清偿达成的书面协议另有约定的除外。

二、公司的变更

公司的变更，即公司组织形式变更，是指不中断公司的经营，将某种类型的公司变为他种类型公司的行为。

有限责任公司变更为股份有限公司，应当符合公司法规定的股份有限公司的条件。股份有限公司变更为有限责任公司，应当符合公司法规定的有限责任公司的条件。

有限责任公司或者股份有限公司变更后，公司变更前的债权、债务由变更后的公司承继。

三、公司的解散和清算

（一）公司解散的概念及原因

公司解散，是指因公司章程或法律规定的事由出现，依法使公司法人资格消灭的法律行为。

公司因下列原因解散：（1）公司章程规定的营业期限届满或者公司章程规定的其他解散事由出现；（2）股东会或股东大会决议解散；（3）因公司合并或分立需要解散；（4）依法被吊销营业执照、责令关闭或者被撤销；（5）人民法院依照公司法的规定予以解散。

公司经营管理发生严重困难，继续存续会使股东利益受到重大损失，通过其他途径不能解决的，持有公司全部股东表决权10%以上的股东，可以请求人民法院解散公司。

（二）公司清算

公司清算，是指终结解散公司法律关系，消灭解散公司法人资格的程序。

公司因上述（一）中所列原因解散的，应当在解散事由出现之日起15日内成立清算组，开始清算。有限责任公司的清算组由股东组成，股份有限公司的清算组由董事或者股东大会确定的人员组成。逾期不成立清算组进行清算的，债权人可以申请人民法院指定有关人员组成清算组进行清算。人民法院应当受理该申请，并及时组织清算组进行清算。

清算组应当自成立之日起10日内通知债权人，并于60日内在报纸上公告。债权人应当自接到通知书之日起30日内，未接到通知书的自公告之日起45日内，向清算组申报其债权。在申报债权期间，清算组不得对债权人进行清偿。

清算组在清理公司财产、编制资产负债表和财产清单后，应当制订清算方案，并报股东会、股东大会或者人民法院确认。公司财产在分别支付清算费用、职工的工资、社会保险费用和法定补偿金，缴纳所欠税款，清偿公司债务后的剩余财产，有限责任公司按照股东的出资比例分配，股份有限公司按照股东持有的股份比例分配。

清算期间，公司存续，但不得开展与清算无关的经营活动。公司财产在未依法清偿前，不得分配给股东。

清算组在清理公司财产、编制资产负债表和财产清单后，发现公司财产不足清偿债务的，应当依法向人民法院申请宣告破产。公司经人民法院裁定宣告破产后，清算组应当将清算事务移交给人民法院。

公司清算结束后，清算组应当制作清算报告，报股东会、股东大会或者人民法院确认，并报送公司登记机关，申请注销公司登记，公告公司终止。

第六节　法律责任

一、公司发起人、股东的法律责任

公司发起人、股东违反法律规定，主要承担如下法律责任：（1）股东不按照章程规定缴纳出资的，除应当向公司足额缴纳外，还应当向已按期足额缴纳出资的股东承担违约责任。（2）有限责任公司成立后，发现作为设立公司出资的非货币财产的实际价额显著低于公司章程所定价额的，应当由交付该出资的股东补足其差额，公司设立时的其他股东承担连带责任。（3）以发起设立方式设立股份有限公司的，发起人不依照章程规定缴纳出资的，应当按照发起人协议承担违约责任。（4）股份有限公司成立后，发起人未按照公司章程的规定缴足出资的，应当补缴，其他发起人承担连带责任。（5）股份有限公司成立后，发现作为设立公司出资的非货币财产的实际价额显著低于公司章程所定价额的，应当由交付该出资的发起人补足其差额；其他发起人承担连带责任。(6) 股份有限公司不能成立时，发起人对其设立行为所产生的债务和费用负连带责任；对认股人已缴纳的股款，负返还股款并加算银行同期存款利息的连带责任；发起人在股份有限公司设立过程中，因其过失致使公司利益受到损害的，应当对公司承担赔偿责任。(7) 公司股东滥用股东权利给公司或者其他股东造成损失的，应当依法承担赔偿责任。(8) 公司股东滥用公司法人独立地位和股东有限责任，逃避债务，严重损害公司债权人利益的，应当对公司债务承担连带责任。(9) 公司的发起人、股东虚假出资，未交付或者未按期交付作为出资的货币或者非货币财产的，由公司登记机关责令改正，处以虚假出资金额5%以上15%以下的罚款。(10) 公司的发起人、股东在公司成立后，抽逃其出资的，由公司登记机关责令改正，处以所抽逃出资金额5%以上15%以下的罚款。(11) 公司发起人、股东违反法律规定，构成犯罪的，依法追究刑事责任。

二、公司的法律责任

公司违反法律规定，主要承担如下法律责任：(1) 在办理公司登记时，虚报注册资本、提交虚假材料或者采取其他欺诈手段隐瞒重要事实取得公司登记的，由公司登记机关责令改正，对虚报注册资本的公司，处以虚报注册资本金额5%以上15%以下的罚款；对提交虚假材料或者采取其他欺诈手段隐瞒重要事实的公司，处以5万元以上50万元以下的罚款；情节严重的，撤销公司登记或者吊销营业执照。(2) 公司成立后无正当理由超过6个月未开业的，或者开业后自行停业连续6个月以上的，可以由公司登记机关吊销营业执照。公司登记事项发生变更时，未依照公司法规定办理有关变更登记的，由公司登记机关责令限期登记；逾期不登记的，处以1万元以上10万元以下的罚款。(3) 未依法登记为有限责任公司或者股份有限公司，而冒用有限责任公司或者股份有限公司名义的，或者未依法登记为有限责任公司或者股份有限公司的分公司，而冒用有限责任公司或者股份有限公司的分公司名义的，由公司登记机关责令改正或者予以取缔，可以并处10万元以下的罚款。(4) 公司违反法律规定，在法定的会计账簿以外另立会计账簿的，由县级以上人民政府财政部门责令改正，处以5万元以上50万元以下的罚款；公司不依照公司法规定提取法定公积金的，由县级以上人民政府财政部门责令如数补足应当提取的金额，可以对公司处以20万元以下的罚款。(5) 公司在合并、分立、减少注册资本或者进行清算时，不依照公司法规定通知或者公告债权人的，由公司登记机关责令改正，对公司处以1万元以上10万元以下的罚款。(6) 公司在进行清算时，隐匿财产，对资产负债表或者财产清单作虚假记载或者在未清偿债务前分配公司财产的，由公司登记机关责令改正，对公司处以隐匿财产或者未清偿债务前分配公司财产金额5%以上10%以下的罚款；公司在清算期间开展与清算无关的经营活动的，由公司登记机关予以警告，没收违法所得。(7) 外国公司违反法律规定，擅自在中国境内设立分支机构的，由公司登记机关责令改正或者关闭，可以并处5万元以上20万元以下的罚款。(8) 利用公司名义从事危害国家安全、社会公共利益的严重违法行为的，吊销营业执照。(9) 公司违反公司法规定，应当承担民事赔偿责任和缴纳罚款、罚金的，其财产不足以支付时，先承担民事赔偿责任。(10) 公司违反法律规定，构成犯罪的，依法追究刑事责任。

三、董事、经理及有关人员的法律责任

董事、经理及有关人员违法，主要应承担如下法律责任：(1) 董事、监事、高级管理人员违反法律规定的忠实义务和勤勉义务，所得的收入应当归公司所有。(2) 董事、监事、高级管理人员执行公司职务时违反法律、行政法规或者公司章程的规定，给公司造成损失的，应当承担赔偿责任。(3) 公司在依法向有关主管部门提供的财务会计报告等材料上作虚假记载或者隐瞒重要事实的，由有关主管部门对直接负责的主管人员和其他直接责任人员处以3万元以上30万元以下的罚款。(4) 公司在进行清算时，隐匿财产，对资产负债表或者财产清单作虚假记载或者在未清偿债务前分配公司财产的，由公司登记机关对直接负责的主管人员和其他直接责任人员处以1万元以上10万元以下的罚款。(5) 公司在清算期间，清算组不依照法律规定向公司登记机关报送清算报告，或者报送清算报告隐瞒重要事实或者有重大遗漏的，由公司登记机关责令改正；清算组成员利用职权徇私舞弊、谋取非法收入或者侵占公司财产的，由公司登记机关责令退还公司财产，没收违法所得，并可以处以违法所得1倍以上5倍以下的罚款。(6) 公司的相关人员违反法律规定，构成犯罪的，依法追究刑事责任。

四、有关主管部门和机构的法律责任

有关主管部门和机构违法应承担的法律责任主要有：(1) 承担资产评估、验资或者验证的机构提供虚假材料的，由公司登记机关没收违法所得，处以违法所得1倍以上5倍以下的罚款，并可以由有关主管部门依法责令该机构停业、吊销直接责任人员的资格证书，吊销营业执照。(2) 承担资产评估、验资或者验证的机构因过失提供有重大遗漏的报告的，由公司登记机关责令改正，情节较重的，处以所得收入1倍以上5倍以下的罚款，并可以由有关主管部门依法责令该机构停业、吊销直接责任人员的资格证书，吊销营业执照。(3) 承担资产评估、验资或者验证的机构因其出具的评估结果、验资或者验证证明不实，给公司债权人造成损失的，除能够证明自己没有过错的外，在其评估或者证明不实的金额范围内承担赔偿责任。(4) 公司登记机关对不符合本法规定条件的登记申请予以登记，或者对符合本法规定条件的登记申请不予登记的，对直接负责的主管人员和其他直接责任人员，依法给予行政处分。(5) 公司登记机关的上级部门强令公司登记机关对不符合本法规定条件的登记申请予以登记，或者对符合本法规定条件的登记申请不予登记的，或者对违法登记进行包庇的，对直接负责的主管人员和其他直接责任人员依法给予行政处分。(6) 有关部门和机构，违反法律规定，构成犯罪的，依法追究刑事责任。

复习思考题

一、概念题

公司　公司法　有限责任公司　一人有限责任公司　国有独资公司　股份有限公司　股份有限公司发起人　股份发行　上市公司　独立董事　公司债券　法定公积金　公司清算

二、问答题

1.设立有限责任公司和股份有限公司各应具备什么条件？

2.公司法对董事、监事、高级管理人员的任职资格和义务是如何规定的？

3.公司法对一人有限责任公司作了哪些特别规定？

4.有限责任公司股权转让的情形有哪些？

5.公司公开发行新股应具备哪些条件？

6.公司申请股票上市应当符合哪些条件？

7.独立董事应当具备的任职条件是什么？哪些人员不得担任独立董事？

8.独立董事应当拥有哪些特别职权？

第五章　外商投资企业法

第一节　外商投资企业法概述

一、外商投资企业的概念和特征

（一）外商投资企业的概念

外商投资企业，是指依照我国法律规定，在我国境内设立的，含有外商投资资本的企业的统称。在我国，外商投资资本在直接投资方式下进入我国境内存在着两种途径，即新建投资与并购投资。前者又称为绿地投资，是指外国投资者自己，或者与我国投资者通过合资、合作、合伙以及其他方式，成立一个新的经济实体并从事该实体经营管理活动的投资形式；后者是指外国投资者通过购买并持有某个目标企业的全部或者部分的股份或资产方式，参与到该企业经营管理活动中的投资形式。外国投资者股权并购的，并购后所设外商投资企业承继被并购境内公司的债权和债务。外国投资者资产并购的，出售资产的境内企业承担其原有的债权和债务。外国投资者、被并购境内企业、债权人及其他当事人可以对被并购境内企业的债权债务的处置另行达成协议，但是该协议不得损害第三人利益和社会公共利益。债权债务的处置协议应报送审批机关。

目前，我国境内存在的外商投资企业依其组织形态以及承担法律责任的方式不同，可分成以下几种基本形式：

1.中外合资经营企业

中外合资经营企业，简称合营企业，是指外国公司、企业和其他经济组织或者个人，依照我国法律规定，经我国政府批准，按照平等互利的原则，在我国境内同我国的公司、企业或者其他经济组织共同投资举办的股权式经营的企业。

2.中外合作经营企业

中外合作经营企业，简称合作企业，是指外国公司、企业和其他经济组织或者个人，依照我国法律规定，经我国政府批准，按照平等互利的原则，在我国境内同我国的公司、企业或者其他经济组织共同投资举办的契约式经营的企业。

3.外资企业

外资企业，又称外商独资企业，是指依照我国的法律规定，在我国境内设立的，全部资本由外商投资者投资举办的企业，但不包括外国企业或者其他经济组织在我国境内设立的分支机构。

4.外商投资股份有限公司

外商投资股份有限公司，是指依照我国法律规定，在我国境内设立的，全部资本由等额股份构成的公司，它要求中外股东共同持有公司股份，且外国股东购买并持有的股份应占公司注册资本25%以上，股东以其所认购的股份对公司承担责任，公司以其全部财产对公司债务承担责任。

5.外商投资合伙企业

外商投资合伙企业，是指2个以上外国企业或者个人在中国境内设立的合伙企业，以及外国企业或者个人与中国的自然人、法人和其他组织在中国境内设立的合伙企业。

（二）外商投资企业的法律特征

1.外商投资企业依据我国法律规定而成立

我国宪法规定，允许外国的企业和其他经济组织或个人，依照我国的法律规定在中国境内进行投资，同中国的企业或者其他经济组织进行各种形式的经济合作。同时，我国相关的法律、法规中，均明确规定了外商投资企业的法律地位及设立程序、权利义务等内容，成为各种外商投资企业设立的法律依据与基础。外商投资企业的设立以及实际运营，必须符合我国相关法律、法规的要求。

2.外商投资企业是存在于我国境内的有外资介入的企业组织形式

在我国境内设立外商投资企业，是我国以资本输入国身份参与国际投资关系的结果，也是引进与利用外资，尤其是外国私人直接投资，掌握先进的生产技术，提高我国生产经营管理水平的一种有效途径。因此，这里的外商投资企业不包括我国在境外投资设立的各种形式的企业组织。而且，“我国境内”也只限于我国大陆这一特定的地域范围。根据我国吸引外资的实际需要，现今，作为外商投资企业的“外商投资者”是一个较为广泛的概念，其中不仅包括具有某一外国国籍的自然人、法人与其他经济组织，而且还包括我国港澳台的投资者，即目前来自于港澳台的投资者在我国大陆所投资设立的企业，隶属于外商投资企业范畴，享有外商投资企业的待遇。

3.外商投资企业是具有中国国籍的法人或非法人经济组织

依据我国法律规定，我国境内的各种外商投资企业均具有中国国籍。凡具备法人条件的，可依法登记为企业法人；而不具备法人条件的，可取得非法人营业执照，并以非法人身份参与市场经济活动。授予外商投资企业中国国籍的法律意义在于：一方面，我国法律必须保护外商投资企业的一切合法权益；另一方面，外商投资企业有义务遵守我国法律和法规的要求，维护我国国家利益与社会利益，承担相应的社会责任。

二、外商投资企业法的概念

外商投资企业法是调整外商投资企业在设立、经营管理、收益分配以及争端解决等行为过程中所形成的各种社会关系的法律规范的总称。目前，我国尚不存在法典式的外商投资立法，因而所谓的外商投资企业法，是指以《中外合资经营企业法》、《中外合作经营企业法》、《外资企业法》、《外国企业或者个人在中国境内设立合伙企业管理办法》、《关于外国投资者并购境内企业的规定》及其实施条例、细则为核心，以《外商投资产业指导目录》等相关法律、行政法规、规章以及规范性文件为辅助的较为完备的外商投资法律体系。其内容覆盖了外商投资准入、外商投资企业的设立、合并、分立、增减资、股权变更、境内投资、并购、清算退出等企业经营的全过程。其中既包括宪法性的规定，也包括各种单行立法以及法规、规章等规定，同时还包括我国缔结或参加的有关国际投资方面的国际公约或条约，甚至还包括我国认可的调整国际投资关系的国际惯例等。

为完善我国市场经济法制，我国先后制定了一系列规范市场经济活动的法律、法规，如《公司法》、《反垄断法》、《民法通则》、《合同法》、《担保法》、《物权法》、《破产法》以及《侵权责任法》、《劳动合同法》、《外汇管理条例》等。这些法律法规虽然并不是直接针对外商投资企业而制定的，但相关问题同样适用于外商投资企业，因而也成为我国调整外商投资的法律体系中应有的组成部分。

三、加入世界贸易组织对我国外商投资企业立法的影响

世界贸易组织（以下简称WTO）是当今规范国际经贸活动的最主要的多边经贸组织，与国际货币基金组织、世界银行并称为世界经济的三大支柱。WTO是国际经济、法律全面走向全球化和趋同化的重要标志和保障。它以贸易自由化为其根本目标，并为实现该目标而创设了包括非歧视、互惠、最惠国待遇、国民待遇、关税减让、市场准入、一般取消数量限制、公平贸易、透明度等在内的一系列原则和法律制度供各成员方适用和遵守。同时，为进一步影响和规范国际经济活动，WTO还拓展了包括国际投资活动在内的许多新领域，并形成了许多新型的、具有极大影响力的国际投资实体性规则，如《与贸易有关的投资措施协定》(TRIMs)、《服务贸易总协定》(GATS)、《与贸易有关的知识产权协定》(TRIPs）等，以此对国际投资活动创设了实体性的法律制度和要求，成为今后相当长时期内国际投资领域必须予以遵守的实体性行为规则。特别应当说明的是，《与贸易有关的投资措施协定》是关于国际投资活动的一项重要的法律制度，是为了防止因为特定的投资措施的存在与实施，在某些情况下改变国际贸易和国际投资的正常流向，从而对国际贸易和国际投资产生限制作用而制定的。

我国已于2001年12月11日正式成为WTO的成员，并开始行使成员的权利，同时也承担相关义务。我国政府在《加入世界贸易组织议定书》中郑重承诺，保证《WTO协定》和本议定书的规定能够适用于中国的全部关税领土，包括边境贸易地区、民族自治地方、经济特区、沿海开放城市、经济技术开发区以及其他在关税、国内税和法规方面已建立特殊制度的地区（统称为“特殊经济区”）。在吸引与利用外资方面，我国政府也明确地承诺自加入时起遵守TRIMs，取消并停止执行通过法律、法规或其他措施实施的贸易平衡要求、外汇平衡要求、当地含量要求、出口实绩要求等。由此可见，伴随着我国加入WTO，其相应的法律制度将会对我国外商投资企业法带来极大的影响。

近些年来，我国先后废、改、立了一大批有关外商投资企业的法律、法规，充分地表明了我国作为WTO成员信守和适用其法律规则的诚意。同时，这种调整也极大地适应了我国外商投资的发展要求，促进了我国外商投资法律制度的完善。

第二节 中外合资经营企业法

一、中外合资经营企业的设立

（一）设立合营企业的条件和行业

根据我国有关法律、法规的规定，在中国境内设立的合营企业，应当能够促进中国经济的发展和科学技术水平的提高，有利于社会主义现代化建设。国家鼓励、允许、限制或者禁止设立合营企业的行业，按照国家指导外商投资方向的规定及《外商投资产业指导目录》执行。

考虑到我国经济发展的阶段性利益要求，为保障我国经济健康安全发展，《中外合资经营企业法实施细则》（以下简称《实施细则》）第4条明确规定："申请设立合营企业有下列情况之一的，不予批准：(1) 有损中国主权的；(2) 违反中国法律的；(3) 不符合中国国民经济发展要求的；(4) 造成环境污染的；(5) 签订的协议、合同、章程显属不公平，损害合营一方权益的。"上述规定既体现出我国吸引和利用外资所要达到的目的要求，也反映出我国现实的基本国情和国民经济发展的任务和侧重点，应为各方当事人所遵守。

《外商投资产业指导目录》（以下简称《目录》）是我国集中规范外资准入具体行业及其投资要求的最核心的法律规定，是我国新时期吸收外商投资的重要导向政策，是指导外商投资项目核准工作和外商投资企业适用有关政策的主要依据。该产业目录自1995年制定起至今已作过多次修正，现今实施的是于2011年修正并自2012年1月30日起正式施行的新版本。

在产业目录中，我国将外资准入的行业领域划分为三大类，即鼓励、限制、禁止项目，未列明的则为允许项目。新《目录》总条目473条，其中鼓励类354条、限制类80条、禁止类39条。同时，取消了部分领域对外资的股比限制，鼓励类和限制类中有股比要求的条目比原来减少11条。这体现出我国正在实行更加积极主动的开放战略，扩大开放领域，以开放促改革、促发展，营造出良好的投资环境。新《目录》在鼓励类中增加了纺织、化工、机械制造等领域新产品、新技术条目。同时，考虑汽车产业健康发展的要求，将汽车整车制造条目从鼓励类中删除；为抑制部分行业产能过剩和盲目重复建设，将多晶硅、煤化工等条目从鼓励类删除。将高端制造业作为鼓励外商投资的重点领域，促进外商投资使用新技术、新工艺、新材料、新设备，改造和提升传统产业，从而促进我国制造业改造提升。抓住国际战略性新兴产业发展机遇，鼓励外商投资节能环保、新一代信息技术、生物、高端装备制造、新能源、新材料、新能源汽车等战略性新兴产业，提升我国承接国际产业转移的层次和水平，培育国际合作和竞争新优势。积极引导外商投资服务业，推动产业结构调整。鼓励外商投资现代服务业，支持面向民生的服务业扩大利用外资，推进服务业开放进程。为此，新《目录》中一方面将服务业增加了9项鼓励类条目，使得服务业条目在鼓励类中的比重进一步增加。另一方面将外商投资医疗机构、金融租赁公司等从限制类调整为允许类。总体说来，现行的产业目录就外商投资准入的规定体现出我国进一步扩大对外开放的要求，依据我国加入世贸组织承诺，结合吸收外商直接投资情况和国际产业转移的新形势，继续积极有效利用外资，提高利用外资的质量。

（二）设立合营企业的程序

1.向审批机构报送有关文件

申请设立合营企业，中方合营者无须向企业主管部门呈报项目建议书及可行性研究报告，而是直接与外国合营者共同向审批机构报送下列文件：（1）设立合营企业的申请书；（2）合营各方共同编制的可行性研究报告；（3）由合营各方授权代表签署的合营企业协议、合同、章程；（4）由合营各方委派的合营企业董事长、副董事长、董事人选名单；（5）审批机构规定的其他文件。

2.审批机构审批

我国商务部及其授权机关是设立合营企业的审批机构，应自接到全部文件之日起，3个月内决定批准或不批准。如发现报送的文件有不当之处，应当要求限期修改，否则不予批准。

3. 登记

申请者应在收到批准证书后1个月内，按有关规定凭批准证书向合营企业所在地的省、自治区、直辖市工商行政管理局（以下简称登记管理机构）办理登记手续。合营企业的营业执照签发日期，即为该合营企业的成立日期。

为进一步提高外商投资企业登记服务质量，国家工商行政管理总局于2010年5月13日出台了《关于充分发挥工商行政管理职能作用进一步做好服务外商投资企业发展工作的若干意见》（以下简称《若干意见》）。其中明确提出，要全面落实“一审一核”制度，减少审核环节，明确审查、核准人员的职权和责任，进一步规范登记行为。对于中央和地方确定的重大外商投资项目的登记注册，提前介入、专人办理、跟踪服务、尽快办结。同时要进一步提高外商投资企业登记信息化水平，不断完善网上服务功能，建立健全“授权登记+远程核准+网上申请”的登记模式，推进外资登记注册窗口前移。逐步实现登记材料网上申报、网上预审、窗口一次性办结，切实提高外资登记注册效率。大力推进政务公开，为社会公众提供外商投资企业基本信息查询服务。

（三）合营企业协议、合同、章程

合营企业协议，是指合营者各方对设立合营企业的某些要点和原则达成一致意见而形成的文件。协议一经订立，对各方当事人均具有法律约束力，成为各方继续协商的基础。协议的内容如已为合同所包含，该协议便失去应有的法律效力；对合同中没有包含的部分，经各方当事人约定，可以依旧具有法律效力而成为合同的补充。协议的内容与合同相抵触时，应以合同的规定为准。

合营企业合同，是指各方当事人为设立合营企业就相互间的权利义务关系达成一致意见而形成的文件，其内容涉及企业的设立、存续、经营管理以及争议解决等问题。合同的附件与合营企业合同具有同等效力。合营企业合同的订立、效力、解释、执行及其争议的解决，均应当适用中国的法律。我国最高人民法院于2010年8月5日公布并决定自2010年8月16日起施行的《关于审理外商投资企业纠纷案件若干问题的规定》中明确要求，当事人在外商投资企业设立、变更等过程中订立的合同，依法律、行政法规的规定应当经外商投资企业审批机关批准后才生效的，自批准之日起生效；未经批准的，人民法院应当认定该合同未生效。当事人请求确认该合同无效的，人民法院不予支持。

合营企业章程，是指按照合营企业合同规定的原则，经合营各方一致同意，规定合营企业的宗旨、组织原则和经营管理方法等事项的文件，是当事人在合同的基础上，就有关企业各方面的事项协商一致的结果。

协议、合同、章程都是举办合营企业需要具备的具有法律效力的文件，其规定的内容既是各方当事人应当共同遵守的行动准则，也是日后解决可能发生的投资争议的书面依据。但协议、合同、章程的法律意义却各不相同：（1）协议是当事人各方继续洽谈的基础，经各方当事人一致同意后可以修改，或被以后签订的合同所代替；而合同和章程是不能轻易修改变动的，需要修改时，要经原审批机关批准后方能发生法律效力。而合同和章程的区别则在于合同产生各方当事人的权利义务，章程产生合营企业本身。（2）协议一般仅规定当事人各方举办企业最基本的问题，其内容随着当事人的谈判进程有所不同，带有明显的阶段性和局部性；合同一般规定当事人共同投资的目标和彼此的权利义务，其内容涉及企业从产生到解散全过程中的各方面问题；章程则是从企业自身的角度，规定有关企业对内、对外各方面的问题，特别是有关企业自身机构设置等问题。因此，三者间是以合同为核心的，合同既是协议内容的延伸、具体化和固定化，又是制定章程的依据。（3）协议不是举办外商投资企业必备的法律文件，经当事人协商确定，可不签订协议而直接签订合同和制定章程；而合同和章程则是法定的必备文件，也是交付审批时，审批机构主要的审批对象。同时，合同和章程也是审批机构和登记管理机构监督检查的对象。（4）协议和合同是当事人之间在合营企业存续期间所制定的内部文件，通常隶属于企业自身的商业秘密，不对外公开；而章程则是以企业名义制定的，其内容不仅约束现存当事人各方，而且，也对以后参加该企业的人具有法律约束力，因此，其内容需要对外公开而为社会所周知。

二、合营企业的资本及其构成

（一）注册资本

合营企业的注册资本，是指为设立合营企业在登记管理机构登记的资本总额，是合营双方认缴的出资额之和。一般应当以人民币表示，但也可以用合营各方约定的外币表示。对此，我国法律作了如下基本规定：

1.注册资本与投资总额

合营企业的注册资本应与其经营范围、经营规模相一致。对于企业经营需要而又未能为投资者认缴的资本部分（一般表现为流动资金部分），允许企业以其名义进行融资取得并作为借贷资本存在。企业的注册资本与借贷资本构成企业的投资总额。为促使投资者更多地投入资本，防止风险转嫁，法律还对注册资本与投资总额间的比例关系作了硬性规定。

2.注册资本的增减

合营企业注册资本一经确定，一般不得减少。需要增加注册资本的，必须取得原审批机构的批准并向企业登记管理部门办理变更登记后，其增加行为方为有效。因投资总额和生产经营规模等发生变化，确需减少的，须经审批机构批准。

3.注册资本的转让

合营一方可以向第三方全部或部分地转让其出资，但必须经合营他方同意并报审批机构批准，同时向登记管理机构办理变更登记手续。同时，转让方必须依法确保在同等条件下他方投资者优先购买权的行使。如果合营一方在转让其股权行为中，违反上述各项规定，其转让行为无效。

4.外国投资者的出资比例

在合营企业的注册资本中，外国投资者的出资比例一般不低于25%。但从2003年1月1日起，根据《关于加强外商投资企业审批、登记、外汇及税收管理有关问题的通知》，外国投资者的出资比例低于25%的，除法律、行政法规另有规定外，均应按照现行设立外商投资企业的审批登记程序进行审批和登记。通过审批的，颁发加注“外资比例低于25%”字样的外商投资企业批准证书；取得登记的，颁发在“企业类型”后加注“外资比例低于25%”字样的外商投资企业营业执照。外国投资者出资比例低于25%的外商投资企业，除法律、行政法规另有规定外，其投资总额项下进口自用设备、物品不享受税收减免待遇，其他税收不享受外商投资企业待遇。

（二）出资方式

1.现金出资

这是指合营者以自有的或者以自己的名义通过融资取得的货币或有价证券进行出资。任何一方不得以合营企业名义取得贷款作为自己一方的投资，也不得以合营企业或合营他方的财产或其他财产权益作为出资的担保，以防止投资者转嫁投资风险而使我国利用外资的目的落空。对于外国合营者出资的外币，按缴款当日中国人民银行公布的基准汇率折算成人民币或者套算成约定的外币。而对于我国合营者出资的人民币，需要折算成外币的，按缴款当日中国人民银行公布的基准汇率折算。我国政府允许并鼓励外商投资者将其在我国境内投资所得到的人民币收益进行再投资。

2.实物出资

这是指合营者以其建筑物、厂房、机器设备或者其他物料等实物作价出资。作为出资的实物应该也只能是属于投资者所有并未设立任何担保物权的实物，为此，投资者应当出具拥有所有权和处分权的有效证明。外国合营者作为出资的机器设备或者其他物料，应为合营企业生产所必需的，且作价不高于同类机器设备或者其他物料当时的国际市场价格。

3.工业产权和专有技术出资

这是指合营者以自己拥有的商标权、专利权、专有技术等无形资产作价出资。作为出资的产权或无形资产必须为合营者合法所有，且未设立任何担保物权。外国合营者作为投资的技术和设备，必须确实是适合我国需要的先进技术和设备。如果有意以落后的技术和设备进行欺骗，造成损失的，应赔偿损失。此外，外国合营者应当提交该工业产权或者专有技术的有关资料，包括专利证书或者商标注册证书的复制件、有效状况及其技术特性、实用价值、作价的计算根据、与中国合营者签订的作价协议等有关文件，作为合营合同的附件。

4.场地使用权出资

这是指合营者用其依法取得的对某一场地的使用权作价出资。实践中，该种方式更多地为中方投资者所使用。依据我国法律规定，以此形式出资时，应同时满足下列要求：（1）投资者必须事先依法取得场地的使用权；（2）场地使用权的作价金额应与取得同类场地使用权所应缴纳的使用费相同；（3）场地使用费的确定，应根据该场地的用途、地理环境条件、征地拆迁安置费用和合营企业对基础设施的要求等因素，由所在地的省级人民政府确定，并向国家有关部门备案。对于未用场地使用权出资的，企业所需使用的场地，应由企业向所在地的有关部门提出申请，取得场地使用权，并按规定交纳场地使用费。

5.股权出资

我国商务部于2012年8月24日公布并于2012年10月22日起开始施行的《商务部关于涉及外商投资企业股权出资的暂行规定》中明确规定，境内外投资者（以下统称股权出资人）可以以其持有的中国境内企业（以下统称股权企业）的股权作为出资，设立及变更外商投资企业(以下统称被投资企业)。并规定用作出资的股权应当权属清晰、权能完整，依法可以转让；股权企业为外商投资企业的，该企业应依法批准设立，符合外商投资产业政策。同时明确规定，属于以下情形的，股权不得用于出资：股权企业的注册资本未缴足；股权已被设立质权；股权已被依法冻结；股权企业章程（合同）约定不得转让的股权；未按规定参加或未通过上一年度外商投资企业联合年检的外商投资企业的股权；房地产企业、外商投资性公司、外商投资创业（股权）投资企业的股权；法律、行政法规或者国务院决定规定股权转让应当报经批准而未经批准；法律、行政法规或者国务院决定规定不得转让的其他情形。另外，对有关股权投资的作价、审批、出资后的变更登记等事项也一并作出规定。

另外，国家工商行政管理总局颁布的《若干意见》中明确提出，各地工商管理部门应积极支持外商投资企业的投资者以其对该企业的债权转增为注册资本，这进一步丰富了外商投资企业投资者的出资方式。

（三）出资期限

合营各方应在法定或约定的时间内缴清其出资。根据我国《中外合资经营企业合营各方出资的若干规定》，合营合同规定一次缴清出资的，各方应在营业执照签发之日起6个月内缴清；分期缴付出资的，第一期出资不得低于各自认缴出资额的15%，并且应在执照签发之日起3个月内缴清。各方未能在法定时间内缴清出资的，视同合营企业自动解散，企业的批准证书自动失效。企业应向工商部门办理注销登记手续，缴销营业执照；否则，工商部门有权吊销其营业执照并予以公告。合营各方缴付第一期出资后，超过合营合同规定的任何一期出资期限3个月未出资或出资不足的，工商部门有权会同原审批机关发出通知，要求各方在1个月内缴清出资。对于未按期缴清出资的，审批机关有权撤销对该合营企业的批准证书。与此同时，企业应主动向工商部门办理注销登记手续，缴销营业执照；否则，工商部门有权吊销其营业执照并予以公告。

合营一方未按时出资或缴清出资的，构成违约。守约方应当催告违约方在1个月内缴清出资，逾期未缴清者，视同违约方放弃在合营合同中的一切权利，自动退出合营企业。守约方应当在逾期后1个月内向原审批机关申请批准解散合营企业或者申请批准另找合营者承担违约方在合营企业中的权利和义务；否则，审批机关有权撤销该企业的批准证书，与此同时，引起缴销或被撤销营业执照的法律后果。守约方可以依法要求违约方赔偿因违约所造成的经济损失。

外国投资者出资比例低于25%的外商投资企业，投资者以现金出资的，应自企业领取营业执照之日起3个月内缴清全部出资；投资者以实物、工业产权等出资的，应自企业领取营业执照之日起6个月内缴清出资。

为了积极帮扶外商投资企业缓解出资困难，国家工商行政管理总局颁布的《若干意见》中明确规定，对已缴付首期注册资本，无违法记录，因资金暂时紧张无法按时出资的外商投资企业申请延长出资期限的，经审批部门批准，及时为其办理出资期限变更登记。

三、合营企业的组织形式与组织机构

（一）组织形式

合营企业的组织形式为有限责任公司。合营各方应以自己认缴的出资额为限对合资企业的债务承担责任，合营企业应以其全部资产对自身经营活动的后果承担责任。这种规定不仅明确了合营各方的责任与风险，而且，也顺应了国际社会发展的要求，有利于按照国际惯例管理与经营合营企业，比较容易为合营各方所接受。当然，作为一种特殊的有限责任企业，尽管与其他有限责任公司有一定的区别，但对某些合营企

业法没有特殊规定的事项，我国公司法的一般性原则对合营企业也是适用的。

（二）组织机构

1.最高权力机构

董事会是合营企业的最高权力机构。其职权是根据企业合同、章程的规定，在平等互利的原则下，讨论决定合营企业的一切重大问题，包括企业发展规划、生产经营活动方案、收支核算、利润分配、劳动工资计划、停业以及总经理、副总经理、总会计师、审计师的任命或聘请及其职权和待遇等。

董事会由合营各方推荐的董事组成，一般不少于3人，其名额的分配由合营各方参照出资比例协商确定。董事长由合营各方协商确定或由董事会选举产生。董事长是合营企业的法定代表人，代表企业进行必要的活动，董事长不能履行职责时，应授权副董事长或其他董事代表企业行使董事长职权。

董事会以召开董事会议并形成董事会决议的方式来行使其职权。董事会会议每年至少召开一次，由董事长负责召集并主持。董事长因故不能召集时，可委托副董事长或者其他董事负责召集并主持会议。经1/3以上董事提议，可由董事长召开临时的董事会以商议决定有关事宜。董事会会议应有2/3以上董事出席方能举行，一般事项可根据合营企业章程载明的议事规则作出决议，但下列事项应由出席会议的董事一致通过方可作出决议：企业章程的修改；企业的中止、解散；企业注册资本的增加、减少；企业的合并、分立。董事因故不能出席会议的，可出具委托书委托他人代表其出席和行使表决权。董事会会议一般应在合营企业法定地址所在地举行。

2.经营管理机构

合营企业设经营管理机构，负责日常经营管理工作。在经营管理机构中，设总经理1人，副总经理若干人，其具体人选可由合营双方协商确定。总经理、副总经理由董事会聘请，其职权是执行董事会会议的各项决定，组织领导合营企业日常的经营管理活动。在董事会授权范围内，总经理对外代表合营企业，对内任免下属人员，行使董事会授予的其他职权。总经理、副总经理以及其他高级管理职务，经董事会聘请可由董事长、副董事长、董事兼任。总经理、副总经理不得兼任其他经济组织的总经理或者副总经理，不得参与其他经济组织对本企业的商业竞争。对于有营私舞弊或严重失职行为的，经董事会决议可以随时解聘，以保证企业及投资者各方合法利益不受侵犯。

四、合营企业的期限、变更和解散

（一）合营企业的期限

合营企业的期限，是指合营企业作为一个单独的企业存在的时间。合营企业的合营期限，可按不同行业、不同情况，作不同的约定。有的企业，应当约定合营期限；有的企业，可以约定合营期限，也可以不约定合营期限。合营期限的确定，一般要考虑合营项目的资金利润率、投资回收年限、技术更新周期等因素，一般项目的期限为10~30年；投资大、建设周期长、资金利润率低的项目，或在国际上有竞争能力的产品项目，其期限可延长到50年，经国务院批准的可延长到50年以上。合营企业的合营期限从合营企业的营业执照签发之日起计算。合营期限届满后，经合营各方同意，可向审批机构申请延长。其延长期限的申请，应在期限届满前6个月提出，审批机构应在接到申请后1个月内予以答复。合营企业延长合营期限后，应办理变更登记手续。

（二）合营企业的变更

合营企业的变更，是指合营企业在其存续期间，因主客观因素的影响而发生的不包括解散在内的变动，如合营企业的合并与分立等。国务院有关部门颁发的《外商投资企业合并与分立的规定》，对包括合营企业在内的外商投资企业的合并与分立行为作出了明确的规定。

（三）合营企业的解散

合营企业的解散，也称为合营企业的终止，是指合营企业作为一个独立的经济主体资格的消灭。合营企业的终止分为提前终止和期满终止。其终止的原因有：（1）合营期限届满；（2）企业发生严重亏损，无力继续经营；（3）合营一方不履行合营协议、合同、章程规定的义务，致使企业无法继续经营；（4）因自然灾害、战争等不可抗力遭受严重损失，无法继续经营；（5）合营企业未达到其经营目的，同时又无发展前途；（6）合营企业合同、章程所规定的其他解散原因已经出现。

对于包括合营企业在内的外商投资企业解散与清算问题，我国商务部在2008年5月5日出台了《关于依法做好外商投资企业解散和清算工作的指导意见》，以取代以前实施的《外商投资企业清算办法》，对外商投资企业的解散与清算问题作出了明确的规定。

鉴于近些年所出现的外商投资者非正常撤资现象，我国商务部、外交部、司法部、公安部于2008年11月19日共同出台了《外资非正常撤离中国相关利益方跨国追究与诉讼工作指引》，明确了解决与处理问题的具体意见与要求。其中明确规定，不履行正常清算义务给债权人造成损失的，作为有限责任公司的股东、股份有限公司的控股股东和董事以及公司实际控制人的外国企业或个人仍应承担相应民事责任，对公司债务承担连带清偿责任。对极少数恶意逃避欠缴税额巨大、涉嫌犯罪的嫌疑人员，国家有关主管部门在立案后，可视具体案情通过条约规定的中央机关或外交渠道向犯罪嫌疑人逃往国提出引渡请求或刑事诉讼移转请求，以最大程度确保犯罪嫌疑人受到法律追究。

第三节　中外合作经营企业法

一、中外合作经营企业的设立与出资

中外合作经营企业（以下简称合作企业）在设立与出资方面的条件与程序等与合营企业的要求基本一致。考虑到合作企业自身的特点，我国法律对其设立的要求又与合营企业不完全相同，具体表现为：

首先，在审批期限上，设立合作企业法定的审批期限是，审批机构应当在接到申请书之日起45天内，对设立申请决定批准或不批准。合作企业的申请在获得批准后，应当在接到批准证书之日起30天内到企业登记部门申请登记。

其次，在组织形式上，对合作企业不采取统一的要求，即合作企业可以选择设立法人式或者非法人式合作企业，对于符合法人条件的，颁发企业法人营业执照，以独立的法人组织承担相应的责任；而对不符合法人条件的，可颁发企业营业执照，合作企业将以非法人经济组织的身份参与市场经济活动，相关的法律责任将分别由合作各方以自己的名义独立承担。

最后，在出资方式上，合作企业各方出资方式比合营企业灵活，除

货币出资、实物出资、产权技术出资外，合作各方还可以用其他财产权利出资。所谓其他财产权利，法律并未作出明确规定，在实践中多以抵押权、留置权、特许权、工艺流程、经营权等进行出资。合作企业各方出资的资产，在法人式合作企业中归企业所有；在非法人式合作企业中，则为合作各方分别所有，经合作各方约定，也可以共有或者部分共有。但合作各方的出资或提供的合作条件应该由企业统一管理和使用，未经合作他方同意，任何一方不得擅自处理。

二、合作企业的组织形式与组织机构

（一）组织形式

合作企业的组织形式有两种：（1）依法取得我国法人资格的合作企业，为有限责任公司，除合作企业合同另有约定的外，合作各方均以其投资或提供的合作条件为限对企业承担责任，合作企业以其全部资产为限对企业的债务承担责任；（2）不具备我国法人资格的合作企业及其合作各方，依照我国有关法律规定，由合作各方按照出资比例或者协议的约定，以各自所有的或者经营管理的财产承担责任。依法律的规定或合同的约定需要承担连带责任的，合作各方应承担连带责任。

（二）组织机构

合作企业的组织机构随企业的组织形式的不同而有所区别：具备法人资格的合作企业，其组织机构与合营企业基本相同，企业设立董事会和经营管理机构。不具备法人资格的合作企业一般设立联合管理委员会作为企业的最高权力机构，并依照企业章程的规定，决定企业的一切重大问题。联合管理委员会的人员组成及其职权与董事会的规定大体一致，其负责人是企业的法定代表人，行使类似于董事长的职权。同时，联合管理委员会下设联合管理机构，代表合作各方共同管理合作企业。

合作企业经董事会或联合管理委员会一致同意并经审批机构批准，可以委托合作各方之外的人来经营管理企业，并与被委托人签订委托经营管理合同。

三、合作企业的收益分配与回收投资

（一）收益分配

1.利润分配

利润分配是合作企业通过生产经营取得的收入和其他收入，按照合同约定的比例或各方协议确定的比例，对所获利润的分配，是收益分配中最基本的形式。

2.产品分配

产品分配是合作企业将企业生产的产品依照合同约定的比例分配给各方，产品的销售由合作方各自完成，所获利润为各自的收益。

3.其他分配方式

这是指除上述两种分配形式之外的法律允许的分配方式，如以每月营业额或以每批产品销售额的一个固定百分比的分配方式；或以所获利润中的一个固定数额用来偿还外方投资本金，其余的由各方按一定比例分配；或以提取部分折旧费用结合利润分配方式进行分配等。

（二）回收投资

回收投资，是指在合作企业生产经营过程中，通过一定的合作手段使投资者的全部投资得以先行收回的行为。根据合作企业法规定，中外合作者合作期满时，合作企业的全部固定资产归中方合作者所有的，可以在合作企业合同中约定外方合作者在合作期限内先行回收投资的办法。主要做法有三种：（1）在按照投资或者提供合作条件进行分配的基础上，在合同中约定扩大外国合作者的收益分配比例；（2）经财政税务机关按照国家有关税收的规定审查批准，外国合作者在合作企业缴纳所得税前回收投资；（3）经财政税务机关和审批机关批准的其他回收投资方式。

为避免外方合作者先行回收投资后，企业债务被转移到中方合作者身上，我国法律规定，中外合营者应依照有关法律的规定及合作企业合同的约定，对企业的债务承担责任。

第四节　外资企业法

一、外资企业的设立

（一）外资企业设立的条件

设立外资企业必须有利于中国国民经济的发展，能够取得显著的经济效益，国家鼓励外资企业采用先进技术和设备，从事新产品开发，实现产品升级换代，节约能源和原材料，并鼓励举办产品出口型的外资企业。

外资企业设立的行业领域基本上等同于其他外商投资企业，但有些行业则对设立外资企业有着更多的限制。

（二）外资企业设立的程序

1.提交报告

外国投资者在提出设立外资企业申请前，应当先向拟设立外资企业所在地的县级以上人民政府提交报告。县级以上地方人民政府应当在收到外国投资者提交的报告之日起30天内，以书面形式作出答复。企业的产品如涉及出口许可证、出口配额、进口许可证或者属于国家限制进口的，应当依照有关管理权限事先取得对外经贸主管部门的同意。

2.提出申请

设立外资企业，应当通过拟设立外资企业所在地的县级以上地方人民政府向审批机关提出申请并报送有关材料，包括申请书、可行性研究报告、外资企业章程、外资企业法定代表人（或董事会人选）名单、外国投资者的法律证明文件和资信证明文件、拟设立外资企业所在地的县级以上地方人民政府的书面答复等。

3.审查批准

审批机构应当在收到申请的全部文件之日起90天内决定批准或不批准。对于申请文件不齐备或有不当之处的，可以要求限期补报或修正。设立外资企业的申请被批准的，应发给批准证书。

4.依法登记，领取营业执照

设立外资企业的申请被批准后，外国投资者应当在收到批准证书之日起30天内向登记主管部门申请登记并领取营业执照。企业成立之日起30天内向税务机关办理税务登记。外国投资者在收到批准证书之日起30天内未向登记机关申请登记的，外资企业的批准证书自动失效。

二、外资企业的出资

（一）出资方式

外国投资者可以用可自由兑换的外币出资，也可以用机器设备、工业产权、非专利技术等作价出资，经批准还可以用其从中国境内举办的其他外商投资企业中获得的人民币利润进行投资。用人民币进行投资时，必须同时符合以下两个条件：一是须经审批机构批准；二是人民币的来源必须是该外国投资者从其在中国境内举办的其他外商投资企业中获得的利润。对以实物和产权技术进行投资的要求，与对其他外商投资企业出资的要求大体上是一致的。

（二）出资期限

外国投资者缴付出资的期限应当在设立外资企业申请书和外资企业的章程中载明。一次性交付出资的，应在企业营业执照签发之日起90天内缴清；分期缴付出资的，第一期的出资不得少于注册资本的15%，并应当于企业营业执照签发之日起90天内缴清，同时，最后一期出资应当于营业执照签发之日起3年内缴清。外资企业未能按申请书和企业章程规定的期限内缴付出资的，企业的批准证书自动失效，企业应当向工商部门办理注销登记，缴销营业执照；否则，工商机关应吊销其营业执照并公告。第一期出资后，其他各期如无正当理由逾期30天不出资的，依照未能缴付第一期出资进行处理。有正当理由要求延期的应经批准并报工商机关备案。

三、外资企业的组织形式与组织机构

（一）组织形式

外资企业的组织形式为有限责任公司。经批准也可以为其他责任形式。外资企业为有限责任公司的，外国投资者对企业的责任以其认缴的出资额为限；为其他责任形式的，投资者对企业应负的责任适用我国有关法律、法规的规定。

（二）组织机构

外资企业组织机构的设置由投资者自行决定，一般应与其组织形式相适应，如有限责任公司形式的外资企业，应按照其规模的大小、投资者的多少等因素的不同，分别设立董事会或一名执行董事行使企业权力机构的职权等。

四、外资企业的终止

外资企业有下列情况之一的，应当终止：（1）经营期限届满；（2）经营不善，严重亏损，外国投资者决定解散的；（3）因自然灾害、战争等不可抗力而遭受严重损失，无法继续经营的；（4）破产；（5）违反中国法律、法规，危害社会公共利益被依法撤销的；（6）外资企业章程规定的其他解散事由已出现的。

由于上述第（2）、（3）、（4）项解散的，企业应当自行提交终止申请书，并报审批机关批准，批准的日期为企业解散的日期；按上述第（1）、（2）、（3）、（6）项规定终止的，外资企业应当在终止之日起15天内对外公告并通知债权人，应当在公告发出之日起15天内提出清算。清算时，企业要成立清算组，对企业剩余财产进行分配，清算结束前，外国投资者不得将企业的资金汇出或携带出中国境外，不得自行处理企业的财产。清算结束后，外国投资者分得的财产利润，应依法缴纳所得税，并向工商部门办理注销登记，缴销营业执照。

第五节　外商投资合伙企业的法律规定

一、外商投资合伙企业的设立

2009年8月19日，国务院颁布了《外国企业或者个人在中国境内设立合伙企业管理办法》（以下简称《管理办法》）。国家工商行政管理总局于2010年2月1日颁布了《外商投资合伙企业登记管理规定》（以下简称《管理规定》）。这两个规范性文件自2010年3月1日起正式施行。

《管理办法》第3条规定："外国企业或者个人在中国境内设立合伙企业，应当遵守《合伙企业法》以及其他有关法律、行政法规、规章的规定，符合有关外商投资的产业政策。"第10条同时规定："外商投资合伙企业的登记管理事宜，本办法未作规定的，依照《中华人民共和国合伙企业登记管理办法》和国家有关规定执行。"

上述规范性文件对外商投资合伙企业的设立，主要从以下几个方面作了规定：

（一）外商投资合伙企业合伙人条件

外商投资合伙企业是以我国合伙企业法为依托，是作为一种特殊的外资介入的合伙企业而存在的，因而，有关合伙人的资格与条件原则上应与我国合伙企业法中有关合伙人的要求保持一致。但作为一种特殊的合伙企业，上述两个规范性文件对外商投资合伙企业的合伙人也作出了明确而具体的规定，主要有：（1）首次将我国的自然人视作投资者纳入到外商投资企业的主体范围中，扩大了我国境内投资主体的范围；

（2）国有独资公司、国有企业、上市公司以及公益性的事业单位、社会团体不得成为普通合伙人；（3）细化了外商合伙人的资格条件。

（二）外商投资合伙企业的类型与行业要求

对设立外商投资合伙企业的类型，《管理规定》第11条明确规定："外商投资合伙企业类型包括外商投资普通合伙企业（含特殊的普通合伙企业）和外商投资有限合伙企业。"此规定等同于我国《合伙企业法》中对合伙企业形态的规定，是以合伙企业中各合伙人承担法律责任方式的不同加以区分的。

有关设置外商投资合伙企业的行业要求，《管理规定》第3条第3款明确指出，《指导目录》禁止类和标注"限于合资"、"限于合作"、"限于合资、合作"、"中方控股"、"中方相对控股"和有外资比例要求的项目，不得设立外商投资合伙企业。同时，第64条明确规定："以投资为主要业务的外商投资合伙企业境内投资的，应当依照国家有关外商投资的法律、行政法规、规章办理。"

（三）外商投资合伙企业的出资方式

有关外商投资合伙企业各合伙人出资方式的规定，基本上与我国合伙企业法中的相关规定一致。但考虑到外商合伙人的特殊性，《管理办法》第4条明确指出："外国企业或者个人用于出资的货币应当是可自由兑换的外币，也可以是依法获得的人民币。"而对以非货币形态出资的，该《管理规定》第15条规定："以实物、知识产权、土地使用权或者其他财产权利出资，由全体合伙人协商作价的，应当向企业登记机关提交全体合伙人签署的协商作价确认书；由全体合伙人委托法定评估机构评估作价的，应当向企业登记机关提交中国境内法定评估机构出具的评估作价证明。外国普通合伙人以劳务出资的，应当向企业登记机关提交外国人就业许可文件，具体程序依照国家有关规定执行。"

（四）外商投资合伙企业的设立程序

鉴于外商投资合伙企业隶属于合伙企业这种特质，对该企业组织的设置采取了登记核准制度。《管理办法》第5条规定："外国企业或者个人在中国境内设立合伙企业，应当由全体合伙人指定的代表或者共同委托的代理人向国务院工商行政管理部门授权的地方工商行政管理部门申请设立登记。申请设立登记，应当向企业登记机关提交规定的文件以及符合外商投资产业政策的说明。企业登记机关予以登记的，应当同时将有关登记信息向同级商务主管部门通报。”对外商投资合伙企业设立的具体程序，有关法规作出了详细的规定。

二、外商投资合伙企业的变更与解散

《管理办法》第6条明确规定：“外国企业或者个人在中国境内设立的合伙企业的登记事项发生变更的，应当依法向企业登记机关申请变更登记。外商投资合伙企业的外国合伙人全部退伙，该合伙企业继续存续的，应当依法向企业登记机关申请变更登记。”同时，该办法第7条则对该企业的解散作了具体的规定，即外商投资合伙企业解散的，应当依照有关规定进行清算。清算人应当自清算结束之日起15日内，依法向企业登记机关办理注销登记。

《管理规定》对外商投资合伙企业的变更与解散提出了更为具体的要求。

第六节 外资并购和外商投资性公司的法律规定

一、关于外资并购的法律规定

2003年1月2日，我国商务部、国家税务总局、国家工商行政管理总局、国家外汇管理局联合发布了《外国投资者并购境内企业暂行规定》，为外资以并购方式进入我国市场解除了法律上的限制，促使外商并购我国境内企业得到快速发展。但与此同时也带来了许多事关国家经济发展与安全的问题，特别是在外商积极并购我国行业中龙头企业以形成对我国产业、行业垄断的态势下，2006年8月8日，上述四部委会同国务院国有资产监督管理委员会、中国证券监督管理委员会重新修订并颁布的《关于外国投资者并购境内企业的规定》，进一步明确了外资并购我国境内企业的要求。

随着我国反垄断法及其配套法律法规的颁布与实施，对外商投资者并购我国境内企业所涉及的反垄断以及有关国家经济安全审查已成为国内外普遍关注的问题，为此，我国商务部在2009年6月22日，再一次修改调整并重新颁布了《关于外国投资者并购境内企业的规定》（以下简称《规定》），使其能够更好地适应我国经济发展以及外商并购我国境内企业的要求。其主要内容包括：

（一）明确了外资并购的含义与种类

外资并购，是外商投资者进入我国市场的形式之一，是股权并购与资产并购的统称。所谓股权并购，是指外国投资者协议购买境内非外商投资企业股东的股权或认购境内企业增资，使该境内企业变更设立为外商投资企业的投资行为。所谓资产并购，是指外国投资者设立外商投资企业，并通过该企业协议购买境内企业资产且运营该资产，或外国投资者协议购买境内企业资产，并以该资产投资设立外商投资企业运营该资产的投资行为。

（二）外资并购的条件与要求

第一，外国投资者并购境内企业应遵守中国的法律、行政法规和规章，遵循公平合理、等价有偿、诚实信用的原则，不得造成过度集中、排除或限制竞争，不得扰乱社会经济秩序和损害社会公共利益，不得导致国有资产流失。

第二，外国投资者并购境内企业，应符合中国法律、行政法规和规章对投资者资格的要求及产业、土地、环保等政策。根据有关规定不允许外国投资者独资经营的产业，并购不得导致外国投资者持有企业的全部股权；需由中方控股或相对控股的产业，该产业的企业被并购后，仍应由中方在企业中占控股或相对控股地位；禁止外国投资者经营的产业，外国投资者不得并购从事该产业的企业。被并购境内企业原有所投资企业的经营范围应符合有关外商投资产业政策的要求；不符合要求的，应进行调整。

第三，外国投资者并购境内企业涉及企业国有产权转让和上市公司国有股权管理事宜的，应当遵守国有资产管理的相关规定。如果被并购企业为境内上市公司，还应依照有关规定向国务院证券监督管理机构办理相关手续。外国投资者并购境内企业所涉及的各方当事人应当按照中国税法规定纳税，接受税务机关的监督。应遵守中国有关外汇管理的法律和行政法规，及时向外汇管理机关办理各项外汇核准、登记、备案及变更手续。

第四，外国投资者在并购后所设外商投资企业注册资本中的出资比例高于25%的，该企业享受外商投资企业待遇；出资比例低于25%的，其审批和登记按前述合营企业中外国投资者的出资比例低于25%的情况办理。该企业不享受外商投资企业待遇。境内公司、企业或自然人以其在境外合法设立或控制的公司名义并购与其有关联关系的境内公司，所设立的企业不享受外商投资企业待遇；但该境外公司认购境内公司增资，或者该境外公司向并购后所设企业增资，增资额占所设企业注册资本比例达到25%以上的除外。依上述方式设立的外商投资企业，其实际控制人以外的外国投资者在企业注册资本中的出资比例高于25%的，享受外商投资企业待遇。

第五，外国投资者并购境内企业并取得实际控制权，涉及重点行业、存在影响或可能影响国家经济安全因素或者导致拥有驰名商标或中华老字号的境内企业实际控制权转移的，当事人应就此向商务部进行申报。当事人未予申报，但其并购行为对国家经济安全造成或可能造成重大影响的，商务部可以会同相关部门要求当事人终止交易或采取转让相关股权、资产或其他有效措施，以消除并购行为对国家经济安全的影响。

第六，外国投资者股权并购的，该境外公司应合法设立并且其注册地具有完善的公司法律制度，且公司及其管理层最近3年未受到监管机构的处罚。外国投资者以股权并购境内公司所涉及的境内外公司的股权，应符合以下条件：(1) 股东合法持有并依法可以转让；(2) 无所有权争议且没有设定质押及任何其他权利限制；(3) 境外公司的股权应在境外公开合法证券交易市场（柜台交易市场除外）挂牌交易；(4) 境外公司的股权最近1年交易价格稳定。并购后所设外商投资企业承继被并购境内公司的债权和债务。

第七，外国投资者资产并购的，出售资产的境内企业承担其原有的债权和债务。外国投资者、被并购境内企业、债权人及其他当事人可以对被并购境内企业的债权债务的处置另行达成协议，但是该协议不得损害第三人利益和社会公共利益。债权债务的处置协议应报送审批机关。出售资产的境内企业应当在投资者向审批机关报送申请文件之前至少15日，向债权人发出通知书，并在全国发行的省级以上报纸上发布公告。

第八，并购当事人应以资产评估机构对拟转让的股权价值或拟出售资产的评估结果作为确定交易价格的依据。并购当事人可以约定在中国境内依法设立的资产评估机构。资产评估应采用国际通行的评估方法。禁止以明显低于评估结果的价格转让股权或出售资产，变相向境外转移资本。

第九，并购当事人应对并购各方是否存在关联关系进行说明，如果有两方属于同一个实际控制人，则当事人应向审批机关披露其实际控制人，并就并购目的和评估结果是否符合市场公允价值进行解释。当事人不得以信托、代持或其他方式规避前述要求。

第十，被股权并购境内公司的中国自然人股东，经批准，可继续作为变更后所设外商投资企业的中方投资者。境内公司的自然人股东变更国籍的，不改变该公司的企业性质。

（三）外资并购的审批与登记

外资并购的审批机关是国务院商务部或省级商务主管部门，登记管理机关是国家工商行政管理总局或其授权的地方工商行政管理局。并购后所设外商投资企业，根据法律、行政法规和部门规章的规定，属于应由商务部审批的特定类型或行业的外商投资企业的，省级审批机关应将申请文件转报商务部审批，并由其依法决定批准或不批准。

境内公司、企业或自然人以其在境外合法设立或控制的公司名义并购与其有关联关系的境内的公司，应报商务部审批。当事人不得以外商投资企业境内投资或其他方式规避上述要求。

商务部自收到规定报送的全部文件之日起30日内对并购申请进行审核，符合条件的，颁发批准证书，并在批准证书上加注“外国投资者以股权并购境内公司，自营业执照颁发之日起6个月内有效”。

境内公司应自收到加注的批准证书之日起30日内，向登记管理机关、外汇管理机关办理变更登记，由登记管理机关、外汇管理机关分别向其颁发加注“自颁发之日起8个月内有效”字样的外商投资企业营业执照和外汇登记证。

境内公司向登记管理机关办理变更登记时，应当预先提交旨在恢复股权结构的境内公司法定代表人签署的股权变更申请书、公司章程修正案、股权转让协议等文件。

自营业执照颁发之日起6个月内，境内公司或其股东应就其持有境外公司股权事项，向商务部、外汇管理机关申请办理境外投资开办企业核准、登记手续。当事人除向商务部报送《关于境外投资开办企业核准事项的规定》所要求的文件外，另须报送加注的外商投资企业批准证书和加注的外商投资企业营业执照。商务部在核准境内公司或其股东持有境外公司的股权后，颁发中国企业境外投资批准证书，并换发无加注的外商投资企业批准证书。境内公司取得无加注的外商投资企业批准证书后，应在30日内向登记管理机关、外汇管理机关申请换发无加注的外商投资企业营业执照、外汇登记证。自营业执照颁发之日起6个月内，如果境内外公司没有完成其股权变更手续，则加注的批准证书和中国企业境外投资批准证书自动失效。登记管理机关根据境内公司预先提交的股权变更登记申请文件核准变更登记，使境内公司股权结构恢复到股权并购之前的状态。

境内公司或其股东凭商务部和登记管理机关颁发的无加注批准证书和营业执照，到税务机关办理税务变更登记。

此外，依据反垄断法的规定，外国投资者并购境内企业达到《国务院关于经营者集中申报标准的规定》规定的申报标准的，应当事先向商务部申报，未申报不得实施交易。2009年11月21日，商务部公布了《经营者集中申报办法》和《经营者集中审查办法》，明确地规定了有关申报与审批的具体要求，并自2010年1月1日起施行。因此，外国投资者并购境内企业时，必须严格执行上述法律文件的要求，对达到要求者，必须履行申报义务，接受审批。

另外，2011年2月3日，国务院发布《关于建立外国投资者并购境内企业安全审查制度的通知》，规定自该日起30日后开始实施对外资并购境内企业国家安全审查制度，并设立以发改委、商务部牵头的部际联席会议承担审查工作。该安全审查主要针对以下两大类外资并购进行，即：（1）境内军工及军工配套企业，重点、敏感军事设施周边企业，及关系国防安全的其他单位；（2）境内关系国家安全的重要农产品、重要能源和资源、重要基础设施、重要运输服务、关键技术、重大装备制造等企业，且实际控制权可能被外国投资者取得。根据要求，申请者应向商务部提交申请，由部际联席会议先进行一般性安全审查，没有通过的，联席会议将启动特别审查程序。对被认定对国家安全已经或可能造成重大影响的并购，政府部门将终止或采取措施消除影响。

（四）外资并购的出资

外国投资者并购境内企业设立外商投资企业，外国投资者应自外商投资企业营业执照颁发之日起3个月内向转让股权的股东，或出售资产的境内企业支付全部对价。对特殊情况需要延长者，经审批机关批准后，应自外商投资企业营业执照颁发之日起6个月内支付全部对价的60%以上，1年内付清全部对价，并按实际缴付的出资比例分配收益。

外国投资者认购境内公司增资，有限责任公司和以发起方式设立的境内股份有限公司的股东应当在公司申请外商投资企业营业执照时缴付不低于20%的新增注册资本，其余部分的出资时间应符合公司法和有关外商投资的法律法规的规定。其他法律和行政法规另有规定的，从其规定。股份有限公司为增加注册资本发行新股时，股东认购新股，依照设立股份有限公司缴纳股款的有关规定执行。

外国投资者股权并购的，除国家另有规定外，对并购后所设外商投资企业应按照以下比例确定投资总额的上限：注册资本在210万美元以下的，投资总额不得超过注册资本的10/7；注册资本在210万美元以上至500万美元的，投资总额不得超过注册资本的2倍；注册资本在500万美元以上至1 200万美元的，投资总额不得超过注册资本的2.5倍；注册资本在1 200万美元以上的，投资总额不得超过注册资本的3倍。

外国投资者资产并购的，应根据购买资产的交易价格和实际生产经营规模确定拟设立的外商投资企业的投资总额。拟设立的外商投资企业的注册资本与投资总额的比例应符合有关规定。

二、关于外商投资性公司的规定

外商投资性公司，是指外国投资者在中国以独资或与中国投资者合资的形式设立的从事直接投资活动的有限责任公司，也就是通常所说的“控股公司”。我国于2004年2月18日在多次修正以前有关规定的基础上，正式颁布了《关于外商投资举办投资性公司的规定》。2006年6月5日，商务部又公布了《关于外商举办投资性公司的补充规定》（以下简称《补充规定》），并已于同年7月1日起实施。其主要内容是：

（一）设立投资性公司的条件

外国投资者应为资信良好，拥有举办投资性公司所必需的经济实力，申请前一年的资产总额、在中国境内设立的外商投资企业数量，以及实缴注册资本的出资额等都符合我国法律规定。以合资方式设立投资性公司的，中国投资者应资信良好，拥有举办投资性公司所必需的经济实力。投资性公司的注册资本不低于3 000万美元。此外，外国投资者还必须向审批机构出具有效的保函，保证其所设立的投资性公司在中国境内投资时注册资本的缴付和属于该外国投资者或关联公司的技术转让。

（二）设立投资性公司的审批

申请设立投资性公司，投资者应按规定提交有关文件，经拟设立投资性公司所在地的省、自治区、直辖市、计划单列市商务主管部门审核同意后，报商务部审查批准。2009年，我国商务部调整了对外商投资设立投资性公司的审批权限，明确规定，外国投资者投资设立注册资本1亿美元及以下投资性公司及其变更事项（单次增资超过1亿美元的除外），由投资性公司注册地省级商务主管部门负责审批。

（三）投资性公司的资产

外国投资者须以可自由兑换的货币或其在中国境内获得的人民币利润或因转股、清算等活动获得的人民币合法收益作为其向投资性公司注册资本的出资。中国投资者可以人民币出资。投资的数额、方式，按相关规定要求办理。

投资性公司的注册资本不低于3 000万美元的，其贷款额不得超过已缴付注册资本额的4倍。投资性公司的注册资本不低于1亿美元的，其贷款额不得超过已缴付注册资本额的6倍。投资性公司因经营需要，贷款额拟超过上述规定，应当报商务部批准。

（四）投资性公司的经营范围

投资性公司经商务部批准设立后，可以经营下列业务：（1）在国家允许外商投资的领域依法进行投资；（2）受其所投资企业的书面委托（经董事会一致通过），向其所投资企业提供我国法律许可的服务；（3）在中国境内设立科研开发中心或部门，从事新产品及高新技术的研究开发，转让其研究开发成果，并提供相应的技术服务；（4）为其关联公司提供与其投资有关的市场信息、投资政策等咨询服务；（5）承接其母公司和关联公司的服务外包业务。除此之外，经有关部门批准，还可以向其所投资设立的企业提供财务支持；可以作为发起人发起设立外商投资股份有限公司或持有外商投资股份有限公司未上市流通的法人股。投资性公司也可以根据国家有关规定持有境内其他股份有限公司未上市流通的法人股。投资性公司应视为股份有限公司境外发起人或股东。

此外，投资性公司被允许承接境外公司的服务外包业务，其出口产品可以按有关规定办理出口退税；经商务部批准，允许被认定为地区总部的投资性公司从事经营性租赁和融资租赁业务；行使财务中心或资金管理中心职能而且被认定为地区总部的投资性公司，经外汇管理机关批准，可以对境内关联公司的外汇资金进行集中管理，也可以在境内银行开立离岸账户；允许投资性公司根据国家有关规定对上市公司进行战略投资，投资性公司应视为股份有限公司境外股东。

复习思考题

一、概念题

外商投资企业　中外合资经营企业　中外合作经营企业　外资企业　外商投资股份有限公司　外商投资性公司　外商投资合伙企业　外资并购

二、问答题

1.外商投资企业有哪些主要特征?

2.我国法律对合营企业的注册资本有哪些规定?

3.我国最新的《外商投资产业指导目录》有哪些最新的变化?为什么?

4.合作企业的收益分配方式有哪几种?

5.申请设立外商投资合伙企业应向登记机关提交哪些文件?

6.有关法规对外商股权并购和资产并购分别是如何规定的?

7.对于外资并购我国境内企业，我国法律设置了何种审查制度?其各自的目的、要求分别是什么?

第六章　企业破产法

第一节　企业破产法概述

一、破产和破产法的概念

（一）破产的概念

破产，是指企业法人不能清偿到期债务，并且资产不足以清偿全部债务或者明显缺乏清偿能力的，依法定程序宣告企业终止，将企业法人的全部财产用于清产还债的法律制度。它包括两个方面的含义：一是指债务人因丧失清偿能力而不能对全部债权人的到期债权进行清偿的状态；二是指依照法律规定由人民法院审理破产案件，在有关组织参与下清理债权债务关系，分配破产财产的法定程序。

破产具有如下几个特征：（1）破产是一种特殊的偿债手段。它以债务人主体资格消亡为后果，全部财产用于还债后，债务人便丧失主体资格。（2）破产是在特殊情况下适用的偿债程序。一般是债务人对所有债权人的已到期的金钱债务不能清偿时，可提起破产程序。（3）破产是对所有债权人最为公平的一种偿债手段。一般情况下，债务人的财产都不足以清偿所有债权，破产还债则依照债权性质的不同以公平清偿为原则。（4）破产是依司法程序进行的偿债手段。破产程序自始至终都在人民法院的主持下进行。

破产是市场竞争的必然结果，也是优胜劣汰机制作用的必然结果。

（二）破产法的概念

破产法是调整因企业法人破产而形成的各种社会关系的法律规范的总称。如前所述，债务人不能清偿到期债务，依一定程序将其全部财产用于清产还债的行为，必然引起许多相关的关系，调整这种关系的法律就是破产法。它包括破产的实体规范和程序规范两个方面的内容。关于破产的实体规范，主要有破产界限、破产财产、破产债权、破产费用、法律责任等内容；关于破产的程序规范，主要有破产申请的提出、破产案件的受理、重整、和解、破产宣告、破产清算和破产程序的终结等内容。第十届全国人民代表大会常务委员会第二十三次会议于2006年8月27日审议通过了《中华人民共和国企业破产法》（以下简称《企业破产法》），自2007年6月1日起施行。1986年通过的企业破产法（试行）同时废止。

破产法对于保证全体债权人公平受偿，赋予破产人以经济上的复苏机会，促使债权债务及时处理，维护社会经济秩序的稳定都有着积极的作用。

二、企业破产法的适用范围

企业破产法的适用范围，是指债务人依法能够适用破产程序被宣告破产的资格，是进行破产程序的前提和基础。根据企业破产法的规定，该法适用所有的企业法人，实现了企业法人在使用破产法上的统一。该法同时规定，其他法律规定企业法人以外的组织的清算，属于破产清算的，参照适用本法规定的程序。

三、破产界限

破产界限，是企业被宣告破产时应具备的条件，即企业在什么情况下才进入破产程序。我国破产法将企业破产界限作了较为科学的规定。

《企业破产法》第2条规定："企业法人不能清偿到期债务，并且资产不足以清偿全部债务或者明显缺乏清偿能力的，依照本法规定清理债务。"该规定有这样几层含义：

第一，企业法人不能清偿到期债务，并且资产不足以清偿全部债务。对此，可从以下几个方面加以理解：（1）债务的清偿期限已经届满，并且债权人要求清偿债务。（2）债务人使用所有的手段仍不能清偿债务，陷入法律上的破产。债务人资不抵债，即其拥有的财产数额小于负债，这仅仅是事实上的破产，而不是法律上的破产。如果债务人除了用财产还债之外，还可以凭借信用、知识产权、劳务等手段还债，则债务人并未陷入法律上的破产。因此，要结合上述的各种因素综合评价，来判断该债务人是否是使用了所有的手段清偿债务，是否真正陷入了法律意义上的破产。（3）债务人不能清偿到期债务应当处于连续状态，而不是暂时的、短期的不能清偿。

第二，企业法人不能清偿到期债务，并且明显缺乏清偿能力。这是以不能清偿到期债务作为主要的判断依据，辅之以明显缺乏清偿能力。

第二节　破产申请的提出和受理

一、破产申请的提出

（一）破产申请人

破产申请人，是指有权向人民法院提出破产宣告申请的人。对破产程序的启动，我国采取申请主义，即破产程序只能依当事人的申请开始。根据企业破产法规定，有权向人民法院提出破产宣告申请的人，包括债权人和债务人。债务人达到破产界限时，可以向人民法院提出重整、和解或者破产清算申请。债务人不能清偿到期债务，债权人可以向人民法院提出对债务人进行重整或者破产清算的申请。

企业法人已解散但未清算或者未清算完毕，资产不足以清偿债务的，依法负有清算责任的人应当向人民法院申请破产清算。

（二）破产案件的管辖

破产案件的管辖，是指人民法院受理破产案件的分工和权限。债权人或债务人申请破产，必须向有管辖权的人民法院提出。企业破产法规定，破产案件由债务人住所地人民法院管辖。债务人住所地，是指其主要办事机构所在地。债务人没有办事机构的，由其注册地人民法院管辖。

基层人民法院一般管辖县、县级市或区的工商行政管理机关核准登记企业的破产案件；中级人民法院一般管辖地区、设区的市（含本级）以上工商行政管理机关核准登记的企业的破产案件；纳入国家计划调整的企业的破产案件，由中级人民法院管辖。案件的移送管辖和指定管辖等特殊情况，可以依照民事诉讼法的有关规定办理。

（三）申请破产应提交的材料

向人民法院提出破产申请，应当提交破产申请书和有关证据。破产申请书应当载明下列事项：（1）申请人、被申请人的基本情况；（2）申请目的；（3）申请的事实和理由；（4）人民法院认为应当载明的其他事项。

债务人提出申请的，还应当向人民法院提交财产状况说明、债务清册、债权清册、有关财务会计报告、职工安置预案以及职工工资的支付和社会保险费用的缴纳情况。

二、破产申请的受理

（一）立案

人民法院收到破产申请后，应当进行审查，审查分形式审查和实质审查。形式审查主要审查人民法院是否具有管辖权、申请人是否具有主体资格、是否提交了合乎规定的材料等；实质审查主要审查债务人是否具有破产能力和是否达到破产界限。

债务人提出破产申请的，人民法院应当在收到破产申请之日起15日内裁定是否受理，并应在法定期限内将裁定送达有关当事人。债权人提出破产申请的，人民法院应当自收到申请之日起5日内通知债务人。债务人对申请有异议的，应当自收到人民法院的通知之日起7日内向人民法院提出。人民法院应当自异议期满之日起10日内裁定是否受理。

人民法院裁定不受理破产申请的，应当自裁定作出之日起5日内送达申请人并说明理由。申请人对裁定不服的，可以自裁定送达之日起10日内向上一级人民法院提起上诉。

人民法院经审查发现有下列情况之一的，破产申请不予受理：（1）债务人有隐匿、转移财产等行为，为了逃避债务而申请破产的；（2）债权人借破产申请毁损债务人商业信誉，意图损害公平竞争的。

（二）发布通知和公告

人民法院对破产申请决定立案的，应当组成合议庭，并在受理破产案件后发布通知和公告。人民法院应当自受理裁定作出之日起5日内送达债务人，裁定受理破产申请之日起25日内通知已知债权人，同时，为了保障未知的债权人以及无法通知的已知债权人能够平等地参与诉讼，人民法院还应在受理破产案件后发布公告。

通知和公告应当载明下列事项：（1）申请人、被申请人的名称或者姓名。（2）人民法院受理破产申请的时间；申报债权的期限、地点和注意事项；破产管理人的名称或者姓名及其处理事务的地址。（3）债务人的债务人或者财产持有人应当向破产管理人清偿债务或者交付财产的要求。（4）第一次债权人会议召开的时间和地点。（5）人民法院认为应当通知和公告的其他事项。

（三）债权人申报债权

人民法院受理破产申请后，应当确定债权人申报债权的期限。债权申报期限自人民法院发布受理破产申请公告之日起计算，最短不得少于30日，最长不得超过3个月。债权人应当在人民法院确定的债权申报期限内向破产管理人申报债权。

债权人对于未到期债权、附条件和附期限的债权以及诉讼、仲裁未决的债权都应当申报，但劳动债权不必申报。

债权人申报债权时，应当提供债权证明和合法有效的身份证明，书面说明债权的数额和有无财产担保，并提交有关证据。

破产管理人收到债权申报材料后，应当登记造册，对申报的债权进行审查，并编制债权表。债权表和债权申报材料由破产管理人保存，供利害关系人查阅，并且应当提交第一次债权人会议核查。债务人、债权人对债权表记载的债权无异议的，由人民法院裁定确认；有异议的，可以向受理破产申请的人民法院提起诉讼。

在人民法院确定的债权申报期限内，债权人未申报债权的，可以在破产财产最后分配前补充申报；但是，此前已进行的分配，不再对其补充分配。为审查和确认补充申报债权的费用，由补充申报人承担。

债权人未在确定的时间内申报债权，又没有在破产程序终结前补报的，不得依照破产法规定的程序行使权利。

（四）受理的法律效力

破产申请被人民法院受理后，产生如下法律效力：

第一，债务人对个别债权人的债务清偿无效。

第二，有关债务人财产的保全措施应当解除，执行程序应当中止。

第三，已经开始而尚未终结的有关债务人的民事诉讼或者仲裁应当中止；在破产管理人接管债务人的财产后，该诉讼或者仲裁继续进行。在人民法院受理破产申请后，有关债务人的民事诉讼，只能向受理破产申请的人民法院提起。

第四，债务人的债务人或者财产持有人应当向破产管理人清偿债务或者交付财产。否则，使债权人受到损失的，不免除其清偿债务或者交付财产的义务。

第五，企业的法定代表人、企业的财务管理人员和其他经营管理人员等有关人员应承担的义务和所受的限制包括：（1）妥善保管其占有和管理的财产、印章和账簿、文书等资料；（2）根据人民法院、破产管理人的要求进行工作，并如实回答询问；（3）列席债权人会议并如实回答债权人的询问；（4）未经人民法院许可，不得离开住所地；（5）不得新任其他企业的董事、监事、高级管理人员。

第三节　破产管理人

一、破产管理人的概念及其确定

破产管理人，是指在破产程序开始后，根据法院的指定而负责对债务人财产实施管理、处分、变价、分配等事项的机构和个人。建立破产管理人制度是加强对债务人财产的管理，防止债务人随意处分财产，保护债权人利益的需要。

人民法院应当在裁定受理破产申请的同时指定破产管理人。破产管理人的报酬由人民法院决定。破产管理人应当依法履行职务，向人民法院报告工作并接受债权人会议和债权人委员会的监督。债权人会议认为破产管理人不能依法、公正执行职务或者有其他不能胜任职务情形的，可以申请人民法院予以更换。破产管理人没有正当理由不得辞去职务，其辞职应当经人民法院许可。

二、破产管理人的任职资格

破产管理人可以由有关部门、机构的人员组成的清算组或者依法设立的律师事务所、会计师事务所、破产清算事务所等社会中介机构担任。人民法院根据债务人的实际情况，可以在征询有关社会中介机构的意见后，指定该机构具备相关专业知识并取得执业资格的人员担任破产管理人。可见，能够担任破产管理人的主体有三类：一是有关部门、机构的人员组成的清算组；二是依法设立的律师事务所、会计师事务所、破产清算事务所等社会中介机构；三是具备相关专业知识并取得执业资格的人员。个人担任破产管理人的，应当参加执业责任保险。

企业破产法规定，有下列情形之一的，不得担任破产管理人：

（1）因故意犯罪受过刑事处罚；（2）曾被吊销相关专业执业证书；（3）与本案有利害关系；（4）人民法院认为不宜担任破产管理人的其他情形。

三、破产管理人的职责

破产管理人应当依法履行职务，接受债权人会议和债权人委员会的监督，在破产程序中履行下列职责：（1）接管债务人的财产、印章和账簿、文书等资料；（2）调查债务人财产状况，制作财产状况报告；（3）决定债务人的内部管理事务；（4）决定债务人的日常开支和其他必要开支；（5）在第一次债权人会议召开之前，决定继续或者停止债务人的营业；（6）管理和处分债务人的财产；（7）代表债务人参加诉讼、仲裁或者其他法律程序；（8）提议召开债权人会议；（9）人民法院认为破产管理人应当履行的其他职责。

破产管理人应当勤勉尽责，忠实执行职务。破产管理人未勤勉尽责，忠实执行职务的，人民法院可以依法处以罚款；给债权人、债务人或者第三人造成损失的，依法承担赔偿责任。

第四节　债权人会议

一、债权人会议及其组成

（一）债权人会议的概念

债权人会议是破产程序中由全体债权人组成的自治性组织，是代表全体债权人整体利益，参与破产程序的决议机构，在破产程序中具有独立的法律地位。

债权人会议的设立，可以有效地保护债权人的利益，平衡各债权人之间的利益关系，有利于人民法院公平合理地处理破产案件。

（二）债权人会议的组成

根据企业破产法的规定，依法申报债权的债权人为债权人会议成员，有权参加债权人会议，享有表决权。债权人会议既然是破产程序中代表全体债权人共同利益的自知性决议机构，就应当由全体债权人参加。但是，未依照规定如期申报债权的债权人，不参加破产程序，也不能参加破产债权人会议。

债权人可以委托代理人出席债权人会议，行使表决权。代理人出席债权人会议，应当向人民法院或者债权人会议主席提交债权人的授权委托书。

债权人会议应当有债务人的职工和工会的代表参加，对有关事项发表意见。破产管理人应当列席债权人会议，向债权人报告职务执行情况，回答询问。

二、债权人会议成员的表决权

在破产程序中，债权人会议成员都可以在债权人会议上发表意见，但并不是所有的债权人会议成员都享有表决权。下列债权人的表决权受限制：

第一，有财产担保而未放弃优先受偿权的债权人。这类债权人在债务人破产后，可就债务人的特定财产优先受偿，未放弃优先受偿权利的，可以参加债权人会议，但对通过和解协议和通过破产财产的分配方案没有表决权。

第二，债权尚未确定的债权人，除人民法院能够为其行使表决权而临时确定债权额的以外，不得行使表决权。

三、债权人会议的召集

企业破产法规定，第一次债权人会议由人民法院召集，应当在债权申报期限届满之日起15日内召开。以后的债权人会议，在人民法院认为必要时，或者破产管理人、债权人委员会、占债权总额1/4以上的债权人向债权人会议主席提议时召开。

召开债权人会议，破产管理人应当提前15日将会议的时间、地点、内容等事项通知已知的债权人，以便于债权人做好充分的准备。

债权人会议由债权人会议主席主持。债权人会议主席由人民法院从有表决权的债权人中指定。

四、债权人会议的职权

债权人会议作为破产参与组织，依法行使下列职权：（1）核查债权；（2）申请人民法院更换破产管理人，审查破产管理人的费用和报酬；（3）监督破产管理人；（4）选任和更换债权人委员会成员；（5）决定继续或者停止债务人的营业；（6）通过重整计划；（7）通过和解协议；（8）通过债务人财产的管理方案；（9）通过破产财产的变价方案；

（10）通过破产财产的分配方案；（11）人民法院认为应当由债权人会议行使的其他职权。

五、债权人会议的决议方式

债权人会议讨论通过决议，必须采用法定方式，符合法定条件。根据企业破产法规定，债权人会议的决议，应当由出席会议的有表决权的债权人过半数通过，并且他们所代表的债权额必须占无财产担保债权总额的1/2以上。但是，通过和解协议草案的决议，除了要由出席会议的有表决权的债权人过半数通过外，还要求他们所代表的债权额必须占无财产担保债权总额的2/3以上。通过重整计划草案时，要依法分成各个表决组，必须由出席会议的同一表决组的债权人过半数同意，并且其所代表的债权额占该组债权总额的2/3以上的，即为该组通过重整计划草案。各表决组均通过重整计划草案时，重整计划即为通过。

债权人会议的决议对全体债权人均有约束力。债权人认为该债权人会议违反法律规定或者侵犯其合法权益的，可在决议作出后15日内请求人民法院裁定撤销该决议，责令债权人会议依法重新作出决议。

六、债权人委员会

（一）债权人委员会的概念及组成

债权人委员会是由债权人会议决定设立的，在债权人会议闭会期间代表债权人会议行使权利，对破产程序行使日常监督权的机构。债权人委员会的设立既能节省破产费用、维护债权人的合法权益，又能保证破产程序的顺利进行。

债权人委员会由债权人会议选任的债权人代表和一名债务人的职工代表或者工会代表组成。债权人委员会成员不得超过9人。债权人委员会的成员应当经由人民法院书面认可。

（二）债权人委员会的职权

债权人委员会依法行使下列职权：（1）监督债务人财产的管理和处分；（2）监督破产财产分配；（3）提议召开债权人会议；（4）债权人会议委托的其他职权。

债权人委员会执行职务时，有权要求破产管理人、债务人的有关人员对其职权范围内的事务作出说明或者提供有关文件。如果破产管理人、债务人的有关人员拒绝接受监督的，债权人委员会有权就监督事项请求人民法院作出决定；人民法院应当在5日内作出决定。

另外，破产管理人实施下列行为，应当及时报告债权人委员会：（1）涉及土地、房屋等不动产权益的转让；（2）探矿权、采矿权、知识产权等财产权的转让；（3）全部库存或者营业的转让；（4）借款；（5）设定财产担保；（6）债权和有价证券的转让；（7）履行债务人和对方当事人均未履行完毕的合同；（8）放弃权利；（9）担保物的取回；（10）对债权人利益有重大影响的其他财产处分行为。

第五节　重整与和解制度

一、重整制度

（一）重整的概念

破产法上的重整，是指对已经具备或者可能具备破产条件而又有再生希望的债务人，保护其继续营业并挽救其生存的程序。破产重整制度的意义在于为濒临破产的企业增加一次恢复生机的机会，减少债权人的损失以及投资于债务人的股东的损失。同时，它也能够在一定程度上减少社会财富的损失和因债务人破产而转为失业人口的数量，保持社会稳定。

（二）重整申请和重整期间

1.重整申请人

债务人及其出资人，或者债权人可以依照企业破产法的规定提出破产重整的申请。

当债务人不能清偿到期债务，并且资产不足以清偿全部债务或者明显缺乏清偿能力的情形下，债务人可以直接向人民法院提出破产重整。债权人申请对债务人进行破产清算的，在人民法院受理破产申请后、宣告债务人破产前，债务人可以提出破产重整。

债权人申请对债务人进行破产清算的，在人民法院受理破产申请后、宣告债务人破产前，出资额占债务人注册资本1/10以上的出资人，可以向人民法院申请重整。

当债务人不能清偿到期债务，并且资产不足以清偿全部债务或者明显缺乏清偿能力的情形下，债权人可以直接向人民法院申请对债务人进行重整。

人民法院经审查认为重整申请符合规定条件的，应当裁定债务人重整，并予以公告。

2.重整期间

自人民法院裁定债务人重整之日起至裁定重整程序终止之日止，为重整期间。在重整期间内债务人财产管理和营业事务的管理有两种情况：一是债务人自行管理财产和营业事务方式。经债务人申请，人民法院批准，债务人可以在破产管理人的监督下自行管理财产和营业事务，在这种方式下，已接管债务人财产和营业事务的破产管理人应当向债务人移交财产和营业事务；二是破产管理人聘任管理方式。破产管理人负责管理财产和营业事务的，营业事务可以聘任债务人的经营管理人员负责。

在重整期间，相关当事人的权利受到一定的限制，如债务人的出资人不得请求投资收益分配、担保物权暂停行使、债务人的董事、监事、高级破产管理人员不得向第三人转让其持有的债务人的股权等等，以保证重整目的得以实现。

（三）重整计划的制订和批准

1.重整计划草案的提出

债务人自行管理财产和营业事务的，由债务人制作重整计划草案；破产管理人负责管理财产和营业事务的，由破产管理人制作重整计划草案。

债务人或者破产管理人应当自人民法院裁定债务人重整之日起6个月内，向人民法院和债权人会议提交重整计划草案，期限届满，经债务人或者破产管理人请求，有正当理由的，人民法院可以裁定延期3个月。

债务人或者破产管理人未按期提出重整计划草案的，人民法院应当裁定终止重整程序，并宣告债务人破产。

2.重整计划草案的内容

重整计划草案应当包括以下内容：（1）债务人的经营方案；（2）债权分类；（3）债权调整方案；（4）债权受偿方案；（5）重整计划的执行期限；（6）重整计划执行的监督期限；（7）有利于债务人重整的其他

方案。

3.重整计划草案的讨论和表决

重整计划草案要经由债权人会议讨论，人民法院应当自收到重整计划草案之日起30日内召开债权人会议，对重整计划草案进行表决。债务人或者破产管理人应当向债权人会议就重整计划草案作出说明，并回答询问。债务人的出资人代表可以列席讨论重整计划草案的债权人会议。

通过重整计划草案时，依照下列债权分类、分组对重整计划草案进行表决：（1）对债务人的特定财产享有担保权的债权；（2）债务人所欠职工的工资和医疗、伤残补助、抚恤费用，所欠的应当划入职工个人账户的基本养老保险、基本医疗保险费用，以及法律、行政法规规定应当支付给职工的补偿金；（3）债务人所欠税款；（4）普通债权。重整计划草案涉及出资人权益调整事项的，应当设出资人组，对该事项进行表决。出席会议的同一表决组的债权人过半数同意重整计划草案，并且其所代表的债权额占该组债权总额的2/3以上的，即为该组通过重整计划草案。各表决组均通过重整计划草案时，重整计划即为通过。

自重整计划草案通过之日起10日内，债务人或者破产管理人应当向人民法院提出批准重整计划的申请。人民法院经审查认为符合法律规定的，应当自收到申请之日起30日内裁定批准，终止重整程序，并予以公告。经人民法院裁定批准的重整计划，对债务人和全体债权人均有约束力。

重整计划草案未获得通过，或者已通过的重整计划未获得批准的，人民法院应当裁定终止重整程序，并宣告债务人破产。

（四）重整计划的执行

重整计划由债务人负责执行。已接管财产和营业事务的破产管理人，在人民法院裁定批准重整计划后，应当向债务人移交财产和营业事务，以保证债务人能够正常执行重整计划。

破产管理人负责监督重整计划的执行。在监督期内，债务人应当向破产管理人报告重整计划执行情况和债务人财务状况。监督期届满时，破产管理人应当向人民法院提交监督报告，对此报告，重整计划的利害关系人有权查阅。自监督报告提交之日起，破产管理人的监督职责终止。

（五）重整程序的终结

1.正常终结

重整计划执行完毕，能够达到重整计划目标，则破产重整程序终结，破产程序亦终结，企业恢复正常经营。这种情况属于重整的正常终结。

按照重整计划减免的债务，自重整计划执行完毕时起，债务人不再承担清偿责任。但如果重整计划没有执行完毕，该项债务仍然有效。

2.非正常终结

在重整期间，有下列情形之一的，经管理人或者利害关系人请求，人民法院应当裁定提前终止重整程序，并宣告债务人破产：（1）债务人不能执行或者不执行重整计划的；（2）债务人的经营状况和财产状况继续恶化，缺乏挽救的可能性；（3）债务人有欺诈、恶意减少债务人财产或者其他显著不利于债权人的行为；（4）由于债务人的行为致使管理人无法执行职务。

重整程序非正常终结的，债权人在重整计划中作出的债权调整的承诺失去效力；债权人因执行重整计划所受的清偿仍然有效，债权未受清偿的部分作为破产债权；为重整计划的执行提供的担保继续有效。

二、和解

（一）和解的概念

破产法上的和解，是指债务人在进入破产程序后，在人民法院的主持下，债务人和债权人就延长债务人清偿债务的期限、减免部分债务等事项达成协议，从而中止破产程序的制度。破产和解制度目的是为了弥补债务人一旦进入破产程序只能进行破产清算的不足建立的一项制度，可以在一定程度上维护债务人的利益，实现债权利益的最大化，维护社会和经济秩序的稳定。

另外，企业破产法还规定了一种终止破产程序的和解。人民法院受理破产申请后，债务人与全体债权人就债权债务的处理自行达成协议的，可以请求人民法院裁定认可，并终结破产程序。

（二）和解申请

债务人可以依照法律规定，在破产案件受理前，直接向人民法院申请和解，也可以在人民法院受理破产申请后、宣告债务人破产前，向人民法院申请和解。债权人没有和解申请权。

人民法院经审查认为和解申请符合规定的，应当裁定准许和解，予以公告。

（三）和解协议

和解协议是债务人提出草案，债权人会议表决通过，人民法院认可的关于清偿债务的协议。

1.和解协议的内容

和解协议一般包括如下内容：（1）债务人和债权人的自然情况；（2）债务人的财产状况说明；（3）债务人清偿债务的财产来源或保障；（4）债务人清偿债务的办法；（5）债务人清偿债务的期限；（6）若请求减免债务额，请求减免的额度。

2.和解协议的通过与认可

和解协议经债权人会议讨论通过、经人民法院认可并作出裁定后方能生效。债权人会议通过和解协议的决议，由出席会议的有表决权的债权人过半数同意，并且其所代表的债权额占无财产担保债权总额的2/3以上。债权人会议通过和解协议后，由人民法院裁定认可，并予以公告。因债务人的欺诈或者其他违法行为而成立的和解协议，人民法院应当裁定无效，并宣告债务人破产。

和解协议草案经债权人会议表决未获得通过，或者已经债权人会议通过的和解协议未获得人民法院认可的，人民法院应当裁定终止和解程序，并宣告债务人破产。

经人民法院裁定认可的和解协议，对债务人和全体和解债权人均有约束力。债务人应当按照和解协议规定的条件清偿债务。

（四）和解的终结

1.正常终结

债务人执行和解协议，和解程序终结。按照和解协议减免的债务，自和解协议执行完毕时起，债务人不再承担清偿责任。和解协议没有执行完毕，该项债务仍然有效。

2.非正常终结

债务人不能执行或者不执行和解协议的，人民法院经和解债权人请求，应当裁定终止和解协议的执行，并宣告债务人破产。人民法院裁定终止和解协议执行的，和解债权人在和解协议中作出的债权调整的承诺失去效力；和解债权人因执行和解协议所受的清偿仍然有效，和解债权未受清偿的部分作为破产债权；为和解协议提供的担保继续有效。

第六节　破产宣告和破产清算

一、破产宣告

破产宣告，是指人民法院对于具备破产条件的债务人的破产事实予以判定，并使债务人进入破产清算程序的一种司法裁定行为。

（一）破产宣告的情形

1.因申请破产宣告

债务人或者债权人直接向人民法院提出对债务人进行破产清算的申请，并且经查债务人达到破产界限。

2.重整期间或者重整计划执行期间出现的破产宣告

重整计划未获通过，债务人进入破产清算程序；在重整期间，债务人的经营状况和财产状况继续恶化，缺乏挽救可能，或者出现了严重危害全体债权人行为的法定事由而终止破产重整程序进入破产清算程序；债务人不能执行或者不执行重整计划，人民法院经利害关系人申请裁定终止重整而进行破产清算。

3.债务人提出和解申请后出现的破产宣告

和解协议草案未经批准或者通过；债务人不按照或者不能按照和解协议规定的条件清偿债务的，人民法院可对债务人进行破产宣告，进入破产清算程序。

（二）破产宣告的障碍

在破产程序进行中，因为某些法定事由的发生而使破产原因消灭，此时人民法院不应当再宣告债务人破产，而应当裁定终结破产程序。企业破产法规定，在破产宣告前，有下列情形之一的，人民法院应当裁定终结破产程序，并予以公告：（1）第三人为债务人提供足额担保或者为债务人清偿全部到期债务的，这是来自外部的原因导致破产原因的消灭；（2）债务人已清偿全部到期债务的，这是来自破产企业内部的原因，此时破产程序自然没有进行下去的必要。

（三）破产宣告的裁定

人民法院应当以裁定的形式作出破产宣告，在裁定作出之日起5日内送达债务人和破产管理人，10日内通知已知债权人，并予以公告。破产宣告的裁定不能上诉，自作出之日起生效。

债务人被宣告破产后，债务人称为破产人，债务人财产称为破产财产，对债务人享有的债权称为破产债权。

二、破产清算

破产清算，是指债务人被宣告破产后，为了终结债务人现存的各种法律关系，依法清理其财产和债权、债务的行为。

（一）破产财产

破产财产是破产申请受理时属于债务人的全部财产，以及破产申请受理后至破产程序终结前债务人取得的，用于清偿破产债权的全部财产。

为避免有破产之虞的企业的不正当行为，减少债务人财产，损害破产债权人的利益，企业破产法特别规定发生下列三种行为时，破产管理人可以通过人民法院行使撤销权，行为无效后将追回的财产并入破产财产：

第一，人民法院受理破产申请前1年内，涉及债务人财产的下列有害于全体债权人的行为，破产管理人有权请求人民法院予以撤销：（1）无偿转让财产的；（2）以明显不合理的价格进行交易的；（3）对没有财产担保的债务提供财产担保的；（4）对未到期的债务提前清偿的；（5）放弃债权的。

第二，人民法院受理破产申请前6个月内，债务人达到破产界限，仍对个别债权人进行清偿的，破产管理人有权请求人民法院予以撤销。但是，个别清偿使债务人财产受益的除外。

第三，对涉及债务人财产的下列无效行为的撤销：（1）为逃避债务而隐匿、转移财产的；（2）虚构债务或者承认不真实的债务的。

另外，人民法院受理破产申请后，债务人的出资人尚未完全履行出资义务的，破产管理人应当要求该出资人缴纳所认缴的出资，而不受出资期限的限制。债务人的董事、监事和高级破产管理人员利用职权从企业获取的非正常收入和侵占的企业财产，破产管理人应当追回。

（二）破产债权

破产债权是人民法院受理破产申请时债权人对债务人享有的债权，是在进入破产清算程序后对破产人享有债权的专有称谓。

破产债权应当具备如下条件：（1）破产案件受理前有效成立的对债务人的所有债权，但已设定财产担保的债权，对特定财产享有优先受偿的权利；（2）应当是以财产请求为内容的债权，即应当是金钱债权或者能够转化为以金钱计价的债权；（3）必须是具有法律强制执行力的债权，基于非法原因的债权、无效的债权，以及超过诉讼时效的债权不属于破产债权；（4）必须是进行了债权申报的债权，债权人未在人民法院确定的债权申报期限内申报债权的，不得依照破产法规定的程序行使权利。

第七节　破产财产的分配和破产程序的终结

一、破产财产的分配

（一）破产财产的变价

由于破产财产的分配是以货币分配为主要方式，因此应当对破产财产进行合理变价。破产管理人应当及时拟订破产财产变价方案，提交债权人会议讨论通过，并适时变价出售破产财产。

变价出售破产财产应当通过拍卖进行。但是，债权人会议另有决议的除外。破产企业可以全部或者部分变价出售，企业变价出售时，可以将其中的无形资产和其他财产单独变价出售。按照国家规定不能拍卖或者限制转让的财产，应当按照国家规定的方式处理。

（二）破产分配方案

破产分配方案是确定破产财产的分配顺序、分配比例、分配数额、实施破产分配的方法等事项的法律文件。

破产分配方案由破产管理人制定。破产管理人应当根据可供分配的破产财产的数额、应参加分配的各项破产财产的数额以及法定的破产顺序，提出破产分配方案。破产分配方案应当交由债权人会议讨论通过，债权人会议表决通过后，将破产分配方案提交人民法院审查并裁定认可，该方案自人民法院作出裁定之日起生效。破产方案由破产管理人负责执行。

（三）破产分配顺序

破产财产应当优先拨付破产费用和共益债务。

破产费用是在破产程序进行中，为债权人的共同利益而发生的费用。其主要包括：（1）破产案件的诉讼费用；（2）管理、变价和分配债务人财产的费用；（3）破产管理人执行职务的费用、报酬和聘用工作人员的费用等。

共益债务是在破产程序进行中为债权人的共同利益形成的债务。其主要包括：（1）因破产管理人或者债务人请求对方当事人履行双方均未履行完毕的合同所产生的债务；（2）债务人财产受无因管理所产生的债务；（3）因债务人不当得利所产生的债务；（4）为债务人继续营业而应支付的劳动报酬和社会保险费用以及由此产生的其他债务；（5）破产管理人或者相关人员执行职务致人损害所产生的债务；（6）债务人财产致人损害所产生的债务等。

破产费用和共益债务由债务人财产随时清偿。债务人财产不足以清偿所有破产费用和共益债务的，先行清偿破产费用。债务人财产不足以清偿所有破产费用或者共益债务的，按照比例清偿。

债务人财产不足以清偿破产费用的，破产管理人应当提请人民法院终结破产程序。人民法院应当自收到请求之日起15日内裁定终结破产程序，并予以公告。

破产财产在支付破产费用、共益债务后仍有剩余的，则依下列顺序清偿：（1）破产人所欠职工的工资和医疗、伤残补助、抚恤费用，所欠的应当划入职工个人账户的基本养老保险、基本医疗保险费用，以及法律、行政法规规定应当支付给职工的补偿金；（2）破产人欠缴的除前项规定以外的社会保险费用和破产人所欠税款；（3）普通破产债权。

前一顺序清偿完毕若有剩余，再清偿下一顺序。破产财产不足以清偿同一顺序的清偿要求的，按照比例分配。破产财产分配完毕，未得到清偿或者未得到足额清偿的债权，债务人不再清偿。

企业破产法施行后，破产人在该法公布之日前所欠的上述清偿顺序中（1）项费用不能够得到清偿的部分，以享有担保权的特定财产优先于对该特定财产享有担保权的权利人受偿。

（四）追加分配

在破产财产分配完毕之日起2年内，发现其他可供分配的破产财产时，可由人民法院进行追加分配。追加分配一般是发生了《企业破产法》第31、32、33条规定的行为后，破产管理人可以通过人民法院行使撤销权，行为无效后将追回的财产并入破产财产，由破产债权人按照原来的分配比例和分配顺序进行追加分配；在破产分配终结之日起2年内，发现破产人有可供分配的其他财产时，也应当进行追加分配。

二、破产程序的终结

破产程序因下列情况终结：（1）债务人财产不足以支付破产费用或者债务人无财产可供分配的；（2）受理破产案件后，债务人与债权人就债权债务的处理自行达成协议的；（3）第三人为债务人提供足额担保或者为债务人清偿全部到期债务的；（4）破产财产分配完毕的。

破产管理人在最后分配完结后，应当及时向人民法院提交破产财产分配报告，并提请人民法院裁定终结破产程序。人民法院应当自收到破产管理人终结破产程序的请求之日起15日内作出是否终结破产程序的裁定。裁定终结破产程序的，应当予以公告，破产程序终结。

破产管理人应当自破产程序终结之日起10日内，持人民法院终结破产程序的裁定，向破产人的原登记机关办理注销登记。破产管理人于办理注销登记完毕的次日终止执行职务。但是，存在诉讼或者仲裁未决情况的除外。

三、法律责任

债务人违反企业破产法规定，拒不向人民法院提交或者提交不真实的财产状况说明、债务清册、债权清册、有关财务会计报告以及职工工资的支付情况和社会保险费用的缴纳情况的，人民法院可以对直接责任人员依法处以罚款；拒不向破产管理人移交财产、印章和账簿、文书等资料的，或者伪造、销毁有关财产证据材料而使财产状况不明的，人民法院可以对直接责任人员依法处以罚款；债务人有破产管理人实施撤销权的严重损害债权人利益行为的，债务人的法定代表人和其他直接责任人员依法承担赔偿责任。

破产管理人未依照规定勤勉尽责，忠实执行职务的，人民法院可以依法处以罚款；给债权人、债务人或者第三人造成损失的，依法承担赔偿责任。

违反企业破产法规定，构成犯罪的，依法追究刑事责任。

复习思考题

一、概念题

破产　债权人会议　破产管理人　破产财产　破产债权　破产费用　共益债务　破产清算

二、问答题

1.我国企业破产法的适用范围是什么？

2.债权人委员会有哪些职权？

3.如何理解企业破产法关于破产界限的规定？

4.破产管理人的任职资格以及职责义务有哪些？

5.破产债权应当具备什么条件？

6.对哪些行为破产管理人可以行使撤销权？

7.我国破产法对破产财产的分配顺序是怎样规定的？

第七章　合同法

第一节　合同法概述

一、合同的概念和特征

（一）合同的概念

合同，也称为“契约”、“协议”，是指平等主体的自然人、法人、其他组织之间设立、变更、终止民事权利义务关系的协议。

合同是商品经济发展的产物，是联结当事人之间经济关系的纽带。在社会主义市场经济中，法律地位平等的自然人、法人、其他组织之间存在着大量的经济往来，如进行买卖、租赁、借款、货物运输、加工承揽、仓储保管、科技成果的开发与转让等经济活动，这就需要当事人在共同协商的基础上签订合同，明确约定各方的权利和义务，并切实加以遵守，以保证各项经济活动的顺利进行，从而实现各自预期的目的。在当前的社会经济生活中，合同所适用的范围越来越广泛。

（二）合同的特征

1.合同是一种民事法律行为

首先，合同是一种民事行为。所谓民事行为，是指行为人以设立、变更、终止民事权利义务为内容的行为，其显著特点是行为人法律地位平等，彼此之间不存在隶属服从关系。这就将其与行政行为等区别开来。

其次，合同是一种合法的民事行为。民事行为可以分为合法行为和非法行为两种。只有符合法律规定条件的民事行为，才能称其为民事法律行为。合同从本质上讲是合法的民事行为，其内容及订立的形式、程序必须符合法律的规定。

2. 合同是当事人意思表示一致的法律行为

所谓意思表示，是指行为人将要求产生某种民事后果的愿望用一定的方式表现于外部的行为。合同是双方意思表示一致的法律行为。一个合同的成立，必须先由一方向另一方提出明确的订立合同的意思表示，而另一方经过认真考虑，表示完全接受其所提出的各项合同条款，合同方能成立。

3. 合同是当事人平等协商的法律行为

在市场经济条件下，合同当事人都是以平等主体的资格参加到经济活动中来的，各方都有着自己的经济利益。这就决定了在订立合同时，各方当事人都有充分表达自己意思的权利和自由，任何一方都不得将自己的意志强加给对方，迫使其接受不公平的条件，也不允许任何人进行非法干预。只有经过平等协商达成一致意见，才能使合同中约定的权利义务公平合理、切实可行。

二、合同法的概念

合同法是调整平等主体的自然人、法人、其他组织之间合同关系的法律规范的总称。所谓合同关系，是指合同当事人之间因签订和履行合同而发生的各种社会关系。为规范这种社会关系，需要用法律加以调整，这就产生了合同法。其内容主要包括立法宗旨和基本原则，合同的形式、内容以及订立程序，合同的效力，合同的履行，合同的变更、转让和终止，违反合同的法律责任，以及关于一些具体合同的规定等内容。

从合同法的调整对象看，是调整平等主体之间的财产关系，因此，政府与管理相对人之间的行政管理关系，法人、其他组织内部的管理关系，都不适用合同法；有关婚姻、收养、监护等身份关系的协议，适用其他法律的规定，也不适用合同法。

我国全国人民代表大会及其常委会自1981年12月起就先后颁布了《经济合同法》、《涉外经济合同法》、《技术合同法》，国务院颁布了一系列的单行合同条例和实施细则等行政法规。随着改革开放的不断深入和扩大，社会经济生活发生了很大的变化，上述有关合同的法律、法规无论在调整范围方面还是在一些具体规定方面，都已不能完全适应新的形势的需要。为了保障我国社会主义市场经济的健康发展，1999年3月15

日，第九届全国人民代表大会第二次会议通过了《中华人民共和国合同法》（以下简称《合同法》），该法自1999年10月1日施行。此后，最高人民法院分别于1999年12月19日和2009年4月24日，公布了《关于适用〈中华人民共和国合同法〉若干问题的解释（一）》和《关于适用〈中华人民共和国合同法〉若干问题的解释（二）》，它们对于准确理解和适用合同法、正确审理合同纠纷案件，具有十分重要的作用。

三、合同法的基本原则

（一）平等原则

平等，是指合同双方当事人的法律地位平等。在合同关系中，双方当事人不论其所有制性质、种类如何，也不论其规模、经济实力如何，在法律上都处于完全平等的地位。因此，对于订立和履行合同中出现的问题，双方必须进行平等协商，以期达成一致意见，不允许任何一方以大欺小，恃强凌弱，将自己的意志强加给对方。

（二）自愿原则

自愿，是指当事人有权依法自主决定订立合同的有关事宜。具体来说，是否签订合同、和谁签订合同、签订什么样的合同、怎样承担违约责任、如何解决争议等，都应当取决于当事人的真实意愿。自愿是建立在法律地位平等的基础上的，是平等原则的必然体现。

（三）公平原则

公平，是指当事人在订立和履行合同时应当做到公允、公正，合情合理。按照这一原则的要求，合同当事人的权利义务是一致的、互为条件的，双方都必须公平合理地享受权利和承担义务，不得显失公平；当事人承担的违约责任应当与其造成的后果相适应；一方当事人在对方严重违约时采取合理的自我保护措施的，应当给予支持等。

（四）诚实信用原则

诚实信用，是指合同当事人应以善良的心理状态，维持双方利益以及当事人与社会利益的平衡。它涉及两方面的利益关系，即当事人之间的利益关系和当事人与社会之间的利益关系。在当事人之间的利益关系中，诚实信用原则要求各方尊重对方利益，在实现自己应得利益的同时，不得损害他人利益。在当事人与社会利益的关系中，诚实信用原则要求当事人在签订和履行合同时，不损害第三人和社会公共利益。

（五）合法原则和公序良俗原则

合法，是指合同的订立和履行必须遵守法律和行政法规。合同的主体、内容、形式以及订立程序都必须符合法律、行政法规的规定，否则不仅合同无效，对造成严重后果的还要追究有关人员的法律责任。

公序良俗，通常是指公共秩序与善良风俗。根据公序良俗原则的要求，当事人订立和履行合同，应当遵守公共秩序，尊重社会公德。任何单位和个人不得利用合同从事违法活动，扰乱社会经济秩序，损害国家利益和社会公共利益。

第二节 合同的订立

一、合同的形式

合同的形式，是指当事人之间就明确权利义务关系所达成协议的方式，有书面形式、口头形式和其他形式之分。

（一）书面形式

书面形式，是指合同书、信件和数据电文（包括电报、电传、传真、电子数据交换和电子邮件）等可以有形地表现所载内容的形式。可见，书面形式合同，是当事人之间采用文字约定双方权利义务关系的协议。我们最常用的合同书是记载双方当事人合意事项的书面文件，是当事人合意的具体化、明确化和定型化，属于正规的书面合同形式。合同书的格式可以采取表格式，也可以采取条文式或格式条款。它一般由合同名称、正文、附则或附件、签章等几部分构成。当事人可以自行拟定合同书的结构和具体内容，也可以参照各类合同的示范文本制作合同书。

由于书面形式使当事人责任明确，便于检查、管理和监督，发生纠纷时举证容易，使纠纷得到及时、公正、合理的解决，所以，法律、行政法规规定或者当事人约定采用书面形式订立合同的，应当采用书面形式，否则，该合同不能成立。

（二）口头形式

口头形式合同，是指当事人之间通过对话（包括当面洽谈和电话协商）约定双方权利义务关系的协议。合同采取口头形式，具有简便易行的优点，在社会经济生活中被广泛采用。口头形式大都适用于日常生活中的小商品买卖或服务，即便是标的额较大的交易，只要当事人一方提出订立合同的建议和合同的内容，而另一方立即表示完全接受，并且能够“即时清结”的，也有采取口头合同形式的。

由于口头形式合同发生纠纷时举证困难，不易分清责任，可能会给当事人带来意想不到的麻烦。因此，对口头形式合同的使用范围，应当加以必要的限制。

（三）其他形式

这是指当事人未用语言、文字表达其意思表示，而是通过其行为推定合同成立的形式，故也称为推定形式。根据合同法规定，要约表明可以通过行为作出承诺的，受要约人作出该行为时，合同成立。

二、合同的主要条款

合同条款，即合同的内容，是双方当事人权利和义务的具体表述，它对于合同的成立和履行具有重要的作用。我国当前存在着多种合同，不同种类合同性质上的差别，决定了每一种合同所应具备的主要条款不尽相同。但就其合同的属性而言，不论何种合同，根据合同法的规定和当事人的约定，一般包括以下共同性的条款：（1）当事人的名称或者姓名和住所；（2）标的；（3）数量；（4）质量；（5）价款或者报酬；（6）履行期限、地点和方式；（7）违约责任；（8）解决争议的方法。

应当指出，这是对一般合同所包括条款的规定，由于合同种类的不同，某一种合同所包括的具体条款，应根据有关法律规定以及当事人的要求加以确定。

为了保证合同内容的全面和严密，当事人可以参照各类合同的示范文本订立合同。所谓合同的示范文本，是指由合同管理机关就某一类合同统一制定的具备各项必要条款，以供当事人签订合同时使用的合同文书。它是由合同管理机关在总结了长期实践经验的基础上，经过反复修改、补充而确定下来的格式，具有完备性、概括性和规范性。当事人参照合同的示范文本订立合同，既有利于规范合同的内容，也便于有关部门对合同进行管理。

此外，国家根据需要下达指令性任务或者国家订货任务的，有关法人、其他组织之间应当依照有关法律、行政法规规定的权利和义务订立合同。

三、合同订立的程序

（一）要约

1.要约的概念及有效条件

要约是希望和他人订立合同的意思表示。合同是双方当事人意思表示一致的法律行为，一个合同的成立要经过各方充分协商，最终达成一致意见的过程。这个过程通常是先由一方当事人向另一方提出订立合同的建议，即发出要约引起的。其中，发出要约的一方为要约人，另一方为受要约人。

一项要约要发生法律效力，必须具备如下条件：（1）内容必须具体明确；（2）必须表明要约人订立合同的意图；（3）原则上应向特定的人发出；（4）必须到达受要约人。

合同法规定，要约到达受要约人时生效。采用数据电文形式订立合同，收件人指定特定系统接收数据电文的，该数据电文进入该特定系统的时间，视为到达时间；未指定特定系统的，该数据电文进入收件人的任何系统的首次时间，视为到达时间。

在签订合同的实践中，要注意要约与要约邀请的区别。要约邀请是希望他人向自己发出要约的意思表示。一般来说，价格表的寄送、拍卖公告、招标公告、招股说明书、商业广告等均为要约邀请。但商业广告的内容符合要约规定的，视为要约。在实践中，如果当事人一方在发出的订约提议中附有“以我方最后确认为准”，或者“仅供参考”等字样，则该提议就不是要约，而只能是要约邀请。

2.要约的撤回和撤销

要约的撤回，是指在要约发出后到达受要约人之前，要约人宣告取消要约。由于要约在到达受要约人时才发生法律效力，因此，撤回要约的通知应当在要约到达受要约人之前或者与要约同时到达受要约人。

要约的撤销，是指要约人在要约生效以后宣告取消该要约。因此，撤销要约的通知应当在受要约人发出承诺通知之前到达受要约人。撤销要约是有严格限制的，如果要约人确定了承诺期限或者以其他形式明确规定要约不可撤销，或者受要约人有理由认为要约是不可撤销的，并已经为履行合同做了准备工作，则该要约不得撤销。

3.要约的法律效力

要约的法律效力亦称要约的约束力，是指要约人对要约应负的法律责任。一个要约发生法律效力后，要约人必须受其约束，这主要表现在：一方面，在要约有效期内，要约人不得随意撤销要约；另一方面，当受要约人承诺时，要约人有与其订立合同的义务。要约人如违反上述规定，并由此给受要约人造成经济损失的，应当负责赔偿。这对于保障交易安全，维护受要约人的利益是十分必要的。

4.要约的失效

要约的失效即要约的消灭，是指要约丧失了对要约人和受要约人的法律拘束力。根据合同法规定，有下列情形之一的，要约失效：（1）拒绝要约的通知到达要约人；（2）要约人依法撤销要约；（3）承诺期限届满，受要约人未作出承诺；（4）受要约人对要约的内容作出了实质性的变更。

（二）承诺

1.承诺的概念及有效条件

承诺，是指受要约人同意要约的意思表示。一般地讲，要约一经受要约人承诺，就表明双方当事人对合同的主要条款达成了协议，合同已经成立，对双方当事人具有约束力。

一项有效的承诺必须具备如下条件：（1）承诺必须由受要约人作出。由于通常要约是向特定人发出的，因此只有受要约人才具有承诺的资格。任何第三人即使知道要约的内容，也无权作出承诺。（2）承诺的方式应符合法律的要求。合同法规定，承诺应当以通知的方式作出，但根据交易习惯或者要约表明可以通过行为作出承诺的除外。“交易习惯”是指：其一，在交易行为当地或者某一领域、某一行业通常采用并为交易对方订立合同时所知道或者应当知道的做法；其二，当事人双方经常使用的习惯做法。如果发生纠纷付诸诉讼，对于交易习惯，由提出主张的一方当事人承担举证责任。（3）承诺必须在要约确定的期限内到达要约人。要约规定了承诺期限的，受要约人应在规定的期限内将承诺通知到要约人。要约没有规定承诺期限的，要约以对话方式作出的，应当即时作出承诺，但当事人另有约定的除外；要约以非对话方式作出的，承诺应当在合理期限内到达。超过上述期限到达的承诺，为迟到的承诺。迟到的承诺除要约人及时通知受要约人该承诺有效的以外，为新要约。关于承诺期限的计算，根据合同法规定：要约以信件或者电报作出的，承诺期限自信件载明的日期或者电报交发之日开始计算。信件未载明日期的，自投递该信件的邮戳日期开始计算。要约以电话、传真等快速通讯方式作出的，承诺期限自要约到达受要约人时开始计算。（4）承诺的内容应当与要约的内容一致。承诺必须对要约的主要内容表示完全接受，不得作出实质性变更。对于要约中提出的有关合同标的、数量、质量、价款或者报酬、履行期限、履行地点和方式、违约责任以及解决争议的方法等，如果受要约人作了限制、修改或者补充，则是对要约内容的实质性变更，应视为对原要约的拒绝并提出了一个新要约。承诺对要约的内容作出非实质性变更的，除要约人及时表示反对或者要约表明承诺不得对要约的内容作出任何变更的以外，该承诺有效，合同的内容以承诺的内容为准。

2.承诺的生效

依照合同法规定，承诺通知到达要约人时生效。承诺不需要通知的，根据交易习惯或者要约的要求作出承诺的行为时生效。采用数据电文形式订立合同的，承诺到达的时间适用要约到达时间的相应规定。迟到的承诺视为新要约，不发生效力。

如果受要约人在承诺期限内发出承诺，按照通常情形能够及时到达要约人，但因其他原因承诺到达要约人时超过承诺期限的，除要约人及时通知受要约人因承诺超过期限不接受该承诺的以外，该承诺有效。

3.承诺的撤回

承诺的撤回，是指承诺发出后到达要约人之前，受要约人宣告取消承诺。承诺可以撤回，但撤回承诺的通知应当先于承诺通知或者与承诺通知同时到达要约人，才具有撤回效力。承诺一旦生效，便不能再撤回。

在实践中，一份合同通常要经过多次反复协商才能订立。双方当事人就合同内容充分协商的过程，就是要约、新要约、再新要约……直至承诺的过程。一般来说，承诺一经生效，合同即告成立。

四、合同成立的时间和地点

（一）合同成立的时间

合同法规定，承诺生效时合同成立。但这只是关于合同成立时间的一般规定。由于订立合同的形式不同，合同成立的具体时间也有所区别。一般来说，以信件、数据电文等一般书面形式订立的合同，自承诺通知到达要约人时成立；以口头形式订立的合同，自受要约人即时作出承诺时成立；以推定形式订立的合同，自受要约人根据要约的要求作出承诺的行为时成立。

合同法规定，当事人采用合同书形式订立合同的，自双方当事人签字或者盖章时合同成立。当事人采用信件、数据电文等形式订立合同的，可以在合同成立之前要求签订确认书，签订确认书时合同成立。

有时，虽然法律、行政法规规定或者当事人约定采用书面形式订立合同，当事人未采用书面形式但一方已经履行主要义务，对方接受的，该合同成立。采用合同书形式订立合同，在签字或者盖章之前，当事人一方已经履行主要义务，对方接受的，该合同也成立。可见，后两种情况都是以“对方接受”的时间为合同成立的时间。

（二）合同成立的地点

合同成立的地点，也就是合同签订地，它对于合同发生争议后确定诉讼管辖具有重要意义。合同法规定，承诺生效的地点为合同成立的地点。这是对合同成立地点的一般规定。根据合同订立的形式不同，合同法还对合同成立的地点作了如下具体规定：

当事人采用数据电文形式订立合同的，收件人的主营业地为合同成立的地点；没有主营业地的，其经常居住地为合同成立的地点。当事人另有约定的，按照其约定。

当事人采用合同书形式订立合同的，双方当事人签字或者盖章的地点为合同成立的地点。如果当事人不是在同一地点签字或者盖章的，则当事人一方最后签字或者盖章的地点为合同成立的地点。

五、格式条款

格式条款，是指当事人为了反复使用而预先拟定，并在订立合同时未与对方协商的条款。它有两种形式：（1）合同的部分条款为格式条款；（2）合同的所有条款都为格式条款，这类合同又称为格式合同、标准合同或定式合同。

在我国，当前格式条款的适用范围已比较广泛，城市水、电、气供应，铁路、公路、航空运输，邮电、通讯，以及金融、保险等行业，都普遍实行了格式条款。实践表明，格式条款具有节省时间、降低交易成本的优点。但是，它也存在着很大的弊端，即具有某种优势地位的当事人总是设法拟定对自己有利的条款，如免责条款等，而对方当事人一般对此往往不予注意，或者对其真正含义并未完全理解，从而出现合同权利义务不公平的情况。

为了解决这一问题，采取格式条款订立合同的，提供格式条款的一方应当遵循公平原则确定当事人之间的权利和义务，并采取合理的方式提请对方注意免除或者限制其责任的条款，按照对方的要求，对该条款予以说明。如提供格式条款的一方对格式条款中免除或者限制其责任的内容，在合同订立时采用足以引起对方注意的文字、符号、字体等特别标识，并按照对方的要求对该格式条款予以说明的，就属于采用合理的方式。格式条款具有法定无效情形的，或者提供格式条款一方免除其责任、加重对方责任、排除对方主要权利的，该条款无效。对格式条款的理解发生争议的，应当按照通常理解予以解释；对格式条款有两种以上解释的，应当作出不利于提供格式条款一方的解释。格式条款和非格式条款不一致的，应当采用非格式条款。

六、缔约过失责任

（一）缔约过失责任的概念和特征

缔约过失责任，是指在合同订立过程中，当事人一方违反诚实信用原则的要求，因自己的过错给对方当事人造成信赖利益的损失时，所应当承担的损害赔偿责任。

缔约过失责任具有如下特征：（1）缔约过失责任为合同订立过程中所产生的责任。它是为缔约行为直接产生的损害后果所承担的责任。缔约过失责任与违约责任是不同的，它以合同不成立、不生效为前提，而违约责任必须以合同有效成立并违反合同约定为前提。（2）承担缔约过失责任的基础是诚实信用义务。诚实信用原则是合同法的基本原则，在合同订立过程中，当事人之间应当相互向对方承担诚实信用义务，如果当事人一方违反该义务而给对方造成损失时，就应承担相应的法律责任。(3) 缔约过失责任为法定责任。它不以双方当事人事先有约定为必要，只要缔约当事人违反诚实信用义务，侵害了对方当事人的权益并给对方造成了损失，就应当承担缔约过失责任。(4) 缔约过失责任为赔偿责任。缔约过失责任的责任形式只有损害赔偿一种，与违约责任不同，它不包括强制实际履行、支付违约金、定金罚则等责任形式。

(二) 缔约过失责任的适用范围

缔约过失责任适用下列情形：(1) 假借订立合同，恶意进行磋商；(2) 故意隐瞒与订立合同有关的重要事实或者提供虚假情况；(3) 有其他违背诚实信用原则的行为。此外，按照合同法规定，当事人在订立合同过程中知悉的商业秘密，无论合同是否成立，不得泄露或者不正当使用。当事人违反这一规定的，则应承担缔约过失责任。

(三) 缔约过失责任的赔偿范围

在缔约过失责任中，应当以信赖利益损失作为赔偿的基本范围。一般来说，信赖利益的损失，是指因为相信合同的成立和生效而导致的利益的损失。它与履行利益的损失是不同的。履行利益损失赔偿的结果，是使当事人达到合同完全履行时的状态，包括获得可得利益。信赖利益的损失包括直接损失和间接损失两种。所谓直接损失，是指因为信赖合同的成立和生效所支出的各种费用，具体包括：(1) 缔约费用，如邮电费用、到缔约地考察以及检查标的物等所支付的合理费用；(2) 准备履行所支付的费用，如运送、保管标的物所支付的合理费用；(3) 为支出上述各项费用所失去的利息。所谓间接损失，是指丧失与第三人另订合同的机会所产生的损失。

第三节　合同的效力

一、合同效力的概念

合同效力，是指合同的法律效力，即合同所具有的法律约束力。合同本身不是法律，而只是当事人之间的合意，但由于依法成立的合同符合国家的意志，所以法律以其强制力迫使合同当事人必须按照约定履行自己的义务，不得擅自变更或者解除合同。这表明，合同的法律约束力并非直接来自当事人的约定，而是由法律所赋予的。应当强调的是，依法成立是合同具有法律效力的前提条件。

二、合同的生效

（一）合同生效的概念

合同生效，是指依法成立的合同得到国家法律的确认，发生法律约束力。合同法规定，依法成立的合同，自成立时生效。法律、行政法规规定应当办理批准、登记等手续生效的，依照其规定。

合同生效与合同成立是两个不同的概念。它们之间既有联系又有区别。它们之间的联系主要表现为：合同成立是合同生效的前提和基础，合同生效则是合同成立的最理想的结果；合同成立解决了合同从无到有的问题，合同成立并非都能生效，而已成立的合同要对当事人产生法律约束力，则该合同必须生效。

合同生效与合同成立的区别主要表现在：（1）合同成立的重要条件，是当事人对合同的主要条款协商一致；而合同生效则要求已成立的合同符合法定的生效要件，即合同在主体、内容、形式等方面必须符合法律规定。（2）合同成立表明当事人订立合同过程已经完成，当事人的权利义务关系得以确定；而合同生效则表明当事人将全面履行合同义务，以实现订立合同的目的。（3）合同成立主要体现了当事人的意志，依靠当事人的行为就可以完成；而合同生效则体现了国家的意志，反映了国家对当事人意志的评价和对合同关系的干预。

（二）合同生效的条件

合同生效的条件，是指已经成立的合同要发生法律效力所应具备的法定要件。已成立的合同只有符合法律规定的条件，才能发生法律效力。合同生效必须具备以下四个方面的条件：

1.主体合格

主体合格，主要是指合同当事人要有合法的资格。合同法规定，当事人订立合同，应当具有相应的民事权利能力和民事行为能力。合同是当事人意思表示一致的结果，只有当事人具备了对自己行为的性质和后果的识别和判断能力，才能正确地表达自己的意思，其订立的合同才可能具有法律约束力。合同的主体包括自然人、法人和其他组织，法律对其民事行为能力的规定是不同的。对于自然人来说，其应是具有完全民事行为能力的人。限制民事行为能力人所订立合同，除纯获利益的或者与其年龄、智力、精神健康状况相适应的，须经其法定代理人追认。对于法人和其他组织来说，原则上应在其营业执照核准登记的生产经营和业务范围内订立合同，才受法律保护。

当事人依法可以委托代理人订立合同。代理人在代订合同时应当符合授权范围的要求。

2.意思表示真实

意思表示真实，是指当事人在自觉、自愿的基础上，作出符合其内在意志的表示行为。意思表示真实是合同生效的一个重要条件。合同是当事人之间意思表示一致的产物，但仅有当事人的意思表示一致还不够，还要求当事人的意思表示必须真实，只有意思表示真实，所达成的协议才符合法律的要求，才能够产生法律约束力。当事人在违背真实意思的情况下所订立的合同，不具有法律效力或者可以撤销。

3.内容合法

内容合法，主要是指合同的各项条款都必须符合法律、法规的强制性规定。所谓强制性规定，是指当事人必须遵守而不得协商加以改变的规定。从本质上讲，合同是合法的民事行为，合同的内容如果违反法律规定，则该合同不具有法律效力。例如，当事人订立买卖毒品、走私物品、假冒伪劣商品的合同等，都属于无效合同。

内容合法，还应包括合同的内容不违反社会公共利益。在现实社会生活中，有些合同在表面上虽然不违反现行法律、法规的禁止性规定，但实质上却破坏了社会政治、经济秩序和道德风尚，有损国家利益、社会公共利益和广大群众的利益，对这类合同宣告无效，是完全必要的。

4.形式、程序符合规定

这是合同生效必须具备的形式要件。它是指订立合同必须采取符合法律规定的形式，履行法律规定的程序。关于合同的形式，在一般情况下当事人可以选择，但如果法律对合同的形式有特别规定的，当事人必须遵从法律的规定。

关于合同的订立程序，一般来说，当事人依法就合同的主要条款协商一致，合同就具有法律约束力。但法律规定或当事人约定对合同生效在程序上有特别要求的，当事人履行了相应的程序后合同才生效，如办理公证、鉴证、审查批准、登记等。

三、附条件和附期限的合同

（一）附条件的合同

1.附条件合同的概念

附条件合同，是指在合同中设定一定的条件，并且把该条件的成就或不成就作为合同效力发生或终止的根据的合同。在通常情况下，合同一经依法成立即具有法律效力。但如果当事人并不希望所订合同立即发生法律效力，或者希望其效力在一定情况下终止，则可以采取在合同中附条件的办法，来延缓合同效力的发生或者终止合同的效力，以满足自己特定的需要，这是法律所允许的。

2.合同中所附条件的种类

以所附条件对合同的效力所起的不同作用为标准，可将所附条件分为生效条件和解除条件。

生效条件，也称停止条件或者延缓条件，是指决定合同的效力是否发生的条件。在附生效条件的情况下，合同已经成立，但当事人不想让其立即生效，待所附条件成就后合同才开始生效。

解除条件，也称消灭条件，是指决定合同的效力是否终止的条件。在附解除条件的情况下，合同已经成立并且发生了法律效力，待所附条件成就后，合同的效力即告终止。

3.合同附条件的后果

附条件的合同一经成立，就在当事人之间产生了合同关系，当事人均应受到一定的约束。这主要表现在，附条件的合同成立以后，在条件未成就前，当事人应任凭作为条件的事实的自然发展，任何一方都不得为了自身的利益，恶意地促成或阻止其成就。当事人为自己的利益不正当地阻止条件成就的，视为条件已成就；不正当地促成条件成就的，视为条件不成就。

（二）附期限的合同

1.附期限合同的概念

附期限合同，是指当事人约定以一定期限的到来作为合同生效或失效的根据的合同。在社会经济活动中，当事人出于某种考虑，有些情况下需要限制合同生效或失效的时间，这时便可以在合同中附一定的期限。所附的期限可以是确定的，也可以是不确定的。前者如订明具体的年、月、日或几个月以后等，后者如某人死亡、洪水退后等。

2.合同中所附期限的种类

合同中所附的期限按照对合同效力所起的作用不同，可以分为生效期限和终止期限。

生效期限，是指使已成立的合同发生法律效力的期限。在所附期限到来之前，该合同的效力处于停止状态。由于生效期限具有延缓已成立的合同发生法律效力的作用，所以，又可将其称为延缓期限。

终止期限，是指使已生效的合同终止法律效力的期限。在所附期限到来之前，该合同的效力处于持续状态，期限一到，该合同即行失效。由于终止期限具有终止合同效力的作用，所以，又可将其称为解除期限。

四、效力待定的合同

（一）效力待定合同的概念

效力待定合同，是指合同已经成立，但因欠缺合同生效的要件，其效力能否发生尚不确定，而须经有权人追认才能生效的合同。

效力待定的合同订立后不能立即生效，主要是因为有关当事人不具备完全的行为能力、处分能力或者代订合同的资格所造成的。为了在维护社会正常经济秩序和保护当事人合法权益的同时，促成更多的交易，合同法允许效力待定的合同通过有权人的追认而生效。如果有权人对其不予追认，则该合同无效。

（二）效力待定合同的种类

1.限制民事行为能力人订立的合同

在一般情况下，限制民事行为能力人不能独立订立合同，而由其法定代理人代为订立。即使其独立订立了合同，也需经法定代理人追认后，方能生效。但是，限制民事行为能力人订立的接受奖励、赠与、报酬等纯获利益的合同或者与其年龄、智力、精神、健康状况相适应而订立的合同，不必经法定代理人追认。

限制民事行为能力人所订立的需要追认的合同，合同相对人可以催告法定代理人在1个月内予以追认。法定代理人未作表示的，视为拒绝追认。合同被追认前，在订立合同时不知道对方是限制民事行为能力人的善意相对人，有权将该合同撤销。撤销应当以通知方式作出。

2.无代理权人订立的合同

代理人在授权范围内订立的合同，其法律后果由被代理人承担。行为人没有代理权、超越代理权或者代理权终止后以被代理人名义订立的合同，只有经被代理人追认，才对其发生效力。未经追认的，该合同对被代理人不发生效力，由行为人承担责任。

对于无代理权人订立的合同，相对人可以催告被代理人在1个月内予以追认。被代理人未作表示的，视为拒绝追认。合同被追认之前，善意相对人有撤销的权利。撤销应当以通知的方式作出。

但是，并非所有无代理权人订立的合同都必须经过追认才能生效。如果相对人有理由相信行为人有代理权的，该代理行为有效。这具体表现为：被代理人虽然没有明确授予行为人代理权，但存在相对人相信行为人有代理权的理由；或者被代理人缩减了代理人的代理权限，但并没有采取必要的方式让外界知道这一事实，因而相对人对此也不知情；或者代理权终止后，被代理人没有告知相对人，致使其认为行为人仍有代理权。在上述情况下，行为人所订立的合同是有效的，被代理人不得以其没有代理权而否认合同的效力。在合同法理论上将其称为“表见代理”。

法人或者其他组织的法定代表人、负责人超越权限订立的合同，除相对人知道或者应当知道其超越权限的以外，该代表行为有效。

3.无处分权人处分他人财产订立的合同

财产的处分权只能由享有处分权的人行使，无处分权的人不得擅自处分他人的财产。无处分权的人处分他人财产而订立的合同，只有经权利人追认或者无处分权的人事后取得处分权的，方为有效。否则，该合同无效。在权利人追认或者处分人取得处分权之前，该合同的效力处于待定状态。应当指出，无权处分人处分其占有的财产给他人，如果受让人取得该财产时出于善意，则可以依法取得该财产的权利，而权利人拒绝追认无权处分行为，不得对抗善意第三人。

五、无效合同

（一）无效合同的概念和特征

无效合同，是指当事人虽已订立，但因缺乏有效条件而不能发生法律效力的合同。如前所述，合同只有具备法定的有效条件，才能生效，当事人订立合同的目的才能实现。无效合同，国家不予保护，对当事人没有法律约束力。无效合同的当事人不仅不能实现其订立合同所预期的目的，而且还要承担由此所产生的不利法律后果。无效合同具有如下特征：

首先，无效合同具有违法性。这是无效合同的本质特征。所谓违法性，是指所订立的合同违反了法律和行政法规的强制性规定。无效合同的违法性表明当事人的行为根本不符合国家意志，因此，对此类合同应当实行国家干预，由有关机关确认其为无效，并依法给予有关当事人必要的制裁，以切实维护国家利益和社会公共利益，保护无过错一方当事人的合法权益。

其次，无效合同具有不得履行性。当事人在订立无效合同以后，不得依据该合同实际履行，也不承担不履行合同的违约责任。即使当事人在订立合同时不知该合同的内容违法，当事人也不得履行无效合同。

再次，无效合同具有自始无效性。由于无效合同从本质上违反了法律规定，因此它自始就不受国家法律的承认和保护。对无效合同的确认，具有溯及既往的效力。合同被确认无效后，从订立时起就不具有法律约束力，如果当事人已经履行了合同规定的义务，则应恢复到合同订立前的状态；如果合同在被确认无效时还没有履行，则不得履行。

最后，无效合同具有绝对无效性。由于无效合同具有违法性，因此，不论当事人的意愿如何，以及是否存在争议，都绝对地不按当事人的意思发生法律后果。人民法院或者仲裁机构可以主动审查决定该合同无效，这与可撤销的合同要由当事人提出请求，然后经人民法院或者仲裁机构撤销而无效是不同的。

（二）无效合同的种类

根据合同法的规定，在下列情形下合同无效：（1）以欺诈、胁迫手段订立合同，损害国家利益；（2）恶意串通，损害国家、集体或者第三人利益；（3）以合法形式掩盖非法目的；（4）损害社会公共利益；（5）违反法律、行政法规的强制性规定。

在规定上述合同无效的同时，合同法还规定了两项免责条款无效：一是造成对方人身伤害的；二是因故意或者重大过失造成对方财产损失的。在上述两种情况下，当事人的行为都具有一定的社会危害性。同时，这两种行为也构成了侵权，即使在没有合同关系的情况下，受损害方也可以要求对方承担侵权责任。任何一方当事人不能以合同约定的方式，剥夺对方合同以外的权利。

（三）无效合同的确认和处理

无效合同影响到国家、社会和当事人等各方面的利益，因此，对其确认是一件十分严肃的事情，不是哪一个单位或个人都可以行使这种权力的。根据法律规定，无效合同的确认权归人民法院和仲裁机构。

无效合同，从订立的时候起就没有法律约束力。合同被确认无效后，合同尚未履行的，不得履行；正在履行的，应当立即终止履行。合同被确认部分无效的，如果不影响其余部分的效力，其余部分仍然有效。合同无效，不影响合同中独立存在的有关解决争议方法的条款的效力。

对于无效合同的财产后果，应当根据合同无效的具体情况以及当事人过错的有无和大小，分别作出如下处理：

1.返还财产

合同被确认无效后，当事人依据合同所取得的财产应当返还给对方。这是因为无效合同从订立时起就没有法律效力，应当使当事人的财产关系恢复到合同订立前的状态。返还财产有两种情况：一种是双方返还。通常对当事人一方不是故意侵犯对方利益，而是由于缺乏有关的法律知识，如不了解办理必要的手续等，造成合同无效的，可以由双方各自返还从对方取得的财产。另一种是单方返还。在当事人一方故意违法的情况下，应将从对方取得的财产返还对方，而对方当事人从故意违法方取得的财产，应追缴收归国库所有。这是因为故意违法方的行为不仅损害了对方当事人的利益，而且有损国家利益、社会公共利益，因此有必要对其予以制裁。在应返还财产情况下，如果财产已不存在或者已被第三人合法取得，不能返还的，或者没有必要返还的，应当折价补偿。

2.赔偿损失

合同被确认无效，如果是由当事人一方的过错造成的，有过错的一方应赔偿对方因此所受的损失；如果当事人双方都有过错，则双方应当按照责任的主次、轻重，分别承担经济损失中与其责任相适应的份额。

3.财产收归国家所有或者返还集体、第三人

对当事人双方恶意串通订立的损害国家、集体或者第三人利益的合同，因其社会危害性严重，法律规定了较为严厉的制裁措施，即将当事人因此取得的财产收归国家所有或者返还集体、第三人。

六、可变更、可撤销的合同

（一）可变更、可撤销合同的概念

可变更、可撤销的合同，是指因欠缺生效要件，一方当事人有权请求人民法院或者仲裁机构予以变更或者撤销的合同。其法律特征是：（1）当事人的意思表示不真实；（2）撤销权由当事人行使，其他人无权主张撤销该合同；（3）当事人对撤销权的行使拥有选择权；（4）合同在被撤销前，其效力已经发生，只是在被撤销后才自始无效。

（二）可变更、可撤销合同的种类

1.重大误解的合同

重大误解的合同，是指当事人因自己的过错对合同的内容发生错误认识而订立的合同。其特征是：（1）当事人对合同的重要内容发生错误认识；（2）误解是由于当事人自身认识上的错误造成的；（3）该合同的履行将给误解方造成较大的损失。

2.显失公平的合同

显失公平的合同，是指一方当事人利用优势或者利用对方没有经验，而订立的内容明显不公平的合同。其特征是：（1）合同内容对双方当事人明显不公平；（2）这种不公平的结果为法律所不允许；（3）显失公平是一方当事人利用优势或者利用对方没有经验造成的。

3.以欺诈、胁迫的手段或者乘人之危订立的合同

一方以欺诈、胁迫的手段订立的合同，如果没有达到损害国家利益的程度，只是给对方当事人的利益造成损害的，受损害方可以请求变更或者撤销。因为受损害方在订立合同时没有真实地表达出自己的意思，该合同违背了平等、自愿的原则。

乘人之危，是指当事人一方乘对方处于危难之机，迫使对方作出不真实的意思表示，严重损害对方利益的行为。例如，乘对方急需某种原材料而大幅度抬高价格，乘对方急需用钱而放高利贷等。在乘人之危情况下订立的合同，受害方往往被迫接受对自己非常不利的条件，使自己

的利益受到很大的损害，而处于优势的一方当事人则取得了超出法律所允许限度的重大利益。这明显地违背了诚实信用和公平原则，因此受损害方有权请求变更或者撤销该合同。

（三）对可变更、可撤销合同的处理

可变更或者可撤销合同的事由发生时，当事人一方可以直接向对方提出变更或者撤销合同，如对方没有异议，则该合同就可以变更或者撤销。如果对方提出异议，双方发生纠纷，则必须经人民法院或者仲裁机构作出处理。

人民法院或者仲裁机构可以依据当事人的不同请求，作出变更或者撤销合同的处理。对于当事人请求变更的，人民法院或者仲裁机构不得撤销。在这种情况下，应当通过调解，促使当事人双方修改原合同条款，以保证合同继续发生效力并得以顺利履行。对当事人请求撤销的，人民法院或者仲裁机构经审理，应作出是否撤销的裁定。

对于可变更、可撤销的合同，当事人行使撤销权必须符合法律规定的期限。根据合同法规定，具有撤销权的当事人自知道或者应当知道撤销事由之日起1年内没有行使撤销权的，撤销权消灭。此外，撤销权人知道撤销事由后明确表示或者以自己的行为放弃撤销权的，撤销权消灭。

被撤销的合同自订立时起就没有法律约束力。如果合同只是部分内容被撤销，不影响其他部分效力的，其他部分仍然有效。合同被撤销的，不影响合同中独立存在的有关解决争议方法的条款的效力。

合同被撤销后，合同已经履行的，当事人应当返还财产；不能返还或者没有必要返还的，应当折价补偿。有过错的一方应当赔偿对方因此受到的损失。双方都有过错的，应当各自承担相应的责任。

第四节　合同的履行

一、合同履行的概念和基本原则

（一）合同履行的概念

合同履行，是指当事人双方按照合同约定的内容，全面、适当地完成各自所承担的义务的行为。合同依法订立后，当事人应当“重合同，守信用”，全面履行合同义务，只有这样才能保证对方当事人权利的实现，从而达到当事人双方订立合同时所预期的目的。

（二）合同履行的基本原则

合同履行的基本原则，是指当事人在履行合同义务时必须遵循的基本准则。它是合同法的基本原则在合同履行中的具体体现。合同履行的原则主要有全面履行原则、协作履行原则和效益履行原则。

1.全面履行原则

全面履行原则，也称适当履行原则，是指当事人按照合同规定的标的、数量、质量、价款、期限、地点、方式等条款，全面完成合同所规定的义务。合同依法成立后，当事人应当按照合同规定的全部条款，不折不扣地履行各自承担的义务。不仅如此，对于合同中虽然没有约定，但依据诚实信用原则或者根据交易习惯必须履行的义务，如负有通知、协作、保密等义务的，当事人也应当履行。

在合同的履行过程中，常常出现合同中某些条款没有约定或约定不明确的情况，对此，当事人双方应从全局出发通过协商予以补充；不能达成补充协议的，可以按照合同有关条款或者交易习惯确定。对于按上述办法仍不能确定的，应适用下列规定：（1）质量要求不明确的，按照国家标准、行业标准履行；没有国家标准、行业标准的，按照通常标准或者符合合同目的的特定标准履行。（2）价款或者报酬不明确的，按照订立合同时履行地的市场价格履行；依法应当执行政府定价或者政府指导价的，按照规定履行。（3）履行地点不明确，给付货币的，在接受货币一方所在地履行；交付不动产的，在不动产所在地履行；其他标的，在履行义务一方所在地履行。（4）履行期限不明确的，债务人可以随时履行，债权人也可以随时要求履行，但应当给对方必要的准备时间。（5）履行方式不明确的，按照有利于实现合同目的的方式履行。（6）履行费用的负担不明确的，由履行义务一方负担。

2.协作履行原则

协作履行原则，是指当事人双方在履行合同的过程中应当互相帮助、密切配合，共同完成合同所规定的全部义务。合同是当事人意思表示一致的法律行为，当事人在合同中的权利和义务是对等的、互为条件的，因此，在合同履行过程中，当事人不仅应当自觉完成自己所承担的合同义务，而且应当积极、主动地配合对方当事人履行合同义务。

3.效益履行原则

效益履行原则，是指当事人在履行合同时努力减少消耗，降低成本，提高经济效益。当事人订立合同都是为了取得一定的经济效益，贯彻合同的效益履行原则，有利于取得最佳的合同效益。在合同履行中，当事人可以通过多种方法贯彻效益履行原则，如选择适当的交货方式、交货日期、交货地点，采取合理的运输方式、包装方式，以及在当事人一方违约的情况下采取必要的补救措施等。实践表明，贯彻这一原则，不仅有益于合同当事人，而且也有益于国家和社会。

二、合同履行的特殊规则

（一）价格变动时的规则

执行政府定价或者政府指导价的，若在合同约定的交付期限内政府价格发生调整，按照交付时的价格计价。逾期交付标的物的，遇价格上涨时，按照原价格执行；价格下降时，按照新价格执行。逾期提取标的物或者逾期付款的，遇价格上涨时，按照新价格执行；价格下降时，按照原价格执行。

（二）由第三人接受或者代为履行时的规则

合同义务通常由债务人直接向债权人履行，当事人也可以约定由债务人向第三人履行或者由第三人向债权人履行。当事人约定由债务人向第三人履行债务的，债务人未向第三人履行债务或者履行债务不符合约定，应当向债权人承担违约责任。当事人约定由第三人向债权人履行债务的，第三人不履行债务或者履行债务不符合约定，债务人应当向债权人承担违约责任。

（三）提前履行或者部分履行时的规则

履行期限关系到当事人订立合同的目的能否及时实现，对于当事人生产经营活动的正常进行有着重大的影响。因此，当事人应当按照合同约定的期限履行各自的义务，不得无故拖延或者提前，否则即构成违约。一般来说，债权人可以拒绝债务人提前履行债务，但提前履行不损害债权人利益的除外。债权人可以请求债务人支付因提前履行债务增加的费用。

在合同履行过程中，债务人应按照约定全部履行合同债务。对于债务人部分履行债务的，债权人可以拒绝，但部分履行不损害债权人利益的除外。债务人部分履行债务给债权人增加的费用，由债务人负担。

（四）当事人某些事项变化时的规则

合同生效后，当事人的一些情况可能发生变化，但当事人不得因姓名、名称的变更或者法定代表人、负责人、承办人的变动而不履行合同义务。

三、双务合同履行中的抗辩权

（一）同时履行抗辩权

同时履行抗辩权，是指在没有先后履行顺序的双务合同中，当事人一方在对方未履行债务或者履行债务不符合约定时，享有拒绝其全部或者相应的履行要求的权利。在双务合同中，当事人的权利和义务是互为条件、相辅相成的，一方当事人的权利就是对方当事人的义务，反之亦然。一方当事人权利的实现依赖于对方当事人义务的履行。因此，没有先后履行顺序的，应当同时履行。一方在对方履行之前有权拒绝其履行要求。一方在对方履行债务不符合约定时，有权拒绝其相应的履行要求。

（二）后履行抗辩权

后履行抗辩权，是指在双务合同中应当先履行债务的一方未履行债务或者履行债务不符合约定时，后履行的一方享有拒绝其全部或者相应的履行要求的权利。因此，合同中有先后履行顺序，先履行一方未履行的，后履行一方有权拒绝其履行要求。先履行一方履行债务不符合约定的，后履行一方有权拒绝其相应的履行要求。

（三）不安抗辩权

1.不安抗辩权的概念

不安抗辩权，是指双务合同成立后，应当先履行债务的一方当事人在对方财产、商业信誉等状况发生重大变化，并导致丧失或者可能丧失履行债务能力时，享有中止履行自己债务的权利。所谓中止履行合同，是指当事人一方在合同订立后尚未履行或未完全履行时，暂时停止履行自己所承担的合同义务的行为。

设立不安抗辩权的目的，在于预防因后履行一方履行能力的变化给应先履行一方造成损害，维护当事人权利义务关系的平衡。在现实的经济交往中，有时会出现应先履行债务的一方当事人在向对方履行债务前，掌握了对方不能履行合同的确切证据的情况。这时如果应先履行债务的一方当事人仍按合同的约定履行自己所承担的债务，势必蒙受因所期待债权无法实现而带来的损失。在这种情况下，当事人一方可以行使不安抗辩权，及时中止履行合同，以维护自己的合法权益。

2.不安抗辩权的行使

由于中止履行合同关系到当事人双方的利益，因此当事人行使不安抗辩权，采取中止履行合同措施应受到严格的限制。合同法规定，应当先履行债务的当事人，有确切证据证明对方有下列情形之一的，可以中止履行：（1）经营状况严重恶化；（2）转移财产、抽逃资金，以逃避债务；（3）丧失商业信誉；（4）有丧失或者可能丧失履行债务能力的其他情形。此外，债权人分立、合并或者变更住所没有通知债务人，致使履行债务发生困难的，债务人也可以中止履行合同或者将标的物提存。当事人中止履行合同的，应当及时通知对方。

3.行使不安抗辩权的法律后果

合同中止履行后，可能导致如下法律后果：（1）合同中止履行后，另一方恢复履行合同能力或者对履行合同提供了适当担保时，中止履行一方应当履行合同；（2）对方在合理的期限内未恢复履行能力并且未能提供适当担保的，中止履行方可以解除合同并要求赔偿损失；（3）中止履行方所持有的另一方不能履行合同的证据不确切，或者没有将中止履行合同的决定及时通知对方，或者当对方已经恢复履行能力或对履行合同提供了适当担保时仍不履行合同的，中止履行方应当承担违约责任。

四、合同的保全

合同保全，是指为了防止因债务人财产的不当减少而影响债权的实现，债权人对债务人的行为所采取的保证债权安全实现的措施。合同保全的方法主要有两种，即债权人享有的代位权和撤销权。

（一）债权人的代位权

1.债权人的代位权的概念

债权人的代位权，是指当债务人怠于行使对第三人的债权而严重损害债权人的到期债权时，债权人可以自己的名义代位行使债务人的债权，以确保自己债权的实现。不难看出，代位权制度是针对债务人不行使债权的消极行为设立的，其目的在于通过代位权的行使防止债务人财产的不正当减少。

2.代位权的成立条件

为了防止债权人行使代位权损害债务人及第三人的利益，代位权的行使应符合法定的条件。这些条件包括：（1）债权人与债务人之间存在有效的合同关系。（2）债务人必须有对第三人的债权存在。（3）债务人怠于行使其到期债权，对债权人造成损害。怠于行使，是指本来应当而且有能力行使却有意地不积极行使。如债务人不履行其对债权人的到期债务，又不以诉讼方式或者仲裁方式向自己的债务人主张其具有金钱给付内容的到期债权，致使债权人的到期债权未能实现。（4）债务人的债权不是专属于债务人自身的债权。专属于债务人自身的债权，是指基于扶养关系、抚养关系、赡养关系、继承关系产生的给付请求权和劳动报酬、退休金、养老金、抚恤金、安置费、人寿保险、人身伤害赔偿请求权等权利。

3.代位权的行使

债权人行使代位权应通过诉讼程序进行，即一旦债务人怠于行使其到期债权，威胁到债权人的到期债权实现时，债权人可以自己的名义向人民法院提起诉讼，请求法院裁决由其代位行使债务人的债权。债权人以次债务人（债务人的债务人）为被告向人民法院提起代位权诉讼，未将债务人列为第三人的，人民法院可以追加债务人为第三人。两个或者两个以上债权人以同一次债务人为被告提起代位权诉讼的，人民法院可以合并审理。代位权的行使范围以债权人的债权为限。债权人向次债务人提起的代位权诉讼经人民法院审理后认定代位权成立的，由次债务人向债权人履行清偿义务，债权人与债务人、债务人与次债务人之间相应的债权债务关系即予消灭。债权人行使代位权的必要费用，由债务人负担。

（二）债权人的撤销权

1.债权人的撤销权的概念

债权人的撤销权，是指当债务人放弃对第三人的债权，或者实施无偿或低价转让财产的行为，严重损害债权人利益时，债权人可以请求人民法院撤销债务人所实施的行为。实践中，包括债务人放弃其未到期的债权或者放弃债权担保，或者恶意延长到期债权的履行期，对债权人造成损害的，债权人均可依法提起撤销权的诉讼。可见，撤销权与代位权不同，它所针对的是债务人不当处分财产的积极行为，设立撤销权的目的，在于通过撤销权的行使恢复债务人的财产，以保持其履行债务的能力。

2.撤销权的成立条件

债权人的撤销权的成立应具备如下条件：（1）债权人与债务人之间存在着有效的合同关系；（2）债务人实施了不正当处分其财产的行为；（3）在债务人以明显不合理的低价转让财产时受益人须有过错；（4）给债权人利益造成严重损害。所谓“明显不合理的低价”，应当以交易当地一般经营者的判断，并参考交易当时交易地的物价部门指导价或者市场交易价，结合其他相关因素综合考虑予以确认。转让价格达不到交易时交易地的指导价或者市场交易价70%的，一般可以视为明显不合理的低价；对转让价格高于当地指导价或者市场交易价30%的，一般可以视为明显不合理的高价。债务人以明显不合理的高价收购他人财产，人民法院可以根据债权人的申请，参照合同法的相关规定予以撤销。

3.撤销权的行使

当债务人实施不正当处分其财产的行为严重损害债权人利益时，债权人可以向人民法院请求撤销债务人的行为。债权人提起撤销权诉讼时只以债务人为被告，未将受益人或者受让人列为第三人的，人民法院可以追加该受益人或者受让人为第三人。债务人的行为一经被人民法院撤销，该行为便自始无效。撤销权的行使范围以债权人的债权为限。债权人行使撤销权的必要费用，由债务人负担。

撤销权自债权人知道或者应当知道撤销事由之日起1年内行使。自债务人的行为发生之日起5年内没有行使撤销权的，该撤销权消灭。

第五节　合同的变更、转让和终止

一、合同的变更

（一）合同变更的概念

合同变更，是指在合同订立以后，没有履行或者没有完全履行以前，当事人对合同的内容进行修改或者补充。合同依法成立即具有法律效力，当事人应当全面履行自己所承担的义务，任何一方不得擅自加以变更。但是，由于社会经济活动错综复杂，有时可能会发生使合同不能按原来的约定履行，而需要对其加以变更的情况。因此，法律允许当事人在一定条件下，经过法定程序对合同的内容作适当的修改和补充。这不仅有利于维护双方当事人的合法权益，也有利于促进社会经济的发展。

（二）合同变更的条件和程序

合同法规定，当事人协商一致，可以变更合同。这就是说，“协商一致”是变更合同的必要条件，但双方当事人就变更合同所达成的协议，不得损害国家利益和社会公共利益，否则，该变更不具有法律效力。

在协议变更合同的方式下，当事人一方需要对合同的某些内容作修改或者补充时，应当在法律规定或者当事人约定的期限内及时向对方提出建议。建议中应说明变更合同的理由和变更后的合同条款。收到变更合同建议的一方应在法律规定或者当事人约定的期限内予以答复。变更合同的协议原则上应当采用书面形式。在协议未达成之前，原合同仍然有效。当事人如对合同变更的内容约定不明确，视为未变更。法律、行政法规规定变更合同应当办理批准、登记等手续的，当事人在依法办理了相应的手续后，才发生变更合同的法律效力。

（三）合同变更的法律后果

合同变更后，当事人的权利义务在原合同的基础上发生了变化，等于在原合同当事人之间形成了新的合同关系。合同的变更对已经履行的部分不具有法律效力，任何一方都不得以合同变更为由，要求对方返还其已经履行的财产。

合同的变更不影响当事人要求赔偿损失的权利。因变更合同使一方遭受损失的，除依法可以免除责任的以外，应由责任方负责赔偿。

二、合同的转让

（一）合同转让的概念

合同转让，是指当事人一方依法将其合同的权利和义务的全部或者部分转让给第三人。合同转让从广义上讲也属于合同的变更，只不过它所变更的是合同的主体，而不是合同的内容。合同转让后，合同的当事人发生了变化，或者是由新的当事人取代了原合同的当事人，或者是由新的当事人加入到原合同关系中，从而使原来的合同关系归于消灭，产生了新的合同关系。

根据合同权利义务转让的不同情况，可将合同转让分为合同权利的转让、合同义务的转让、合同权利义务的一并转让。

（二）合同权利的转让

合同权利的转让，是指债权人将合同的权利全部或者部分转让给第三人的行为。合同权利的转让一般是基于债权人与第三人的协议产生的。如果债权人将合同的全部权利转让给第三人，转让协议生效后，受让人将完全取代转让人的债权人地位，享有合同的全部权利。原合同债权人虽不再享有合同的权利，但其依然未脱离合同关系，仍须履行原合同中所应承担的义务。如果债权人只是将合同的部分权利转让给第三人，转让协议生效后，受让人则加入到原合同关系中，与转让人一同成为合同的债权人一方，并按照协议中约定的份额分享合同权利。如果转让协议未约定份额，则应由其享有连带债权。

一般来说，绝大部分合同中的权利都是可以转让的，但是，为了维护国家利益和社会公共利益，保障合同当事人的合法权益，法律对合同权利的转让也作了一定的限制。根据合同法规定，下列合同权利不得转让：（1）根据合同性质不得转让的；（2）按照当事人约定不得转让的；（3）依照法律规定不得转让的。

合同权利的转让不必征得债务人同意。但是，债权人应及时通知债务人，使债务人对此能及时了解并作好应变准备，避免损失的发生。债权人未履行通知义务，该转让对债务人不发生效力。债权人转让权利的通知不得撤销，但经受让人同意的除外。法律、行政法规规定转让权利应当办理批准、登记等手续的，依照其规定。

债权人转让合同权利的，与主债权有关的从权利也随之转让给受让人，如抵押权、保证债权、定金债权、违约金债权等也随主债权的转让而转让。但是，专属于债权人自身的从权利除外。

债务人接到债权转让通知后，债务人对让与人所享有的抗辩权可以向受让人主张。债务人接到债权转让通知时，债务人对让与人享有债权，并且债务人的债权先于转让的债权到期或者同时到期的，债务人可以向受让人主张抵销。

（三）合同义务的转让

合同义务的转让，是指债务人将合同义务的全部或者部分转移给第三人的行为。债务人与第三人协议转让全部合同义务的，转让协议生效后，第三人取代了原债务人在合同中的地位，成为新的债务人，原债务人不再对合同义务的履行承担责任，但其并没有脱离合同关系，仍享有原合同中约定的权利。债务人与第三人协议转让部分合同义务的，转让协议生效后，新债务人加入到原合同关系中，与原债务人按照协议约定的份额承担各自的义务。如果转让协议未约定份额，则应由新债务人与原债务人对债权人承担连带债务。

由于合同义务的转让直接关系到债权人权利能否实现，因此，合同义务的转让必须经债权人同意。如果债权人认为受让人根本不具有履行合同义务的能力，或者资信较差，难以保障自己权利的实现时，有权拒绝合同义务的转让。未经债权人同意的，债务人与第三人订立的转让合同义务协议无效。债务人转让合同义务，若属于法律、行政法规规定应当办理批准、登记等手续的，应当依法办理相应的手续。

债务人转移义务后，其享有的对债权人的抗辩权自然转归新债务人所有。同时，与主债务有关的从债务，如支付利息、赔偿损失等债务，也因义务的转移而转由新债务人承担，但专属于原债务人自身的从债务除外。

（四）合同权利义务的一并转让

合同权利义务的一并转让，是指当事人一方将其合同权利和义务一起转让给第三人的行为。

当事人一方可以与第三人订立合同，约定由第三人取代其在原合同中的地位，享受全部合同权利并承担全部合同义务。在这种情况下，转让协议订立后，必须经原合同的对方当事人同意，才发生法律效力。合同权利和义务的一并转让，适用合同权利转让和合同义务转让的有关规定。

当事人订立合同后发生合并、分立时，也可以引起合同权利义务的转移，这种转移是由法律直接规定而发生的。当事人订立合同后合并的，由合并后的法人或者其他组织行使合同权利，履行合同义务。当事人订立合同后分立的，除债权人和债务人另有约定的以外，由分立后的法人或者其他组织对合同的权利和义务享有连带债权，承担连带债务。

三、合同的终止

（一）合同终止概述

合同终止，是指合同规定的权利义务已经消灭或者不再履行，从而使合同关系结束。合同关系是有期限的，合同订立后，随着时间的推移，它必将由于各种原因而终止，不能永远存续下去。合同从订立到变更、转让，直至终止，体现了当事人之间债权债务关系变化的全过程。

根据合同法规定，有下列情形之一的，合同的权利义务终止：（1）债务已经按照约定履行；（2）合同解除；（3）债务相互抵销；（4）债务人依法将标的物提存；（5）债权人免除债务；（6）债权债务同归于一人；（7）法律规定或者当事人约定终止的其他情形。

合同终止后，当事人应当遵循诚实信用的原则，根据交易习惯履行通知、协助、保密等义务。如当事人一方不履行上述义务，给对方当事人造成损失的，应负责赔偿。合同权利义务终止，不影响合同中结算和清理条款的效力。

（二）合同的解除

1.合同解除的概念

合同解除，是指合同依法成立后，因当事人单方或者双方的意思表示，而使合同关系提前终止的行为。

合同的解除可分为约定解除和法定解除两种方式。约定解除，是指当事人通过双方协商一致或者行使约定的解除权，将合同解除的行为。它包括协议解除合同和在合同中约定解除权。法定解除，是指当出现法定的解除合同条件时，当事人一方依法解除合同的行为。

2.约定解除合同的条件和程序

合同法规定，当事人协商一致，可以解除合同。当事人可以约定一方解除合同的条件。解除合同的条件成就时，解除权人可以解除合同。协议解除合同时，双方当事人经充分协商就解除合同达成一致意见，就发生解除合同的效力。在约定解除权的情况下，只要发生了约定的解除合同的条件，当事人一方就享有单方解除合同的权利，而不必经对方当事人的同意。

享有解除权的一方在行使解除权时，应当及时通知对方当事人。如果当事人约定了解除权行使期限的，期限届满当事人不行使的，该权利消灭；当事人未约定解除权的行使期限，经对方催告后在合理期限内仍不行使的，该权利消灭。解除合同的通知到达对方时即发生解除合同的效力。如果对方当事人对解除合同有异议的，可以请求人民法院或者仲裁机构确认解除合同的效力。当事人对合同解除虽有异议，但在约定的异议期限届满后才提出异议并向人民法院起诉的，人民法院不予支持；当事人没有约定异议期间，在解除合同通知到达之日起3个月以后才向人民法院起诉的，人民法院不予支持。

法律、行政法规规定解除合同应当办理批准、登记等手续的，应依法办理。

3.法定解除合同的条件和程序

合同法规定，有下列情形之一的，当事人可以解除合同：(1) 因不可抗力致使不能实现合同目的；(2) 在履行期限届满之前，当事人一方明确表示或者以自己的行为表明不履行主要债务；(3) 当事人一方迟延履行主要债务，经催告后在合理期限内仍未履行；(4) 当事人一方迟延履行债务或者有其他违约行为致使不能实现合同目的；(5) 法律规定的其他情形。

当法定解除合同的情况出现时，合同当事人一方或者双方有权解除合同，其程序与当事人约定解除权时解除合同的程序基本相同。

4.合同解除的法律后果

合同一经解除，合同关系即告消灭。合同解除后，尚未履行的，终止履行；已经履行的，根据履行情况和合同性质，当事人可以要求恢复原状、采取其他补救措施，并有权要求赔偿损失。

(三) 债务抵销

债务抵销，是指当事人互负债务时，各以其所享有的债权来抵偿其债务，从而使双方的债务在对等额内相互消灭的行为。在一般情况下，债务抵销应具备如下条件：(1) 双方当事人之间互负债务、互享债权；(2) 当事人互负债务的标的物种类、品质相同；(3) 当事人互负的债务均已到期；(4) 债务抵销必须符合合同性质的要求和法律的规定。

当事人互负债务，标的物种类、品质不相同的，经双方协商一致，也可以抵销。

当事人主张抵销的，应当通知对方。通知自到达对方时生效。当事人对债务抵销如有异议，可在一定的期间内提出。债务抵销的异议期限与合同解除的异议期限相同。当事人在抵销通知中不得附条件或者期限，否则不发生抵销效力。

（四）标的物提存

1.提存的概念

提存，是指由于债权人的原因致使债务人无法向其交付合同标的物时，债务人将该标的物交给提存机关而使合同关系归于消灭的行为。在提存法律关系中，其主体包括提存人、提存受领人和提存机关。为履行清偿义务而向提存机关申请提存的人为提存人；提存之债的债权人为提存受领人；公证处为提存机关。提存的客体，即可以提存的标的物，有以下种类：货币；有价证券、票据、提单、权利证书；贵重物品；担保物（金）或其替代物；其他适宜提存的标的物。

当事人一方履行合同义务通常是需要对方当事人配合的。但有时由于某种原因，债权人可能采取不合作的态度，造成债务人无法履行清偿义务，从而使其陷入无限期的债务拖累之中，这对债务人来说显然是十分不利的。法律允许债务人在上述情况发生时将标的物提存，从而消灭其和债权人之间的债权债务关系，是完全必要的，它为合理地解决这一问题提供了一条切实可行的途径。

1995年6月2日，司法部发布施行的《提存公证规则》，具体规定了提存公证的概念、种类、原因、条件、程序、法律责任等内容，是办理提存的重要法律依据。

2.提存的原因

根据合同法规定，有下列情形之一使债务难以履行的，债务人可以将标的物提存：（1）债权人无正当理由拒绝受领；（2）债权人下落不明；（3）债权人死亡未确定继承人或者丧失民事行为能力未确定监护人；（4）法律规定的其他情形。标的物不适于提存或者提存费用过高的，债务人依法可以拍卖或者变卖标的物，提存所得的价款。

3.提存的法律后果

标的物一经提存，债务人的债务随之消灭。标的物提存后，毁损、灭失的风险由债权人承担。提存期间，标的物的孳息归债权人所有。提存费用由债权人负担。

标的物提存后，除债权人下落不明的以外，债务人应当及时通知债权人或者债权人的继承人、监护人。

债权人可以随时领取提存物，但债权人对债务人负有到期债务的，在债权人未履行债务或者提供担保之前，提存机关根据债务人的要求应当拒绝其领取提存物。债权人领取提存物的权利，自提存之日起5年内不行使而消灭，提存物扣除提存费用后归国家所有。

除合同解除、债务抵销、标的物提存外，债务履行、债务免除和债权债务混同也可以使合同终止。在实践中，债务履行是合同终止正常的、最基本的情形。债务人全面、正确地履行了合同义务，债权人的合同目的得以实现，合同关系即归于终止。债权人免除债务人部分或者全部债务的，合同部分或者全部终止。债权和债务同归一人的，合同终止，但涉及第三人利益的除外。

第六节　违约责任

一、违约责任概念和表现形式

违约责任，是指当事人不履行合同义务或者履行合同义务不符合约定所应承担的法律责任。违约责任是合同具有法律约束力的集中体现，它对于约束当事人自觉履行合同，有效地预防违约行为的发生，切实保障当事人的合法权益，维护正常的社会经济秩序，有着十分重要的作用。

根据违约行为违反义务的性质和特点，违约行为的表现形式主要有如下几种：

（一）预期违约

预期违约，又称预期毁约或先期违约，是指在合同履行期限届满之前，一方当事人向对方明确表示将不履行合同义务，或者以自己的行为表明将不履行合同义务的行为。它可以分为明示预期违约和默示预期违约两种形式：(1) 明示预期违约，是指在合同履行期限届满之前，一方当事人以口头或者书面形式明确地向对方表示其将不履行合同义务；(2) 默示预期违约，是指在合同履行期限届满之前，一方当事人以自己的行为向对方表明其将不履行合同义务。当事人一方明确表示或者以自己的行为表明不履行合同义务的，对方可以在履行期限届满之前要求其承担违约责任。

(二) 不履行

不履行，也称拒绝履行，是指在合同履行期限届满时，当事人一方完全不履行自己的合同义务。它使对方当事人订立合同的目的完全不能实现，因此，它是性质和后果最严重的一种违约行为。对于这种违约行为，对方当事人有权直接解除合同，并要求违约方承担赔偿损失等违约责任。

(三) 迟延履行

迟延履行，是指合同当事人违反合同规定的履行期限，造成履行在时间上迟延的行为。它包括债务人的给付迟延和债权人的受领迟延两种情况。给付迟延，是指债务人不按照合同或者法律规定的期限履行合同义务的情形。受领迟延，是指债权人没有按照规定的期限及时接受债务人的履行。

迟延履行的一方当事人可能仍有继续履行的意愿和能力，并且在合理期限内继续履行其合同义务，这时，迟延履行就成为逾期履行；但有时当事人一方在迟延履行之后，向对方明确表示不再继续履行其合同义务，或者经对方催告后在合理期限内仍不履行其合同义务，这时，迟延履行就转化为不履行或者拒绝履行。在迟延履行的情况下，如果期限对于合同目的的实现并无实质意义，当事人一方迟延履行给对方造成的损害不大，对方应允许其继续履行，同时可以要求其承担相应的违约责任。此时，除非迟延履行方经催告后在合理期限内仍不履行合同义务的，对方当事人不享有解除合同的权利。如果期限对于合同目的的实现至关重要，当事人一方迟延履行将导致合同目的的落空，或者接受履行将蒙受重大损失，则对方当事人有权拒绝受领并主张解除合同。

(四) 不适当履行

不适当履行，是指债务人虽然履行了义务，但没有按合同规定的数量、质量、地点、方式等要求履行。其中质量不符合约定，是不适当履行的主要表现形式。其后果是使得履行本身的价值减少甚至丧失，损害对方当事人应得到的利益，甚至造成人身和其他财产的损害。

二、承担违约责任的原则

承担违约责任的原则，即违约责任的归责原则，是指确定合同当事人承担违约责任的根据和标准。对于这个问题，合同法在两个层面上作了规定：一是在总则中的规定；二是在分则中的规定。因此，我们必须全面理解违约责任的归责原则。

合同法在总则中的规定是，当事人一方不履行合同义务或者履行合同义务不符合约定的，应当承担继续履行、采取补救措施或者赔偿损失等违约责任。这表明，合同法总则将严格责任确定为当事人承担违约责任的原则。所谓严格责任原则，也称无过错责任原则，是指在发生违约的情况下，确定违约方的责任不以过错为要件。当一方当事人违反合同义务时，不论其主观上是否有过错，只要不具备法定免责事由，就必须承担违约责任。

但合同法总则的这种规定并不妨碍分则部分的某些有名合同在一定情况下仍然采用过错责任原则。所谓过错责任原则，是指当一方当事人违反合同义务时，应以其过错作为确定责任的要件，并依据过错程度来确定其责任范围。如果虽有违约情况发生，但当事人主观上没有过错，则不承担违约责任。只有当法律有特殊规定时，当事人虽然没有过错，也应承担违约责任。合同法分则中有相当一部分条款将“故意”或者“重大过失”等作为当事人承担违约责任的要件。这充分表明，以严格责任原则为主、过错责任原则为辅是我国合同法采用的违约责任的归责原则。

合同法规定，当事人一方因第三人的原因造成违约的，应当向对方承担违约责任。当事人一方和第三人之间的纠纷，依照法律规定或者按照约定解决。

三、违约责任与侵权责任的竞合

违约责任与侵权责任的竞合，是指当事人一方的违约行为同时导致了违约责任和侵权责任的成立。当事人一方违约后，当然应承担违约责任。同时，由于违约行为可能给对方当事人造成人身、财产上的损害，也会产生侵权责任的问题，这就出现了违约责任与侵权责任的竞合。

在违约责任与侵权责任竞合的情况下，由于两者都以赔偿损失为主要内容，因此受损害方不能提出双重要求，只能择一适用。虽然违约责任和侵权责任都属于民事责任，但两者在赔偿范围、责任方式、免责条款、诉讼时效等方面，都有着明显的不同。因此，适用何种责任，直接关系到受损害方的切身利益。《合同法》第122条规定："因当事人一方的违约行为，侵害对方人身、财产权益的，受损害方有权选择依照本法要求其承担违约责任或者依照其他法律要求其承担侵权责任。"法律赋予受损害方享有要求违约方承担违约责任或者侵权责任的选择权，对于维护受损害方的合法权益，具有十分重要的作用。

四、承担违约责任的形式

（一）继续履行

继续履行，也称强制履行或者强制实际履行，是指在当事人一方违反合同义务时，由人民法院或者仲裁机构根据对方当事人的要求，强制违约方继续按合同规定的标的履行义务。根据合同法规定，对于金钱债务和非金钱债务，都可以要求违约方继续履行。也就是说，当事人一方未支付价款或者报酬的，对方可以要求其支付价款或者报酬；当事人一方不履行非金钱债务或者履行非金钱债务不符合约定的，对方可以要求履行。继续履行同违约金、赔偿损失等相比，更有利于实现当事人订立合同的目的。

根据合同法规定，下列情形下的非金钱债务不适用继续履行：（1）法律上或者事实上不能履行；（2）债务的标的不适合强制履行或者履行费用过高；（3）债权人在合理期限内未要求履行。

（二）补救措施

补救措施，是指因一方当事人履行标的不符合合同约定，根据法律规定或者对方的要求所采取的特殊救济措施。在实践中，有时一方当事人虽然履行了合同，但所交付的标的物不符合合同约定的质量标准。根据合同法规定，质量不符合约定的，应当按照当事人的约定承担违约责任。对违约责任没有约定或者约定不明确，依照合同法有关规定仍不能确定的，受损害方根据标的的性质以及损失的大小，可以合理选择要求对方承担修理、更换、重作、退货、减少价款或者报酬等违约责任。采取上述措施后，如果质量不符合约定造成了其他损失的，应当赔偿损失。

（三）赔偿损失

赔偿损失，是指当事人一方违反合同义务给对方造成损失时，应支付一定数额的货币以弥补对方的损失。设立赔偿损失责任的目的，在于弥补守约方因违约行为所受到的全部损失，因此，赔偿损失原则上具有补偿性。一般来说，赔偿额的确定以违约所造成的实际损失为根据，而与违约方的主观过错程度没有直接联系。

合同法规定，损失赔偿额相当于因违约所造成的损失，包括合同履行后可以获得的利益，但不得超过违约方订立合同时预见到或者应当预见到的因违反合同可能造成的损失。合同法同时规定，经营者对消费者提供的商品或者服务有欺诈行为的，依照我国《消费者权益保护法》的规定承担损害赔偿责任。在这种情况下，损害赔偿就具有了一定的惩罚性。

当事人一方违约后，对方应当采取适当措施防止损失的扩大；没有采取适当措施致使损失扩大的，不得就扩大的损失要求赔偿。当事人因防止损失扩大而支出的合理费用，由违约方承担。这一规定有利于促使守约方积极履行防止损失扩大的义务。

（四）违约金

违约金，是指由当事人事先约定的，在当事人一方违约时支付给对方当事人一定数额的货币。《合同法》第114条规定："当事人可以约定一方违约时向对方支付一定数额的违约金。"可见，我国合同法中所说的违约金主要是指约定违约金。它可以使当事人对不履行合同所产生的后果，即可能造成的损失和承担责任的具体范围，事先有所了解，这必将给当事人带来一定的压力，促使其严格履行合同中规定的各项义务，以保证合同权利的全面实现。

在通常情况下，合同中约定的违约金应当视为约定的损害赔偿，具有补偿性。因而当一方违约时，对方必须证明违约的确已给自己造成了损失，才能要求支付违约金，否则不存在支付违约金问题。当然，如果违约金的支付不足以弥补给对方造成的实际损失，受害方还可以要求赔偿损失。需要指出的是，约定的违约金在特殊情况下也具有惩罚性。例如，《合同法》第114条第3款中“当事人就迟延履行约定违约金的，违约方支付违约金后，还应当履行债务”的规定，就属于惩罚性违约金。

一般来说，由于违约金是事先约定的，受客观事物复杂性的影响和当事人预见能力的限制，当事人不可能对将来违约时产生的实际损失作出精确的预见，更何况有的当事人还可能故意对违约金作出过分不适当的约定。这就容易出现损害一方当事人利益的不公平现象。为了避免和解决这一问题，《合同法》第114条第2款规定：“约定的违约金低于造成的损失的，当事人可以请求人民法院或仲裁机构予以增加；约定的违约金过分高于造成的损失的，当事人可以请求人民法院或仲裁机构予以适当减少。”当事人主张约定的违约金过高请求予以适当减少的，人民法院或仲裁机构应当以实际损失为基础，兼顾合同的履行情况、当事人的过错程度以及预期利益等综合因素，根据公平原则和诚实信用原则予以衡量，并作出裁决。当事人约定的违约金超过造成损失的30%的，一般可以认定为“过分高于造成的损失”。

（五）定金

定金是担保的一种形式，它也可以作为违约责任形式。合同法规定，当事人可以依照担保法约定一方向对方给付定金作为债权的担保。债务人履行债务后，定金应当抵作价款或者收回。给付定金的一方不履行约定的债务的，无权要求返还定金；收受定金的一方不履行约定的债务的，应当双倍返还定金。定金的数额由当事人约定，但不得超过主合同标的额的20%。

当事人既约定违约金，又约定定金的，一方违约时，对方可以选择适用违约金或者定金条款，违约金与定金不能并用。

由于定金的适用不以实际发生损失为前提，即无论一方违约是否给对方造成实际损失，都可能导致定金责任。因此，在通常情况下，定金责任的承担不能替代损害赔偿责任，二者可以并用，但并用的结果以不超过合同标的物价款的总额为限。

五、违约责任的免除

（一）违约责任免除的概念

违约责任免除，也称做免除责任，是指当事人由于法律规定或者合同约定的免责事由的发生而不能履行合同，不承担违约责任。这就是说，有两种情况可以不承担违约责任：一是符合法律规定的免责事由；二是当事人在合同中约定了免责事由的条款。

（二）免责事由

免责事由，是指法律规定或者合同约定的免除当事人违约责任的情况。它通常也被称为免责条件。免责事由主要有不可抗力和当事人约定的免责条款。

1.不可抗力

不可抗力，是指不能预见、不能避免并不能克服的客观情况。通常包括自然灾害和社会事件两大类，前者如台风、地震、水灾等；后者如战争、暴乱、罢工、禁运等。对于不可抗力的范围，当事人可以在合同中以列举方式作出明确约定。合同中约定不明确的，则由人民法院或者仲裁机构依法确定导致合同不能履行的情况是否属于不可抗力。

当事人一方因不可抗力不能履行合同的，根据不可抗力的影响，部分或者全部免除责任，但法律另有规定的除外。如果不可抗力发生在当事人迟延履行合同后，则违约方不能免除责任。

不可抗力发生后，当事人一方因此而不能履行合同的，应当及时通知对方，以减轻可能给对方造成的损失，并应当在合理的期限内提供有关机关出具的证明。当事人不履行上述义务，应承担相应的法律责任。

2.免责条款

免责条款，是指当事人在合同中约定的免除或者限制其未来责任的条款。免责条款是合同的组成部分，必须经当事人双方充分协商，并以明示的方式作出。

免责条款作为合同的组成部分，其内容必须符合法律的规定，才具有法律效力。如果免责条款违反法律、行政法规的强制性规定，扰乱社会经济秩序，损害社会公共利益，该条款不具有法律效力。如果免责条款是在一方当事人违背真实意思的情况下写入合同的，可能对该当事人产生明显不利的后果，该条款可以被申请撤销。造成对方人身伤害和因故意或者重大过失造成对方财产损失的，合同中的免责条款无效。

复习思考题

一、概念题

合同　格式条款　缔约过失责任　附条件的合同　附期限的合同　效力待定合同　无效合同　可变更、可撤销的合同　不安抗辩权　合同保全　债权人的代位权　债权人的撤销权　合同解除　债务抵销　提存　违约责任　预期违约　继续履行　违约金　违约责任免除　不可抗力

二、问答题

1.合同法的基本原则有哪些？
2.要约在什么情形下失去法律效力？
3.承诺的有效条件包括哪些方面？
4.合同一般包括哪些主要条款？
5.在什么情况下适用缔约过失责任？
6.效力待定的合同有哪些种类？
7.在什么情形下合同无效？
8.可变更、可撤销合同的种类有哪些？
9.合同无效或者被撤销的法律后果是什么？
10.在什么情况下当事人可以中止履行合同？
11.关于合同保全措施，合同法是如何规定的？
12.合同法对于合同转让作了哪些规定？
13.合同终止的情形有哪些？
14.法定解除合同的条件是什么？
15.债务抵销应当具备哪些条件？
16.在什么情况下债务人可以将标的物提存？
17.违约行为主要有哪些表现形式？
18.当事人可以免除违约责任的情况有哪些？

第八章　担保法

第一节　担保法概述

一、担保的概念

担保，是指为了保障债权人的债权得以实现，依据法律规定或当事人的约定而采取的法律措施。在市场经济活动中，当事人之间存在各种各样的债权债务关系。为了防范交易风险，保障债权的顺利实现，债权人通常要求债务人提供一定方式的担保。这样，一方面，会促使债务人积极履行债务；另一方面，又会使债权人减少风险。实践表明，担保作为保障债权实现的重要法律制度，对于促进资金融通和商品交易、保护债权人的合法权益、维护良好的社会经济秩序、促进社会主义市场经济的发展，有着十分重要的作用。

二、担保法的概念

担保法是调整担保关系的法律规范的总称。担保法是对担保制度的规范化、法律化。在我国，它既包括国家制定的专门调整担保关系的担保法，也包括其他法律、法规中有关担保的法律规范。1995年6月30日第八届全国人民代表大会常务委员会第十四次会议通过了《中华人民共和国担保法》（以下简称《担保法》），并自1995年10月1日起施行。2000年12月8日，最高人民法院公布了《关于适用〈中华人民共和国担保法〉若干问题的解释》（以下简称《解释》），并自2000年12月13日起施行。该《解释》的公布施行对于正确适用《担保法》具有十分重要的作用。2007年3月16日第十届全国人民代表大会第五次会议通过，并自2007年10月1日起施行的《中华人民共和国物权法》（以下简称《物权法》），对担保制度中抵押、质押和留置作出了若干新的规定，这也使我国的担保法律制度更加完善。同时，对于出现的法律规定之间的冲突，《物权法》第178条规定：“担保法与本法的规定不一致的，适用本法。”

三、反担保

反担保，是指债务人对为自己向债权人提供担保的第三人提供的担保。在由第三人提供担保的情况下，当债务人不履行到期债务时，第三人就要承担担保责任，如由保证人代为履行，或者由债权人对第三人提供作为担保的财产行使优先权。第三人对其代债务人向债权人偿还的债务，有权向债务人追偿，这样就在第三人与债务人之间形成了新的债权债务关系。为了保障第三人追偿权的实现，担保法规定可以要求债务人提供反担保。对于要求提供反担保的，债务人既可以由自己提供反担保，也可以委托第三人提供反担保。反担保方式可以是债务人提供的抵押或者质押，也可以是其他人提供的保证、抵押或者质押。反担保适用担保法关于担保的规定。

四、无效担保合同的法律后果

担保合同是从合同，是依附于主合同而存在的。主合同无效，担保合同通常也自然无效。但是，担保合同另有约定的除外。在主合同有效的情况下，担保合同也可能无效。在这种情况下，不影响主合同的照常履行，只是使主债权的实现失去了担保保障。因为担保合同无效，担保人在有过错的情况下才根据过错的程度承担相应的责任。主合同有效而担保合同无效，债权人无过错的，担保人与债务人对主合同债权人的经济损失承担连带赔偿责任；债权人、担保人有过错的，担保人承担民事责任的部分不应超过债务人不能清偿部分的1/2。主合同无效而导致担保合同无效，担保人无过错的，担保人不承担民事责任；担保人有过错的，担保人承担民事责任的部分不应超过债务人不能清偿部分的1/3。

第二节 保 证

一、保证的概念

保证，是指保证人和债权人约定，当债务人不履行债务时，保证人按照约定履行债务或者承担责任的行为。保证人是以自己的一般财产为他人债务提供担保的第三人，被保证人是债务人，而债权人既是主合同关系中的债权人，又是保证合同关系中的债权人。

保证的成立同保证人的信用有着密切的关系，它是建立在保证人与债务人以及保证人与债权人相互信任基础之上的。正是从这一意义上讲，保证是人的担保（包括单位和自然人），而不是物的担保。当然，保证人的信用是与其经济实力密不可分的，如果不具有相应的物质基础，是不能作保证人的，因为保证人所承担的保证责任在实质上仍属于一种财产责任。

二、保证人的资格

保证人的资格，指的是具备什么条件的单位或者个人可以为他人提供保证。这是保证担保中一个至关重要的问题。担保法规定，具有代为清偿债务能力的法人、其他组织或者公民，可以作保证人。这就是说，“具有代为清偿债务能力”是取得保证人资格的法定条件。所谓代为清偿债务能力，是指保证人依约定清偿所保证的债务的能力。它是债权能够得以实现的重要保障。对于保证人来说，这种代为清偿债务的能力主要表现在其应当拥有足以承担保证责任的财产上。

根据担保法的规定，除经国务院批准为使用外国政府或者国际经济组织贷款进行转货的以外，国家机关不得为保证人。学校、幼儿园、医院等以公益为目的的事业单位、社会团体不得为保证人。企业法人的分支机构、职能部门不得为保证人。但是，企业法人的分支机构有法人的书面授权的，可以在授权范围内提供保证。否则，所签保证合同无效或者超出授权范围的部分无效。

三、保证合同

保证合同，是指由保证人与债权人订立的，当债务人不履行债务时，由保证人代为履行或者承担责任的协议。保证合同应当以书面形式订立。

保证合同一般包括如下内容：（1）被保证的主债权种类、数额；（2）债务人履行债务的期限；（3）保证的方式；（4）保证担保的范围；（5）保证的期间；（6）双方认为需要约定的其他事项。保证合同不完全具备上述内容的，并不影响该合同的效力。对欠缺的内容，保证人和债权人可以根据具体情况协商补正；当事人没有补正的，依据担保法的规定予以确定。

四、保证方式

保证方式，是指保证人承担保证责任的方式。保证方式有一般保证和连带责任保证两种。

（一）一般保证

一般保证，是指当事人在保证合同中约定，债务人不能履行债务时，由保证人承担保证责任的保证。其主要特点是，只有当债务人在客观上无法履行债务或者没有能力履行债务时，保证人才承担保证责任。保证人和债务人在对债权人承担责任方面是有主次和先后顺序的，债务人是主要责任，保证人是补充责任；债务人是第一顺序，保证人是第二顺序。在一般保证方式下，当债权人向保证人请求承担保证责任时，保证人有权要求其先就债务人的财产诉请强制执行，在主合同纠纷未经审判或者仲裁，并就债务人的财产强制执行仍不能履行债务前，保证人可以拒绝承担保证责任。这就是保证人所享有的先诉抗辩权。

先诉抗辩权对于保护保证人的利益是十分必要的，但是，保证人对这一权利的行使不是无限制的。按照担保法的规定，有下列情形之一的，保证人不得行使先诉抗辩权：（1）债务人住所变更，致使债权人要求其履行债务发生重大困难的；（2）人民法院受理债务人破产案件，中止执行程序的；（3）保证人以书面形式放弃先诉抗辩权的。

（二）连带责任保证

连带责任保证，是指当事人在保证合同中约定保证人与债务人对债务承担连带责任的保证。在这种保证方式下，当债务人在主合同规定的期限内没有履行债务时，债权人可以要求债务人履行债务，也可以直接要求保证人在其保证范围内承担保证责任。保证人和债务人在向债权人履行债务时没有主次和先后顺序之分，即连带责任保证的保证人不享有先诉抗辩权。

从上面的分析不难看出，保证方式的选择对于保证人和债权人的利益有重大影响。一般保证对保证人较为有利，其责任较轻；连带责任保证则对债权人较为有利，因为它加重了保证人的责任，使债权的实现更有保障。正因为如此，当事人应根据具体情况，对保证方式作出适当的选择，明确约定在保证合同中。当事人对保证方式没有约定或者约定不明确的，按照连带责任保证承担保证责任。

五、共同保证和最高额保证

（一）共同保证

共同保证，是指两个以上的保证人同时为一个债务提供保证。一般来说，它适用于主合同标的额很大，一个保证人难以单独承担保证责任，或者有的保证人只愿意对主合同的债务提供部分担保而不愿意提供全部担保的情况。共同保证对于债权人和保证人都有好处，它既可以使债权的实现更为可靠，又可以分散保证风险。

共同保证有两种情况：一种情况是在保证合同中约定每个保证人的保证份额，各个保证人仅以约定的份额为限承担保证责任，彼此之间不承担连带责任。另一种情况是保证人在合同中没有约定保证份额，各保证人对全部债务都负有清偿责任，保证人之间承担连带责任。在后一种情况下，债权人可以要求任何一个有履行能力的保证人承担全部保证责任，有履行能力的保证人一经债权人请求，便负有保证全部债权实现的义务。当然，承担了保证责任的保证人，有权向债务人追偿，或者要求承担连带责任的其他保证人偿付其应当承担的份额。

（二）最高额保证

最高额保证，是指保证人在最高债权额限度内就一定期间连续发生的借款合同或者某项商品交易合同所提供的保证。在通常情况下，保证人是为债权人和债务人的某次特定交易行为提供保证的。但是，在经济活动中经常发生在一定时期内连续进行数个同一性质的交易的情况，在这种情况下，双方可以订立一个保证合同，约定保证人在最高限额内承担保证责任。这种保证形式就是最高额保证。

最高额保证合同中未约定保证期间的，保证人享有单方终止保证合同的权利，即可以随时书面通知债权人终止保证合同。通知一经到达债权人，保证合同即为终止，保证人对以后发生的债权不再承担保证责任。但是，对于通知到债权人以前所发生的债权，保证人应承担保证责任。

六、保证责任

（一）保证责任的范围

保证责任的范围，也称保证担保的范围，是指保证人按照保证合同约定或者担保法规定所承担的责任范围。当债务人不履行债务时，保证人一般通过两种形式向债权人承担责任：或者是代债务人履行债务，或者是承担赔偿责任。在依约应代为履行债务，而保证人在事实上又不能承担代为履行责任时，代为履行也可以转变为损害赔偿。

按照担保法的规定，保证担保的范围包括：（1）主债权及利息；（2）违约金；（3）损害赔偿金；（4）实现债权的费用。应当指出，上述各项只是保证范围所包括的内容，并不是要求保证合同必须包括全部项目。保证合同的当事人可以根据实际情况，在合同中约定保证范围所包括的具体内容。当事人对保证范围作了约定的，按照约定。当事人对保证范围没有约定或者约定不明确的，保证人应当对全部债务承担责任，即应按上述法定范围承担保证责任。

（二）保证期间

保证期间是保证责任的存续期间，它对于保证合同双方当事人的利益有重大影响。因此，恰当地确定保证期间是保证担保中一个十分重要的问题。保证期间具有任意性，即法律允许当事人对其长短予以约定。但在实践中，经常出现当事人对保证期间不加约定的情况。对此，担保法规定，一般保证的保证人与债权人未约定保证期间的，保证期间为主债务履行期届满之日起6个月。连带责任保证的保证人与债权人未约定保证期间的，债权人有权自主债务履行期届满之日起6个月内要求保证人承担保证责任。可见，不论采取何种保证方式，在当事人对保证期间未作约定的情况下，保证期间均为6个月，自主债务履行期届满之日起算。

在一般保证方式下，由于保证人承担的是补充责任，只有在人民法院采取一切必要的措施使债务人最大限度地清偿债务后，对其不足部分再由保证人予以赔偿。否则，保证人可以拒绝承担保证责任。因此，债权人必须在保证期间先就债务人的财产诉请强制执行。如果债权人在保证期间未对债务人提起诉讼或者申请仲裁，保证人则免除保证责任。对于债权人已提起诉讼或者申请仲裁的，《担保法》第25条第2款规定："保证期间适用诉讼时效中断的规定。"这样，在保证期间一旦债权人提起诉讼或者申请仲裁，就使已经过的保证期间归于无效，待中断事由消除后，保证期间重新计算。这对于维护一般保证的债权人利益是完全必要的。

在连带责任保证方式下，不存在保证期间中断的问题。因为在连带责任保证中，债务人在主合同规定的债务履行期届满没有履行债务的，债权人既可以要求债务人履行债务，也可以直接要求保证人履行债务。不管债权人是否向债务人主张权利，只要其在保证期间未向保证人主张保证债权，保证人即免除保证责任。

（三）保证责任的免除

根据法律规定，在出现下列情况时，保证人可免除保证责任：（1）保证合同约定债权人转让主债权，保证人免除保证责任的；（2）保证期间，债权人许可债务人转让债务，但没有取得保证人书面同意的；（3）债权人与债务人协议变更主合同，未经保证人书面同意的；（4）在保证期间，债权人没有行使相应请求权的；（5）同一债权既有保证又有物的担保的，债权人放弃物的担保时，保证人在债权人放弃权利的范围内免除保证责任；（6）一般保证的保证人在主债权履行期间届满后，向债权人提供了债务人可供执行财产的真实情况，债权人放弃或者怠于行使权利致使该财产不能被执行，保证人可以请求人民法院在其提供可执行财产的实际价值范围内免除保证责任；（7）债权人知道或者应当知道债务人破产，既未申报债权也未通知保证人，致使保证人不能预先行使追偿权的，保证人在该债权在破产程序中可能受偿的范围内免除保证责任。

根据有关规定，保证期间，债权人与债务人对主合同数量、价款、币种、利率等内容作了变动，未经保证人同意的，如果减轻债务人的债务，保证人仍应当对变更后的合同承担责任；如果加重债务人的债务，保证人对加重的部分不承担责任。债权人与债务人对主合同履行期限作了变动，未经保证人书面同意的，保证期间为原合同约定的或者法律规定的期间。债权人与债务人协议变动主合同内容，但并未实际履行的，保证人仍应当承担保证责任。

（四）保证合同无效时保证人的责任承担

1.主合同无效导致保证合同无效时保证人的责任承担

在由于主合同无效而导致保证合同无效的情况下，保证人不承担保证责任，仅应就自己由于过错为无效的主合同提供保证承担相应的民事责任。保证人过错大的，承担较大的民事责任；过错小的，承担较小的民事责任。如果保证人对此没有过错，则不承担民事责任。

对于在主合同无效情况下保证人过错的认定，在实践中是一个较为复杂的问题。通常认为，保证人知道或者应当知道主合同无效而仍然为之提供保证的，其主观上就有过错，应当承担民事责任。

2. 主合同有效、保证合同无效时保证人的责任承担

在主合同有效、保证合同无效的情况下，应视保证合同无效的具体情况，确定保证人应承担的民事责任。这主要包括：

第一，若保证人不具备法定资格，属于保证人自身有过错的，应承担民事责任。债务人与债权人也有一定过错的，应分别承担相应的民事责任。企业法人的分支机构未经法人书面授权或者超出授权范围与债权人订立保证合同的，该合同无效或者超出授权范围的部分无效，债权人和企业法人有过错的，根据其过错各自承担相应的民事责任；债权人无过错的，由企业法人承担民事责任。

第二，主合同当事人双方串通，骗取保证人提供保证的，造成保证合同无效完全在于主合同当事人双方的过错，因此，保证人对此不承担民事责任。

第三，主合同债权人采取欺诈、胁迫等手段，使保证人在违背真实意思的情况下提供保证的，造成保证合同无效的原因是债权人的过错，而非保证人的过错，故保证人对这种无效合同不承担民事责任。

第四，主合同债务人采取欺诈、胁迫等手段，使保证人在违背真实意思的情况下提供保证的，债权人知道或者应当知道欺诈、胁迫事实的，保证人不承担民事责任。

第五，主合同当事人双方协议以新贷偿还旧贷，除保证人知道或者应当知道的外，保证人不承担民事责任。但新贷与旧贷系同一保证人的，不适用这一规定。

此外，根据有关规定，债务人与保证人共同欺骗债权人，订立主合同和保证合同的，债权人可以请求人民法院予以撤销，因此给债权人造成损失的，由保证人与债务人承担连带赔偿责任。

第三节　抵　押

一、抵押的概念

抵押，是指债务人或者第三人不转移对特定财产的占有，将该财产作为债权的担保，债务人不履行债务时，债权人有权依法以该财产折价或者以拍卖、变卖该财产的价款优先受偿。

在抵押法律关系中，债务人或者第三人为抵押人，债权人为抵押权人；债务人或者第三人提供的用于保障债权实现的特定财产，称为抵押财产（也称抵押物）；债权人所享有的在债务人不履行债务时依法以抵押物折价或者以拍卖、变卖抵押物的价款优先受偿的权利，称为抵押权。

二、抵押财产

（一）抵押财产的范围

根据物权法的规定，债务人或者第三人有权处分的下列财产可以抵押：（1）建筑物和其他土地附着物；（2）建设用地使用权；（3）以招标、拍卖、公开协商等方式取得的荒地等土地承包经营权；（4）生产设备、原材料、半成品、成品；（5）正在建造的建筑物、船舶、航空器；（6）交通运输工具；（7）法律、行政法规未禁止抵押的其他财产。抵押人可以将前款所列财产一并抵押。

经当事人书面协议，企业、个体工商户、农业生产经营者可以将现有的以及将有的生产设备、原材料、半成品、产品抵押，债务人不履行到期债务或者发生当事人约定的实现抵押权的情形，债权人有权就实现抵押权时的动产优先受偿。这就是动产浮动抵押制度。

（二）抵押担保中的房地产关系

房屋等建筑物对土地的依存性，决定了它们之间有着特殊的密切联系。在处理房地产关系问题上，我国始终坚持的一项重要原则是“地随房走”或者“房随地走”。地随房走，是指转让房屋的所有权或者使用权时，该房屋占用范围内的土地使用权同时转让；房随地走，是指转让土地使用权时，该土地上的房屋也应同时转让。根据这一原则，物权法规定，以建筑物抵押的，该建筑物占用范围内的建设用地使用权一并抵押。以建设用地使用权抵押的，该土地上的建筑物一并抵押。抵押人未按规定一并抵押的，未抵押的财产视为一并抵押。这一规定旨在避免在实现抵押权过程中可能发生的关于土地或者房屋等建筑物权属纠纷，使房屋等建筑物和土地使用权得以同时转让，从而确保债权的顺利实现。

为了保护耕地，严格控制农村集体所有土地的转让，物权法规定，乡镇、村企业的建设用地使用权不得单独抵押。以乡镇、村企业的厂房等建筑物抵押的，其占用范围内的建设用地使用权一并抵押。

（三）禁止抵押的财产

根据物权法的规定，下列财产不得抵押：（1）土地所有权；（2）耕地、宅基地、自留地、自留山等集体所有的土地使用权，但法律规定可以抵押的除外；（3）学校、幼儿园、医院等以公益为目的的事业单位、社会团体的教育设施、医疗卫生设施和其他社会公益设施；（4）所有权、使用权不明或者有争议的财产；（5）依法被查封、扣押、监管的财产；（6）法律、行政法规规定不得抵押的其他财产。

三、抵押合同

抵押合同，是指债权人与债务人或者第三人订立的关于设定抵押权的协议。抵押合同应以书面形式订立，一般包括下列条款：（1）被担保债权的种类和数额；（2）债务人履行债务的期限；（3）抵押财产的名称、数量、质量、状况、所在地、所有权归属或者使用权归属；（4）担保的范围。抵押合同不完全具备上述内容的，可以补正。

物权法规定，抵押权人在债务履行期限届满前，不得与抵押人约定债务人不履行到期债务时抵押财产的所有权归债权人所有。这主要是为了确保抵押活动在平等、公平的原则下进行，避免出现损害合同双方当事人利益的情况。同时，法律禁止这种约定也符合抵押担保的本质特征，因为抵押是以抵押财产的交换价值为债权提供担保的，当债务人不履行债务时，债权人只能依法将抵押财产变价并从中优先受偿，而不得直接取得抵押财产的所有权。

四、抵押物登记

（一）抵押物登记的作用

抵押物登记是抵押权获得公信力的必要途径，它对于保护债权人的合法权益、防止经济纠纷的发生、维护正常的社会经济秩序，有着十分重要的作用。首先，通过抵押物登记，可以使抵押担保关系公布于世，抵押权人在实现抵押权时具有对抗第三人的效力。其次，抵押物登记便于债权人了解抵押财产是否已经抵押过以及其与担保债权在价值上的关系，以决定是否接受该财产作为抵押。再次，抵押物登记有助于与债务人进行交易的其他人了解抵押财产的状况，以便审慎地决定是否接受该项财产，以及如何采取必要措施防止因抵押权人行使抵押权给自己带来的损害。最后，抵押物登记对抵押权的实现顺序有重要影响。在同一财产向两个以上债权人抵押时，抵押物是否登记以及登记的先后是确定债权清偿顺序的依据，这有利于防止抵押纠纷的发生，保证债权的合理受偿。

（二）抵押物登记的范围和抵押物登记部门

根据担保法和物权法的规定，设立抵押时应当办理抵押物登记的财产有：（1）建筑物和其他土地附着物；（2）建设用地使用权；（3）以招标、拍卖、公开协商等方式取得的荒地等土地承包经营权；（4）正在建造的建筑物。

抵押物登记一般由抵押物的产权管理部门或者证照登记核发部门负责。当事人以上述必须办理抵押物登记的财产以外的其他财产抵押，自愿办理抵押物登记的，登记部门为抵押人所在地的公证部门。设定动产浮动抵押的，应当向抵押人住所地的工商行政管理部门办理登记。

（三）抵押物登记的效力

根据物权法的规定，以必须办理抵押物登记的财产抵押的，抵押权自登记之日起生效。在这种情况下，登记是抵押权生效的要件，不履行这一手续，抵押权不发生法律效力。但未办理登记的，不影响抵押合同的效力。

当事人以其他财产抵押的，是否办理抵押物登记由当事人自行决定，法律并不作强制性规定。这时，登记并非抵押权生效的要件，抵押权自抵押合同生效时设立。如果当事人未办理抵押物登记，则不得对抗善意第三人。所谓不得对抗善意第三人，是指在抵押权存续期间，如果抵押人出卖、转让抵押物使其为善意第三人占有，抵押权人只能要求抵押人重新提供担保，或者要求债务人及时清偿债务，而不得直接向善意第三人主张实现抵押权。但设定动产浮动抵押的，无论是否登记，都不得对抗正常经营活动中已支付合理价款并取得抵押财产的买受人。

五、抵押的效力

（一）抵押担保的范围

抵押担保的范围，是指当债务人不履行债务时，抵押权人按照抵押合同的约定或者担保法的规定，就抵押物变价所得价款优先受偿的债权范围。它包括主债权及利息、违约金、损害赔偿金和实现抵押权的费用。抵押合同另有约定的，按照约定。

（二）对抵押物孳息的效力

抵押物孳息，是指由抵押物产生的收益。孳息依产生的方式不同，可分为天然孳息和法定孳息。天然孳息，是指物依自然规律所产生的收益，如树木结出的果实、土地生长的庄稼等。法定孳息，是指依法律规定产生的收益，如银行贷款收取的利息、房屋出租收取的租金等。

在一般情况下，抵押权的效力不及于孳息。这是由于抵押不转移财产的占有，设立抵押后的财产仍由抵押人行使使用权和收益权，因此，抵押物所产生的孳息应归抵押人所有。但是，当债务履行期届满，债务人不履行债务致使抵押物被人民法院依法扣押的，自扣押之日起抵押权人有权收取由抵押物分离的天然孳息以及抵押人就抵押物可以收取的法定孳息。应当特别指出，若想使抵押权的效力及于法定孳息，抵押权人必须在抵押物被扣押后将该事实通知负有清偿法定孳息义务的当事人。因为只有这样，该义务人才能将该法定孳息交纳给抵押权人。否则，抵押权的效力不及于该孳息。

抵押权人收取的孳息按照下列顺序清偿：收取孳息的费用；主债权的利息；主债权。

（三）抵押对租赁关系的影响

同一财产上抵押与租赁的关系，在实践中主要表现为两种情况：一是租赁在先，抵押在后；一是抵押在先，租赁在后。抵押对租赁关系的影响，应区别不同情况进行分析。

租赁在先，抵押在后，是指抵押人将已出租的财产用于抵押。这时，抵押人应当书面告知承租人，原租赁合同继续有效，抵押的效力对抵押物上已经存在的租赁关系不发生影响。这是符合其他国家在立法上采取的“买卖不破租赁”原则的。

抵押在先，租赁在后，是指抵押人将已抵押的财产用于出租。在这种情况下，抵押物是否登记直接影响抵押权对租赁权的效力。无论是动产还是不动产设定抵押，只要登记，都可以取得对抗第三人的效力，当然也可以对抗承租人。但对于未登记的抵押权，则不得对抗承租人。可见，登记与否对于租赁关系有重大的影响。如果抵押人将已抵押的财产出租时未书面告知承租人，抵押人对出租抵押物造成承租人的损失承担赔偿责任；如果抵押人已书面告知承租人，抵押权实现造成承租人的损失，由承租人自己承担。

（四）对抵押期间转让抵押物的限制

在抵押期间，抵押人对抵押物仍享有依法处分的权利。据此，法律规定抵押人在抵押期间可以将抵押物转让，同时，对这种转让也作了必要的限制。对抵押期间转让抵押物的限制主要表现为：首先，抵押人转让已办理登记的抵押物的，应当通知抵押权人并告知受让人转让物已经抵押的情况，其目的在于使抵押权人知道该转让事实和便于受让人考虑是否受让该物。否则，该转让行为无效。其次，抵押人转让抵押物的价款明显低于其价值的，抵押权人可以要求抵押人提供相应的担保；抵押人不提供的，不得转让抵押物。再次，抵押人转让抵押物所得的价款，应当向抵押权人提前清偿债务，或者向与抵押权人约定的第三人提存。当转让抵押物所得价款超过债权数额时，超过的部分归抵押人所有，不足的部分由债务人清偿。

（五）抵押物价值减少时的补救

抵押担保设立后，抵押权人并不占有抵押物，该财产仍由抵押人占有、使用。这样，在抵押期间很有可能出现抵押物价值减少、危及到抵押权实现的情况。为了防止由于抵押物价值减少给抵押权造成的损害，保护抵押权人的合法权益，担保法规定了必要的补救措施。

抵押物价值的减少，可能是由于抵押人的过错造成的，也可能是由于不可归责于抵押人的原因造成的。

由于抵押人的过错造成抵押物价值减少，是指抵押人以积极的行为（如擅自拆除抵押的房屋）或者消极的行为（如对抵押的房屋不进行必要的修缮），对抵押物造成了侵害，致使其价值减少。在这种情况下，如抵押人的行为足以使抵押物价值减少，抵押权人有权要求抵押人停止其行为。对于已经造成抵押物价值减少的，抵押权人有权要求抵押人恢复抵押物的价值，或者提供与减少的价值相应的担保。

由于不可归责于抵押人的原因造成抵押物价值减少，主要是指因自然灾害、意外事故等原因致使抵押物价值减少。在这种情况下，抵押人在主观上没有过错，因此，抵押权人只能在抵押人因损害而得到的赔偿范围内要求提供担保。若抵押物受损害后仍有剩余，则抵押物价值未减少的部分，仍作为债权的担保。对于抵押物灭失且抵押人未得到赔偿的，抵押权消灭。抵押人因抵押物灭失得到赔偿的，该赔偿金应当作为抵押财产。

六、抵押权的实现

（一）抵押权实现的方式

债务履行期届满债务人不履行债务的，抵押权人可以与抵押人协议以抵押物折价或者以拍卖、变卖该抵押物所得的价款优先受偿。这里所说的折价，是指抵押权人与抵押人通过协商，按照双方确定的价值将抵押物的所有权转让给抵押权人，以实现所担保的债权。抵押物折价应当参照市场价格。拍卖，是指以公开竞价方法将抵押物卖给出价最高的竞买人。这种方式可以最大限度地体现抵押物的价值，从而使抵押权得到充分实现。变卖，是指以一般买卖的方式将抵押物出售。变卖抵押物主要是由抵押权人实施的，当然，也可由抵押权人和抵押人共同委托有关部门实施。为了保证抵押物变卖价格合理，在变卖抵押物时，应当参照市场价格。抵押权人与抵押人未就抵押权实现方式达成协议的，抵押权人可以请求人民法院拍卖、变卖抵押物。

抵押物折价或者拍卖、变卖后，其所得价款一般不会与担保债权完全相同。其价款超过债权数额的部分归抵押人所有，不足部分由债务人清偿。

为债务人提供抵押担保的第三人，在抵押权人实现抵押权后，有权向债务人追偿。

（二）抵押担保债权的清偿顺序

根据法律规定，在不超过抵押物价值的条件下，抵押人可以在同一财产上为多个债权设立抵押担保。由于设立抵押时抵押物的估价和实现抵押权时抵押物的实际价值并不一定完全相同，当抵押人就同一财产为两个以上债权担保时虽并未超过抵押物的价值，然而市场行情的变化却可能导致抵押物贬值，使抵押物的价值小于其所担保的债权额，从而影响全部债权的足额清偿。这时必然产生所担保债权的清偿顺序问题。

抵押权以抵押物登记为设立要件的，按照抵押物登记的先后顺序清偿。抵押物登记的顺序通常是依据在登记部门登记材料中所记载的时间先后确定的。第一顺序抵押权人就拍卖、变卖抵押物的价款优先受偿，第二顺序抵押权人只能就第一顺序抵押权人充分受偿后的剩余部分受偿，依此类推。如果两个以上抵押物登记的顺序相同，则按照其债权比例清偿。

抵押权自抵押合同生效之日起设立的，抵押物已登记的优于未登记的受偿。如果抵押物均已办理登记，按照抵押物登记的先后顺序清偿；顺序相同的，按照债权比例清偿。如果抵押物未办理登记的，按照债权比例清偿。

（三）抵押权实现的特殊规定

建设用地使用权抵押后，该土地上新增的建筑物不在抵押合同确定的抵押物范围之内，不属于抵押物。根据“房随地走”原则，在需要通过拍卖所抵押的建设用地使用权来实现抵押权时，可以将该土地上新增的建筑物与建设用地使用权一并处分。但是，抵押权人对于拍卖新增建筑物所得不享有优先受偿权。

以招标、拍卖、公开协商等方式取得的荒地等土地承包经营权抵押的，或者以乡镇、村企业的厂房等建筑物占用范围内的建设用地使用权一并抵押的，在实现抵押权后，未经法定程序不得改变土地所有权的性质和土地的用途。

七、最高额抵押

最高额抵押，是指抵押人与抵押权人协议，在最高债权额限度内，以抵押物对一定期间连续发生的债权作担保。

最高额抵押作为一种特殊的抵押形式，除适用关于最高额抵押的特别规定外，还适用有关普通抵押的一般规定。法律关于最高额抵押的特别规定，主要体现在对抵押权人转让主合同债权的限制上。由于最高额抵押是对未来一定期间连续发生的债权作担保，在其设立时实际发生债权额无法确定，并且在合同约定的期间担保债权经常处于变化之中，因此，为了防止造成法律关系混乱，保障信贷和交易安全，维护当事人的合法权益，物权法规定，最高额抵押担保的债权确定前，部分债权转让的，最高额抵押权不得转让，但当事人另有约定的除外。

第四节　质　押

一、质押的概念

质押，是指债务人或者第三人将其动产或者权利移交给债权人占有或者办理出质登记，作为债权的担保，债务人不履行债务时，债权人有权以处分该动产或者权利的价款优先受偿。质押可分为动产质押和权利质押。

在质押法律关系中，债务人或者第三人为出质人（也称质押人），债权人为质权人；用于质押的动产或者权利称为质押财产（也称质物）或者出质权利（也称质押权利）；债权人所享有的依法处分质押财产或者出质权利并就其价款优先受偿的权利，称为质权。

二、动产质押

（一）动产质押的概念

动产质押，是指债务人或者第三人将其动产移交给债权人占有，将该动产作为债权的担保，债务人不履行债务时，债权人有权依法以该动产折价或者以拍卖、变卖该动产的价款优先受偿。

动产质押与抵押都是以特定物提供的担保，有其相同之处，这主要表现在质权和抵押权都是通过折价、拍卖、变卖的方式实现的。但是，这两种担保方式的区别也是十分明显的：其一，质押的标的只能是动产，而抵押的标的既可以是动产也可以是不动产。其二，质押的设定必须转移质物的占有，抵押的设定不转移抵押物的占有。其三，动产质权自出质人交付质物时设立；抵押权，应当办理抵押物登记的，自登记之日起设立，自愿办理抵押物登记的，自抵押合同生效之日起设立。其四，质押时质物虽在质权人手中，但不允许其利用；抵押时抵押物仍留在抵押人手中，其可以加以利用。

（二）质押合同

出质人和质权人在设定质押时，应当签订书面质押合同。质押合同一般包括下列条款：（1）被担保债权的种类和数额；（2）债务人履行债务的期限；（3）质押财产的名称、数量、质量、状况；（4）担保的范围；（5）质押财产交付的时间。质押合同不完全具备上述内容的，当事人可以协商补正。

法律规定，质权人在债务履行期届满前，不得与出质人约定债务人不履行到期债务时质押财产归质权人所有。这一规定的目的在于保证质押活动的平等性和公正性，维护当事人的合法权益。

（三）动产质押的效力

1.质押担保的范围

质押担保的范围可由当事人在质押合同中约定，当事人未作约定或者约定不明确的，应当适用担保法规定的质押担保的范围，即包括主债权及利息、违约金、损害赔偿金、质物保管费用和实现质权的费用。

2.对质物孳息的效力

质物孳息，是指由质物产生的收益，它可以分为天然孳息和法定孳息两类。除质押合同另有约定外，质权人有权收取质物的孳息。如果当事人双方对质权人是否可以收取孳息未作约定或者约定不明确，质权人亦有权收取质物的孳息。质权人收取的孳息应当首先充抵收取孳息的费用，其剩余部分再用来充抵主债权利息和主债权。

3.质物的保管

在占有质物期间，质权人应当对质物妥善保管，如果因为质权人没有尽到妥善保管义务致使质物毁损或者灭失的，质权人应当承担赔偿责任。若质权人的行为可能使质物毁损或者灭失的，出质人可以要求质权人将质物提存，或者要求提前清偿债务并返还质物。

质权人在质权存续期间，未经出质人同意，擅自使用、处分质物，因此给出质人造成损失的，由质权人承担赔偿责任。

4.转质

转质，是指质权人为担保自己债务的履行，将质物移交给自己的债权人而设定的新质权。质权人在质权存续期间，为担保自己的债务，经出质人同意，以其所占有的质物为第三人设定质权的，应当在原质权所担保的债权范围之内，超过的部分不具有优先受偿的效力。转质权的效力优于原质权。质权人在质权存续期间，未经出质人同意转质，造成质物毁损或者灭失的，应当向出质人承担赔偿责任。

5.质物价值可能明显减少时的补救

在质押期间，由于自然原因可能造成质物损坏或者价值明显减少，为了保障质权人担保债权的实现，法律规定，对于质物有损坏或者价值明显减少的可能，并且足以危害质权人权利的，质权人有权要求出质人提供相应的担保。如果出质人不提供，质权人可以拍卖或者变卖质物，并与出质人协议将该所得价款用于提前清偿债务或者向双方约定的第三人提存。

（四）质权的实现

债务履行期届满，债务人不履行债务的，质权人可以通过行使质权使自己的债权优先受偿。质权的实现方式有折价、拍卖和变卖。在实践中，具体做法和抵押权实现方式基本相同。

质物折价或者拍卖、变卖后，如果所得价款超过担保债权数额，超过部分归出质人所有；如果所得价款少于所担保的债权数额，该价款清偿担保债权后，质权随之消灭，未受清偿的担保债权由债务人按普通债权清偿。当出质人为第三人时，在质权人实现质权后，该第三人有权向债务人追偿。

债务履行期届满，出质人可以请求质权人及时行使权利；质权人不行使的，出质人可以请求人民法院拍卖、变卖质物。质权人怠于行使权利造成损害的，由质权人承担赔偿责任。

三、权利质押

（一）权利质押的概念

权利质押，是指以所有权以外的可转让的财产权利作为债权的担保，债务人不履行债务时，债权人有权以处分该权利的价款优先受偿。

权利质押和动产质押有很多相同之处，如出质人、质押合同的内容、质押担保的范围、质权的实现方式、第三人的追偿权等。因此，关于动产质押的有关规定同样适用于权利质押。

（二）可质押的权利范围

根据担保法和物权法的规定，可以质押的权利包括：（1）汇票、支票、本票；（2）债券、存款单；（3）仓单、提单；（4）可以转让的基金份额、股权；（5）可以转让的注册商标专用权、专利权、著作权等知识产权中的财产权；（6）应收账款；（7）法律、行政法规规定可以出质的其他财产权利。

（三）权利质押的设定和效力

1.证券债权质押的设定和效力

以汇票、支票、本票、债券、存款单、仓单、提单出质的，当事人应首先签订书面的质押合同，然后由出质人在合同约定的期限内将权利凭证交付质权人。质权自权利凭证交付时设立；没有权利凭证的，质权自有关部门办理出质登记时设立。

上述权利凭证上都载有权利实现的日期，如果凭证的兑现或者提货日期先于主债权到期，质权人可以在债务履行期届满前兑现或者提货，并与出质人协议将兑现的价款或者提取的货物用于提前清偿债务或者提存。如果证券的兑现或者提货日期后于债务履行期的，质权人只能在兑现或者提货日期届满时兑现款项或者提取货物。

2.基金份额、股权质押的设定和效力

根据物权法的规定，以基金份额、股权出质设定质押的，出质人与质权人应当订立书面的质押合同。以基金份额、证券登记结算机构登记的股权出质的，质权自证券登记结算机构办理出质登记时设立；以其他股权出质的，质权自工商行政管理部门办理出质登记时设立。质权经证券登记结算机构登记后，社会公众可以通过向证券登记机构查询的方式获得该质押的情况，从而使该质押的事实为公众所知晓，以避免非法转让质押基金份额、股权和重复质押。而以其他股权出质的，在工商行政管理部门进行登记，有利于工商行政管理部门对股权变动进行监督，从而保障质权人的质权能够得到顺利实现。

基金份额、股权出质后，出质人丧失了对其的自由处分权，而质权人虽取得了该基金份额、股权的质权，但其所有权仍归出质人，质权人也无权处分。因此，基金份额、股权出质后不得转让，但经出质人与质权人协商同意的除外。出质人转让基金份额、股权所得的价款，应当向质权人提前清偿债务或者提存。

3.知识产权质押的设定和效力

以注册商标专用权、专利权、著作权等知识产权中的财产权出质的，出质人与质权人应当订立书面合同，并向其主管部门办理出质登记。这里的主管部门具体是指国家对商标、专利和出版具有管理权的行政管理机关。国家工商行政管理总局是商标权出质登记的主管部门，国家知识产权局是专利权出质登记的主管部门，国家版权局是著作权出质登记的主管部门。质权自有关主管部门办理出质登记时设立。

上述知识产权出质后，为了维护质权人的利益，除经出质人与质权人协商同意外，出质人不得转让或者许可他人使用该权利。出质人转让或者许可他人使用出质的知识产权中的财产权所得的价款，应当向质权人提前清偿债务或者提存。

4.应收账款质押的设定和效力

以应收账款出质的，当事人应当订立书面合同。质权自信贷征信机构办理出质登记时设立。我国目前的信贷征信机构包括中国人民银行征信中心建立的人民银行企业和个人征信系统。

应收账款出质后，不得转让，但经出质人与质权人协商同意的除外。出质人转让应收账款所得的价款，应当向质权人提前清偿债务或者提存。

第五节　留　置

一、留置的概念

留置，是指债权人已合法占有债务人的动产，债务人不履行到期债务的，债权人可以留置该动产，以该动产折价或者以拍卖、变卖该动产的价款优先受偿。在留置法律关系中，债权人为留置权人，占有的动产为留置财产或者留置物。

与其他担保方式不同，留置担保不是由当事人约定的，而是由法律直接规定产生的。根据物权法的规定，债务人不履行到期债务的，对于债权人合法占有的债务人的动产，债权人有留置权。债权人留置的动产应当与债权属于同一法律关系，但企业之间的留置除外。法律规定或者当事人约定不得留置的动产，不得留置。留置财产为可分物的，留置财产的价值应当相当于债务的金额。

二、留置的效力

（一）留置担保的范围

留置担保的范围，是指债务履行期届满债务人不履行债务，债权人在处理留置物后就其价款优先受偿的债权范围。留置担保的范围包括主债权及利息、违约金、损害赔偿金、留置物保管费用和实现留置权的费用。

（二）留置权人对留置物的保管

在留置期间，留置权人对留置物负有妥善保管的义务。如果因为保管不善致使留置物毁损或者灭失的，留置权人应当承担赔偿责任。留置权人未经债务人同意，不得使用留置物，也不得将其出租或者提供担保，当然，为了保管上的必要使用除外。

三、留置权的实现

留置权的实现，是指在债权人留置财产后一定期限债务人仍不履行债务时，债权人可以处置留置物并就该价款优先受偿。与抵押权和质权的行使不同，当债务人不履行届期债务时，留置权人不得立即行使留置权，而应当给债务人一定的宽限期。过了宽限期债务人仍不履行债务的，留置权人方可行使留置权。根据物权法的规定，留置权人与债务人应当约定留置财产后的债务履行期间；没有约定或者约定不明确的，留置权人应当给债务人2个月以上履行债务的期间，但鲜活易腐等不易保管的动产除外。

过了宽限期债务人仍不履行债务的，留置权人可以与债务人协议以留置财产折价，也可以就拍卖、变卖留置财产所得的价款优先受偿。留置财产折价或者变卖的，应当参照市场价格。留置财产折价或者拍卖、变卖后，其价款超过债权数额的部分归债务人所有，不足部分由债务人清偿。同一动产上已经设立了抵押权或者质权，该动产又被留置的，留置权人有优先受偿权。

债务人可以请求留置权人在债务履行期届满后行使留置权；留置权人不行使的，债务人可以请求人民法院拍卖、变卖留置财产。

四、留置权的消灭

留置权的消灭主要有以下几种原因：（1）主债权消灭。作为担保物权，留置权同其他担保物权一样因被担保债权消灭（清偿、抵销、免除、提存等）而消灭。例如，在留置期间债务人全部履行了合同约定的义务，债权人的债权都得以实现，这时留置权也自然随债权的消灭而消灭。(2) 留置权人对留置财产丧失占有。丧失占有，是指留置权人丧失对留置物的事实上的控制。例如，留置权人在留置期间，主动将留置物归还给债务人，此时留置权消灭。(3) 留置权人接受债务人另行提供担保。由于设定留置权的目的是担保债权的实现，因此，虽然留置是法定担保方式，但只要有利于债权的实现，它可以被其他担保方式所替代。如果债务人提供了价值相当于担保债权的保证、抵押、质押等担保，并且留置权人表示接受的，留置权消灭。

第六节 定 金

一、定金的概念和种类

（一）定金的概念

定金，是指为了确保合同的履行，当事人一方按照合同金额的一定比例预先给付对方当事人一定数额的货币。

应当指出，定金虽然是一种预先给付的货币，并在合同履行后可以抵作价款，但它同单纯的预付款在性质和作用上是不同的。单纯的预付款一般是属于协作支援性质的，不具有担保的作用，当合同没有履行时，不会产生像定金担保那样的法律后果。交付和接受预付款的一方不履行合同的，不发生丧失或者双倍返还已付款项的后果。

（二）定金的种类

1.立约定金

立约定金，是指为确保将来正式订立主合同而交付的定金。当事人约定以交付定金作为订立主合同担保的，给付定金的一方拒绝订立主合同的，无权要求返还定金；收受定金的一方拒绝订立主合同的，应当双倍返还定金。

2.成约定金

成约定金，是指作为主合同成立或者生效的必要条件而交付的定金。在成约定金情况下，给付定金的一方未交付定金的，除有特别规定外，主合同不成立或者不生效。但给付定金的一方未交付定金，主合同已经履行或者已经履行主要部分的，不影响主合同的成立或者生效。

3.违约定金

违约定金，是指作为当事人不履行主合同而承担惩罚后果所交付的定金。违约定金是实践中最常见、应用最普遍的一种定金。我国担保法上所规定的定金，一般是指违约定金。

4.解约定金

解约定金，是指作为保留主合同解除权的代价而交付的定金。当事人双方可以承担定金处罚为代价达到解除主合同的目的。定金交付后，交付定金的一方可以按照合同的约定以丧失定金为代价解除主合同，收受定金的一方可以双倍返还定金为代价而解除主合同。

二、定金的设定

采用定金担保时，当事人应当以书面形式订立合同。定金合同是实践合同，它从实际交付定金之日起生效。由于定金的交付对于定金合同的生效具有决定意义，因此，定金的交付期限是该合同的重要内容，对此双方当事人应在合同中明确约定。

当事人交付留置金、担保金、保证金、订约金、押金或者订金等，但没有约定定金性质的，当事人主张定金权利的，人民法院不予支持。

对于定金的数额，当事人可以自行约定，但不得超过主合同标的额的20%。如果当事人双方约定的定金数额超过这一标准，其超过部分无效。实际交付的定金数额多于或者少于约定数额，视为变更定金合同；收受定金一方提出异议并拒绝接受定金的，定金合同不生效。

三、定金的效力

定金的效力主要表现在对不履行债务的当事人一方所进行的制裁上，即适用定金罚则。定金的担保作用正是通过适用定金罚则得以实现的。根据担保法的规定，给付定金的一方不履行约定的债务，无权要求返还定金；收受定金的一方不履行约定的债务，应当双倍返还定金。当事人部分不履行债务，就不履行部分适用上述规定。

因当事人一方迟延履行或者其他违约行为，致使合同目的不能实现，可以适用定金罚则，但法律另有规定或者当事人另有约定的除外。

因不可抗力、意外事件致使主合同不能履行，不适用定金罚则。因合同关系以外第三人的过错致使主合同不能履行，适用定金罚则。受定金处罚的一方当事人，可以依法向第三人追偿。

复习思考题

一、概念题

担保　反担保　保证　最高额保证　抵押　最高额抵押　质押　动产质押　权利质押　留置　定金

二、问答题

1.担保法关于保证人的资格是如何规定的？
2.在什么情况下保证人可以免除保证责任？
3.哪些财产可以用于抵押？
4.不得用于抵押的财产有哪些？
5.抵押物登记具有哪些重要作用？
6.哪些权利可以用于质押？
7.动产质押和抵押的区别有哪些？
8.定金可分为哪些主要种类？

第九章　专利法

第一节　专利法概述

一、专利和专利权的概念

“专利”一词，从不同的角度，可以有不同的理解。从技术的角度理解，专利就是指取得了专利权的发明创造；从法律的角度理解，专利就是专利权的简称；从内容的角度理解，专利就是指记载授予专利权的发明创造的各种公开的文献，即专利文献。通常情况下，人们还是从专利权角度理解的较多，专利权也是专利法的核心内容。

专利权，是指国家专利行政管理部门根据专利法规定的条件，授予专利申请人对发明创造所享有的专有权。这里的专有权，是专利权作为知识产权的重要组成部分，它和商标权一样具有排他性、时间性和地域性等一般特征，即享有专利权的人有权在一定时间和范围内垄断其专利发明创造，制造专利产品、使用专利方法。这些权利为专利权人所专有，任何单位和个人非经专利权人许可，不得制造专利产品、使用专利方法；否则，就是侵权。

二、专利制度

专利制度是通过专利法确定的以专利申请、审查批准、专利实施和保护等为基本内容的制度，其目的在于鼓励发明创造，推动科技进步和经济发展。专利制度是一国法律制度的组成部分，也是国际通行的法律制度。随着专利权国际保护的发展和完善，在签署大量有关专利权保护的国际公约的基础上，确立了专利权保护的国际准则。作为国际经济技术贸易关系中的一员，任何一个国家的专利法都不能不接受国际公约所确定的专利权保护的国际准则，从而使一国专利法所确定的专利制度更具有国际性，表现出专利制度的国际一体化发展趋势。

三、专利法的概念

专利法是调整因确认、保护和行使发明创造专利权而产生的社会关系的法律规范的总称。我国专利法主要规定了专利权的主体和客体、授予专利权的条件、专利申请的审查和批准、专利权的期限和终止及无效、专利实施的强制许可、专利权的保护等内容。其围绕的核心问题是专利权的保护。

1984年3月12日，第六届全国人民代表大会常务委员会第四次会议通过了《中华人民共和国专利法》(以下简称《专利法》)，并自1985年4月1日起施行。1985年1月9日，经国务院批准，国家专利局公布了《中华人民共和国专利法实施细则》(以下简称《专利法实施细则》)。专利法的制定实施，标志着我国专利制度的正式确立，开创了我国专利法制建设的新阶段。在总结实践经验的基础上，我国对《专利法》先后进行了三次修改，第三次修改是第十一届全国人民代表大会常务委员会第六次会议于2008年12月27日作出的，并自2009年10月1日起实施。与此相适应，国务院对《专利法实施细则》也作了相应地修改。这些修改，使我国的专利制度更加完善，标志着我国专利法制更加成熟。

第二节　专利法的保护对象

一、专利法的保护对象

专利法的保护对象，也称专利权的客体，是指哪些发明创造可以申请并取得专利权。根据我国专利法的规定，其保护对象统称为“发明创造”，具体包括发明、实用新型和外观设计三种。

(一) 发明

发明，是指对产品、方法或者其改进所提出的新的技术方案。在我国专利法的保护对象中，发明是其中的主要对象。根据这一定义，发明可归纳为三种：产品发明、方法发明和改进发明。

1.产品发明

产品，是指经过人工制造的各种制成品或者产成品。产品发明可以分为：制造品发明，如机器、设备、工具和生活用具等的发明；材料物品发明，如化学物质、合成物质等的发明；新用途的产品发明。产品发明可以是一项独立产品，也可以是一个产品的部件。未经人们制造加工、完全属于自然状态的东西不能算作产品发明，诸如天然大理石、植物的自然杂交而产生的植物新品种等。产品专利只保护产品本身，不保护该产品的制造方法。

2.方法发明

方法发明，是指把一个对象或物质改变成另一个对象或物质所利用的手段的发明。方法发明可以是一系列步骤的全过程，也可以是其中的一个步骤。方法发明可以分为：制造方法发明，如制造纯碱工艺、机械制造工艺等；化学方法发明，如制造合成树脂、合成纤维等。方法发明还包括不改变物质状态的纯方法发明，如测量方法、检验方法、通讯方法等。

3.改进发明

改进发明，是指对已有的产品发明和方法发明提出实质性的改进的新技术方案。改进发明是相对首创发明而言的。这种发明不是新的产品和新的制造方法的发明，而是对已有的产品和制造方法的重大改革，它没有突破原有产品发明和方法发明的格局，但给原有的发明带来新的特性、新的质变。改进发明虽然不属于首创发明，但对促进技术进步有重要作用。

（二）实用新型

实用新型，是指对产品的形状、构造或者其结合所作出的适于实用的新的技术方案。作为专利法保护对象的实用新型，应符合两个重要条件：一是实用新型必须具有一定的形状和构造，或者是二者结合的产品。二是实用新型产品必须具有使用价值或实际用途。实用新型是生产制造新产品的新技术方案，它必须能够在工业上生产制造。

（三）外观设计

外观设计又称工业品外观设计，是指对产品的形状、图案或者其结合以及色彩与形状、图案的结合所作出的富有美感并适于工业应用的新设计。外观设计要取得专利权并受到专利法的保护，应符合以下要求：一是外观设计应与产品结合为一体；二是外观设计应有肉眼可见的明显的外观特点；三是外观设计应是适于工业上应用的新设计。

二、不授予专利权的发明创造或事项

国家并非对所有的发明创造都授予专利权，根据我国经济技术发展水平，并参照国际通行做法，专利法规定，对于下列各项不授予专利权：

（一）违反法律、社会公德或者妨害公共利益的发明创造

如果一项发明创造的目的与国家法律相违背，直接破坏了国家法律秩序，则不能被授予专利权。例如，某人发明了一种伪造货币的机器，虽然此设备的技术特征已具备发明创造条件，但它明显地违反了我国刑法的规定，构成破坏金融管理秩序罪，因而不能被授予专利权。

社会公德，一般是指社会公众普遍认为正当合理并能接受的伦理道德观念。如果一项发明创造的目的直接破坏了社会公德，则不能被授予专利权，如发明新式吸毒机等。即使某发明人设计某种赌博性游艺活动并没有违反社会公德的动机，但因可以被用做赌博工具，从而危害社会公德，所以也不能被授予专利权。

妨害公共利益，是指妨害国家的、社会的和公众的共同利益。如果某项发明创造客观上给社会公共利益造成危害，就不能被授予专利权。比如，某种发明成果的应用会造成人们居住环境的污染（水污染、空气污染等），对该项成果就不能授予专利权。

（二）违反法律、行政法规的规定获取或者利用遗传资源，并依赖该遗传资源完成的发明创造

遗传资源，是指来自植物、动物、微生物或其他来源的任何含有遗传功能单位的、有实际或潜在利用价值的遗传材料。遗传资源所包含的丰富生命遗传信息，对生物制药、动植物育种、生命科学研究等有重要意义。随着生物技术的发展，在医药研发和动植物新品种开发过程中，越来越多的人不经生物资源来源地国家的同意，擅自利用他国生物资源进行医药开发，并申请专利，获得垄断利益。这种“生物剽窃”行为激起了广大生物资源丰富国家的愤慨。

为防止非法窃取我国遗传资源进行技术开发并申请专利，修改后的专利法强化了对遗传资源的保护，增加了与遗传资源保护相关的内容。

第一，对违反生物多样性公约，或者是通过不当行为获取遗传资源的行为，要进行限制，对在以违法的方式获取遗产资源的基础上作出的

发明创造申请专利的行为要进行制止。也就是说，对这样的发明创造不授予专利权。

第二，为保障前述原则的实施，修改后的专利法要求申请人在其申请文件里披露获得遗传资源的来源。

在专利法中强化遗传资源保护有以下三方面意义：一是有利于鼓励和促进遗传资源方面的发明创造和科学技术的发展，进而有利于保护生物多样性；二是在专利申请文件或者相关文件中标明遗传资源的出处，有助于限制非法获取他国遗传资源的生物海盗行为和保障利用遗传资源的后续利益分享；三是知识产权保护能够促使和便利有关遗传资源生物技术的实施和商业化，进而能够从物质方面保障利益分享。

（三）不属于发明事项或不属于专利法保护范围的发明创造

1.科学发现

科学发现是人们对自然界中客观存在的物质、现象、特征和规律所作出的前所未有的认识，它揭示的是已经存在但尚未被人们认识的客观事物。它不同于利用自然规律对客观世界进行改造的技术方案。科学发现因不能直接以生产的方法制造和使用，不具备工业上的实用性，所以不属于专利法意义上的发明创造。我国专利法与其他国家专利法都对科学发现不授予专利权。

2.智力活动的规则和方法

智力活动的规则和方法，是指导人们思维、推理、分析和判断的方案、方法、原则或者过程。智力活动的规则和方法包括的内容非常广泛，其中有数学计算方法、生产经营管理方法、科学管理规则、学习语言规则、游戏规则、比赛规则、编辑法、情报检索法等。由于这类成果不具备技术特征，不能把它运用到工业生产中去，因此不能授予专利权。

3.疾病诊断和治疗方法

疾病诊断和治疗方法，是指确定或消除有生命的人体和动物体的病灶和病因的步骤过程。实施的对象是人和动物，不能在工业上制造或使用。比如，中医的针灸和诊脉方法、西医的外科手术方法都不属于专利法所说的创造。还有，疾病诊断和治疗方法关系到人的生命与健康，从人道主义考虑，不适宜被个人独占，因此对它不能授予专利权。用于疾病诊断和治疗的仪器、装置等医疗设备，可以申请专利并取得专利权。

4.动物和植物品种

世界上绝大多数国家专利法都规定动植物新品种不属于专利法的保护对象，只有少数国家，如美国、德国、法国、意大利、日本、瑞典、波兰、匈牙利、罗马尼亚等分别授予动植物新品种专利权。我国专利法规定，动植物新品种不受专利法保护，但对其生产方法可以授予专利权。

5.用原子核变换方法所获得的物质

所谓用原子核变换方法所获得的物质，是指用核裂变或者核聚变的方法获得的元素或者化合物。对这类物质发明不给予专利保护，是因为这类物质关系到国家经济、国防、科研和公共生活的重大利益，特别是核物质可以用于制造核武器，它关系着国家安全，不宜公开。

6.对平面印刷品的图案、色彩或者二者的结合作出的主要起标识作用的设计

“平面印刷品”主要指平面包装袋、瓶贴、标贴等用于装入被销售的商品或者用于附着于其他产品之上、不单独向消费者出售的二维印刷品；“主要起标识作用”，是指二维印刷品的图案、色彩或者二者的结合主要用于让消费者识别被装入的商品或者被附着的产品的来源或者生产者，而不是用于使被装入的商品外观或者被附着的产品外观本身“富有美感”而吸引消费者。我国每年受理的外观设计申请和授予的外观设计专利中，有相当数量涉及瓶贴、平面包装袋等主要起标识作用的平面图案设计。这既不利于提高我国对产品本身外观的创新能力、促进我国品牌产品的形成、提高我国产品的国际竞争力，也会增大外观设计专利权与商标专用权、著作权之间的交叉和冲突。为了鼓励设计人将其创新能力更多地集中到产品本身外观的创新上，专利法将这类设计排除在授予外观设计专利权的客体之外。需要指出的是，尽管床单、窗帘、布匹等纺织品也是二维产品，但不属于“平面印刷品”；纺织品的花色或者图案通常也不是“主要起标识作用”，因此对这些纺织品的外观设计不在被排除的范围之内。

第三节 授予专利权的条件

一、授予发明和实用新型专利权的条件

授予专利权的发明和实用新型，应当具备新颖性、创造性和实用性。

（一）新颖性

新颖性，是指该发明或者实用新型不属于现有技术，也没有任何单位或者个人就同样的发明或者实用新型在申请日以前向国务院专利行政部门提出过申请，并记载在申请日以后公布的专利申请文件或者公告的专利文件中。所谓现有技术，是指申请日以前在国内外为公众所知的技术。

判断一项申请专利的发明或者实用新型是否具备新颖性，应依据以下几个方面的标准：

1.时间标准

专利法上说的新颖性，总是与一定的日期相联系的。国际上判断新颖性的时间标准通常有两种：一是发明日标准；二是申请日标准。以申请日作为判断新颖性的时间标准，不仅简便易行，而且可以鼓励发明人或申请人及早申请专利。我国采用大多数国家的做法，以申请日作为判断新颖性的时间界限。

2.地域标准

所谓地域标准，是指一项申请专利的发明或实用新型，在什么地域范围内公开才算没有丧失新颖性。国际上判断新颖性的标准有三种：一是世界新颖性标准，也称绝对的新颖性标准，即一项发明或实用新型必须是在全世界都未公开的、在世界各国的现有技术中都没有的，才认为具有新颖性。二是本国新颖性标准，即一项申请专利的发明和实用新型只要在本国没有公开、是本国的现有技术中所没有的，就认为具有新颖性。至于在国外是否已经公开，在所不问。三是混合新颖性标准，也称相对的新颖性标准，即一项申请专利的发明或实用新型只要在世界范围内未在出版物上公开发表过，并在本国未公开使用过或以其他方式为公众所知，就具有新颖性。我国专利法采用的是混合新颖性标准。

3.公开方式标准

公开就是脱离保密状态，让公众有可能知道。公开应该是完整的、清楚的和详细的，以达到本专业普通技术人员依此公开能够实施的程度为准；否则，就不是公开。公开的形式通常有三种：一是书面公开。这种公开的形式在于它必须以文字、数据、附图反映在出版物上，然后发表出来。因此，专利法把它称为"出版物上发表"的形式。二是使用公开。这种"使用"必须是在公众都能到达的地方进行，任何人都可以看到并能清楚地了解到该发明或实用新型在实践中是如何应用的，而且公众中的任何人看到后都能利用。三是口头及其他方式公开。这是指以谈话、讲课和作报告等语言形式及展览等形式来公布发明或实用新型的技术内容。这种公开方式可以面对面地进行，也可以通过无线电广播、电视等方式进行。另外，还有将含有发明或实用新型的产品在展览会上展出等。

在以上几种方式中，除公开发行的出版物不论是国内还是国外的都算是公开以外，其他公开方式则限于是在我国国内进行的，使技术内容为公众所知，才算是公开，才成为现有技术。在国外的公开使用和公开讲话，在我国不认为丧失了申请专利技术的新颖性。

按照我国专利法关于新颖性的规定，判断一项发明或实用新型专利申请的新颖性时，还包括该申请的申请日以前由他人向知识产权局提出并在该日以后公布的专利申请的内容。因此，他人在先的未公开的专利申请在一定条件下对后来申请的新颖性也有影响。

我国专利法特别规定了申请专利的发明创造在三种情况下的公开不丧失新颖性：一是在中国政府主办或者承认的国际展览会上首次展出的。二是在规定的学术会议或者技术会议上首次发表的。所谓规定的学术会议或技术会议，是指国务院有关主管部门或全国性学术团体组织召开的学术会议或技术会议。三是他人未经申请人同意而泄露其内容的。这是指他人通过合法的或非法的途径将获得的申请人所完成的发明创造的内容予以泄露而又未经申请人同意的。申请专利的发明创造在申请日以前有上述三种情况之一的，该情况必须是发生在申请日以前的6个月内，才认为不丧失新颖性。

（二）创造性

创造性，是指与现有技术相比，该发明具有突出的实质性特点和显著的进步，该实用新型具有实质性特点和进步。从创造性的定义中可以看出，我国专利法对发明和实用新型的创造性要求是不同的。

我国专利法对实用新型的创造性要求之一是要有实质性特点，而对发明的创造性要求是要有“突出的”实质性特点，这样规定的意义在于对发明的创造性要求比对实用新型要高。进步是对实用新型又一项创造性要求，而对发明的创造性要求是在此基础上进步的“显著性”。这种显著的进步反映在发明的有益效果之中。

（三）实用性

实用性，是指该发明或者实用新型能够制造或者使用，并且能够产生积极效果。实用性所要求的是申请专利的发明或实用新型不能是抽象的、纯理论的东西，而必须是能够在实践中实现的东西。所谓能够制造或者使用，是指符合自然规律、具有技术特征的任何可以实施的技术方案，并不一定意味着机器的使用或产品的制造。所谓能够产生积极效果，是指发明或实用新型制造或使用后，与现有技术相比所具有的有益效果。这种效果可以是技术的、经济的或社会的效果。

我国专利法要求申请专利的发明或实用新型具有实用性，并不是要求该发明或实用新型在申请专利时就必须能够应用于产业上，也不是要求这种发明或实用新型已经经过生产实践而产生了积极效果。实用性所要求的只是申请专利的发明或实用新型，根据申请人在说明书中所作的清楚、完整的说明，所属技术领域的技术人员经过惯常的试验和例行设计后是能够实现的，并且能达到说明书所说的目的和积极效果。同时，实用性也不要求这种发明或实用新型技术方案已经高度完善，毫无缺陷。

二、授予外观设计专利权的条件

我国专利法规定，授予专利权的外观设计，应当不属于现有设计，也没有任何单位或者个人就同样的外观设计在申请日以前向国务院专利行政部门提出过申请，并记载在申请日以后公告的专利文件中。授予专利权的外观设计与现有设计或者现有设计特征的组合相比，应当具有明显区别。授予专利权的外观设计不得与他人在申请日以前已经取得的合法权利相冲突。

外观设计，顾名思义，是指工业品的外表式样。它显然不同于作为技术方案的发明或实用新型，它的授予条件也与发明或实用新型有所不同。授予外观设计专利权的条件应为新颖性、独创性、实用性及富有美感。判断外观设计新颖性所依据的标准与判断发明和实用新型所依据的标准基本相同。

第四节 专利的申请与审批

一、专利的申请

（一）专利申请人

专利申请人，是指为获得某项发明创造的专有权而向国家专利行政管理部门提出申请的人。专利申请人既可以是发明人、设计人，也可以是通过转让或继承而获得专利申请权的人。由于发明创造有职务发明创造和非职务发明创造之分，因此，专利法对申请人也作出了不同的规定。对于职务发明创造，申请人应当是发明人、设计人所在单位；申请被批准后，专利权属于单位。

所谓职务发明创造，是指执行本单位的任务或者主要是利用本单位的物质技术条件所完成的发明创造。执行本单位的任务是指：（1）在本职工作中作出的发明创造；（2）履行本单位交付的本职工作之外的任务所作出的发明创造；（3）退休、调离原单位后或者劳动、人事关系终止后1年内作出的，与其在原单位承担的本职工作或者原单位分配的任务有关的发明创造。

非职务发明创造，是指与执行本单位任务无关，也不利用本单位的物质条件所完成的发明创造。非职务发明创造申请专利的权利属于发明人或者设计人；申请被批准后，该发明人或者设计人为专利权人。

利用本单位的物质技术条件所完成的发明创造，单位与发明人或者设计人订有合同，对申请专利的权利和专利权的归属作出约定的，从其约定。

两个以上单位或者个人合作完成的发明创造、一个单位或者个人接受其他单位或者个人委托所完成的发明创造，除另有协议的以外，申请专利的权利属于完成或者共同完成的单位或者个人；申请被批准后，申请的单位或者个人为专利权人。

外国人依据其所属国同我国共同参加或缔结的国际条约，或者依据互惠原则，可以作为专利申请人向我国申请专利权。我国公民也可以依据专利法的规定，向外国申请专利权。

（二）专利申请的原则

1.禁止重复授权原则

对于同样的发明创造，无论是同一人提出两件以上专利申请，还是不同人分别提出两件以上专利申请，即使在符合授予专利权条件的情况下，也不能授予两项以上专利权，否则在这些专利权之间就会发生冲突。这就是“禁止重复授权原则”。因此，专利法规定同样的发明创造只能授予一项专利权。但是，同一申请人同日对同样的发明创造既申请实用新型专利又申请发明专利，先获得的实用新型专利权尚未终止，且申请人声明放弃该实用新型专利权的，可以授予发明专利权。

2.申请在先原则

对于同一项发明创造，有时会有两件以上的申请分别提出。对于这种情况，我国专利法规定，两个以上的申请人分别就同样的发明创造申请专利的，专利权授予最先申请的人。这就是申请在先原则，也是大多数国家实行的一项原则。

判断申请的先后，有一个时间标准问题。有些国家以日期为判断标准，有些国家以时刻为判断标准。我国专利法采用的是前一种标准。两个以上的申请人分别就同一发明创造在同一天提出申请的可能性是非常小的，一旦出现这种情况，应当由各申请人自行协商确定有权提出申请的人。如果协商意见不一致，或者一方拒绝协商，则国家专利行政管理部门对双方都不授予专利权。这一规定从表面上看似乎很苛刻，但实际上当事人之间一般都会达成妥协，因为驳回申请对谁都不利。

3.申请单一性原则

申请单一性原则，即一项发明创造一件申请的原则。它要求在一件专利申请文件中，只能记载一项发明创造。单一性原则主要是为了方便登记和审查业务，也是为了方便专利文献的查阅和专利权利的交易。大多数国家都采用这一原则。

我国专利法规定，属于一个总的发明构思的两项以上的发明或者实用新型，可以作为一件申请提出；用于同一类别并且成套出售或者使用的产品的两项以上的外观设计，可以作为一件申请提出。

4.优先权原则

优先权原则是《巴黎公约》的重要原则之一。它是指申请人在某一公约成员国首次提出专利申请后，在一定期限内，又向其他缔约国提出申请时，申请人有权要求以第一次申请的日期作为后来申请的日期。

我国专利法规定，申请人自发明或者实用新型在外国第一次提出专利申请之日起12个月内，或者自外观设计在外国第一次提出专利申请之日起6个月内，又在中国就相同主题提出专利申请的，依照该外国同中国签订的协议或者共同参加的国际条约，或者依照相互承认优先权的原则，可以享有优先权。该规定是针对第一次申请在外国的情况，所以，又被称为外国优先权。

我国专利法还规定，申请人自发明或者实用新型在中国第一次提出专利申请之日起12个月内，又向国务院专利行政部门就相同主题提出专利申请的，可以享有优先权。该规定是针对第一次申请在中国的情况，所以，又被称为本国优先权。

根据专利法的规定，申请人要求优先权的，应当在申请的时候提出书面声明，并且在3个月内提交第一次提出的专利申请文件的副本；未提出书面声明或者逾期未提交专利申请文件副本的，视为未要求优先权。书面声明中应当写明第一次提出专利申请的申请日、申请号和受理该申请的国家；未写明申请日和受理该申请的国家的，视为未提出声明。

（三）专利申请文件

申请专利必须提交书面的申请文件，专利法对申请文件的种类、内容和格式都有严格的规定。申请发明或者实用新型专利的，应当提交请求书、说明书及摘要和权利要求书等文件。

请求书是专利申请人请求国家专利行政管理部门授予专利权的书面文件。请求书应当写明发明或者实用新型的名称，发明人的姓名，申请人的姓名或者名称、地址，以及其他事项。

说明书是以文字形式说明请求专利保护的发明或实用新型的内容的

技术性文件。它是专利申请文件的核心，其撰写质量对专利申请能否通过起着至关重要的作用。说明书应当对发明或者实用新型作出清楚、完整的说明，以所属技术领域的技术人员能够实现为准；必要的时候，应当有附图。

摘要是对说明书内容的简短说明。摘要应当简要说明发明或者实用新型的技术要点，其目的是使有关人员能迅速得到关于发明或实用新型的主要内容的情报。

权利要求书是申请人用以说明请求专利保护的范围的文件。权利要求书应当以说明书为依据，清楚、简要地限定要求专利保护的范围。

申请外观设计专利要求提交的文件与发明和实用新型有很大的区别。除要求提交请求书外，还要求提交图片或照片以及对该外观设计的简要说明等文件。申请人提交的有关图片或者照片应当清楚地显示要求专利保护的产品的外观设计，这是基于外观设计专利的特点而要求的。

专利法还规定，依赖遗传资源完成的发明创造，申请人应当在专利申请文件中说明该遗传资源的直接来源和原始来源；申请人无法说明原始来源的，应当陈述理由。遗传资源的直接来源，主要是指申请人获得该遗传资源的直接渠道；原始来源，主要是指该遗传资源的自然生长地或者采集地，而不是该物种在历史上的起源地。规定遗传资源的来源披露要求，目的在于通过使专利制度与获取和利用遗传资源的管理制度相适应，更好地保护我国的遗传资源。

（四）专利申请的撤回

专利申请的撤回有两种情况：一是专利申请人自愿撤回；二是专利申请人因未履行专利法规定的行为被视为撤回。

我国专利法规定，申请人可以在被授予专利权之前随时撤回其专利申请。依法被视为撤回的情况有：（1）发明专利自申请之日起3年内，申请人无正当理由逾期不请求实质审查的；（2）国务院专利行政部门对发明专利申请进行实质审查后，认为不符合专利法规定而通知申请人在指定期限内陈述意见，或者对其申请进行修改，申请人无正当理由逾期不答复的；（3）发明专利已经在外国提出过申请的，申请人请求实质审查时，应当提交该国为审查其申请进行检索的资料，申请人无正当理由不提交的；（4）申请人未按期缴纳或缴足申请费、维持费的。

二、专利的审批

（一）发明专利的审批

发明专利的审批实行的是早期公开、延迟审查制，一般要经过初步审查、早期公开、实质审查、授权并公告四个阶段。

1.初步审查

初步审查是审查专利申请在形式上是否符合专利法的要求。其主要内容包括：申请手续是否完备，申请文件是否齐全，填写是否正确；申请人的身份是否合乎专利法的规定；各种必备证件是否齐备；申请专利的发明创造是否属于专利法保护的范围；是否缴纳了申请费等。

2.早期公开

国务院专利行政部门收到发明专利申请后，经初步审查认为符合专利法要求的，自申请日起满18个月，即行公布。国务院专利行政部门可以根据申请人的请求早日公布其申请。由于公布的时间是在未授权之前，因此称为早期公开。公布的内容主要有说明书及摘要、权利要求书等项目。一般公众可以自由索取和阅读。

3.实质审查

发明申请的实质审查，是指国务院专利行政部门依法定程序，对发明是否符合专利法规定的发明专利必须具备的新颖性、创造性和实用性等实质内容进行审查，以确定是否授予专利权。

实质审查主要是应申请人的主动请求而进行的。自申请日起3年内，申请人可以随时请求国务院专利行政部门对其进行实质审查。如果申请人无正当理由逾期不请求实质审查的，该申请即被视为撤回。

除申请人主动提出实质审查的申请以外，国务院专利行政部门认为必要时，也可以自行进行实质审查。这主要是指那些对国计民生有重大关系的发明。国务院专利行政部门自行决定进行实质审查的，应当通知申请人。

4.授权并公告

发明专利申请经实质审查没有发现驳回理由的，由国务院专利行政部门作出授予发明专利权的决定，发给发明专利证书，同时予以登记和公告。发明专利权自公告之日起生效。

（二）实用新型和外观设计专利的审批

我国专利法对实用新型和外观设计专利的审批采取的是登记制度，也就是说，对这两种专利申请只进行形式审查，无需进行实质审查。专利法规定，实用新型和外观设计专利申请经初步审查没有发现驳回理由的，由国务院专利行政部门作出授予实用新型专利权或者外观设计专利权的决定，发给相应的专利证书，同时予以登记和公告。实用新型专利权和外观设计专利权自公告之日起生效。

对实用新型和外观设计专利的初步审查的内容，与对发明专利的初步审查基本相同。

（三）专利申请的驳回与复审

1.专利申请的驳回

国务院专利行政部门在对专利申请进行审查的过程中，发现有下列情况的，应当予以驳回：（1）申请的对象是专利法所称的发明创造以外的其他智力成果或者属于暂不受专利法保护的发明创造；（2）违反国家法律、社会公德或者妨害公共利益的发明创造；（3）不具有新颖性、创造性、实用性的发明创造；（4）他人已就同一发明创造申请在先的，或者两个以上申请人同日就相同发明创造申请专利而未能协商确定申请人的；（5）申请违反单一性原则；（6）未依照专利法的要求充分公开其发明创造的内容；（7）权利要求书中提出的权利要求超出了说明书的范围；（8）国务院专利行政部门经初步审查或实质审查认为申请不符合专利法有关规定，要求申请人陈述意见、补正或修改，申请人陈述意见、补正或修改后，国务院专利行政部门仍然认为不符合规定的。

2.专利申请的复审

专利申请人对国务院专利行政部门驳回申请的决定不服的，可以自收到通知之日起3个月内，向专利复审委员会请求复审。专利复审委员会复审后，作出决定，并通知专利申请人。

专利复审委员会在对请求人的请求进行认真审查后，有两种处理结果：一是维持原来的决定，驳回复审请求；二是撤销原来的决定，批准复审请求。

专利申请人对专利复审委员会的复审决定不服的，可以自收到通知之日起3个月内向人民法院起诉。

三、专利代理

专利代理，是指专利代理机构接受委托人的委托，在代理权限范围内，以委托人的名义办理专利申请或者其他专利事务的行为。根据国务院发布的《专利代理条例》的规定，我国目前设置的专利代理机构包括：（1）办理涉外专利事务的专利代理机构；（2）办理国内专利事务的专利代理机构；（3）办理国内专利事务的律师事务所。

专利代理机构的服务范围主要包括：提供专利事务方面的咨询；代写专利申请文件，办理专利申请、请求实质审查或复审的有关事务；办理专利申请权、专利权以及专利许可方面的事务；请求撤销专利权和宣告专利权无效的有关事务；接受聘请，指派专利代理人担任专利顾问；办理其他需要专利代理机构承办的事务。

第五节　专利权人的权利和义务

一、专利权人的权利

（一）专利实施权

专利的实施就是将已获得专利权的发明创造应用于产业中，实现其经济价值。根据专利法的规定，发明和实用新型专利权被授予后，除另有规定的以外，任何单位或者个人未经专利权人许可，都不得实施其专利，即不得为生产经营目的制造、使用、许诺销售、销售、进口其专利产品，或者使用其专利方法以及使用、许诺销售、销售、进口依照该专利方法直接获得的产品。外观设计专利权被授予后，任何单位或者个人未经专利权人许可，都不得实施其专利，即不得为生产经营目的制造、销售、进口其外观设计专利产品。

专利实施权是有限制的。根据专利法的规定，发明专利权的保护期为20年，实用新型和外观设计专利权的保护期为10年，均自申请日起计算。

（二）专利转让权

专利权的转让即专利权主体的变更，主要是指专利权人通过签订转让合同的方式，将专利权转让给他人。

专利权的转让应履行法定程序。根据专利法的规定，中国单位或者个人向外国人、外国企业或者外国其他组织转让专利申请权或者专利权的，应当依照有关法律、行政法规的规定办理手续。专利权的转让在当事人签订了书面合同后，还须向国务院专利行政部门登记，由国务院专利行政部门予以公告。专利申请权或者专利权的转让自登记之日起生效。

（三）专利许可权

专利许可权是专利权人享有的许可他人实施其专利并获得报酬的权利。专利许可是一种最活跃的专利权行使方式，这种方式也称为专利许可贸易或专利许可证贸易。

（四）标记权

专利权人有权在其专利产品或其包装上标明专利标记及专利号。使用专利标记可以使公众知晓这是专利产品，同时，也可以实现对自己产品的宣传。

（五）署名权

署名权，是指发明人、设计人对自己完成的发明创造在专利申请文件中写明自己是发明人、设计人的权利。发明人、设计人与专利权人有时是一致的，有时是不一致的。在职务发明创造的情况下，专利权归单位所有，但发明人、设计人仍享有署名权；在专利权发生转让的情况下，专利权主体发生了改变，但发明人、设计人的署名权不能转让。

（六）获得收益权

专利权人通过自己实施其专利、许可他人实施其专利或者转让其专利，都可以获得收益，实现其经济利益。即使在强制许可情况下，专利权人同样可以依法获得应得的收益。

（七）请求保护权

他人未经专利权人许可，不得擅自实施其专利，否则即构成侵权。在发生侵权的情况下，专利权人可以行使请求保护权。根据我国专利法的规定，专利权人既可以请求管理专利工作的部门进行处理，也可以直接向人民法院起诉。

二、专利权人的义务

（一）实施专利发明创造的义务

实施专利既是专利权人的权利，又是专利权人的义务。国家保护专利权人对专利的独占权，就是为了换取专利权人公开专利、实施专利，如果专利权人取得了独占权却不实施，就是只享用权利而不履行义务，在一定期间内国家有权强制其实施。

（二）充分公开发明创造的义务

这是指专利权人在取得专利权之前的专利申请文件中，应当充分公开其发明创造的内容，以使所属领域技术人员能够实施为准。由于这是专利权人在取得专利权之前必须履行的义务，是取得专利权的前提条件，因而，充分公开发明创造，也是与专利权相对应的专利权人的义务。

（三）缴纳年费的义务

根据专利法的规定，专利权人应当自被授予专利权的当年开始缴纳年费。这是国家在专利有效期内为提供法律保护而向专利权人按年度收取的费用。未按期缴纳的，视为专利权终止。

（四）依法正确实施专利权的义务

专利权人在行使其专利权时，不得滥用专利权。专利权人滥用专利权的表现是多种多样的。例如，专利权人利用自己的独占地位，向交易对象强加不合理的条件；专利权已经终止但仍以专利的名义进行交易等。

（五）接受专利实施强制许可和计划许可的义务

强制许可，是指国家专利管理机关不经专利权人的同意，通过行政程序直接允许有关申请人实施专利权人的专利的情况。根据我国专利法的规定，可以实施强制许可的是发明专利和实用新型专利。具体情况有：（1）专利权人自专利权被授予之日起满3年，且自提出专利申请之日起满4年，无正当理由未实施或者未充分实施其专利的，国务院专利行政部门根据具备实施条件的单位或者个人的申请，可以给予实施发明专利或者实用新型专利的强制许可；（2）专利权人行使专利权的行为被依法认定为垄断行为，为消除或者减少该行为对竞争产生的不利影响的，国务院专利行政部门根据具备实施条件的单位或者个人的申请，可以给予实施发明专利或者实用新型专利的强制许可；（3）在国家出现紧急状态或者非常情况时，或者为了公共利益的目的，国务院专利行政部门可以给予实施发明专利或实用新型专利的强制许可；（4）一项取得专利权的发明或者实用新型比以前已经取得专利权的发明或者实用新型具有显著经济意义的重大技术进步，其实施又有赖于前一发明或者实用新型的实施的，国务院专利行政部门根据后一专利权人的申请，可以给予实施前一发明或者实用新型的强制许可。

专利权人对国务院专利行政部门关于实施强制许可的决定不服的，或者专利权人和取得实施强制许可的单位或个人对国务院专利行政部门关于实施强制许可的使用费的裁决不服的，可以自收到通知之日起3个月内向人民法院起诉。

计划许可，是指国家有关主管机关根据国家利益或者公共利益的需要，对特定专利权人的专利，可以不经其同意，直接许可指定的单位实施从而加以推广应用的情况。根据我国专利法的规定，国有企事业单位的发明专利，对国家利益或者公共利益具有重大意义的，国务院有关主管部门和省、自治区、直辖市人民政府报经国务院批准，可以决定在批准的范围内推广应用，允许指定的单位实施的，由实施单位按照国家规定向专利权人支付使用费。中国集体所有制单位和个人的发明专利，对国家利益或者公共利益具有重大意义，需要推广应用的，参照上述规定办理。

第六节　专利权的法律保护

一、侵犯专利权的行为

侵犯专利权的行为，是指行为人未经专利权人许可，以营利为目的，实施了受法律保护的有效专利的行为。其表现形式主要有：

（一）未经专利权人许可实施其专利的侵权行为

根据我国专利法的规定，未经专利权人许可实施其专利的侵权行为有：（1）未经专利权人许可制造专利产品；（2）未经专利权人许可使用专利产品；（3）未经专利权人许可许诺销售、销售专利产品；（4）未经专利权人许可使用其专利方法以及使用、许诺销售、销售依照该专利方法直接获得的产品；（5）未经专利权人许可制造、销售、进口外观设计专利产品；（6）未经专利权人许可进口专利产品或进口依照专利方法直接获得的产品。

（二）假冒或冒充专利的行为

1.假冒专利行为

假冒专利行为，是指未经专利权人许可标明专利人的专利标记或专利号，从而使社会公众误认为是专利产品的行为。这种行为以假乱真，侵害了专利权人的利益，欺骗了消费者。其具体表现是：（1）在未被授予专利权的产品或者包装上标注专利标识，专利权被宣告无效后或者终止后继续在产品或者包装上标注专利标识，或者未经许可在产品或者产品包装上标注他人的专利号；（2）销售上述产品；（3）在产品说明书等材料中将未被授予专利权的技术或者设计称为专利技术或者专利设计，将专利申请称为专利，或者未经许可使用他人的专利号，使公众将所涉及的技术或者设计误认为是专利技术或者专利设计；（4）伪造或者变造专利证书、专利文件或者专利申请文件；（5）其他使公众混淆，将未被授予专利权的技术或者设计误认为是专利技术或者专利设计的行为。

2.冒充专利行为

冒充专利行为，是指任何单位或者个人为生产经营目的将非专利产品冒充专利产品或者将非专利方法冒充专利方法的行为。冒充专利和假冒专利不同，其行为不涉及他人的合法专利权，而只是冒用了专利的名义，但它欺骗了社会公众，也视为专利侵权行为，为法律所禁止。它主要包括下列各项：（1）制造或者销售标有专利标识的非专利产品的；（2）专利权被撤销或者被宣告无效后，制造或者销售标有专利标识的产品的；（3）专利权届满或者终止后，继续制造或者销售标有专利标识的产品的；（4）为上述行为人印制或者提供专利标识的；（5）伪造或者变造专利证书或者其他专利文件、专利申请文件的；（6）将非专利技术称为专利技术与他人订立专利许可合同的；（7）在广告中将非专利技术称为专利技术的；（8）其他将非专利产品冒充专利产品或者将非专利方法冒充专利方法的。

二、对侵犯专利权行为的救济方式

对侵犯专利权行为的救济方式，也就是专利权人对侵犯专利权行为请求法律保护的方法。根据专利法的规定，对未经专利权人许可，实施其专利，即侵犯其专利权，引起纠纷的，由当事人协商解决；不愿协商或协商不成的，专利权人或利害关系人可以向人民法院起诉，也可以请求专利工作主管部门处理。主管部门认定侵权行为成立的，可以责令侵权人立即停止侵权行为，当事人不服的，可自收到处理通知之日起15日内依照行政诉讼法向人民法院起诉；侵权人期满不起诉又不停止侵权行为的，主管部门可以申请人民法院强制执行。主管部门应当事人的请求，可以就侵犯专利权的赔偿数额进行调解；调解不成的，当事人可以依民事诉讼法的规定向人民法院起诉。

侵犯专利权的诉讼时效为2年，自专利权人或者利害关系人得知或者应当得知侵权行为之日起计算。

根据我国专利法的规定，下列情形不视为侵犯专利权：（1）专利产品或者依照专利方法直接获得的产品，由专利权人或者经其许可的单位、个人售出后，使用、许诺销售、销售、进口该产品的；（2）在专利申请日前已经制造相同产品、使用相同方法或者已经作好制造、使用的必要准备，并且仅在原有范围内继续制造、使用的；（3）临时通过中国领土、领水、领空的外国运输工具，依照其所属国同中国签订的协议或者共同参加的国际条约，或者依照互惠原则，为运输工具自身的需要而在其装置和设备中使用有关专利的；（4）专为科学研究和实验而使用有关专利的；（5）为提供行政审批所需要的信息，制造、使用、进口专利药品或者专利医疗器械的，以及专门为其制造、进口专利药品或者专利医疗器械的。

三、侵犯专利权行为的法律责任

（一）侵犯专利权的民事责任

侵犯专利权的民事责任，是指侵犯他人专利权的民事法律后果。专利法在专利权的保护上，侧重对专利权人拥有此种权利所产生的经济利益的保护，因此对侵犯专利权的行为主要采取民事制裁措施。

承担民事责任的形式主要有：（1）停止侵权。侵犯专利权的，专利权人可以请求给予法律保护，责令侵权人停止侵权行为。同时，专利权人还可以请求采取扣押、查封、冻结等保全措施，以有效阻止侵权行为继续发生。（2）赔偿损失。侵犯他人专利权，给专利权人造成损失的，侵权行为人应当承担赔偿损失的民事责任。侵权行为赔偿损失的具体数额的认定，可以根据专利权人因侵权行为而遭受的损失计算，也可以根据侵权人因侵权行为所获得的非法利润计算，还可以依照实施许可的使用费额计算。(3) 消除影响。消除影响应由专利权人提出请求，由管理专利工作的部门或者人民法院责令侵权人公开向专利权人道歉并登报承认错误，以消除由于侵权而造成的不良影响。

(二) 侵犯专利权的行政责任

侵犯专利权的行政责任，是指侵权人实施专利侵权行为所引起的行政法律后果。根据我国专利法的规定，侵犯专利权的行政责任有：(1) 假冒专利的，除依法承担民事责任外，由管理专利工作的部门责令改正并予以公告，没收违法所得，可以并处违法所得4倍以下的罚款；没有违法所得的，可以处20万元以下的罚款；构成犯罪的，依法追究刑事责任。(2) 违反法律规定向外国申请专利，泄漏国家秘密的，由所在单位或者上级主管机关给予行政处分；构成犯罪的，依法追究刑事责任。(3) 侵夺发明人或者设计人的非职务发明创造专利申请权和专利法规定的其他权益的，由所在单位或者上级主管机关给予行政处分。(4) 管理专利工作的部门参与向社会推荐专利产品等经营活动的，由其上级机关或者监察机关责令改正，消除影响，有违法收入的予以没收；情节严重的，对直接负责的主管人员和其他直接责任人员依法给予行政处分。

(三) 侵犯专利权的刑事责任

侵犯专利权的刑事责任，是指侵权人实施专利侵权行为情节严重、触犯刑律、构成犯罪所依法应承担的刑事法律后果。

根据我国专利法的规定，侵犯专利权的刑事责任有：(1) 我国刑法规定，假冒他人专利，情节严重的，处3年以下有期徒刑或者拘役，并处或者单处罚金。(2) 违反专利法规定向外国申请专利，泄露国家秘密，构成犯罪的，依法追究刑事责任。(3) 国家机关工作人员违反保守国家秘密法的规定，故意或者过失泄漏国家秘密，情节严重的，处3年以下有期徒刑或者拘役；情节特别严重的，处3年以上7年以下有期徒刑；非国家机关工作人员犯此罪的，依照对国家机关工作人员的规定酌情处罚。(4) 从事专利管理工作的国家机关工作人员以及其他有关国家机关工作人员玩忽职守、滥用职权、徇私舞弊，构成犯罪的，依法追究刑事责任。根据我国刑法的规定，国家机关工作人员徇私舞弊，构成犯罪的，处5年以下有期徒刑或者拘役；情节特别严重的，处5年以上10

年以下有期徒刑。

复习思考题

一、概念题

专利法　专利权　发明　实用新型　外观设计　职务发明创造　非职务发明创造　新颖性

二、问答题

1.我国专利法保护的对象是什么?
2.授予专利权的发明和实用新型应当具备什么条件?
3.关于优先权原则，专利法是如何规定的?
4.专利权人有哪些权利和义务?
5.专利法规定不授予专利权的项目有哪些?
6.侵犯专利权的行为有哪些?

第十章 商标法

第一节 商标法概述

一、商标的概念、特征和分类

（一）商标的概念和特征

商标，俗称“牌子”，是指生产者、经营者为使自己的商品或服务与他人的商品或服务相区别，而使用在商品及包装或服务标记上的由文字、图形、字母、数字、三维标志、颜色组合和声音等，以及上述要素的组合所构成的一种标志。根据2013年修改的《商标法》的规定，商标标志不再要求可视性，只强调可区别性，声音等标志只要具有可区别性，即可申请商标。传统的商标通常为商品商标，一般由文字、图形或者由其组合构成，置于商品或者商品的包装上，以与他人生产的相同或类似的商品相区别。随着市场经济和国际交往的发展，不仅作为商标使用的标记得到扩大，从以往仅限文字和图形这两类平面标记扩大到字母、颜色及它们的组合及声音，从平面标记扩大到三维标记及商品或包装的外形等立体形式，而且商标在服务行业被广泛运用，服务商标占有的比重越来越大，使商标的内涵得到了丰富。

商标具有以下特征：（1）商标是用于商品或服务上的标记，与商品或服务不能分离，并依附于商品或服务。（2）商标是区别于他人商品或服务的标志，具有特别显著的区别功能，从而便于消费者识别。（3）商标是由文字、图形、字母、数字、三维标志、颜色组合和声音，以及上述要素组合的可视性标志。（4）商标具有独占性。注册商标所有人（即商标权人）对其商标具有专用权，受到法律的保护，未经商标权人许可，任何人不得擅自使用与该注册商标相同或类似的商标；否则，即构成侵犯商标权人的商标专用权，将承担相应的法律责任。（5）商标是一种无形资产，具有价值。商标代表商标所有人生产或经营的质量信誉和企业信誉、形象，商标权人通过对商标的创意、设计、申请注册、广告宣传及使用，使商标具有了价值，也增加了商品的附加值。商标的价值可以通过评估确定。商标可以有偿转让，经商标权人同意，可许可他人使用。(6) 商标是商品信息的载体，是参与市场竞争的工具。生产经营者的竞争就是商品或服务质量与信誉的竞争，其表现形式就是商标知名度的竞争。商标知名度越高，其商品或服务的竞争力就越强。

(二) 商标的分类

商标可以从下述不同角度进行分类：

1.按照商标的构成分类

商标按其构成可分为：(1) 文字商标。这是由文字构成的商标。文字商标的构成可以是中文，也可以是外文、少数民族文字或者阿拉伯数字。我国的文字商标以汉字为主，有的还加注汉语拼音字母或者辅以外国文字。(2) 图形商标。这是由平面图形构成的商标。(3) 三维商标。它也叫立体商标，是由产品外形或者产品实体包装的立体标志构成的商标。这是一种三维立体结构的商标，近年来以其形象性受到消费者和商家的欢迎和重视。(4) 颜色组合商标。这种形式一般是指与文字或图形组合起来使用的色块，不仅可以给人以美感，而且具有显著性。(5) 声音商标。声音的种类很多，但并不是所有声音都能够注册为商标。只有当声音商标申请具备了商标法意义上的显著性，能够起到识别商品或服务的提供者时，才有获准注册的可能。(6) 组合商标。这是用文字、图形、字母、数字、三维标志、颜色组合和声音七要素中任何两种或两种以上要素组合而成的商标。它集文字商标、图形商标、颜色商标及声音商标的优点于一体，是商标构成的一种理想形式，使用广泛，数量最多。

2.按照商标的使用者分类

商标按其使用者不同可分为：(1) 制造商标。它又称生产商标，是商品的生产者、加工者、制造者在自己生产、加工、制造的商品上所使用的商标。(2) 销售商标。它又称商业商标，是商品的经营者在自己经销的商品上所使用的一种商标。(3) 服务商标。它又称服务标记，是服务项目的提供者所使用的商标。服务商标与商品商标不同的是，它不使用在商品或者商品的包装上，也不可能使用在服务行为上，而只能用在服务场所、广告或其他有形载体上，以标记服务的提供者及提供的服务。

3.按照商标的特殊性质分类

商标按其特殊性质可分为：(1) 证明商标。它又称保证商标，是指由对某种商品或者服务具有监督能力的组织所控制，而由该组织以外的单位或者个人使用于其商品或者服务上，用以证明该商品或者服务的原产地、原料、制造方法、质量或者其他特定品质的标志。(2) 集体商标。它是指以团体、协会或者其他组织名义注册，供该组织成员在商事活动中使用，以表明使用者在该组织中的成员资格的标志。使用集体商标，表明商品的经营者或者服务的提供者属于同一组织，体现其所生产的商品或者提供的服务具有某种共同特征，因此使用者必须是集团成员。

二、商标的作用

商标是商品或服务项目的一种标志，商标的作用在它不同的发展阶段、不同的社会制度中有所不同。一般来说，商标有以下几个固有作用：

第一，命名作用。商标不是商品的通用名称，但是，由于商标作为商品的标志，一般立意新颖、寓意深刻、造型独特，在标记商品的同时，又成为商品的一种别名，起到了对商品的命名作用。

第二，标记作用。商标是商品的生产者、经营者或者服务项目的提供者所使用的标记，区别不同的商品生产经营者或服务项目提供者，这是商标的最基本作用。商标作为一种标记，把某一商品或服务同某一生产经营者或服务项目提供者联系起来，并使其特定化，达到了满足消费者识别厂家、认牌购货的目的，为树立企业信誉和创立企业名牌提供了基本条件。

第三，保质作用。商标是商品质量和信誉的象征。对于消费者来说，通过识别商标就可以购买到保证质量的商品；对于商品生产经营者来说，要维护自己商标的名誉，就必须对其使用商标的商品质量负责，不断保证和提高商品的质量。

第四，宣传作用。由于商标对商品质量具有标志性，这就需要商品的生产经营者在广告宣传中表明自己商品所使用的商标，使自己的商标成为具有一定社会知名度的商品标志，从而引导消费者的消费行为。一个成功的商标，本身就是一个最好的广告，有着其他任何广告方式都无法替代的宣传作用。

第五，促销作用。商标在宣传商品的同时，也宣传了自己，提高了自己的市场知名度和在消费者心目中的地位，从而引起消费者的注意，使消费者产生购买使用该商标商品的欲望，促进商品在市场上的销售，增强商品的市场竞争能力。

三、商标法的概念和任务

商标法是调整在商标注册、使用、管理和保护过程中所发生的各种社会关系的法律规范的总称。也就是说，商标法是关于商标的注册、使用、管理和保护方面的法律规范，其核心是确认和保护注册商标专用权。

1982年8月23日，第五届全国人民代表大会常务委员会第二十四次会议通过并颁布了我国第一部《中华人民共和国商标法》（以下简称《商标法》），自1983年3月1日起施行。1993年2月22日，第七届全国人民代表大会常务委员会第三十次会议对《商标法》进行了修正，并自1993年7月1日起施行。1993年7月28日，国家工商行政管理总局发布施行了国务院批准再次修订的《中华人民共和国商标法实施细则》。2001年10月27日，第九届全国人民代表大会常务委员会第二十四次会议对《商标法》进行了第二次修正。2002年8月3日，国务院发布了《中华人民共和国商标法实施条例》（以下简称《商标法实施条例》），自2002年9月15日起施行。2013年8月30日，第十二届全国人民代表大会常务委员会第四次会议对《商标法》进行了第三次修正，自2014年5月1日起施行。此外，我国还制定了一系列有关商标权保护的法律、法规和规章，并加入了有关商标权保护的国际公约。至此，我国现代化的商标法体系已经确立。

商标法的立法宗旨，是通过确认和保护注册商标专用权，促使生产经营者保证商品和服务质量，维护商标信誉，以保障消费者的利益和生产经营者的利益，促进市场经济的发展。这也是我国商标法的任务。

第二节　商标注册

一、商标注册的原则

商标注册，是指商标使用人为了取得商标专用权，将其使用的商标依照商标法规定的条件、原则和程序，向商标局提出注册申请，经商标局审查核准，在商标注册簿上登录，并发给商标注册证，予以公告，授予商标专用权的行为。只有经过注册的商标，才受到法律的保护。同专利权一样，商标专用权也具有独占性、时间性和地域性三个特征。

在商标注册方面，我国商标法体现了以下基本原则：

（一）自愿注册和强制注册相结合的原则

所谓自愿注册，就是使用商标是否申请商标注册，取决于商标使用人的意愿，由商标使用人根据自己使用商标的实际需要，自愿地提出注册申请，以取得商标专用权。所谓强制注册，又称全面注册，指商标使用人在其生产或者经营的商品上凡使用商标的，就一律必须申请注册，不注册的商标禁止使用。我国现行商标法根据国际惯例和经济体制改革的要求，确定对商标注册采取自愿注册原则。

自愿注册的原则并不排除对某些商品要求必须申请商标注册。我国商标法规定，法律、行政法规规定必须使用注册商标的商品，必须申请商标注册；未经核准注册的，不得在市场销售。目前，必须使用注册商标的商品有：人用药品，包括中成药（含药酒）、化学原料药及制剂、抗生素、生化药品、放射性药品、血清疫苗、血液制品和诊断药品；烟草制品，包括卷烟、雪茄烟和有包装的烟丝。

（二）诚实信用原则

根据商标法规定，申请注册和使用商标，应当遵循诚实信用原则。这是将民事活动应遵循的基本原则明确写入商标法，目的在于倡导市场主体从事有关商标的活动时应诚实守信，同时对当前日益猖獗的商标抢注行为予以规制。

（三）申请在先与使用在先分别适用的原则

申请在先的原则，也叫注册原则，是指按申请注册的先后来确定商标专用权的归属问题，即谁先申请商标注册，商标专用权就授予谁。使用在先原则，也叫使用原则，是指按使用商标的先后来确定商标专用的归属问题，即谁先使用商标，商标专用权就属于谁。根据商标法的规定，两个或者两个以上商标注册申请人，在同一种商品或者类似商品上，以相同或者近似的商标申请注册的，初步审定并公告申请在先的商标；同一天申请的，初步审定并公告使用在先的商标，驳回其他人的申请，不予公告。这一规定明确了我国实行的是申请在先与使用在先分别适用的原则。

（四）一标多类申请的原则

商标法规定，商标注册申请人应当按规定的商品分类表填报使用商标的商品类别和商品名称，提出注册申请；商标注册申请人可以通过一份申请就多个类别的商品申请注册同一商标。

（五）优先权原则

我国商标法规定，商标注册申请人自其商标在外国第一次提出商标注册申请之日起6个月内，又在中国就相同商品以同一商标提出商标注册申请的，依照该外国同中国签订的协议或者共同参加的国际条约，或者按照相互承认优先权的原则，可以享有优先权。要求优先权的申请人，应当在提出商标注册申请的时候提出书面声明，并且在3个月内提交第一次提出的商标注册申请文件的副本；未提出书面声明或者逾期未提交商标注册申请文件副本的，视为未要求优先权。要求优先权的声明，经认可后，申请人在外国第一次申请商标注册的日期，即视为在中国的申请日期。

二、商标注册的申请

（一）商标注册申请人

在我国，商标注册的申请人可以是从事生产、制造、加工、拣选、经销商品或者提供服务的自然人、法人或者其他组织。不论是何种商标注册申请人，都必须是商品的生产经营者或者服务项目的提供者，即必须是商标的实际使用人。外国人或者外国企业如需在中国申请商标注册，则应当按其所属国和中华人民共和国签订的协议或者共同参加的国际条约办理，或者按对等原则办理。同时，外国人或者外国企业在中国申请商标注册和办理其他商标事宜，应当委托国家认可的具有商标代理资格的组织代理。

（二）申请商标注册的方法

1.商标注册申请前的准备

商标注册申请前的准备工作主要有：（1）商标查询。商标注册申请人应亲自或委托商标代理人到商标注册机关查询有关商标登记注册情况，以了解自己准备申请注册的商标是否与他人已经注册或正在申请注册的商标相同或相似。申请前的查询工作是商标注册申请的重要步骤，是商标注册申请能否被核准的先决条件。（2）按商品和服务国际分类表填写“商标注册申请书”。从1988年11月1日起，我国商标注册采用商品国际分类，将商品和服务分为42类，其中商品34类、服务8类。商标注册申请人在提出注册申请时，应当依照公布的商品分类表按类申请，填写使用商标的商品类别和商品名称。

2.交送申请书件与费用

商标注册申请等有关文件，可以以书面方式或者数据电文方式提出。商标注册申请人应当交送的申请书件包括：商标注册申请书、商标图样和有关证明文件。申请国家规定必须使用注册商标的商品，申请人应当附送有关证明文件。申请人用药品商标注册的，应当附送卫生行政部门发给的证明文件；申请卷烟、雪茄烟和有包装烟丝的商标注册，应当附送国家烟草主管机关批准生产的证明文件；申请国家规定必须使用注册商标的其他商品的商标注册，应当附送有关主管部门的批准文件。

商标注册申请人申请商标注册、转让注册、续展注册、变更、补证、评审及其他有关事项，必须按规定缴纳费用。

三、商标注册审查和核准

（一）商标注册的审查

我国对申请注册的商标实行审查制度，即对申请注册的商标，不仅要进行形式审查，而且要进行实质审查，只有经过审查核准的商标才能取得商标专用权。

1.形式审查

形式审查主要是审查商标注册申请的文件和手续是否符合法定条件，以确定对商标注册申请是否受理。形式审查的内容有以下几项：（1）申请人的申请资格是否合格；（2）申请书件是否齐全、手续是否完备，填写内容是否符合要求；（3）申请事项是否符合申请原则；（4）申请费、注册费和其他商标业务收费是否已足额交纳；（5）外国人、外国企业在我国申请商标注册的，还要审查是否有指定的商标代理委托书、国籍证明书和有关证明的公证、认证手续。

经过形式审查，申请手续齐备并按照规定填写申请书件的，编定申请号，发给“受理通知书”，正式受理注册申请。不符合要求和规定的，予以退回；基本符合要求和规定的，限期补正。

2.实质审查

实质审查是对申请注册的商标实体内容和条件进行审查。实质审查是决定申请人的商标能否核准注册的关键环节。实质审查的内容应当包括以下几个方面：

第一，申请注册的商标必须具备法定的构成要素。根据商标法的规定，任何能够将自然人、法人或者其他组织的商品与他人的商品区别开的可视性标志，包括文字、图形、字母、数字、三维标志、颜色组合和声音，以及上述要素的组合，均可以作为商标申请注册。

第二，申请注册的商标必须具有显著特征，便于识别，并不得与他人在先取得的合法权利相冲突。根据商标法的规定，仅有本商品的通用名称、图形、型号的，仅直接表示商品的质量、主要原料、功能、用途、重量、数量及其他特点的，其他缺乏显著特征的标志，均不得作为商标注册。上述所列标志经过使用取得显著特征，并便于识别的，可以作为商标注册。至于申请注册的商标不得与他人在先取得的合法权利相冲突问题，是指申请注册的商标不得与他人已注册的相同或者类似商品上的商标相同或者近似，也不得侵犯商标图案作品的著作权等情况。

第三，商标不得使用禁用标志。根据我国商标法的规定，下列标志不得作为商标使用：（1）同中华人民共和国的国家名称、国旗、国徽、国歌、军旗、军徽、军歌、勋章等相同或者近似的，以及同中央国家机关的名称、标志、所在地特定地点的名称或者标志性建筑物的名称、图形相同的；（2）同外国的国家名称、国旗、国徽、军旗等相同或者近似的，但经该国政府同意的除外；（3）同政府间国际组织的名称、旗帜、徽记等相同或者近似的，但经该组织同意或者不易误导公众的除外；（4）与表明实施控制、予以保证的官方标志、检验印记相同或者近似的，但经授权的除外；（5）同“红十字”、“红新月”的名称、标志相同或者近似的；（6）带有民族歧视性的；（7）带有欺骗性，容易使公众对商品的质量等特点或者产地产生误认的；（8）有害于社会主义道德风尚或者有其他不良影响的。此外，县级以上行政区划的地名或者公众知晓的外国地名，不得作为商标。地名具有其他含义或者作为集体商标、证明商标组成部分的除外；已经注册的使用地名的商标继续有效。

第四，禁止将他人驰名商标申请商标注册。商标法规定，就相同或者类似商品申请注册的商标是复制、模仿或者翻译他人未在中国注册的驰名商标，容易导致混淆的，不予注册并禁止使用。就不相同或者不相类似商品申请注册的商标是复制、模仿或者翻译他人已经在中国注册的驰名商标，误导公众，致使该驰名商标所有人的利益可能受到损害的，不予注册并禁止使用。

第五，禁止恶意申请商标注册。商标法规定，未经授权，代理人或者代表人以自己的名义将被代理人或者被代表人的商标进行注册，被代理人或者被代表人提出异议的，不予注册并禁止使用。就同一种商品或者类似商品申请注册的商标与他人在先使用的未注册商标相同或者近似，申请人与该他人具有前款规定以外的合同、业务往来关系或者其他关系而明知该他人商标存在，该他人提出异议的，不予注册。

第六，禁止以含有混淆商品来源地的地理标志的商标申请注册。商标法规定，商标中有商品的地理标志，而该商品并非来源于该标志所标示的地区，误导公众的，不予注册并禁止使用，但是，已经善意取得注册的继续有效。

（二）申请注册商标的公告

对申请注册的商标，商标局应当自收到商标注册申请文件之日起9个月内审查完毕，符合商标法有关规定的，予以初步审定公告；在审查过程中，商标局认为商标注册申请内容需要说明或者修正的，可以要求申请人做出说明或者修正。申请人未做出说明或者修正的，不影响商标局做出审查决定；驳回其申请的，发给申请人“驳回通知书”。商标局经审查认为商标注册申请内容可以修正的，发给“审查意见书”，限其在收到通知之日起15日内予以修正；未作修正、超过期限修正或者修正后仍不符合商标法有关规定的，驳回申请。

对驳回申请、不予公告的商标，商标局应当书面通知商标注册申请人。商标注册申请人不服的，可以自收到通知之日起15日内向商标评审委员会申请复审，商标评审委员会应当自收到申请之日起9个月内作出决定，并书面通知申请人。有特殊情况需要延长的，经国务院工商行政管理部门批准，可以延长3个月。当事人对商标评审委员会的决定不服的，可以自收到通知之日起30日内向人民法院起诉。当事人在法定期限内对商标局作出的裁定不申请复审或者对商标评审委员会作出的裁定不向人民法院起诉的，裁定生效。

（三）商标异议

商标异议，是指他人认为商标局初步审定的商标不符合法定条件，提出不应给予核准注册，并要求撤销初步审定的商标的意见。依照商标法的规定，对初步审定的商标，自公告之日起3个月内，先权利人、利害关系人可以提出异议。设立商标异议程序，使商标审查注册工作置于社会公众的监督之下，有利于及时发现和纠正商标审查注册中存在的问题，保证注册商标的质量。

（四）商标注册的核准

经初步审查合格的商标，由商标局编定初步审定号，建立审查检索卡片，将商标注册申请书以及有关书件存档，并在商标公告上予以公告。初步审定和公告是商标注册的必经程序，以便征询社会公众对初审商标的意见。对初步审定的商标，自公告之日起3个月内，没有人提出异议或者经裁定异议不能成立的，商标局给予核准注册，发给商标注册证，并予以公告。商标注册证是商标注册人在法律上取得商标专用权的证明文件。

第三节　注册商标所有人的权利和义务

一、注册商标所有人的权利

（一）注册商标专用权

注册商标专用权，是指注册后的商标只准许商标所有人在其核定的商品上使用，以取得合法权益。这是商标所有人的基本权利。他人未经商标所有人许可，不得擅自使用；否则，即构成侵权。

注册商标所有人享有商标专用权是有时间限制的。我国商标法规定，注册商标有效期为10年，自核准注册之日起计算。有效期满需要继续使用的，应当在期满之日前12个月内提出申请续展使用；在此期间未能提出申请的，可以给予6个月的宽展期。宽展期满仍未提出申请的，注销其注册商标。每次续展注册的有效期仍为10年。续展注册可以连续进行，经商标局核准后，商标所有人就可以继续享有商标专用权。

（二）注册商标转让权

注册商标转让，是指注册商标所有人在法律允许的范围内，按一定的条件将其拥有的注册商标转移给他人所有并由他人专用。转让后，原注册商标所有人就不再享有该注册商标的专用权，而受让人成了注册商标的所有人，享有商标专用权。注册商标的转让有合同转让和继承转让两种形式。

（三）注册商标使用许可权

注册商标使用许可权，是指注册商标所有人有权通过签订商标使用许可合同，许可他人使用其注册商标。根据许可合同，被许可人在向许可人支付了一定数额的使用费后，即取得了该注册商标的使用权，而许可人仍是该注册商标的所有人，享有该注册商标的使用权。

（四）请求保护权

注册商标专用权受法律保护，当注册商标专用权受到不法侵害时，商标权人有权向有关工商行政管理部门或者人民法院请求保护，追究侵权者的法律责任。

二、注册商标所有人的义务

（一）应当标明注册标记

注册标记是说明商标已经注册并享有商标专用权的标记。使用注册标记不仅可以在一定程度上防止侵权行为的发生，也有利于树立商标信誉，增强消费者对商品的信任感、安全感。因此，凡使用注册商标的，应当标明“注册商标”字样，或者标明注册标记，如“R”。注册标记在商品上不便标明的，应在商品包装或者说明书以及其附着物上标明。标明注册标记不仅是商标权人的义务，也是其享有的权利。

（二）应当正确使用注册商标

商标经核准注册后，商标权人对其必须正确使用；否则，不仅会造成市场的混乱，损害消费者利益，而且也失去了商标注册的意义。

正确使用注册商标主要是指：（1）商标使用必须符合核定的商品范围。注册商标只有在核定的商品上使用，才具有法律效力。如果超出核定的商品范围使用注册商标，必须另行提出注册申请；否则，其商标专用权将得不到法律保护。（2）商标权人不得自行改变注册商标的文字、图形或者其组合。如确需改变的，应当重新提出注册申请。（3）商标权人不得自行改变注册人名称、地址或者其他注册事项。如确需改变的，应当提出变更申请。（4）商标权人不得无正当理由连续3年停止使用注册商标。（5）商标权人不得自行转让注册商标。对于有不按上述规定使用注册商标行为之一的，由商标局责令限期改正或者撤销其注册商标。

（三）必须保证使用注册商标的商品质量

我国商标法规定，商标使用人应当对其使用商标的商品质量负责。这里的“商标使用人”主要是指商标权人，同时也包括商标受让人和被许可使用人。按照商标法的规定，许可人应监督被许可人使用其注册商标的商品质量；被许可人必须在使用注册商标的商品上标明被许可人的名称和商品产地，并保证商品质量。

（四）应依法缴纳有关费用

申请商标注册和办理其他商标事宜的，应当依照有关收费标准缴纳费用。

第四节　注册商标专用权的法律保护

一、注册商标专用权保护的意义

注册商标专用权的保护，是指以法律的形式制止、制裁一切商标侵权行为，以确保商标权人对其商标所享有的专有使用等方面的权利不受侵犯。保护注册商标专用权，是我国商标法的立法宗旨之一，是商标法的核心所在。

保护注册商标专用权对发展我国社会主义市场经济具有重要的意义，主要表现为：（1）制止商标侵权行为的发生，为企业创优质、保名牌、树立商标信誉和正当的市场竞争提供保证；（2）保护消费者的合法权益，为消费者的健康和生命安全提供保证；（3）提高我国商标在国际市场上的竞争能力，为我国对外贸易的发展提供保证。总之，只有严格执行商标法，制止和制裁侵犯商标专用权和其他破坏商标管理秩序的违法犯罪活动，才能维护社会主义经济秩序，发展社会主义市场经济。

二、侵犯注册商标专用权的行为

根据商标法的规定，侵犯注册商标专用权行为的表现形式有以下几种：

（一）擅自使用他人的注册商标

这种行为是指未经商标注册人许可，在同一种商品或者类似商品上使用与其注册商标相同或者近似的商标，容易导致混淆的。这主要有：（1）在同一种商品上使用与他人的注册商标相同的商标；（2）在同一种商品上使用与他人的注册商标近似的商标；（3）在类似商品上使用与他人的注册商标相同的商标；（4）在类似商品上使用与他人的注册商标近似的商标。

（二）销售侵犯注册商标专用权的商品

这是关于销售侵权的规定。对侵犯注册商标专用权的商品，除了侵权的生产者自己销售以外，有时还通过销售者进行销售。这种销售行为一般来讲都是故意行为。此行为不仅侵害了注册商标专用权人的利益，而且损害了消费者的利益，因此要予以制裁。

（三）伪造、擅自制造、销售他人注册商标标识

商标标识，是指附有文字、图形或者其组合所构成的图样的物质载体，如商品上的商标铭牌、商标织带、瓶贴及外包装纸盒上印有商标的商品包装物或装饰品、装潢品等。凡有下列行为的，都构成侵权：（1）伪造他人注册商标标识；（2）擅自制造他人注册商标标识；（3）销售他人伪造的注册商标标识；（4）销售他人擅自制造的注册商标标识。

（四）擅自更换他人注册商标并将该商标商品投入市场

这是指在商品销售过程中将他人在商品上合法贴附的商标消除、变动或者更换，冒充自己的商品予以展示或者销售的行为。这种行为在消费者中造成混淆，不仅损害了商标权人的合法权益，也损害了消费者的权益。对此，必须予以禁止。

（五）故意为侵犯他人商标专用权行为提供便利条件，帮助他人实施侵犯商标专用权行为

这种侵权行为的构成，必须是行为人有主观上的故意，仅仅是过失并不构成侵权。这种故意应当是行为人明知他人的行为构成侵权，而不仅仅是明知他人有有关行为。

（六）给他人注册商标专用权造成其他损害的

根据商标法的规定，有下列行为之一的，属于侵犯注册商标专用权的行为：（1）在同一种或者类似商品上，将与他人注册商标相同或者近似的标志作为商品名称或者商品装潢使用，误导公众的；（2）故意为侵犯他人注册商标专用权行为提供仓储、运输、邮寄、隐匿等便利条件的。

三、侵犯注册商标专用权纠纷的解决方式

（一）协商解决

协商解决是在发生侵权案件以后，双方当事人进行磋商，在互相谅解的基础上，解决争议的一种方式。协商解决争议不能随心所欲，必须遵循一定的原则：一是必须自愿进行；二是必须依法进行；三是必须平等进行。

（二）行政调解

行政调解是商标主管部门应当事人的请求，就侵犯注册商标专用权的赔偿数额所进行的调解。这种行政调解有两个特点：一是调解属于自愿行为，调解结果没有强制约束力。调解不成，或者不履行调解结果，被侵权人可以向人民法院提起民事诉讼。二是调解的内容仅限于赔偿数额，对其他争议不能适用行政调解。

（三）诉讼解决

诉讼解决，是指人民法院通过诉讼程序依法解决侵犯注册商标专用权的方式。我国商标法规定，商标注册人或者利害关系人对侵犯注册商标专用权的行为以及民事赔偿数额问题，可以提起民事诉讼；对行政机关责令停止侵权行为，没收、销毁侵权商品和专门用于制造侵权商品、伪造注册商标标识的工具，以及罚款的行政处理决定不服的，可以自受理案件之日起15日内提起行政诉讼。对构成犯罪的商标侵权人依法追究刑事责任。

四、注册商标专用权保护的措施

(一) 行政法保护

行政法保护，是指由国家行政机关依法给予的保护。我国商标法规定，对侵犯注册商标专用权的行为，工商行政管理部门有权依法查处。县级以上工商行政管理部门根据已经取得的违法嫌疑证据或者举报，在对涉嫌侵犯他人注册商标专用权的行为进行查处时，可以行使询问，查阅、复制有关资料，现场检查，查封或扣押侵权物品等职权。如果其行为涉嫌犯罪，则应当依法移送司法机关处理。

工商行政管理部门认定商标侵权行为成立的，有权采取以下措施：(1) 责令立即停止侵权行为；(2) 没收、销毁侵权商品和主要用于制造、伪造注册商标标识的工具；(3) 罚款。罚款可由工商行政管理部门与前两项行政处理措施一并作出，也可以单独作出。罚款数额一般为违法经营额5万元以上的，可以处违法经营额5倍以下的罚款，没有违法经营额或者违法经营额不足5万元的，可以处25万元以下的罚款。(4) 停止销售。销售不知道是侵犯注册商标专用权的商品，能证明该商品是自己合法取得并说明提供者的，由工商行政管理部门责令停止销售。

当事人对工商行政管理部门的行政处理决定不服的，可以在收到处理通知之日起15日内，向人民法院起诉；侵权人期满不起诉又不履行的，工商行政管理部门根据被侵权一方当事人的请求，可以申请人民法院强制执行。

(二) 民法保护

民法保护，是指通过民事赔偿的办法对被侵权人进行保护。我国商标法规定，人民法院在审理注册商标专用权侵权纠纷案件时，或者工商行政管理部门根据当事人的请求对侵犯注册商标专用权的赔偿数额进行调解时，损害赔偿数额的确定有三种方法：(1) 按照权利人因被侵权所受到的损失确定。被侵权人在侵权期间所受到的损失是指实际损失，包括直接损失和间接损失。直接损失为被侵权人在被侵权期间所减少的利润或者侵权人销售正常商品与平均利润率的乘积。间接损失为被侵权人承担的因调查侵权人的侵权行为所支付的代理费、调查费等合理费用。(2) 按照侵权人侵犯注册商标专用权所获得的利益确定。按照有关规定，在商标侵权案件中，侵权人所经营的全部商品（已销售的及库存的）均应计算非法经营额。对于生产、加工商标侵权商品的，其非法经营额为其侵权商品的销售收入与库存侵权商品的实际成本之和；对于因侵权人的原因导致实际成本难以确定的，视其库存商品的数量与该商品的销售单价之乘积为实际成本；没有销售单价的视其库存商品的数量与被侵权人的同种商品的销售单价的乘积为库存商品的实际成本。对于经销商标侵权商品的，其非法经营额为其所经销侵权商品的销售收入与库存侵权商品的购买金额之和；购买金额难以确认的，以其库存商品的数量与被侵权人的同种商品的销售单价的乘积为库存商品的购买金额；对于侵权商品的成本或者购买金额高于销售收入的，其非法经营额为该商品的成本或者购买金额。（3）被侵权人的损失或者侵权人获得的利益难以确定的，由人民法院根据侵权行为的情节判决给予300万元以下的赔偿。

我国商标法规定，销售不知道是侵犯注册商标专用权的商品，能够证明该商品是自己合法取得并能说明提供者的，不承担赔偿责任。这实际上是善意侵权不承担赔偿责任的规定。

（三）刑法保护

刑法保护，是指运用刑罚手段对商标专用权的保护。其规定是：

1.侵犯注册商标专用权罪

侵犯注册商标专用权罪，是指从事工商业活动的法人和自然人为牟取非法利润，违反商标管理法规，未经商标权人的许可，在同一种商品上使用与注册商标相同的商标或者销售明知是假冒注册商标的商品，以及伪造、擅自制造他人注册商标标识或者销售伪造、擅自制造的商标标识，情节严重或销售金额数额较大的行为。这具体包括：假冒他人注册商标罪；销售明知是假冒注册商标商品罪；伪造、擅自制造他人注册商标标识罪，或者销售伪造、擅自制造的注册商标标识罪。因各类犯罪所侵害的客体都是受刑法保护的国家商标管理活动，是注册商标专用权，故也可统称为侵犯注册商标专用权罪。

人民法院对侵犯注册商标专用权罪，除责令侵权人赔偿被侵权人的损失外，还要依法追究侵权人的刑事责任：（1）未经商标权人许可，在同一种商品上使用与注册商标相同的商标，情节严重的，处3年以下有期徒刑或者拘役，并处或者单处罚金；情节特别严重的，处3年以上7

年以下有期徒刑，并处罚金。(2) 销售明知是假冒注册商标的商品，销售金额数额较大的，处3年以下有期徒刑或者拘役，并处或者单处罚金；销售金额数额巨大的，处3年以上7年以下有期徒刑，并处罚金。(3) 伪造、擅自制造他人注册商标标识或者销售伪造、擅自制造的注册商标标识，情节严重的，处3年以下有期徒刑、拘役或者管制，并处或单处罚金；情节特别严重的，处3年以上7年以下有期徒刑，并处罚金。

2.国家机关工作人员的渎职犯罪

这是指从事商标注册、管理和复审工作的国家机关工作人员的渎职并构成犯罪的行为。其种类有：滥用职权罪，玩忽职守罪，徇私舞弊罪，受贿罪，贪污罪，索取、非法收受他人财物罪。

根据商标法的规定，对上述违法行为，没有构成犯罪的，依法给予处分。

第五节 驰名商标的特殊保护

一、驰名商标的概念

驰名商标，是指在中国为相关公众广为知晓并享有较高声誉的商标。相关公众包括与使用商标所标示的某类商品或者服务有关的消费者、生产前述商品或者提供服务的其他经营者以及经销渠道中所涉及的销售者和相关人员等。驰名商标相对于一般商标而言，其竞争力强、知名度高、影响范围广，为消费者、经营者所信赖。为了切实保护驰名商标注册人的合法权益，适应世界贸易组织协议的要求，维护社会经济秩序，促进经济发展，商标法对驰名商标的保护和认定作了相应规定。国家工商行政管理总局于2003年4月17日发布了《驰名商标认定和保护规定》(以下称《规定》)，对驰名商标的概念、认定和管理等作出了明确规定，使我国驰名商标认定和管理工作走上了法制化、规范化的轨道。与此同时，由于近年食品安全问题的凸显，尤其是一批批的问题产品企业都具有所谓的驰名商标，因而，新商标法就此问题进行了规制，其中规定了生产、经营者不得将“驰名商标”字样用于商品、商品包装或者容器上，或者用于广告宣传、展览以及其他商业活动中。

二、驰名商标的认定

（一）认定驰名商标应考虑的因素

根据商标法的规定，对驰名商标的认定需要考虑如下因素：（1）相关公众对该商标的知晓程度；（2）该商标使用所持续的时间，包括该商标使用、注册的历史和范围；（3）该商标的任何宣传工作的持续时间、程度和地理范围，包括广告宣传和促销活动的方式、地域范围、宣传媒体的种类以及广告投放量；（4）该商标作为驰名商标受保护记录，包括该商标曾在中国或者其他国家和地区作为驰名商标受保护的有关情况；（5）该商标驰名的其他证据，包括使用该商标的主要商品近3年的产量、销售量、销售收入、利税、销售区域等。

（二）认定驰名商标的程序

在我国，国家工商行政管理总局的商标局负责认定驰名商标。其他组织和个人不得认定或者采取其他变相方式认定驰名商标。

商标注册人请求保护其驰名商标权益的，应当向商标局提出认定驰名商标的申请，并提交相关证明文件。商标局应当自收到有关申请材料之日起6个月内作出认定，未被认定为驰名商标的，自认定结果作出之日起1年内，当事人不得以同一商标就相同事实和理由再次提出认定请求。商标局、商标评审委员会在认定驰名商标时，应当综合考虑商标法规定的各项因素，但不以该商标必须满足各项规定的全部因素为前提。

另外，根据商标法的规定，在商标注册审查、工商行政管理部门查处商标违法案件过程中，当事人依照《商标法》第13条规定主张权利的，商标局根据审查、处理案件的需要，可以对商标驰名情况作出认定。在商标争议处理过程中，当事人依照《商标法》第13条规定主张权利的，商标评审委员会根据处理案件的需要，可以对商标驰名情况作出认定。在商标民事、行政案件审理过程中，当事人依照《商标法》第13条规定主张权利的，最高人民法院指定的人民法院根据审理案件的需要，可以对商标驰名情况作出认定。

三、对驰名商标的特殊保护

（一）对未在我国注册的驰名商标的保护

我国商标法规定，就相同或者类似商品申请注册的商标是复制、模仿或者翻译他人未在中国注册的驰名商标，容易导致混淆的，不予注册并禁止使用。根据这一规定，当驰名商标被他人抄袭时应予以驳回申请，对擅自使用该驰名商标的应予以禁止。“容易导致混淆”是商标局驳回注册申请并禁止使用的一个前提条件。这就要求主张驰名商标保护者必须举证证明，被其指控者使用有关商标的行为已经或者至少必然会造成消费者在商品来源或其他相关因素方面的误解或混同。这一具体规定要求驰名商标所有人指控他人侵权时，一定要慎重，不能随意行使权利。

（二）对已在我国注册的驰名商标的保护

我国商标法规定，就不相同或者不相类似商品申请注册的商标是复制、模仿或者翻译他人已经在中国注册的驰名商标，误导公众，致使该驰名商标注册人的利益可能受到损害的，不予注册并禁止使用。这里的“误导公众，致使该驰名商标注册人的利益可能受到损害”是商标局驳回注册申请并禁止使用的一个前提条件或者限制条件。如果缺少这一条件，就不能驳回该商标的注册申请，也不能禁止其使用。这一限定条件也是为了达到限制驰名商标所有人滥用权利的作用，以维护其他商品生产者的合法权益，为商品生产市场创造公平合理、健康有序的竞争局面。

（三）防止商标淡化

商标淡化一般是指减少、削弱驰名商标或其他具有相当知名度的商标的识别性和显著性，损害、玷污其商誉的行为。商标淡化不仅损害商标权人的利益，而且欺骗公众或者对公众造成误解。当事人认为他人将其驰名商标作为企业名称登记，可能欺骗公众或对公众造成误解的，可以向企业名称登记主管机关申请撤销该企业名称登记，企业名称登记主管机关应当依照《企业名称登记管理规定》处理。

四、对驰名商标保护的程序

（一）申请

当事人认为他人经初步审定并公告的商标违反商标法关于对驰名商标保护规定的，可以依法向商标局提出异议，并提交证明其商标驰名的有关材料。

当事人认为他人已经注册的商标违反商标法关于对驰名商标保护规定的，可以依法向商标评审委员会请求裁定撤销该注册商标，并提交证明其商标驰名的有关材料。

当事人请求保护其驰名商标的，可以向案件发生地的市（地、州）以上工商行政管理部门提出禁止使用的书面请求，并提交证明其商标驰名的有关材料。同时，抄报其所在地省级工商行政管理部门。

（二）审查

工商行政管理部门收到保护驰名商标的申请后，应当对案件是否属于商标法规定的下列情形进行审查：（1）他人在相同或者类似商品上擅自使用与当事人未在中国注册的驰名商标相同或者近似的商标，容易导致混淆的；（2）他人在不相同或者不类似的商品上擅自使用与当事人已经在中国注册的驰名商标相同或者近似的商标，容易误导公众，致使该驰名商标注册人的利益可能受到损害的。

（三）处理

市级工商行政管理部门对认为属于上述情形的案件，应当自受理当事人请求之日起15个工作日内，将全部案件材料报送所在地省（自治区、直辖市）工商行政管理部门，并向当事人出具受理案件通知书；省（自治区、直辖市）工商行政管理部门应当自受理当事人请求之日起15个工作日内，将全部案件材料报送商标局。当事人所在地省级工商行政管理部门认为所发生的案件属于上述情形的，也可以报送商标局。对认为不属于上述情形的案件，应当依法及时作出处理。

省（自治区、直辖市）工商行政管理部门应当对本辖区内市（地、州）工商行政管理部门报送的有关驰名商标保护的案件材料进行审查。对认为属于商标法规定的情形的案件，应当自收到本辖区内市级工商行政管理部门报送的案件材料之日起15个工作日内报送商标局。对认为不属于商标法规定的情形的案件，应当将有关材料退回原受案机关，由其依法及时作出处理。

复习思考题

一、概念题

商标　商标法　商标注册　驰名商标　商标专用权　商标异议

二、问答题

1.我国商标注册的基本原则有哪些?
2.商标注册的实质审查包括哪些内容?
3.我国商标法规定的禁用标志有哪些?
4.商标权人有哪些权利和义务?
5.侵犯注册商标专用权的行为有哪些?
6.侵犯注册商标专用权的赔偿数额如何确定?
7.对驰名商标如何认定?
8.对驰名商标的特殊保护措施有哪些?

第十一章　银行法

第一节　银行法概述

一、银行的概念与分类

（一）银行的概念

银行是从事与货币发行、流通和货币信用有关的活动的经济组织。它主要从事货币的发行、流通与回笼，银行信贷与储蓄，银行的转账结算、汇兑往来，票据背书与贴现等经济业务活动。

在现代社会，银行在社会经济生活中具有重要的地位和作用。它不仅是筹集资金和对社会闲置资金进行再分配的有效方式之一，而且对国民经济发展具有不可替代的宏观调控功能。市场经济越发达，银行的地位和作用就越突出，当今各国无不重视银行业的发展。

（二）银行的分类

在我国，从经济管理的需要出发，可以根据不同的标准对银行进行分类。

1.按照银行的性质不同进行分类

根据银行的性质不同，可以把我国的银行分成中央银行、商业银行和政策性银行三种。其中，中央银行即中国人民银行，是在我国金融体系中居于主导地位，负责制定和执行国家货币信用政策，依法实施金融监管的国家机关。商业银行则是以营利为目的的金融企业，如中国工商银行、交通银行、上海浦东发展银行等。政策性银行是一种不以营利为目的的特殊的金融企业，它虽然也属于经济组织，但不像一般的商业银行那样完全以营利为其活动目的，而是承担执行国家一定产业政策职责、从事特定金融业务活动的银行，如国家开发银行、中国进出口银行和中国农业发展银行。它们除依据国家的政策通过发放贷款扶持有关企业发展外，不从事商业银行所具有的储蓄和转账结算等业务。

2.按照银行的投资主体不同进行分类

根据银行的投资主体不同，可以把我国的银行分成国有独资银行、股份制银行、中外合资银行三种。其中，国有独资银行，是指由国家作为唯一投资主体组建成立的银行，如国家开发银行、中国进出口银行等。股份制银行一般又分为全国性股份制银行和地方性股份制银行。全国性股份制银行，是指在全国范围内募集资金组建成立的股份制银行，如中国工商银行、交通银行、招商银行、上海浦东发展银行等；地方性股份制银行，是指在一定区域内募集资金组建成立的股份制银行，如北京银行股份有限公司、大连银行股份有限公司等。此外，股份制银行还可分为上市银行和未上市银行，如2006年在中国香港上市的中国建设银行、中国银行，以及2006年在中国香港和国内A股市场同时上市的中国工商银行等。进入2012年，银监会、证监会纷纷表态支持地方银行上市，随后A股市场出现城商行排队申请上市的盛景。中外合资银行，是指由中外双方共同投资兴办的银行，如厦门国际银行、上海巴黎国际银行等。

另外，银行还有其他表现形式，如外国银行在我国的分支机构，像东亚银行大连分行、花旗银行上海分行等。

二、银行法的概念

银行法是调整银行关系的法律规范的总称。银行关系是银行在设立及开展业务活动中与其他国家机关、企事业组织、公民等发生的各种社会关系。调整这种社会关系的法律就是银行法。

我国并没有统一的银行法典，通常说的银行法包括中央银行法、商业银行法以及政策性银行法等法律、法规。

目前，我国银行法主要有中央银行法，即《中华人民共和国中国人民银行法》（以下简称《中国人民银行法》）、《中华人民共和国商业银行法》（以下简称《商业银行法》）。除此之外，我国银行法还包括其他有关各类银行组织与活动的法律与行政法规。

三、我国银行法的立法目的

（一）保护银行、存款人和其他客户的合法权益

由于银行是运作和经营货币这种特殊商品的组织，对社会公众负有

很大责任。其运作经营的好坏，将对社会经济产生重大影响，所以必须保护银行的合法权益，以利于其安全稳健运行。同时，由于银行融通资金的主要来源是社会公众的存款，而存款人无法对银行的经营作详细了解和监督，客观上处于劣势，因此，存款人的利益需要保护。此外，我国银行法还保护其他客户的合法权益。这里的“其他客户”包括银行的借款人、有账务往来的其他银行以及商业银行提供其他各种服务的相对人。

（二）规范、监督银行的行为，维护金融秩序

为了保障银行的稳健运行，必须规范银行的行为，加强对银行的监督管理，特别是对法定代表人资格审查、业务范围界定、资本充足率、资产流动性和资产风险度等内容进行监督检查，从而防范和化解银行风险，维护正常的金融秩序。

（三）促进社会主义市场经济的发展

保护存款人的利益，规范银行的行为，提高信贷资产质量，加强对银行的监督管理，其目的在于运用社会上的闲置资金，通过银行的中介作用，维护正常的金融秩序，最终促进社会主义市场经济的发展。

第二节　中国人民银行法

一、中国人民银行法的概念

中国人民银行法是关于中国人民银行的性质、地位、职能、组织体系和业务范围等方面的法律规范的总称。在社会主义市场经济条件下，为了确立中国人民银行的地位和职责，保证国家货币政策的正确制定和执行，建立和完善中央银行宏观调控体系，加强对金融业的监督管理，1995年3月18日，第八届全国人民代表大会第三次会议通过了《中国人民银行法》。第十届全国人民代表大会常务委员会第六次会议对其作了修改，自2004年2月1日起施行。

二、中国人民银行的法律地位

中国人民银行是我国的中央银行。它是国务院的重要组成部分，在国务院的领导下，专门负责制定和执行国家货币政策，防范和化解金融风险，维护金融稳定。

我国的金融体系是以中国人民银行为领导、商业银行为主体、其他银行和非银行金融机构为补充而共同组成的。在我国的金融体系中，有中国人民银行、商业银行、政策性银行和非银行金融机构四个组成部分。非银行金融机构主要包括国有及股份制的保险公司、信托投资公司、证券公司、证券交易中心、投资基金管理公司，以及外资、侨资、中外合资的银行、财务公司、保险机构等在我国境内设立的业务分支机构及驻华代表处。在整个金融体系中，中国人民银行享有货币发行、流通、储备的垄断特权。因而它既是我国的中央银行，又是发行银行；同时，它还代表政府管理全国的金融机构和金融活动，并且经理国库，所以属于政府的银行。此外，在与商业银行和其他金融机构发生业务往来时，它又充当资金结算中心；当商业银行资金不足时，它还可向其发放贷款，因此又称为“银行的银行”。

中国人民银行的多重身份和性质决定了它的特殊地位。中国人民银行向全国人民代表大会常务委员会提出有关货币政策情况和金融业运行情况的工作报告；在国务院领导下依法独立执行货币政策，履行职责，开展业务，不受地方政府、各级政府部门、社会团体和个人的干涉。

三、中国人民银行的组织机构

中国人民银行作为国务院直接领导下的部级单位，其组织机构主要包括：

（一）中国人民银行行长

中国人民银行设行长1人，副行长若干人。行长的人选，根据国务院总理的提名，由全国人民代表大会决定；全国人民代表大会闭会期间，由全国人民代表大会常务委员会决定，由国家主席任免；副行长由国务院总理任免。中国人民银行实行行长负责制，行长领导中国人民银行的工作，副行长协助行长工作。

（二）中国人民银行货币政策委员会

中国人民银行下设货币政策委员会，应当在国家宏观调控、货币政策制定和调整中发挥重要作用。其具体的职责、组成和工作程序，均由国务院规定，报全国人民代表大会常务委员会备案。

（三）中国人民银行总行职能部门

设在北京的中国人民银行总行，根据国务院规定，按业务分工设置职能部门。经国家机构编制委员会批准，中国人民银行设有各行政司局和总行机关各直属机构以及直属事业单位、企业单位等。

（四）中国人民银行分支机构

中国人民银行根据履行职责的需要设立分支机构，作为中国人民银行的派出机构。中国人民银行对分支机构实行集中统一领导和管理。根据中国人民银行授权，其分支机构负责本辖区的金融监督管理，承办有关业务。根据国务院的规定，从1999年1月起，中国人民银行改变了过去在各省、自治区和直辖市设置分行的做法，分别在上海（管辖上海、浙江、福建）、济南（管辖山东、河南）、沈阳（管辖辽宁、吉林、黑龙江）、广州（管辖广东、广西、海南）、武汉（管辖江西、湖北、湖南）、西安（管辖陕西、甘肃、青海、宁夏、新疆）、成都（管辖四川、贵州、云南、西藏）、天津（管辖天津、河北、山西、内蒙古）、南京（管辖江苏、安徽）设置九个分行，在跨省范围内统一调度监管力量，摆脱各方面的干预。根据中国人民银行总行的规定，从2004年5月1日起，原来由中国人民银行分行负责的货币信贷工作职能，调整为由分行、省会城市中心支行和深圳市中心支行分别负责。职能调整后，分行继续负有指导辖区内货币信贷工作的责任。2005年8月10日，中国人民银行成立上海总部，是我国中央银行体制的自我完善。目前，上海已成为各类金融机构在我国内地的主要集聚地，建设上海国际金融中心已成为一项国家战略。成立上海总部，将为上海国际金融中心的建设注入新的活力。上海总部主要承担部分中央银行业务的具体操作职责，履行一定的管理职责。

四、中国人民银行的主要职责

（一）发布与其职责有关的命令和规章

中国人民银行作为国务院领导下统一管理全国金融业务的国家机关，有权发布与其职责有关的各项业务的命令和规章。中国人民银行发布的命令和规章是全国金融活动的准则，是进行金融管理的依据。

（二）依法制定和执行货币政策

货币政策是中央银行为实现特定的经济目标而采取的各种控制和调节货币供应量或者信贷的方针和措施的总称。货币政策是宏观经济政策，是一种长期性的政策目标。货币政策主要包括信贷政策、利率政策和外汇政策等内容。我国的货币政策目标就是稳定币值，促进经济增长。中国人民银行为执行货币政策，可以运用下列货币政策工具：(1) 要求银行业金融机构按照规定的比例交存存款准备金；(2) 确定中央银行基准利率；(3) 为在中国人民银行开立账户的金融机构办理再贴现；(4) 向商业银行提供贷款；(5) 在公开市场上买卖国债、其他政府债券和金融债券及外汇；(6) 国务院确定的其他货币政策工具。中国人民银行为执行货币政策运用前款所列货币政策工具时，可以规定具体的条件和程序。

(三) 发行人民币，管理人民币流通

1. 人民币发行的概念

人民币发行，或称货币发行，是中国人民银行通过发行库把发行基金投入业务库，使人民币现金进入流通领域的行为。人民币的发行是流通中货币的源头。正常的货币流通是国民经济正常运转的基本条件，对发展经济，保证经济持续、稳定和健康发展具有重要意义。

货币发行是通过发行库和业务库共同完成的。发行库是中国人民银行为国家保管发行基金的金库。中国人民银行设立人民币发行库，在其分支机构设立分支库。业务库是各商业银行为了办理日常的现金收付而设置的现金库存。业务库的主要任务是满足商业银行日常业务收付的需要，其现金储备处于有收有付、经常周转状态。发行库根据调拨命令和出库限额，将发行基金调入业务库，通过业务库的现金支付，把现金投入市场，实现货币投放；现金从市场流回银行业务库，业务库的现金超过限额，缴回发行库，实现货币回笼。中国人民银行通过人民币的投放和回笼，实现对人民币流通的调节和稳定人民币的币值，促进经济增长。

人民币发行有经济发行和财政发行两种不同的机制。为适应社会生产发展的现实需要，通过信贷渠道发行货币，满足经济增长对人民币客观需要的发行，为经济发行；因财政收支不平衡，出现赤字，为了弥补财政赤字的发行，属于财政发行。这两种因经济和财政的不同需要所决定的发行，其发行的目的、渠道和结果是不同的。前者适应流通中的客观需要，符合货币流通的规律，可以保证市场货币流通的正常和币值的稳定，是人民币发行所应当遵循的原则；后者是国家通过强制的力量加以流通的，违反了货币流通规律的客观要求，不利于稳定经济和促进经济发展，应当尽量避免和防止。

2.人民币发行管理的基本内容

中国人民银行对人民币发行管理的基本内容有：(1) 中国人民银行统一掌管人民币发行。(2) 人民币是我国的法定货币。以人民币支付我国境内一切公共的和私人的债务，任何单位和个人不得拒收。(3) 统一印制和发行人民币。中国人民银行发行新版人民币，应当将发行时间、面额、图案、式样、规格予以公告。(4) 禁止伪造、变造人民币；禁止出售、购买伪造、变造的人民币；禁止运输、持有、使用伪造、变造的人民币；禁止故意毁损人民币；禁止在宣传品、出版物或者其他商品上非法使用人民币图样。(5) 严禁印制、发售代币票券。(6) 依法兑换残缺、污损的人民币。(7) 必须按规定调拨发行基金。

(四) 提供金融服务

1.为政府提供金融服务

中国人民银行为政府提供的金融服务包括：(1) 经理国库；(2) 持有、管理、经营国家外汇储备、黄金储备；(3) 指导、部署金融业反洗钱工作，负责反洗钱的资金检测；(4) 从事有关的国际金融活动；(5) 为政府提供金融信息，如金融业的统计、调查、分析和预测，即作为政府的金融顾问和参谋为政府提供各种金融信息资料。

2.为银行与非银行金融机构提供金融服务

中国人民银行作为银行的银行，是全国各商业银行与非银行金融机构资金往来的枢纽，因此必须服务于各商业银行及非银行金融机构。这方面的内容主要有：(1) 维护支付、清算系统的正常运行。中国人民银行不仅本身要维护支付、清算系统的正常运行，而且还负责协助组织金融机构相互之间的清算系统，协调金融机构相互之间的清算事项，提供清算服务，并会同国务院银行业监督管理机构制定支付结算规则。(2) 为商业银行提供贷款。中国人民银行是商业银行的最后贷款者，当商业银行发生资金短缺、周转不灵时，可以向中国人民银行请求贷款。中国人民银行根据执行货币政策的需要，可以决定对商业银行贷款的数额、期限、利率和方式，但贷款的期限不得超过1年。

中国人民银行在为政府和其他银行及非银行金融机构提供金融服务

时，有以下限制：不得对政府财政和金融机构的账户透支；不得直接认购、包销国债和其他政府债券；不得向地方政府、各级政府部门提供贷款；不得向非银行金融机构以及其他单位和个人提供贷款，但国务院决定中国人民银行可以向特定的非银行金融机构提供贷款的除外；不得向任何单位和个人提供担保。这些限制体现了中国人民银行的独立地位，保障了其业务活动的正常开展和货币政策目标的实现。

（五）对金融的监督管理

1. 中国人民银行对金融的监督调控

中国人民银行依法监测金融市场的运行情况，对金融市场实施宏观调控，促进其协调发展。中国人民银行对金融监督调控有以下主要内容：

第一，对金融机构以及其他单位和个人的检查监督。主要检查监督下列行为：执行有关存款准备金管理规定的行为；与中国人民银行特种贷款有关的行为；执行有关人民币管理规定的行为；执行有关银行间同业拆借市场、银行间债券市场管理规定的行为；执行有关外汇管理规定的行为；执行有关黄金管理规定的行为；代理中国人民银行经理国库的行为；执行有关清算管理规定的行为；执行有关反洗钱规定的行为。

第二，对金融市场的监督调控。其内容主要有：中国人民银行根据执行货币政策和维护金融稳定的需要，可以建议国务院银行业监督管理机构对银行业金融机构进行检查监督；当银行业金融机构出现支付困难，可能引发金融风险时，为了维护金融稳定，中国人民银行经国务院批准，有权对银行业金融机构进行检查监督；应当和国务院银行业监督管理机构、国务院其他金融监督管理机构建立监督管理信息共享机制；根据履行职责的需要，有权要求银行业金融机构报送必要的资产负债表、利润表以及其他财务会计、统计报表和资料；负责统一编制全国金融统计数据、报表，并按照国家有关规定予以公布；建立、健全本系统的稽核、检查制度，加强内部监督管理。

2. 国务院银行业监督管理机构及其派出机构对银行业金融机构的监督管理

根据《中华人民共和国银行业监督管理法》（以下简称《银行业监督管理法》）等法律、行政法规的规定，国务院银行业监督管理机构是中国银行业监督管理委员会（以下简称银监会），负责对全国银行业金融机构及其业务活动进行监督管理；国务院银行业监督管理机构的派出机构是各省（自治区、直辖市）市的银监局、银监分局，负责对各省（自治区、直辖市）市银行业金融机构及其业务活动进行监督管理。银监会主要有如下监督管理职责：(1）依照法律、行政法规制定并发布对银行业金融机构及其业务活动监督管理的规章、规则。(2）依照法律、行政法规规定的条件和程序，审查批准银行业金融机构的设立、变更、终止以及业务范围。(3）对申请设立银行业金融机构，或者银行业金融机构变更持有资本总额或者股份总额达到规定比例以上的股东的资金来源、财务状况、资本补充能力和诚信状况进行审查。(4）依照法律、行政法规作出银行业金融机构业务范围内需要审查批准或者备案的业务品种的规定并公布。(5）对银行业金融机构的董事和高级管理人员实行任职资格管理。(6）依照法律、行政法规制定银行业金融机构的审查经营规则。(7）在规定的期限内，对银行业金融机构的设立、变更、终止，以及业务范围和增加业务范围内的业务品种，审查董事和高级管理人员的任职资格的申请事项作出批准或者不批准的书面决定；决定不批准的，应当说明理由。(8）对银行业金融机构的业务活动及风险状况进行非现场监管和现场检查，建立银行业金融机构监督管理信息系统，分析、评价银行业金融机构的风险状况和现场检查程序。(9）建立银行业金融机构监督管理评级体系和风险预警机制，银行业突发事件的发现、报告岗位责任制度，并会同中国人民银行、国务院财政部门等有关部门建立银行业突发事件处置制度，制定银行业突发事件处置预案，明确处置机构和人员及职责、处置措施和处置程序，及时、有效地处置银行业突发事件。(10）负责统一编制全国银行业金融机构的统计数据、报表，并按照国家有关规定予以公布。(11）对银行业自律组织的活动进行指导和监督。(12）开展与银行业监督管理有关的国际交流、合作活动。此外，对中国人民银行提出的检查银行业金融机构的建议，国务院银行业监督管理机构应当自收到建议之日起30日内予以回复。

各省（自治区、直辖市）市的银监局，主要有如下监督管理职责：(1）根据银监会授权，制定监管法规、制度方面的实施细则和规定；(2）负责对各自辖区内银行业金融机构的监督管理；(3）审查和核准辖区内银行业金融机构及其分支机构的设立、变更、终止及业务范围；（4）负责组织实施对辖区内银行业金融机构的现场和非现场监管，依法查处金融违法违规行为；（5）审查和批准辖区内银行业金融机构及其分支机构高级管理人员任职资格；（6）统计、分析和上报辖区内银行业金融机构的有关数据、信息，并依据银监会授权进行信息披露；（7）分析、研究辖区内的金融风险，并会同有关部门及时提出存款类金融机构紧急风险处理意见和建议；（8）负责辖区内银监局系统党的建设、纪检监察和干部管理工作；（9）承办银监会交办的其他事项。

五、中国人民银行的财务会计制度

这是指中国人民银行在行使中央银行职能过程中有关财务预算、财务收支和会计事务等方面的管理制度。

依据中国人民银行法的规定，中国人民银行的财务会计制度主要反映以下内容：（1）独立的财务预算制度。中国人民银行实行独立的财务预算管理制度。中国人民银行的预算经国务院财政部门批准审核后，纳入中央预算；在执行该预算的过程中，接受国务院财政部门的预算执行监督。（2）统负盈亏的收支制度。中国人民银行虽不以营利为目的，但也可能有盈利或亏损。中国人民银行每一会计年度的收入减除年度支出，并按照国务院财政部门核定的比例提取总准备金后的净利润，应当全部上缴中央财政。中国人民银行的亏损由中央财政拨款弥补。（3）统一的财务收支和会计报表制度。中国人民银行的财务收支和会计事务应当执行法律、行政法规和国家统一的财务会计制度，并分别依法接受国务院审计部门和财政部门的审计和监督。中国人民银行应当于每会计年度结束后的3个月内，编制资产负债表、利润表和相关的财务会计报表以及年度报告，按照国家有关规定予以公布。

六、法律责任

（一）违反人民币管理的法律责任

根据中国人民银行法的规定，违反人民币管理的法律责任主要有：（1）伪造、变造人民币，出售伪造、变造的人民币，或者明知是伪造、变造的人民币而运输，构成犯罪的，依法追究刑事责任；尚不构成犯罪的，由公安机关处15日以下拘留、1万元以下罚款。（2）购买伪造、变造的人民币，或者明知是伪造、变造的人民币而持有、使用，构成犯罪的，依法追究刑事责任；尚不构成犯罪的，由公安机关处15日以下拘留、1万元以下罚款。（3）在宣传品、出版物或者其他商品上非法使用人民币图样的，中国人民银行应当责令改正，并销毁非法使用的人民币图样，没收违法所得，并处5万元以下罚款。（4）印制、发售代币票券，以代替人民币在市场上流通的，中国人民银行应当责令停止违法行为，并处20万元以下罚款。

（二）违反金融监管规定的法律责任

金融机构以及其他单位和个人有违反关于金融监管规定行为之一的，有关法律、行政法规有处罚规定的，依照其规定给予处罚；有关法律、行政法规未作处罚规定的，由中国人民银行区别不同情形给予警告、没收违法所得，违法所得50万元以上的，并处违法所得1倍以上5倍以下罚款；没有违法所得或者违法所得不足50万元的，处50万元以上200万元以下罚款。

（三）金融业有关责任人员的法律责任

中国人民银行违反法律规定提供贷款、对单位和个人提供担保、擅自动用发行基金的，对负有直接责任的主管人员和其他直接责任人员，依法给予行政处分；构成犯罪的，依法追究刑事责任。

地方政府、各级政府部门、社会团体和个人强令中国人民银行及其工作人员违反有关规定提供贷款或者担保的，对负有直接责任的主管人员和其他直接责任人员，依法给予行政处分；构成犯罪的，依法追究刑事责任；造成损失的，应当承担部分或者全部赔偿责任。

金融机构以及其他单位和个人违反中国人民银行法有关规定，对负有直接责任的高级管理人员和其他直接责任人员给予警告，处5万元以上50万元以下罚款；构成犯罪的，依法追究刑事责任。

中国人民银行的工作人员泄露国家秘密或者所知悉的商业秘密，构成犯罪的，依法追究刑事责任；尚不构成犯罪的，依法给予行政处分。

中国人民银行的工作人员贪污受贿、徇私舞弊、滥用职权、玩忽职守，构成犯罪的，依法追究刑事责任；尚不构成犯罪的，依法给予行政处分。

第三节　商业银行法

一、商业银行法的概念

商业银行法是调整商业银行在业务活动中所发生的各种社会关系的法律规范的总称。其主要内容包括规定商业银行的组织机构、业务范围、权利义务和经营行为等。1995年5月10日，第八届全国人民代表大会常务委员会第十三次会议通过了《中华人民共和国商业银行法》；2003年12月27日，第十届全国人民代表大会常务委员会第六次会议对其部分内容作了修改，并自2004年2月1日起施行。该法适用于所有商业银行，包括外资商业银行、中外合资商业银行、外国商业银行分行，法律、行政法规另有规定的，适用其规定；城市信用合作社和农村信用合作社办理存款、贷款和结算等业务以及邮政企业办理邮政储蓄、汇款业务也适用该法规定。

二、商业银行的法律地位

商业银行，是指依照商业银行法和公司法设立的，吸收公众存款、发放贷款、办理结算等业务的企业法人。商业银行以安全性、流动性、效益性为经营原则，实行自主经营、自担风险、自负盈亏、自我约束，并以其全部法人财产独立承担民事责任。商业银行应当按照中国人民银行的规定建立、健全本行的业务管理、现金管理和安全防范制度，建立、健全对自身及分支机构的稽核、检查制度，并依法接受中国人民银行的监督管理。

我国现有的商业银行主要由四大部分构成：（1）国有控股商业银行。这是由原来的国家各专业银行转变形成的国有控股商业银行，如改制前的中国农业银行。（2）新兴商业银行。它是指改革开放以后按照商业银行原则恢复或新设的银行以及改制形成的银行。其中，既包括国有商业银行改制后形成的股份制商业银行，如中国银行股份有限公司、中国建设银行股份有限公司、中国工商银行股份有限公司等，也包括交通银行股份有限公司、中信银行股份有限公司、中国光大银行股份有限公司、中国民生银行股份有限公司等全国性的股份制商业银行。此外，还有一些区域性的股份制商业银行，如福建兴业银行股份有限公司、广东发展银行股份有限公司、深圳发展银行股份有限公司、上海浦东发展银行股份有限公司、华夏银行股份有限公司等。（3）城市合作银行和农村合作银行。城市合作银行是在城市信用合作社的基础上，由城市企业、居民和地方财政投资入股组成的股份制银行，如北京银行股份有限公司、大连银行股份有限公司等。农村合作银行与城市合作银行性质一样，也属于股份制商业银行。（4）外资商业银行、中外合资商业银行、外国商业银行分行。外资商业银行是总行在中国境内的外国资本的商业银行，如香港上海汇丰银行；中外合资商业银行是外国的金融机构同中国的金融机构在中国境内合资经营的商业银行，如上海巴黎国际银行；外国商业银行分行则是外国商业银行在中国境内设立的分行，如花旗银行深圳分行。

三、商业银行的设立和组织机构

（一）商业银行的设立

设立商业银行，应当经国务院银行业监督管理机构审查批准。未经批准，任何单位和个人不得从事吸收公众存款等商业银行业务，任何单位不得在名称中使用“银行”字样。设立商业银行应当具备下列条件：（1）有符合商业银行法和公司法规定的章程。（2）有符合商业银行法规定的注册资本最低限额，即设立全国性商业银行的注册资本最低限额为10亿元人民币，设立城市商业银行的注册资本最低限额为1亿元人民币，设立农村商业银行的注册资本最低限额为5 000万元人民币。注册资本应当是实缴资本。（3）有具备任职专业知识和业务工作经验的董事、高级管理人员。（4）有健全的组织机构和管理制度。（5）有符合要求的营业场所、安全防范措施及与业务有关的其他设施。

（二）商业银行的组织机构

商业银行是以股份制方式存在的，具体表现为两种组织形式：一是有限责任公司形式的商业银行，它包括一般有限责任公司式的商业银行和国有独资公司式的商业银行；二是股份有限公司形式的商业银行。

商业银行的组织机构包括股东会或股东大会、董事会、行长或总经理、监事会，其具体内容适用公司法的规定。

商业银行根据业务需要，可以在中华人民共和国境内外设立分支机构。设立分支机构必须经国务院银行业监督管理机构审查批准；境内的分支机构不按行政区划设立，其总行要按规定拨付营运资金，拨付各分支机构营运资金的总和不得超过总行资本金的60%。商业银行分支机构不具备法人资格，在总行授权范围内依法开展业务，其民事责任由总行承担。商业银行对其分支机构实行全行统一核算、统一调度资金、分级管理的制度。

四、商业银行的经营范围

商业银行可以经营下列部分或全部业务：（1）吸收公众存款。（2）发放短期、中期、长期贷款。（3）办理国内外结算。（4）办理票据承兑与贴现。（5）发行金融债券。（6）代理发行、代理兑付、承销政府债券。（7）买卖政府债券、金融债券。（8）从事同业拆借。（9）买卖、代理买卖外汇。（10）从事银行卡业务。（11）提供信用证服务及担保。（12）代理收付款项及代理保险业务。（13）提供保管箱服务。（14）经国务院银行业监督管理机构批准的其他业务。对于商业银行的具体经营范围，由商业银行章程明确规定，报经国务院银行业监督管理机构批准。

商业银行经国务院银行业监督管理机构批准，可以经营结汇、售汇业务。

五、商业银行的贷款和其他业务规则

（一）贷款业务的基本规则

贷款是银行按照约定的条件向借款人提供资金的一种信用活动方式。我国商业银行法要求商业银行根据国民经济和社会发展的需要，在国家产业政策指导下开展贷款业务。

1.借款人条件

商业银行贷款，应当实行审贷分离、分级审批的制度，严格审查借款人资信，包括借款人的借款用途、偿还能力、还款方式等情况。借款人应当提供担保。商业银行应当对保证人的偿还能力，抵押物、质物的权属和价值以及实现抵押权、质权的可行性进行严格审查。经审查、评估，确认借款人资信良好，确能偿还贷款的，也可以不提供担保。

2.订立借款合同

借款合同是银行和借款人为借用一定数额的货币而订立的明确相互权利义务关系的协议。商业银行贷款，应当与借款人订立书面合同，其

内容应当包括贷款种类、借款用途、金额、利率、还款期限、还款方式、违约责任和双方认为需要约定的其他事项。在借款合同中，商业银行应当按照中国人民银行规定的贷款利率的上下限，确定贷款利率，不得违反规定提高或者降低利率以及采用其他不正当手段吸收存款，发放贷款。

3.资产负债比例管理

商业银行贷款，应当遵守下列资产负债比例管理的规定：（1）资本充足率不得低于8%。（2）贷款余额与存款余额的比例不得超过75%。（3）流动性资产余额与流动性负债余额的比例不得低于25%。（4）对同一借款人的贷款余额与商业银行资本余额的比例不得超过10%。（5）中国人民银行对资产负债比例管理的其他规定。

4.禁止发放贷款的情况

禁止发放贷款的情况具体包括两个方面：一是商业银行不得向关系人发放信用贷款，向关系人发放担保贷款的条件不得优于其他借款人同类贷款的条件。所谓关系人是指：（1）商业银行的董事、监事、管理人员、信贷业务人员及其家属；（2）前项所列人员投资或者担任高级管理职务的公司、企业和其他经济组织。二是任何单位和个人不得强令商业银行发放贷款或者提供担保。

5.贷款不还的救济措施

借款人到期不归还担保贷款的，商业银行依法享有要求保证人归还贷款本金和利息或者就该担保物优先受偿的权利。商业银行因行使抵押权、质权而取得的不动产或者股权，应当自取得之日起2年内予以处分。

（二）投资业务的基本规则

商业银行的投资业务，是指商业银行购买有价证券或者出资入股等方面的经营活动。投资业务是商业银行的一项重要资产业务，是商业银行收入的重要来源。我国商业银行法对商业银行的投资业务作了限制性规定，即商业银行在中华人民共和国境内不得从事信托投资和证券经营业务，不得向非自用不动产投资或者向非银行金融机构和企业投资，但国家另有规定的除外。

（三）结算业务的基本规则

结算是发生经济往来的当事人之间为了结、清算债权债务关系而进行的货币收付行为。银行结算是社会经济活动各项资金清算的中介，办理国内外结算是商业银行的基本业务之一。当事人因商品交易或劳务提供等而发生的债权债务关系，除依法可以使用现金支付的以外，都必须通过银行办理转账结算，并遵守银行结算办法等有关规定。商业银行办理票据承兑、汇兑、委托收款等结算业务，应当按照规定的期限兑现，收付入账，不得压单、压票或者违反规定退票。

（四）负债业务的基本规则

商业银行的营运资金大部分是通过负债取得的，负债业务是商业银行经营的基础。商业银行的负债，除了有存款负债、结算中的负债形式外，还有发行债券、同业拆借、向中央银行和国际货币市场借款等形式的借入负债。对此，商业银行法规定，商业银行发行金融债券或者到境外借款，应当依照法律、行政法规的规定报经批准。同业拆借应当遵守中国人民银行的规定。禁止利用拆入资金发放固定资产贷款或者用于投资。拆出资金限于交足存款准备金、留足备付金和归还中国人民银行到期贷款之后的闲置资金。拆入资金用于弥补票据结算、联行汇差头寸的不足和解决临时性周转资金的需要。

（五）营业管理的基本规则

商业银行应当严格自己的经营管理工作，依法为客户提供规范的金融服务。对此，我国商业银行法规定，商业银行的营业时间应当方便客户，并予以公告。商业银行应当在公告的营业时间内营业，不得擅自停止营业或者缩短营业时间。商业银行办理业务，提供服务，按照规定收取手续费。商业银行应当按照国家有关规定保存财务会计报表、业务合同以及其他资料。同时，企业单位可以自主选择一家商业银行的营业场所开立一个办理日常转账结算和现金收付的基本账户，不得开立两个以上基本账户。

（六）工作人员的基本规则

商业银行的工作人员应当遵守法律、行政法规和其他各项业务管理的规定，不得有下列行为：（1）利用职务上的便利，索取、收受贿赂或者违反国家规定收受各种名义的回扣、手续费；（2）利用职务上的便利，贪污、挪用、侵占本行或者客户的资金；（3）违反规定徇私向亲属、朋友发放贷款或者提供担保；（4）在其他经济组织兼职；（5）违反法律、行政法规和业务管理规定的其他行为。另外，商业银行的工作人员不得泄露其在任职期间知悉的国家秘密和商业秘密。

六、商业银行财务会计制度

商业银行应当依照法律和国家统一的会计制度以及国务院银行业监督管理机构的有关规定，建立、健全本行的财务、会计制度。商业银行应当按照国家有关规定，真实记录并全面反映其业务活动和财务状况，编制年度财务会计报告，及时向国务院银行业监督管理机构、中国人民银行和国务院财政部门报送。商业银行不得在法定的会计账册外另立会计账册。商业银行应当于每一会计年度终了3个月内，按照中国人民银行的规定，公布其上一年度的经营业绩和审计报告。商业银行应当按照国家有关规定，提取呆账准备金，冲销呆账，保存财务会计报表、业务合同以及其他资料。

七、商业银行的监督管理

商业银行作为以经营存款和贷款为主要业务的信用单位，是国家金融体系中唯一能够接受活期存款的银行。商业银行的大量资金来自个人储蓄和单位存款，是对社会公众的负债，其经营的金融业务涉及千家万户，而经营状况则直接关系到存款人的根本利益。因此，为了减少风险，保护存款人的利益，促进商业银行的健康发展和正常运作，对商业银行依法进行监管是非常必要的。

（一）商业银行的内部监管制度

商业银行的内部应当建立、健全和完善监督管理制度。商业银行应当按照有关规定，制定本行的业务规则，建立、健全本行的风险管理和内部控制制度；应当建立、健全本行对存款、贷款、结算、呆账等各项情况的稽核、检查制度；应当对分支机构进行经常性的稽核和检查监督。

（二）商业银行的外部监管制度

商业银行的外部监督管理，主要是国务院银行业监督管理机构的监督管理，此外还有审计机关的审计监督。国务院银行业监督管理机构有权依照商业银行法的有关规定，随时对商业银行的存款、贷款、结算、呆账等情况进行检查监督。商业银行应当按要求提供财务会计资料、业务合同和有关经营管理方面的其他信息。同时，为了便于实现国务院银行业监督管理机构的监督管理，商业银行应当按照规定向国务院银行业监督管理机构、中国人民银行报送资产负债表、利润表以及其他财务会计、统计报表和资料。此外，商业银行还应当依法接受审计机关的审计监督。

八、商业银行的接管和终止

（一）商业银行的接管

商业银行的接管，是指商业银行丧失正常的经营能力，已经或者可能发生信用危机，严重影响存款人利益时，由国务院银行业监督管理机构成立接管组织，对该商业银行进行接收管理。接管的目的是对被接管的商业银行采取必要措施，以保护存款人的利益，恢复商业银行的正常经营能力。被接管的商业银行的债权债务关系不因接管而变化。

接管由国务院银行业监督管理机构决定并组织实施。自接管开始之日起，由接管组织行使商业银行的经营管理权力。接管期限届满，国务院银行业监督管理机构可以决定延期，但接管期限最长不得超过2年。有下列情形之一的，接管终止：（1）接管决定规定的期限届满或者国务院银行业监督管理机构的接管延期届满；（2）接管期限届满前，该商业银行已经恢复正常经营能力；（3）接管期限届满前，该商业银行被合并或者被依法宣告破产。接管终止是接管的最终停止和不再恢复。

（二）商业银行的终止

商业银行的终止包括商业银行的解散、被撤销和被宣告破产三种情况。

商业银行的解散，是指商业银行因分立、合并或者出现章程规定的事由而终止的事实。商业银行法规定，商业银行因分立、合并或者出现公司章程规定的解散事由需要解散的，应当向国务院银行业监督管理机构提出申请，并附上解散的理由与支付存款的本金和利息等债务清偿计划，经国务院银行业监督管理机构批准后解散。商业银行解散的，应当依法成立清算组，进行清算，按照清偿计划及时偿还存款本金和利息等债务。国务院银行业监督管理机构监督清算过程。

商业银行的被撤销，是指商业银行因违法行为被吊销经营许可证而终止的事实。根据商业银行法的规定，商业银行因吊销经营许可证被撤销的，国务院银行业监督管理机构应当依法及时组织成立清算组，进行清算，按照清算计划及时偿还存款本金和利息等债务。

商业银行作为企业法人，在达到破产界限、具备破产条件时，可以被依法宣告破产。我国商业银行法规定，商业银行不能支付到期债务，经国务院银行业监督管理机构同意，由人民法院依法宣告其破产。商业银行被宣告破产的，由人民法院组织国务院银行业监督管理机构等有关部门和有关人员成立清算组，进行清算。商业银行破产清算时，在支付清算费用、所欠职工工资和劳动保险费用后，应当优先支付个人储蓄存款的本金和利息。

九、法律责任

（一）对存款人或者其他客户造成财产损害的法律责任

商业银行有下列情形之一，对存款人或者其他客户造成财产损害的，应当承担支付迟延履行的利息以及其他民事责任：（1）无故拖延、拒绝支付存款本金和利息的；（2）违反票据承兑等结算业务规定不予兑现，不予收付入账，压单、压票或者违反规定退票的；（3）非法查询、冻结、扣划个人储蓄存款或者单位存款的；（4）违反商业银行法的规定对存款人或者其他客户造成损害的其他行为。

商业银行有上述情形之一的，由国务院银行业监督管理机构责令改正，有违法所得的，没收违法所得，违法所得5万元以上的，并处违法所得1倍以上5倍以下罚款；没有违法所得或者违法所得不足5万元的，处5万元以上50万元以下罚款。另外，对在上述法定情形的商业银行中负有直接责任的董事、高级管理人员和其他直接责任人员，应当给予纪律处分；构成犯罪的，依法追究刑事责任。

（二）擅自变更批准事项或者违反监管规定的法律责任

第一，商业银行有下列情形之一，由国务院银行业监督管理机构责令改正，有违法所得的，没收违法所得，违法所得50万元以上的，并处违法所得1倍以上5倍以下罚款；没有违法所得或者违法所得不足50万元的，处50万元以上200万元以下罚款；情节特别严重或者逾期不改正的，可以责令停业整顿或者吊销其经营许可证；构成犯罪的，依法追究刑事责任：（1）未经批准设立分支机构的；（2）未经批准分立、合并或者违反规定对变更事项不报批的；（3）违反规定提高或者降低利率以及采用其他不正当手段吸收存款，发放贷款的；（4）出租、出借经营许可证的；（5）未经批准买卖、代理买卖外汇的；（6）未经批准买卖政府债券或者发行、买卖金融债券的；（7）违反国家规定从事信托投资和证券经营业务、向非自用不动产投资或者向非银行金融机构和企业投资的；（8）向关系人发放信用贷款或者发放担保贷款的条件优于其他借款人同类贷款的条件的。

第二，商业银行有下列情形之一，由国务院银行业监督管理机构责令改正，并处20万元以上50万元以下罚款；情节特别严重或者逾期不改正的，可以责令停业整顿或者吊销其经营许可证；构成犯罪的，依法追究刑事责任：（1）拒绝或者阻碍国务院银行业监督管理机构检查监督的；（2）提供虚假的或者隐瞒重要事实的财务会计报告、报表和统计报表的；（3）未遵守资本充足率、存贷比例、资产流动性比例、同一借款人贷款比例和国务院银行业监督管理机构有关资产负债比例管理的其他规定的。

第三，商业银行有下列情形之一，由中国人民银行责令改正，有违法所得的，没收违法所得，违法所得50万元以上的，并处违法所得1倍以上5倍以下罚款；没有违法所得或者违法所得不足50万元的，处50万元以上200万元以下罚款；情节特别严重或者逾期不改正的，中国人民银行可以建议国务院银行业监督管理机构责令停业整顿或者吊销其经营许可证；构成犯罪的，依法追究刑事责任：（1）未经批准办理结汇、售汇的；（2）未经批准在银行间债券市场发行、买卖金融债券或者到境外借款的；（3）违反规定同业拆借的。

第四，商业银行有下列情形之一，由中国人民银行责令改正，并处20万元以上50万元以下罚款；情节特别严重或者逾期不改正的，中国人民银行可以建议国务院银行业监督管理机构责令停业整顿或者吊销其经营许可证；构成犯罪的，依法追究刑事责任：（1）拒绝或者阻碍中国人民银行检查监督的；（2）提供虚假的或者隐瞒重要事实的财务会计报告、报表和统计报表的；（3）未按照中国人民银行规定的比例交存存款准备金的。

另外，对有上述4项法定情形的商业银行中负有直接责任的董事、高级管理人员和其他直接责任人员，应当给予纪律处分；构成犯罪的，依法追究刑事责任。

第五，商业银行有下列情形之一，由国务院银行业监督管理机构责令改正，有违法所得的，没收违法所得，违法所得5万元以上的，并处违法所得1倍以上5倍以下罚款；没有违法所得或者违法所得不足5万元的，处5万元以上50万元以下罚款：（1）未经批准在名称中使用“银行”字样的；（2）未经批准购买商业银行股份总额5%以上的；（3）将单位的资金以个人名义开立账户存储的。

第六，商业银行不按照规定向国务院银行业监督管理机构报送有关文件、资料的，由国务院银行业监督管理机构责令改正，逾期不改正的，处10万元以上30万元以下罚款。

（三）非法设立商业银行或者非法从事金融业务的法律责任

第一，未经国务院银行业监督管理机构批准，擅自设立商业银行，或者非法吸收公众存款、变相吸收公众存款，构成犯罪的，依法追究刑事责任，并由国务院银行业监督管理机构予以取缔。

第二，伪造、变造、转让商业银行经营许可证，构成犯罪的，依法追究刑事责任。

有上述法律规定的违法行为，尚不构成犯罪的，由国务院银行业监督管理机构没收违法所得，违法所得50万元以上的，并处违法所得1倍以上5倍以下罚款；没有违法所得或者违法所得不足50万元的，处50万元以上200万元以下罚款。

（四）商业银行的工作人员或者其他有关人员的法律责任

第一，商业银行工作人员利用职务上的便利，索取、收受贿赂或者违反国家规定收受各种名义的回扣、手续费，构成犯罪的，依法追究刑事责任；尚不构成犯罪的，应当给予纪律处分；有上述行为，并发放贷款或者提供担保造成损失的，应当承担全部或者部分赔偿责任。

第二，商业银行工作人员利用职务上的便利，贪污、挪用、侵占本行或者客户资金，构成犯罪的，依法追究刑事责任；尚不构成犯罪的，应当给予纪律处分。

第三，商业银行工作人员违反商业银行法规定玩忽职守造成损失的，应当给予纪律处分；构成犯罪的，依法追究刑事责任；违反规定徇私向亲属、朋友发放贷款或者提供担保造成损失的，应当承担全部或者部分赔偿责任。

第四，商业银行工作人员泄露在任职期间知悉的国家秘密、商业秘密的，应当给予纪律处分；构成犯罪的，依法追究刑事责任。

第五，单位或者个人强令商业银行发放贷款或者提供担保的，应当对直接负责的主管人员和其他直接责任人员或者个人给予纪律处分；造成损失的，应当承担全部或者部分赔偿责任。商业银行的工作人员对此行为未予拒绝的，给予纪律处分；造成损失的，应当承担相应的赔偿责任。

第六，商业银行违反商业银行法规定的，国务院银行业监督管理机构可以区别不同情形，取消其直接负责的董事、高级管理人员一定期限直至终身的任职资格，禁止直接负责的董事、高级管理人员和其他直接责任人员一定期限直至终身从事银行业工作。商业银行的行为尚不构成犯罪的，对直接负责的董事、高级管理人员和其他直接责任人员，给予警告，处5万元以上50万元以下罚款。

第七，商业银行及其工作人员对中国人民银行的处罚决定不服的，可以依照行政诉讼法的规定向人民法院提起诉讼。

复习思考题

一、概念题

银行法　中国人民银行法　商业银行　商业银行法　股份制银行　政策性银行　货币发行　商业银行的接管

二、问答题

1. 中国人民银行的主要职责有哪些？
2. 中国人民银行的财务会计制度包括哪些内容？
3. 银监会对银行业金融机构监管的主要职责有哪些？
4. 设立商业银行应当具备什么条件？
5. 商业银行贷款业务的基本规则有哪些？

第十二章　税　法

第一节　税法概述

一、税收的概念和特征

税收是国家为实现其职能，凭借政治权力参与国民收入分配和再分配，取得财政收入的一种形式。税收在不同社会制度的国家中，其性质和作用是不同的。我国的税收是社会主义性质的，它取之于民，用之于民，体现了国家与纳税人在根本利益一致的基础上，为实现社会主义国家的职能，调整整体与局部、长远与眼前利益的收入分配关系。

税收与国家取得财政收入的其他形式相比，具有三个显著的特征：一是具有强制性，税收是国家通过法律规定征收的，法律的强制力构成了税收的强制性。纳税是纳税义务人的法定义务，不依法纳税将受到法律的制裁。二是具有无偿性，国家依法征收税款后，不再直接偿还给各纳税人，也不向其支付任何报酬，是一种凭借政治权力对财政收入的无偿取得。三是具有固定性，税收是国家按照法律预先规定的范围、标准和环节征收的，一般情况下不得随意变动。

二、税法的概念

税法是调整税收征纳关系的法律规范的总称。所谓税收征纳关系，是指国家为了实现其职能，由国家各级税务机关向负有纳税义务的单位和个人，在无偿征收货币或者实物的过程中所产生的各种社会关系。税法是国家取得财政收入的重要保障，是国家税务机关向纳税人征税的法律依据，也是纳税人履行纳税义务的准则。

新中国成立以后，特别是党的十一届三中全会以来，国家颁布了大量的税收法律、法规，初步形成了我国社会主义的税法体系。当前，我国正按照统一税法、公平税负、简化税制、合理分权、理顺分配关系、规范分配格局、强化税收的宏观调控功能的原则，努力建立现代化、规范化，既符合国际惯例又符合中国国情的税收制度。

三、税法的作用

（一）有利于保障国家财政收入的稳定增长

税收是国家组织财政收入、筹集社会主义建设资金的主要来源。税款的征收必须依法进行，任何单位和个人只要符合规定的纳税条件，就应当按照有关税法规定的标准和期限缴纳税款，否则将受到相应的制裁。这就使国家财政收入的稳定增长有了可靠的保障。

（二）有利于发挥税收在宏观调控方面的作用

税收是调节经济发展的重要杠杆，国家对产业和产品结构的调整，在很大程度上是依靠税收方面的鼓励与限制措施实现的。税法通过对税种、税目和税率的设置与调整，以及减免税的规定，来调节生产、流通和利润分配，促进经济体制改革的顺利进行和国民经济持续、稳定的发展。

（三）有利于正确处理国家、集体、个人三者之间的经济利益关系

在社会主义条件下，国家、集体和个人三者的根本利益是一致的，但又有各自的经济利益。正确处理三者之间的经济利益关系，对于调动各方面的积极性、加速国民经济发展是十分重要的。国家根据全国人民的根本利益和社会主义经济建设不同时期的需要，制定必要的税收法规，这就可以有效地调节不同经济成分、不同行业、不同层次的收入，适当平衡各方面的税收负担，以利于共同发展，从而使国家、集体、个人三者的经济利益关系得到正确处理。

（四）有利于加强经济监督，制止和打击经济违法犯罪活动

各级税务机关在依法进行税收征管活动中，可以及时了解企业生产经营中的各种情况和存在的问题，并协助企业健全财会制度，加强经济核算，改善经营管理。同时，对于偷税、抗税、欠税、骗取出口退税以及越权减免税等违法犯罪行为，税务机关和有关司法机关都要依法制裁，以维护社会主义市场经济秩序。

（五）有利于促进对外经济关系的发展

在经济全球化时代，我国经济是国际经济的有机组成部分。我国在加入世界贸易组织以后，作为国家对经济进行宏观调控重要手段的税

法，正遵循世界贸易组织的规则并参照国际上绝大多数国家的做法，实行对内对外公平税负，这对于促进我国对外经济关系的发展起到了积极的作用。

第二节 税法的构成要素

一、纳税主体

纳税主体，又称纳税人，是指依法负有缴纳税款义务的单位或者个人。税法对每一种税都规定了特定的纳税人。在有的税收法规中还规定了扣缴义务人，即负有代扣或者代收纳税人应纳税款并代缴给征税机关的单位或者个人。

二、征税对象

征税对象，即征税客体，是指对什么征税。征税对象是区别不同税种的主要标志。我国现行的征税对象按不同性质可以分为流转额、所得额、财产、行为和资源。

三、税种

税种是国家税法规定的税收种类。不同税种的名称及性质上的差别主要取决于不同的征税对象。我国目前的税收可分为流转税、所得税、财产税、行为税和资源税五大类。每一大类又可分为若干个具体税种。

四、税目

税目是税法规定的各税种具体征税的项目。它是征税对象的具体化，反映了征税的范围和广度。哪些产品或者项目应该纳税，都由税目明确规定。凡列入税目的就要纳税，未列入税目的就不纳税。

五、税率

税率，是指纳税额与征税对象数额之间的比例。它是计算应纳税额的尺度，是税法的核心要素。税率的高低直接关系到国家财政收入的多少和纳税人负担的大小，合理确定税率是利用税收这一经济杠杆调整经济的主要方法。我国现行税法采用的税率有比例税率、累进税率和定额税率三种。

（一）比例税率

比例税率，是指对同一征税对象，不论数额多少，都按同一比例征收。例如，目前我国企业所得税纳税人的应纳税额，按应纳税所得额计算，不论多少，均按25%的比例税率缴纳。

（二）累进税率

累进税率，是指按征税对象数额的大小规定不同等级的税率，征税对象数额越大，税率越高。累进税率一般又可分为全额累进税率、超额累进税率和超率累进税率三种。全额累进税率，是指按照征税对象数额的大小划分若干级距，分别规定税率，征税对象的全部数额都按照与之相适应的等级税率征收。超额累进税率，是指按照征税数额的大小划分为若干级距，对每个等级规定相应的税率，分别计算税额，征税对象数额超过低一级的部分，才按高一级税率征收。超率累进税率，是指按成本利润率划分为若干个等级，各等级分别适用相应的税率计税。我国现行税法主要采用超额累进税率和超率累进税率。

（三）定额税率

定额税率，也称固定税率，是指按单位征税对象直接规定一定数量的税额。它不采取百分比的形式，一般适用于从量征收的情况。

六、纳税环节

纳税环节，是指税法规定应当纳税的产品在其整个流转过程中应缴纳税款的环节。产品从生产到消费需要经过许多环节，在税收上只选择其中一定的环节规定为应缴纳税款的环节。如我国税法规定，纳税人生产的应税消费品，于销售时纳税；纳税人自产自用的应税消费品，用于连续生产应税消费品的，不纳税；用于其他方面的，于移送使用时纳税。

七、纳税期限

纳税期限，是指税法规定的纳税人应当缴纳税款的期限。对于纳税期限，纳税人必须遵守，纳税人如不按期缴纳税款，应加收滞纳金。

八、减税和免税

减税，是指对应纳税额减征一部分。免税，是指对应纳税额全部予以免征。减免税是国家对特定纳税人或者应税产品在税收方面给予的优惠待遇，其目的在于照顾某些实际困难，鼓励某些行业、产品或者经营项目的发展。税收的减免必须依法进行，任何机关、单位和个人都不得擅自作出决定。

九、附加和加成

附加，是指按基本税率征收正税之外，另外征收一定比例的税额，以满足地方一些特殊需要。它是地方财政收入的重要来源之一。

加成，是指按规定税率计征税款后，再加征一定成数的税额。加成可以加征一成或者数成，一成即10%。这是为了对某些纳税人的收入加以限制，以及对某些不适合社会需要的产品、行业加以限制而在税收上采取的措施。

十、违章处理

违章处理，是指税务机关依法对纳税人各种违反税法的行为所采取的惩罚措施。它是税收强制性的集中体现，对于维护税法的严肃性具有十分重要的意义。

第三节 我国现行税种

一、流转税

流转税是以商品流转额和劳动收入为征税对象的一类税。其特点是征税伴随商品交换和非商品服务进行，计税依据是商品的价格和服务收费。税额是商品价格或者服务收费的组成部分。

流转税分别按生产和零售两个环节征税，税源大、范围广，在我国各种税收收入中占第一位。流转税现行的税种主要有增值税、消费税、营业税、关税等。

（一）增值税

增值税，是指以产品新增加的价值为征税对象的一种税。产品新增加的价值即增值额，是指一个生产环节的销售收入扣除同期消耗的原材料、燃料、动力等金额后的数额。增值税以商品销售额为计税依据，同时允许从税额中扣除上一道已经缴纳的税款，因而可以避免重复征税。对增值税的征收，国家有关法律作了具体的规定。

（二）消费税

消费税是对特定的消费品征收的一种税。在普遍征收增值税的基础上，为了调节我国的消费结构，正确引导消费方向，抑制超前消费需求，国家对某些产品征收消费税。消费税的征收应依国家有关法律规定进行。

（三）营业税①

营业税，是指对我国境内从事提供应税劳务、转让无形资产或者销售不动产的单位和个人，就其营业收入征收的一种税。国家的有关法律规定为营业税的征收提供了法律依据。

（四）关税

关税是对进出国境或关境的货物或物品，向进出口商征收的一种税。关税主要是对贸易性商品征税，也包括对非贸易性物品征税。它分为进口关税和出口关税两种。为了保证进出口关税的征收，国家有关部门发布了相关的法律规定。

进口关税是对进入国境或关境的货物或物品征税。凡中华人民共和国准许进口的货物，除国家另有规定以外，均依法征收进口关税。我国加入世界贸易组织以后，进口关税的税率逐步大幅度降低，并最终符合《关税与贸易总协定》的要求。

出口关税是对输出国境或关境的货物或物品征税。为实行鼓励出口的政策，对一般出口商品不征收出口关税。它的征税对象只限于盈利特别高而且是比较稳定的大宗出口商品，以及为了保护国内资源、国家控制出口的商品等。

二、所得税

所得税即收益税，是指以纳税人的所得额为征税对象的一类税。其特点是以纳税人的所得额为计税依据，以纳税人的实际负担能力确定税负，多得多征，少得少征，无所得不征。它是对纳税人的收入直接进行调节的手段。目前我国设置的所得税税种主要有企业所得税、个人所得税等。

（一）企业所得税

企业所得税，是指对中国境内企业进行生产、经营所得和其他所得征收的一种税。现行的企业所得税是在原国营企业所得税、集体企业所得税和私营企业所得税，以及外商投资企业和外国企业所得税的基础上统一合并而设置的，它对不同所有制的企业适用相同的税率，体现了公平税负的原则，适应了社会主义市场经济发展的需要。

---

① 2016年5月1日，营改增试点全面推开，营业税退出历史舞台。

（二）个人所得税

个人所得税是对个人所得征收的一种税。《中华人民共和国个人所得税法》是1980年9月10日由第五届全国人民代表大会第三次会议通过的。该法对个人所得税的纳税人、征税对象、税率、应税所得额的计算以及税收减免等作了规定。随着改革开放的不断深化，我国的社会经济情况发生了重大变化，个人所得税法的一些规定已不适应形势发展的需要，为此，国家有关部门对该法已进行了多次修订。

三、财产税

财产税，是指对拥有应纳税财产的单位和个人征收的一类税。其特点是仅对某些特定的财产征税，以该财产的价值或者租价为计税依据。它既可以就财产的占有征收，也可以就财产的转让征收。财产税主要有房产税、车船税、土地增值税等。国家的有关法律为各项财产税的征收提供了法律依据。

（一）房产税

房产税，是指以房屋为征税对象，按照房价或者房产租金收入向房产所有人征收的一种税。房产税的征收不仅可以为地方财政筹集一部分市政建设资金，而且能够在一定程度上促进城镇合理建房、合理用房，加强城镇房产管理。

（二）车船税

车船税，是指以车船为征税对象，向拥有车船的单位和个人征收的一种税。车船税的征收，不仅可以适当集中一部分资金进行交通设施建设，促进交通运输事业的发展，而且有利于配合有关部门加强交通管理，保证车船行驶安全。

（三）土地增值税

土地增值税，是指对转让国有土地使用权、地上建筑物及其附着物的单位和个人，就其转让房地产所得的增值额征收的一种税。土地增值税的征收，对于规范土地和房地产交易秩序、合理调节土地增值收益、促进我国房地产业的发展，具有重要的意义。

四、行为税

行为税也称特定行为税，是指对特定行为征收的一类税。其特点是具有鲜明的政策性和因地制宜的灵活性，在抑制各类消费行为方面有特殊作用。行为税主要包括城镇土地使用税、印花税等。对上述各税的征收，国家有关法律作了具体的规定。

（一）城镇土地使用税

城镇土地使用税，是指对在城镇使用国有土地的单位和个人征收的一种税。城镇土地使用税的征收，有利于限制不合理使用或者浪费城镇土地资源，提高土地的利用率和使用效益，强化城镇土地管理。

（二）印花税

印花税，是指对在我国境内书立和领受应税凭证征收的一种税。由于它是采用在应税凭证上粘贴印税票作为完税方式，故称印花税。随着市场经济的发展，书立和领受的各种凭证逐渐增多。印花税的征收，可以促进经济活动的规范化，加强凭证的法律效力，有利于维护社会主义市场经济秩序。

五、资源税

资源税，是指对开发、使用我国资源的单位和个人，就各地的资源结构和开发、销售条件差别所形成的级差收入征收的一类税。征收资源税，不仅有利于自然资源的合理开发利用，有利于正确处理国家、企业和个人三者之间的分配关系，而且有利于促进企业改善经营管理、加强经济核算、提高经济效益。

第四节 税收征收管理

一、税收征收管理的概念

税收征收管理，是税务机关对纳税人依法征收税款和税务监督管理的总称。

税收征收管理是税务管理的核心，是实现税收的职能作用、处理好征纳关系的重要保证。只有搞好征收管理，才能将应征税款及时、均衡、足额地征收入库，以保证国家各项事业对资金的需要。同时，通过税收的征收管理，还可以加强对经济活动的监督，制止和纠正各种违反税法的行为，确保税法的贯彻和实施。为此，1992年9月4日第七届全国人民代表大会常务委员会第二十七次会议通过了《中华人民共和国税收征收管理法》（以下简称《税收征收管理法》），自1993年1月1日起施行。1995年2月28日第八届全国人民代表大会常务委员会第十二次会议对该法作了修订。2001年4月28日第九届全国人民代表大会常务委员会第二十一次会议对该法再次作了修订，并自2001年5月1日起施行。2002年9月7日，国务院公布了《中华人民共和国税收征收管理法实施细则》（以下简称《实施细则》），自2002年10月15日起施行。

二、税务管理

税务管理是税务机关在办理税务登记、账簿和凭证管理、纳税申报过程中所进行的监督和检查。

（一）税务登记

税务登记是税务机关根据税收法规对纳税人的生产、经营活动进行登记管理的一项基本制度。它是税务机关加强税收监督管理、掌握税源、开展各项税收活动的基础。

按照规定，凡从事生产、经营的纳税人，自领取营业执照之日起30日内，持有关证件，向税务机关申报办理税务登记。税务机关审核后发给税务登记证。税务登记证必须按规定使用，不得转借、涂改、损毁、买卖或者伪造。

纳税人税务登记内容发生变化的，应向原税务登记机关申报办理变更税务登记。纳税人发生解散、破产、撤销以及其他情形，依法终止纳税义务的，应向原税务登记机关申报办理注销税务登记。《实施细则》对此作了具体的规定。

纳税人应当将税务登记证正本在其生产、经营场所或者办公场所公开悬挂，接受税务机关检查。纳税人遗失税务登记证的，应当在15日内书面报告主管税务机关，并登报声明作废。

（二）账簿、凭证管理

账簿、凭证管理，是指税务机关对纳税人的账簿和凭证所进行的管理。其内容主要包括：（1）从事生产、经营的纳税人、扣缴义务人按照有关法律、行政法规和国务院财政、税务主管部门的规定设置账簿，根据合法、有效凭证记账，进行核算。（2）从事生产、经营的纳税人的财务、会计制度或者财务、会计处理办法和会计核算软件，应当报送税务机关备案。（3）负责发票的印制、领购、开具、取得、保管、缴销的管理和监督。发票的管理办法由国务院规定。（4）从事生产、经营的纳税人、扣缴义务人必须按规定的保管期限保管账簿、记账凭证、完税凭证及其他有关资料，并不得伪造、变造或者擅自损毁。

账簿、记账凭证、报表、完税凭证、发票、出口凭证以及其他有关涉税资料应当合法、真实、完整。账簿、记账凭证、报表、完税凭证、发票、出口凭证以及其他有关涉税资料应当保存10年，法律、行政法规另有规定的除外。

（三）纳税申报

纳税申报，是指纳税人履行纳税义务，向税务机关办理纳税的法定手续。它是基层税务机关办理征收业务、核定应征税款、填写纳税凭证的主要依据。

纳税人必须依照法定的或者税务机关依法确定的申报期限、申报内容如实办理纳税申报，报送纳税申报表、财务会计报表以及税务机关根据实际需要要求纳税人报送的其他纳税资料。扣缴义务人必须依照规定的申报期限、申报内容如实报送代扣代缴、代收代缴税款报告表以及其他有关资料。纳税人、扣缴义务人不能按期办理纳税申报或者报送代扣代缴、代收代缴税款报告表的，经税务机关核准，可以延期申报。

三、税款征收

（一）关于税款征收的一般规定

税款征收，是指税务机关依法向纳税人征税的行为。税务机关必须依照法律、行政法规的规定征收税款，不得违反规定开征、停征、多征、少征、提前征收、延缓征收或者摊派税款。纳税人、扣缴义务人必须依法履行缴纳税款和代扣代缴、代征代缴税款的义务。纳税人、扣缴义务人未按法律、行政法规的规定或者税务机关依法确定的期限缴纳或者解缴税款的，税务机关除责令限期缴纳税款外，从滞纳税款之日起，按日加收滞纳税款万分之五的滞纳金。

纳税人因有特殊困难，不能按期缴纳税款的，经省、自治区、直辖市国家税务局、地方税务局批准，可以延期缴纳税款，但最长不得超过3个月。经税务机关批准延期缴纳税款的，在批准的期限内不加收滞纳金。

纳税人可以依法向税务机关书面申请减税、免税。减税、免税的申请须经有关审查批准机关审批；地方各级人民政府、各级人民政府主管部门、单位和个人违反法律、行政法规规定，擅自作出的减税、免税决定无效，税务机关不得执行，并要向上级机关报告。

税务机关收到税款后，应当向纳税人开具完税凭证。纳税人通过银行缴纳税款的，税务机关可以委托银行开具完税凭证。所谓完税凭证，是指各种完税证、缴款书、印花税票、扣（收）税凭证以及其他完税证明。未经税务机关指定，任何单位、个人不得印制完税凭证。完税凭证不得转借、倒卖、变造或者伪造。

（二）税收保全措施

税收保全措施，是指税务机关为保证税款征收得以实现，对有明显逃避纳税义务行为的纳税人的财产所采取的强制措施。税务机关有根据认为从事生产、经营的纳税人有逃避纳税义务行为的，可以在规定的纳税期限之前，责令限期缴纳应纳税款；在限期内发现纳税人有明显的转移、隐匿其应纳税的商品、货物以及其他财产或者应纳税人的收入迹象的，税务机关可以责令纳税人提供纳税担保。如果纳税人不能提供担保，经县以上税务局（分局）局长批准，税务机关可以采取下列税收保全措施：（1）书面通知纳税人开户银行或者其他金融机构冻结纳税人的金额相当于应纳税款的存款；（2）扣押、查封纳税人的与应纳税款价值相当的商品、货物或者其他财产。

纳税人在规定的限期内缴纳税款的，税务机关必须立即解除税收保全措施；限期期满仍未缴纳税款的，经县以上税务局（分局）局长批准，税务机关可以书面通知纳税人开户银行或者其他金融机构从其冻结的存款中扣缴税款，或者依法拍卖或者变卖所扣押、查封的商品、货物或者其他财产，以拍卖或者变卖所得抵缴税款。但个人及其所扶养家属维持生活必需的住房和用品，不在税收保全措施范围之内。

（三）税务强制执行措施

税务强制执行措施，是指税务机关在纳税人、扣缴义务人或者纳税担保人未按规定期限履行相应义务时，依法定程序强制其履行义务的行为。从事生产、经营的纳税人、扣缴义务人未按规定的期限缴纳或者解缴税款，纳税担保人未按规定的期限缴纳所担保的税款，由税务机关责令限期缴纳，逾期仍未缴纳的，经县以上税务局（分局）局长批准，税务机关可以采取下列强制执行措施：（1）书面通知其开户银行或者其他金融机构从其存款中扣缴税款；（2）扣押、查封、拍卖或者变卖其与应纳税款价值相当的商品、货物或者其他财产，以拍卖或者变卖所得抵缴税款。税务机关采取强制执行措施时，对其未缴纳的滞纳金同时强制执行。个人及其所扶养家属维持生活必需的住房和用品，不在强制执行措施范围之内。

（四）税收与担保债权、行政处罚的关系

税务机关征收税款优先于无担保债权，法律另有规定的除外；纳税人欠缴的税款发生在纳税人以其财产设定抵押、质押或者纳税人的财产被留置之前的，税收应当先于抵押权、质权、留置权执行。纳税人欠缴税款，同时又被行政机关决定处以罚款、没收违法所得的，税收优先于罚款、没收违法所得。税务机关应当对纳税人欠缴税款的情况定期予以公告。

纳税人有欠税情形而以其财产设定抵押、质押的，应当向抵押权人、质权人说明欠税情况。抵押权人可以请求税务机关提供有关的欠税情况。欠缴税款数额5万元以上的纳税人在处分其不动产或者大额资产之前，应当向税务机关报告。

（五）税务机关的代位权和撤销权

欠缴税款的纳税人因怠于行使到期债权，或者放弃到期债权，或者无偿转让财产，或者以明显不合理的低价转让财产而受让人知道该情形，对国家税收造成损害的，税务机关可以依照合同法的规定行使代位权、撤销权。税务机关依法行使代位权、撤销权的，不免除欠缴税款的纳税人尚未履行的纳税义务和应承担的法律责任。

（六）税款的退还、补缴和追征

纳税人超过应纳税额缴纳的税款，税务机关自发现之日起10日内办理退还手续；纳税人自结算缴纳税款之日起3年内发现的，可以向税务机关要求退还多缴的税款并加算银行同期存款利息，税务机关应当自接到纳税人退还申请之日起30日内查实并办理退还手续；涉及从国库中退库的，依照法律、行政法规有关国库管理的规定退还。

因税务机关适用税收法律、行政法规不当或者执法行为违法，致使纳税人、扣缴义务人未缴或者少缴税款的，税务机关在3年内可以要求纳税人、扣缴义务人补缴税款，但是不得加收滞纳金。

因纳税人、扣缴义务人计算错误等失误，未缴或者少缴税款的，税务机关在3年内可以追征税款、滞纳金；有特殊情况的，追征期可以延长到5年。

四、税务检查

税务检查是税务机关依法对纳税人和扣缴义务人履行其所承担义务的情况进行的监督和检查。纳税人、扣缴义务人必须接受税务机关依法进行的税务检查，如实反映情况，提供有关资料，不得拒绝、隐瞒。《税收征收管理法》规定了税务检查的具体内容。

税务机关依法进行税务检查时，有关部门和单位应当支持、协助，如实反映有关情况，提供有关资料及证明材料。税务人员进行税务检查时，应当出示税务检查证件，并有责任为被检查人员保守秘密。

第五节　税务争议的处理

一、税务行政复议

（一）税务行政复议的概念

公民、法人或者其他组织，对税务机关的征税决定或者有关处理不服，依法向税务机关提出重新处理的申请，税务机关对原决定或者处理的合法性和适当性进行复查并作出相应决定，这种具体行政行为称为税务行政复议。国家税务总局于2009年12月15日公布，自2010年4月1日起施行的《税务行政复议规则》，是税务行政复议的重要法律依据。

（二）税务行政复议机构的设置及受案范围

税务机关审理税务争议案件，须设立税务行政复议委员会（以下简称复委会），代表本级税务机关行使复议职能。复委会在县级以上税务机关设立。

根据规定，税务行政复议机构受理下列税务行为争议：（1）征税行为，包括确认纳税主体、征税对象、征税范围、减税、免税、退税、抵扣税款、适用税率、计税依据、纳税环节、纳税期限、纳税地点和税款征收方式等具体行政行为，征收税款、加收滞纳金，扣缴义务人、受税务机关委托的单位和个人作出的代扣代缴、代收代缴、代征行为等。（2）行政许可、行政审批行为。（3）发票管理行为，包括发售、收缴、代开发票等。(4) 税收保全措施、强制执行措施。(5) 行政处罚行为，包括罚款、没收财物和违法所得、停止出口退税权。(6) 不依法履行下列职责的行为：其一，颁发税务登记；其二，开具、出具完税凭证、外出经营活动税收管理证明；其三，行政赔偿；其四，行政奖励；其五，其他不依法履行职责的行为。(7) 资格认定行为。(8) 不依法确认纳税担保行为。(9) 政府信息公开工作中的具体行政行为。(10) 纳税信用等级评定行为。(11) 通知出入境管理机关阻止出境行为。(12) 其他具体行政行为。

(三) 税务行政复议的申请和受理

税务行政复议申请人应当在规定的期限内向复委会递交复议申请书。按照税收征收管理法的规定，纳税人、扣缴义务人、纳税担保人同税务机关在纳税上发生争议时，必须先依照纳税机关的纳税决定缴纳或者解缴税款及滞纳金或者提供相应的担保，然后可以在收到税务机关填发的缴款凭证之日起60日内向上一级税务机关申请复议；当事人对税务机关的处罚决定、强制执行措施或者税收保全措施不服的，可以在接到处罚通知之日或者税务机关采取上述措施之日起15日内向作出决定或者采取措施的税务机关的上一级机关申请复议。

行政复议申请符合下列规定的，复委会应当受理：(1) 属于本规则规定的行政复议范围。(2) 在法定申请期限内提出。(3) 有明确的申请人和符合规定的被申请人。(4) 申请人与具体行政行为有利害关系。(5) 有具体的行政复议请求和理由。(6) 符合本规则第33条和第34条规定的条件。(7) 属于收到行政复议申请的行政复议机关的职责范围。(8) 其他行政复议机关尚未受理同一行政复议申请，人民法院尚未受理同一主体就同一事实提起的行政诉讼。对于不符合规定条件的，复委会应当书面告知申请人不予受理并说明理由。

(四) 税务行政复议的审理和决定

审理是税务行政复议程序中具有实质意义的关键环节，它通过对复议案件的全面审查，为作出复议决定打下基础。复议一般实行书面复议制度，经申请人申请或者复委会认为确有必要，也可以直接听取申请人陈述。复委会还可以通过实地调查和勘验取得证人证言及有关资料。复议期间，强制执行措施和税收保全措施不停止执行。

复委会通过对复议案件的全面审理，根据不同情况，可分别作出如下决定：（1）具体行政行为认定事实清楚，证据确凿，适用依据正确，程序合法，内容适当的，决定维持。（2）被申请人不履行法定职责的，决定其在一定期限内履行。（3）具体行政行为有下列情形之一的，决定撤销、变更或者确认该具体行政行为违法；决定撤销或者确认该具体行政行为违法的，可以责令被申请人在一定期限内重新作出具体行政行为：其一，主要事实不清、证据不足的；其二，适用依据错误的；其三，违反法定程序的；其四，超越职权或者滥用职权的；其五，具体行政行为明显不当的。（4）被申请人不按照规定提出书面答复，提交当初作出具体行政行为的证据、依据和其他有关材料的，视为该具体行政行为没有证据、依据，决定撤销该具体行政行为。复委会应当自收到复议申请之日起60日内作出复议决定。

（五）复议决定的送达与执行

复议决定书应当直接送达复议申请人，直接送达有困难的，可以邮寄送达。复议决定一经送达，即发生法律效力。复议决定应注明申请人对复议决定不服的，可以在接到复议决定书之日起15日内向人民法院起诉。

对复议决定，原处理机关和申请人应当自觉执行，申请人不执行的，原处理机关可以申请人民法院强制执行。

二、向人民法院起诉

纳税人、扣缴义务人、纳税担保人同税务机关在纳税上发生争议，经复议后对复议决定不服的，可以在接到复议决定书之日起15日内向人民法院起诉。

当事人对税务机关的处罚决定、强制执行措施或者税收保全措施不服，经复议后对复议决定不服的，可以在接到复议决定书之日起15日内向人民法院起诉。当事人也可以在接到处罚通知之日起或者税务机关采取措施之日起15日内直接向人民法院起诉。

人民法院审理税务争议案件，依照《中华人民共和国行政诉讼法》规定的原则和程序进行。

当事人对税务机关的处罚决定逾期不申请行政复议也不向人民法院起诉，又不履行的，作出处罚决定的税务机关可以采取税收强制执行措施，或者申请人民法院强制执行。

第六节 法律责任

一、违反税务管理的法律责任

这是指纳税人、扣缴义务人违反税务登记、账簿和凭证管理、纳税申报的有关规定应当承担的法律责任。对于纳税人一般违反税务管理的行为，由税务机关责令限期改正，可以处2 000元以下的罚款；情节严重的，处2 000元以上1万元以下的罚款。纳税人不办理税务登记的，由税务机关责令限期改正；逾期不改正的，经税务机关提请，由工商行政管理机关吊销其营业执照。纳税人未按照规定使用税务登记证，或者转借、涂改、损毁、买卖、伪造税务登记证的，处2 000元以上1万元以下的罚款；情节严重的，处1万元以上5万元以下的罚款。

对于扣缴义务人的一般违反税务管理的行为，由税务机关责令限期改正，可以处2 000元以下的罚款；情节严重的，处2 000元以上5 000元以下的罚款。纳税人未按照规定的期限办理纳税申报和报送纳税资料的，或者扣缴义务人未按照规定的期限向税务机关报送代扣代缴、代收代缴税款报告表和有关资料的，由税务机关责令限期改正，可以处2 000元以下的罚款；情节严重的，可以处2 000元以上1万元以下的罚款。

二、逃税、抗税、欠税、骗取出口退税的法律责任

（一）逃税的法律责任

逃税，是指纳税人采取欺骗、隐瞒手段进行虚假纳税申报或者不申报，逃避缴纳税款数额较大的行为。对纳税人逃税的，由税务机关追缴其不缴或者少缴的税款、滞纳金，并处以不缴或者少缴税款50%以上5倍以下的罚款；构成犯罪的，依法追究刑事责任。

扣缴义务人采取前面所列手段，不缴或者少缴已扣、已收税款，数额较大的，依照上述规定处罚。

纳税人、扣缴义务人编造虚假计税依据的，由税务机关责令限期改正，并处5万元以下的罚款。纳税人不进行纳税申报，不缴或者少缴应纳税款的，由税务机关追缴其不缴或者少缴的税款、滞纳金，并处不缴

或者少缴的税款50%以上5倍以下的罚款。

（二）抗税的法律责任

抗税，是指以暴力、威胁方法拒不缴纳税款的行为。抗税行为情节轻微，未构成犯罪的，由税务机关追缴其拒缴的税款、滞纳金，并处以拒缴税款1倍以上5倍以下的罚款；构成犯罪的，依法追究刑事责任。

（三）欠税的法律责任

欠税，是指纳税人欠缴应纳税款，采取转移或者隐匿财产的手段，妨碍税务机关追缴欠缴的税款的行为。对于欠税的，由税务机关追缴欠缴的税款、滞纳金，并处以欠缴税款50%以上5倍以下的罚款；构成犯罪的，依法追究刑事责任。

纳税人、扣缴义务人在规定期限内不缴或者少缴应纳或者应解缴的税款，经税务机关责令限期缴纳，逾期仍未缴纳的，税务机关除依法采取强制执行措施追缴其不缴或者少缴的税款外，可以处不缴或者少缴税款50%以上5倍以下的罚款。扣缴义务人应扣未扣、应收而不收税款的，由税务机关向纳税人追缴税款，对扣缴义务人处应扣未扣、应收未收税款50%以上3倍以下的罚款。纳税人、扣缴义务人逃避、拒绝或者以其他方式阻挠税务机关检查的，由税务机关责令改正，可以处1万元以下的罚款；情节严重的，处1万元以上5万元以下的罚款。

（四）骗取出口退税的法律责任

骗取出口退税，是指采取假报出口或者其他欺骗手段，骗取国家出口退税款的行为。骗取出口退税尚未构成犯罪的，由税务机关追缴其骗取的税款，并处以骗取税款1倍以上5倍以下的罚款；构成犯罪的，依法追究刑事责任。

对骗取国家出口退税款的，税务机关可以在规定期间内停止为其办理出口退税。

三、税务人员违法行为的法律责任

税务人员在履行职责过程中的违法行为，应视具体情况依法追究法律责任：（1）税务机关违反规定擅自改变税收征收管理范围和税款入库预算级次的，责令限期改正，对直接负责的主管人员和其他直接责任人员依法给予降级或者撤职的行政处分。（2）税务人员徇私舞弊，对依法应当移交司法机关追究刑事责任的不移交，情节严重的，依法追究刑事责任。(3) 税务机关、税务人员查封、扣押纳税人个人及其所扶养家属维持生活必需的住房和用品的，责令退还，依法给予行政处分；构成犯罪的，依法追究刑事责任。(4) 税务人员与纳税人、扣缴义务人勾结，唆使或者协助其偷税、欠税、骗取出口退税，构成犯罪的，按照刑法关于共同犯罪的规定处罚；尚未构成犯罪的，给予行政处分。(5) 税务人员利用职务上的便利收受或者索取纳税人、扣缴义务人财物或者谋取其他不正当利益，构成犯罪的，按照受贿罪追究刑事责任；未构成犯罪的，给予行政处分。(6) 税务人员徇私舞弊或者玩忽职守，不征或者少征应征税款，致使国家税收遭受重大损失的，构成犯罪的，以玩忽职守罪追究刑事责任；未构成犯罪的，给予行政处分。(7) 税务人员滥用职权，故意刁难纳税人、扣缴义务人的，调离税收工作岗位，并依法给予行政处分。(8) 税务人员对控告、检举税收违法违纪行为的纳税人、扣缴义务人以及其他检举人进行打击报复的，依法给予行政处分；构成犯罪的，依法追究刑事责任。(9) 违反法律、行政法规的规定提前征收、延缓征收或者摊派税款的，由上级机关或者行政监察机关责令改正，对直接负责的主管人员和其他直接责任人员依法给予行政处分。(10) 违反法律、行政法规的规定，擅自作出税收的开征、停征或者减税、免税、退税、补税以及其他同税收法律、行政法规相抵触的决定的，除依法撤销其擅自作出的决定外，补征应征未征的税款，退还不应征收而征收的税款，并由上级机关追究直接负责的主管人员和其他直接责任人员的行政责任；构成犯罪的，依法追究刑事责任。(11) 税务人员在征收税款或者查处税收违法案件时，未按照规定进行回避的，对直接负责的主管人员和其他直接责任人员，依法给予行政处分。

四、其他违法行为的法律责任

非法印制发票的，由税务机关销毁非法印制的发票，没收违法所得和作案工具，并处1万元以上5万元以下的罚款；构成犯罪的，依法追究刑事责任。

非法印制、转借、倒卖、变造或者伪造完税凭证的，由税务机关责令改正，处2 000元以上1万元以下的罚款；情节严重的，处1万元以上5万元以下的罚款；构成犯罪的，依法追究刑事责任。

纳税人、扣缴义务人的开户银行或者其他金融机构拒绝接受税务机关依法检查纳税人、扣缴义务人的存款账户，或者拒绝执行税务机关作出的冻结存款或者扣缴税款的决定，或者在接到税务机关的书面通知后帮助纳税人、扣缴义务人转移存款，造成税款流失的，由税务机关处10万元以上50万元以下的罚款，对直接负责的主管人员和其他直接责任人员处1 000元以上1万元以下的罚款。

银行和其他金融机构未依照税收征收管理法的规定在从事生产、经营的纳税人的账户中登录税务登记证件号码，或者未按规定在税务登记证件中登录从事生产、经营的纳税人的账户账号的，由税务机关责令限期改正，处2 000元以上2万元以下的罚款；情节严重的，处2万元以上5万元以下的罚款。

为纳税人、扣缴义务人非法提供银行账户、发票、证明或者其他方便，导致未缴、少缴税款或者骗取国家出口退税款的，税务机关除没收其违法所得外，可以处未缴、少缴或者骗取的税款1倍以下的罚款。

税务机关依法到车站、码头、机场、邮政企业及其分支机构检查纳税人有关情况时，有关单位拒绝的，由税务机关责令改正，可以处1万元以下的罚款；情节严重的，处1万元以上5万元以下的罚款。

未经税务机关依法委托征收税款的，责令退还收取的财物，依法给予行政处分或者行政处罚；致使他人合法权益受到损失的，依法承担赔偿责任；构成犯罪的，依法追究刑事责任。

未按照规定为纳税人、扣缴义务人、检举人保密的，对直接负责的主管人员和其他直接责任人员，由所在单位或者有关单位依法给予行政处罚。

复习思考题

一、概念题

税法　税率　税收保全措施　税收强制执行措施　税务行政复议　逃税　抗税　欠税　骗取出口退税

二、问答题

1. 税法应包括哪些基本构成要素？
2. 税务检查的内容是什么？
3. 税务行政复议机构受理哪些税务争议案件？
4. 对逃税行为应如何制裁？
5. 对抗税行为应如何制裁？
6. 关于欠税行为的法律责任是如何规定的？
7. 关于骗取出口退税的法律责任是如何规定的？

第十三章　票据法

第一节　票据法概述

一、票据的概念和特征

（一）票据的概念

票据有广义和狭义之分。广义的票据，泛指商业上的凭证，如钞票、发票、仓单、提单等。狭义的票据，是出票人依票据法规定签发的，由自己或委托他人于到期日或见票时无条件支付一定金额给收款人或持票人的一种有价证券。我国票据法中所称票据，是指汇票、本票、支票，即狭义的票据。

（二）票据的特征

1.票据是完全有价证券

票据权利与票据具有不可分性。票据权利的发生须作成证券；票据权利的转让须交付证券；票据权利的行使须占有、提示证券；票据丢失，一般无法行使权利；票据权利实现后，应向债务人交还证券。

2.票据是流通证券

所谓流通，是指票据权利可以依背书或者交付的方式而转让。无记名票据，仅以交付转让；记名票据，依背书转让。英美国家为强调票据的流通性，称它为流通证券。

3.票据是无因证券

票据上的法律关系只是单纯的金钱支付关系，至于这种支付关系的原因，权利人没有说明的义务，义务人也没有审查的权利。即使这种原因关系无效，对票据关系也不发生影响。此外，票据付款人支付票据金额不能附加条件。

4.票据是文义证券

票据上的一切权利义务均以票据上记载的文字为准，不受票据所载文字以外事由的影响。即使票据有错误，也不能以票据以外的证据方式予以变更或补充。

5.票据是要式证券

票据的形式和记载事项都由票据法严格规定，它必须根据法定方式作成方为有效；票据法规定的应记载事项以及票据的签发、转让、承兑、付款、追索等行为的程序和方式，在使用票据时都必须严格遵守，否则不发生预期的法律效力。

二、票据的功能

（一）支付功能

这是票据的原始功能。票据作为支付手段，能够简化结算活动，代替现金了结债权债务，清算货币收支，方便交易活动。

（二）信用功能

票据作为一种信用工具，在延期付款时是卖方向买方的授信行为；在预付货款时，是买方向卖方的接信行为。票据的信用功能还表现在票据贴现等活动中。

（三）结算功能

利用票据可以进行债权债务的抵销，使票据具有结算功能。利用票据进行结算，简便了手续，保证了交易安全。

（四）融资功能

票据贴现业务的出现，使票据具有了融资功能。利用票据贴现融资，解决了资金流转的困难。在现代社会，这一功能日益突出。

三、票据法的概念

票据法是调整因票据活动而产生的各种社会关系的法律规范的总称，具体包括票据的种类、形式、内容、当事人权利义务、法律责任等内容。1995年5月10日第八届全国人民代表大会常务委员会第十三次会议通过了《中华人民共和国票据法》（以下简称《票据法》），自1996年1月1日起施行。

作为新中国成立后通过的第一部票据法，它的颁布实施是我国票据发展史上的一个里程碑，标志着我国票据活动开始纳入法制化管理的轨道。2000年11月15日，为了正确适用票据法，公正及时地审理票据纠纷案件，保护票据当事人的合法权益，维护金融秩序和金融安全，最高人民法院作出了《关于审理票据案件若干问题的规定》。该规定也是审理票据案件的法律依据。

第二节　票据法的一般规定

一、票据行为

（一）票据行为的概念

票据行为是票据当事人以发生票据债务为目的，并以在票据上签名或者盖章作为权利义务成立要件的法律行为。票据法规定，我国票据行为包括出票、背书、承兑、保证、付款等。

票据行为分基本票据行为和附属票据行为。基本票据行为仅指出票行为，又称主票据行为，是创设票据的基本行为，出票行为无效，票据则无效。附属票据行为是以出票行为为前提，在出票行为完成之后所进行的票据行为，是出票行为之外的其他票据行为，如背书、承兑、付款等。

（二）票据行为的代理

票据行为的代理是代理人基于本人的授权载明为本人代理的意思而签名于票据上的行为。票据法出于保障票据流通的需要，对票据代理有与一般民事代理不同的规定。

1.票据代理的形式要件

票据法要求票据代理行为具备两个形式要件，即在票据上载明表示代理的意思和代理人签名。票据法规定，票据代理须以书面形式，不得以口头形式，并且应在票据上表明其代理关系，如“××代理人××”。

不具备这两项形式要件的，如代理人仅以自己的名义签名的，由代理人自负票据责任；代理人仅写明代理意思，缺乏代理人签名的，被代理人不负票据责任。

2.无权代理和越权代理的后果

根据民法的一般原理，发生无权代理和越权代理时，被代理人可以在事后以追认的方式使代理行为有效，这一原理不适用于票据法。若允许事后追认，将影响票据的流通性和安全性。因此，无权代理人以代理人的名义签名于票据者，应自负票据责任。

二、票据权利

（一）票据权利的概念

票据权利，是指持票人向票据债务人请求支付票据金额的权利。票据权利是以获得一定金钱为目的的债权。债权是一种请求权，即请求他人为一定行为或不为一定行为的权利。票据权利作为一种金钱债权，表现为请求支付一定数额货币的权利。根据我国票据法的规定，票据权利包括付款请求权和追索权。

（二）票据权利的取得

1.原始取得

收款人从发票人处取得票据，实际上就得到了票据权利，这就是原始取得。另外，持票人从无处分权人那里善意取得的票据，也是原始取得。

2.继受取得

持票人从有正当处分权人那里依背书转让或交付程序而取得的票据是继受取得，这属于票据法上的继受取得。有的是因票据法以外的原因取得，如因公司合并、转让、继承等取得，则是非票据法上的继受取得。

另外，票据权利的取得有一定限制。比如，以恶意或有重大过失取得票据，不得享有票据权利，并负有返还义务；无偿或者以不相当对价取得的票据，不得享有超过其前手的票据权利。

（三）票据权利的行使与保全

票据权利的行使是票据权利人请求票据债务人履行票据债务的行为。而票据权利保全是权利人为防止权利的丧失而为的一切行为。票据权利保全同时又是权利的行使行为，票据法将二者相提并论。

票据权利行使与保全主要有两种方式，即按期提示付款和作成拒绝证书。按期提示付款是依票据法规定的期间向债务人现实地出示票据，请求其履行票据债务；若付款要求遭拒绝，可以行使追索权。作成拒绝证书是依法行使票据权利遭拒绝后或者根本无法行使权利而由法定机关制作的一种公证文书，凭此行使追索权。

对于票据权利行使与保全的时间和地点，票据法规定，持票人对票据债务人行使票据权利，或者保全票据的权利，应当在当事人的营业场所和营业时间内进行；票据当事人无经营场所的，应当在其住所进行。

（四）票据权利的消灭

票据权利因下列法定事项消灭：一是因付款消灭。这里的付款仅指付款人或担当付款人向持票人支付票据金额的行为。票据为金钱证券，付款后，票据目的即告达到，票据上的请求付款权及追索权都不复存在。但如果是部分付款，则表示票据权利部分消灭。二是因时效消灭。这里的时效是消灭时效，票据法规定了消灭时效的内容：（1）2年期限消灭时效。持票人对票据的出票人和承兑人的权利，自票据到期日起2年内不行使而消灭。见票即付的汇票、本票，自出票日起计算2年后权利消灭。（2）6个月期限消灭时效。持票人对支票出票人的权利，自出票日起6个月内不行使而消灭；持票人对前手的追索权，自被拒绝承兑或被拒绝付款之日起6个月内不行使而消灭。（3）3个月期限消灭时效。持票人对前手的再追索权自清偿日或者被提起诉讼之日起3个月内不行使而消灭。

三、票据抗辩

（一）票据抗辩的概念

票据抗辩，是指票据债务人以一定的合法事由拒绝履行票据义务的行为。票据抗辩所根据的合法事由称为抗辩原因；票据债务人享有的拒绝债权人行使权利的权利称为抗辩权。票据抗辩是债务人保护自己的一种手段。

（二）票据抗辩的种类

根据原因的不同，票据抗辩可分为两种：一是对物抗辩。这是基于票据本身的内容而发生的事由所进行的抗辩，主要包括以下情形：（1）票据行为不成立而为的抗辩，如票据应记载的内容有欠缺，票据债务人无行为能力，无权代理或超越代理权进行票据行为。（2）依票据记载不能提出请求而为的抗辩，如票据未到期、付款地不符等。（3）票据载明的权利已消灭或已失效而为的抗辩，如票据债权因付款、抵销、提存、免除、除权判决、时效届满而消灭等。（4）票据权利的保全手续欠缺而为的抗辩，如应作成拒绝证书而未作等。（5）票据上有伪造、变造情形而为的抗辩。二是对人抗辩。这是基于票据债务人对抗特定债权人的抗辩。票据法规定，票据债务人可以对不履行约定义务的与自己有直接债权债务关系的持票人进行抗辩。

（三）票据抗辩的限制

票据是流通的信用证券，如果任意以票据记载内容以外的事实作为抗辩事由，那么不但会使持票人蒙受损失，而且会使权利人缺乏安全感，阻碍票据的流通。因此，为保证票据的安全性和流通性，法律对票据抗辩作了限制。票据法规定，票据债务人不能以自己与发票人之间所存在的抗辩事由来对抗持票人；票据债务人不得以自己与持票人前手间存在的抗辩事由对抗持票人。

（四）票据抗辩限制的例外

票据抗辩的限制并非绝对的，根据票据法的有关规定，抗辩的例外主要有两种情形：其一，持票人取得票据系出于恶意时，不适用票据抗辩的限制，此即“恶意抗辩”。这里的“恶意”包括“恶意及重大过失”，即持票人恶意取得票据并不以持票人与发票人或让与人间存在共谋为必要（有共谋当然是恶意），只需持票人取得票据时知道或稍尽注意之义务就能知道有抗辩事由存在即可。至于“恶意”是否存在，票据债务人负有举证责任。其二，持票人取得票据是以无对价或者以不相当对价时，也不适用票据抗辩限制的规定。无对价或以不相当对价取得票据的人，不能享有优于前手的权利，所以在抗辩的问题上也不能享有优于前手的权利，即票据债务人对持票人前手的抗辩，也可以对持票人行使。

四、票据丧失后的补救

票据丧失是并非出于持票人或者票据权利人的本人意愿而丧失对票据的占有。它分为绝对丧失和相对丧失，前者如票据灭失，后者如票据被盗和遗失。根据有关规定，票据丧失后可以用挂失止付和公示催告两种方式以资权利救济。

（一）挂失止付

挂失止付是持票人将票据丧失的事实通知票据付款人，并指示票据付款人停止支付票据款项的一种补救办法。能够发出挂失止付通知的票据权利人只能是那些依背书连续证明其权利存在，并且未通过盗窃、诈骗、抢夺等违背持票人真实意愿的手段而取得票据的人。

根据票据法的规定，未记载付款人或者无法确定付款人及代理付款人的票据不能挂失止付。对填明收款单位的汇票、银行本票、已签发的转账支票、定额支票不予挂失。另外，被司法机关扣押、没收或判决归他人的票据，原票据权利人不得申请挂失止付。同时，在挂失止付前已被冒领的，付款人概不负责。

失票人应在挂失止付后3日内向人民法院申请公示催告或者向人民法院起诉，因此，挂失止付只是保护失票人票据权利的权宜之计，只发生暂停付款的法律效果。

（二）公示催告

公示催告是人民法院根据失票人的申请，以公示的方法，催告票据利害关系人在一定时间内向法院申报权利，如在一定时间内没有人申报权利，法院依法宣告票据无效，使票据权利与票据本身发生分离的法律制度。关于公示催告程序的具体规定，详见本书“经济纠纷的解决”一章有关内容。

五、票据的伪造和变造

（一）票据的伪造

票据的伪造是冒用他人名义而为票据行为的行为，一般分为票据本身的伪造和签名的伪造。前者是指假冒他人名义出票的行为，如伪造发票人签名、伪造印章或模仿画押等；后者是假冒他人名义而为出票以外的票据行为，如假冒他人名义背书、保证、承兑等。伪造票据发生如下效力：

1.对于被伪造人的效力

由于被伪造人自己并未在票据上签名，因而不负任何票据责任。被伪造人可以对抗一切持票人，包括善意持票人。另外，若伪造行为可归责于被伪造人的过错，如伪造人是保管印章的人，或是被伪造人的雇员、经理等，被伪造人不得以票据伪造为由对抗善意持票人。

2.对于伪造人的效力

由于伪造人是假冒他人名义而为的票据行为，他并未将自己的真实姓名记在票据上，因而不负票据责任，但应承担相应的刑事责任和民事责任。

3. 对于其他真正签名人的效力

因为票据行为具有独立性，一行为的无效不影响他行为的继续有效，因而票据的伪造行为不影响真正签名人所为的票据行为的效力，各国票据法和我国票据法都有相同的规定。

4. 对于付款人的效力

持票人用伪造的票据向付款人提示付款时，付款人如发现票据属于伪造，有权拒绝承兑或者拒付。若付款人对票据上的伪造签名没有辨认出来而付款的，付款人应自负责任。

（二）票据的变造

票据的变造，是指没有变更权限的人以行使票据权利为目的，擅自改变票据上签名以外的记载事项的行为。变造票据是违法行为，但为了维护正常的流转秩序，票据法针对不同情况规定了变造票据的效力。

1. 对变造人的效力

如果变造人在票据上签章，就应对其签章时票据上的文义负责；变造人没有在票据上签章，则不承担票据上的责任，但可依刑法或民法规定追究其相应的责任。

2. 对变造前签章人的效力

票据当事人应对其签章时票据上记载的事项负责，而不能对其签章以后变造票据所记载的事项负责。

3. 对变造后签章人的效力

票据变造后的真实签章人，在其签章时，是以变造后的票据所记载的事项作为自己所为票据行为的内容，要承担其签章时票据所记载的事项的票据责任。

4. 不能辨认签章在票据变造之前或者之后的效力

不能辨别签章在票据变造之前或者之后的，视同签章在变造之前，只对变造之前的票据记载事项负责。

第三节　汇　票

一、汇票的概念和种类

汇票是出票人签发的，委托付款人在见票时或指定日期无条件支付确定金额给收款人或持票人的票据。

汇票根据划分标准不同，有不同的分类：以记载权利人的方式不同分为记名汇票、指示汇票、无记名汇票；以指定到期日的方式不同分为即期汇票和远期汇票；以流通的地域不同分为国内汇票和国外汇票；以发票人的不同分为银行汇票和商业汇票，银行签发的汇票为银行汇票，银行以外的法人、其他经济组织等签发的汇票为商业汇票。

二、汇票的出票

（一）出票的概念

汇票的出票是出票人签发票据并将汇票交付给收款人的票据行为。它包括签发票据和交付票据两个环节。

汇票的出票是基本的票据行为，其他附属票据行为，如背书、承兑等因此而产生，只有通过出票行为才产生票据权利与票据义务。

（二）票据的记载事项

1.绝对应记载事项

根据票据法的规定，汇票上必须记载的事项有：（1）票据文句。这是表明票据为汇票的文字。（2）一定金额。（3）支付文句。这是指“凭票支付”、“请于到期日无条件支付”等文字。（4）出票日期。出票日期仅符合形式上的要求即可，至于与实际日期是否相符，不影响出票的效力。（5）收款人或指定人的姓名。（6）出票人签名。（7）付款人姓名。付款人可以是法人，也可以是自然人。汇票上未记载上述规定事项之一的，汇票无效。

2.相对应记载事项

相对应记载的事项包括：（1）付款日。未规定付款日期的，视为见票即付。（2）付款地。付款地必须单一，汇票上未记载付款地的，付款人的营业场所、住所或者经营居住地为付款地。（3）出票地。汇票上未记载出票地的，出票人的营业场所、住所或者经常居住地为出票地。

（三）出票的效力

出票行为是单方法律行为，出票人制成票据交付他人便发生票据所载的权利义务关系，不以得到他人同意为要件。

1.对于出票人的效力

出票人委托付款人向收款人付款，应及时供给付款人资金，或与付款人之间有其他债权债务关系，以便及时承兑并付款，使这种委托得以实现。当收款人的请求被付款人拒绝时，可向出票人主张权利。但收款人应先向付款人主张，只有得不到满足时，才能向出票人主张权利。从这个意义上说，出票人是第二债务人。

2.对付款人的效力

出票人的委托付款行为是单方法律行为，付款人并没有义务当然对持票人的提示进行承兑或付款。持票人不得强求付款人对汇票进行承兑，也不得以此为理由而向其提起诉讼，只能向第二债务人即出票人主张权利。

3.对收款人的效力

收款人取得出票人的汇票后，即取得两项票据上的权利：其一为付款请求权，但这种权利在付款人承兑前只是一种不确定的权利，或称期待权，只有在承兑后，才能成为现实的权利；其二为求偿权，或称追索权，当其请求付款被拒绝时，可向出票人行使求偿的权利。

三、汇票的背书

（一）背书的概念及种类

汇票的背书，是指以转让票据权利或者将一定的票据权利授予他人行使为目的，在票据背面或者粘单上记载有关事项并签章的票据行为。它是附属的票据行为，是汇票转让的主要方式。

根据不同的标准，汇票背书分为不同的种类：（1）依汇票背书的目的不同，将背书分为转让背书与非转让背书。（2）依汇票转让的情形不同，将背书分为一般转让背书与特殊转让背书。前者如记名背书、空白背书，后者如回头背书、期后背书等。

（二）票据的禁止背书

票据法规定，出票人在汇票上记载“不得转让”字样的，汇票不得转让。禁止背书，是指发票人或背书人在票据上记载禁止转让票据权利。例如，我国规定，发票人在汇票上记载“不得转让”字样，汇票不得转让；背书人也可以在汇票上记载“不得转让”字样，若其后手转让汇票，原背书人对后手的被背书人不承担保证责任。

汇票是流通证券，原则上可以背书转让，唯有特殊原因时，才可记载“不得转让”字样。特殊原因有：（1）防止与持票人之间的人的抗辩被切断，这种情形多发生在出票人兼作付款人的汇票关系中；（2）出票人为防止与收款人以外的人发生票据关系，如出票人为免于因更多的人行使追索权而使自己遭受更大损失的危险，可以用禁止背书达到目的。

（三）一般转让背书

一般转让背书分为完全背书和空白背书。我国不承认空白背书，只对完全背书作了规定。

1.完全背书

完全背书又称正式背书或记名背书，是指背书人在转让汇票时同时记载自己和被背书人姓名及背书日期，以明确付款人向何人或何人的指定人付款的行为。这种背书有利于确定背书的连续状况，对确认持票人债权的有效性十分重要。

2.背书的连续

背书的连续，是指汇票上所记载的背书从最初的收款人至最后的持票人，在形式上具有连续不间断性，即除第一次背书人为收款人外，第二次以后的背书人均为前一次背书的被背书人，依次前后衔接，一直到最后的持票人。

持票人所持汇票的背书，只要符合连续性的要求，法律就推定他为正当的票据权利人。持票人据此可以行使票据权利。这是汇票背书转让的权利证明效力，又为资格授予效力。

（四）非转让背书

1.委托背书

委托背书又称委托取款背书，是指背书人授权被背书人代理自己行使票据权利的背书。委托背书的背书人有时也授权被背书人代行取款以外的权利。《票据法》第35条规定："背书记载'委托收款'字样的，被背书人有权代背书人行使被委托的票据权利。但是，被背书人不得再以背书转让票据权利。"委托背书不是权利转让背书，它只发生代理权授予效力以及权利证明效力。

2.设质背书

持票人在汇票上背书，将该票据作为质押权的对象交付质押权人，由该质押权人（也就是设定质押的被背书人）取得该票据。设质背书在格式上与一般转让背书相同，也可以是空白背书，但必须记载"设质"

文句，或“因担保”文句。

四、汇票的承兑

（一）承兑的概念

承兑是汇票付款人明确表示于到期日支付汇票金额的一种票据行为。它是一种要式的附属的票据行为。

汇票一经承兑，承兑人就负有于到期日绝对付款的责任。

（二）承兑的程序

1.承兑的提示

承兑的提示是汇票的持票人在承兑的期限内，以确定和保全其票据权利为目的，向付款人出示票据，请求予以承兑的行为。它是承兑这一票据行为的前提。承兑提示应在票据到期日前为之。

2.付款人的承兑

持票人向付款人提示汇票请求承兑后，付款人应尽快决定承兑或拒绝承兑。根据有关规定，付款人对向其提示承兑的汇票，应当自收到该汇票之日内3日内承兑或拒绝承兑。承兑应在汇票上记载“承兑”或其他文句并由其签名。

五、汇票的保证

（一）保证的概念

票据保证就是票据债务人以外的人，为担保票据债务的履行，以承担某一内容的票据债务为目的所为的一种附属的票据行为。它与一般民法上的保证在性质、形式、先诉抗辩权的有无上均有所不同。

（二）汇票保证的效力

1.保证人的责任

保证不得附条件。保证人的责任具有从属性，与被保证人负同一责任。保证人的责任还具有独立性，只要形式要件具备，保证人就应承担责任。持票人可以直接向保证人主张权利。

2.保证人的权利

票据法规定，保证人清偿汇票债务后，可以行使持票人对被保证人及其前手的追索权。同时，也可以行使持票人所享有的付款请求权。

3.对被保证人及其前后手的效力

票据保证行为本身并不免除任何票据债务人的票据责任，如果保证人履行了持票人的票据债务后，被保证人的后手即可免责；被保证人及其前手，仍负有对保证人清偿的责任。

六、付款

（一）付款的含义

付款有广义和狭义之分。广义的付款，是指一切票据关系人，依票据文义向票据债权人支付票载金额的行为。狭义的付款则仅指付款人或担当付款人支付票据金额以消灭票据关系的行为。这里仅指狭义的付款。

（二）付款的程序

1.提示

付款的提示，是指持票人向付款人或担当付款人现实地出示票据以请求付款的行为。提示是付款的前提。提示应在法定期间进行，见票即付汇票自出票日起1个月、定期付款汇票到期日起10日内应提示付款。

2.付款

持票人依法提示付款的，付款人应在当日足额付款。付款依汇票记载币种为准。付款人在付款时，对持票人资格仅负形式上的审查义务，即对票据格式是否合法、绝对应记载事项是否齐全、背书是否连续进行审查。付款人有权要求持票人交回票据；否则，可拒绝付款。票据足额付款后，汇票上的权利义务关系全部消灭。

七、追索权与拒绝证书

（一）追索权

追索权，是指汇票到期不获付款或期前不获承兑，或其他法定原因出现时，持票人在履行了保全手续后，向其前手请求偿还汇票金额、利息及费用的一种票据上的权利。

行使追索权的可以是持票人，也可以是其他因清偿而取得票据的人。被追索人即偿还义务人，包括出票人、背书人、保证人等。一般情况下，除非持票人直接向汇票最后债务人请求偿还，其他债务人在向持票人偿还后，便取得了持票人的资格，可以向自己的前手追索，此为再追索。再追索直到最后债务人偿还后才最终结束。

（二）拒绝证书

拒绝证书是证明持票人曾经依法行使票据权利而被拒绝或者无法行

使票据权利的要式的公证文件。它是行使追索权的前提条件。

拒绝证书应记载拒绝者和被拒绝者的姓名或名称。持票人应当在收到被拒绝承兑或者被拒绝付款的有关证明之日起3日内，将被拒绝事由书面通知前手。

拒绝证书可以在票据上作成，也可以在其粘单或抄本上作成。它由法定机关及人员作出。

第四节　本　票

一、本票的概念

本票是出票人签发的，承诺自己在见票时无条件支付确定金额给收款人或者持票人的票据。

根据票据法的规定，我国只承认见票即付的、记名的银行本票。本票和汇票都属于信用证券，相同之处很多，因此，票据法规定，关于本票的出票、转让、保证、付款、追索权的行使，适用汇票的有关规定。

二、本票的记载事项

（一）绝对必要记载事项

绝对必要记载事项包括：（1）表明“本票”的字样；（2）无条件支付的承诺；（3）确定的金额；（4）收款人名称；（5）出票日期；（6）出票人签章。本票上未记载上述规定事项之一的，本票无效。

（二）相对必要记载事项

相对必要记载事项包括：（1）到期日。未写明到期日的，视为见票即付。（2）付款地。未记载付款地的，以出票人的营业场所为付款地。（3）出票地。未记载出票地的，以出票人的营业场所为出票地。

（三）不得记载事项

本票上不得记载附条件支付的文句和法定方式以外的到期日等。本票记载上述两项事项，整个票据无效。

三、本票的出票

（一）出票人资格

为维护交易安全，法律要求本票的出票人必须具有支付本票金额的可靠资金来源，并保证支付。为加强对出票人信用能力的监督与管理，票据法规定，本票出票人的资格由中国人民银行审定，具体管理办法由中国人民银行规定。

（二）本票出票的效力

1.对出票人的效力

出票人发出本票后，对持票人负有在到期日支付本票金额的义务。这一义务是第一次的、无条件的、绝对的和最终的义务。

2.对收款人的效力

出票人发出本票后，收款人（即持票人）即取得了付款请求权和追索权。

四、本票的见票

（一）本票见票的含义

本票见票，是指本票的持票人按照规定期限提示本票，由出票人在本票上记载“见票”的字样、见票日期及签名，并支付票据金额的行为。

（二）本票提示的期限

由于见票即付的票据自出票日起随时可以请求付款，因此见票即付票据的付款提示的期限从出票日起计算，最长不得超过2年。本票的持票人未按规定期限提示的，丧失对出票人以外前手的追索权。

（三）本票见票的效力

见票后定期付款的本票以见票日为基准来确定到期日。见票提示是保全权利、行使追索权的要件。发票人在持票人见票提示后，必须承担付款责任。

第五节　支　票

一、支票概述

（一）支票的概念和种类

支票是发票人签发的，委托办理支票存款业务的银行或其他金融机构于见票时，无条件支付确定金额给收款人或者持票人的票据。

依记载权利人的方式不同，支票可分为记名支票、指示支票、无记名支票。依支票当事人资格是否重叠的不同，支票可分为对己支票、指己支票和付受支票。依支付方式不同，支票可分为现金支票和转账支票。现金支票只能用于支取现金；转账支票只能用于转账，不得支取现金。依支票上出票日期与实际出票日期是否一致，支票可分为即期支票和远期支票。依支票有无特殊保障的不同，可分为一般支票、保付支票和平行线支票。

（二）支票与汇票、本票的区别

支票与汇票、本票一样，也是完全的、设权的、要式的有价证券。但它们之间存在明显的区别：其一，在资金关系上，发票人在签发支票时，法律要求发票人与付款人之间有资金关系；而签发汇票时，发票人与付款人之间不必有资金关系；本票的发票人即为付款人，无所谓资金关系。其二，在付款人身份上，支票的付款人必须是银行或其他金融机构；汇票、本票的付款人则无限制。其三，在转让方式上，支票同汇票一样，应背书转让，支票转让适用汇票转让的规定；本票一般是交付转让，背书转让是例外。其四，在到期日上，支票只有见票即付一种到期日；而汇票、本票可记载几种到期日的任何一种。其五，在经济职能上，支票主要是用作支付工具，从而节省通货；而汇票、本票主要是信用工具。

（三）关于空头支票

空头支票是出票人签发的，支票金额超出其付款时在付款人处实有金额的支票。我国票据法明文禁止签发空头支票，严格要求在付款人处必须实有支票金额的存款。

签发空头支票、骗取财物的行为是一种票据欺诈行为，应当依法追究刑事责任；付款人同出票人、持票人恶意串通，签发空头支票的，应追究刑事责任；情节轻微，不构成犯罪的，予以行政处分；给他人造成损失的，应当依法承担民事责任。

二、支票的发票

（一）发票的含义

支票的发票是发票人委托银行向收款人支付一定金额的票据行为。同汇票、本票发票一样，支票的发票也包括制成和交付票据两个环节。

支票签发，必须使用充当付款人的银行印制并发出的支票用纸。存款人领取支票用纸，填写“支票领用单”，加盖预留于银行的印鉴。

（二）支票的记载事项

1.绝对必要记载事项

绝对必要记载事项有：（1）表明“支票”的字样；（2）无条件支付的指示；（3）付款人名称；（4）出票日期；（5）出票人签章。支票上未记载上述规定事项之一的，支票无效。

2.相对必要记载事项

相对必要记载事项有：（1）确定的金额。出票人签发支票时，可以不记载金额，授权持票人补记。（2）收款人名称。（3）付款地。（4）出票地。

（三）发票的效力

1.对发票人的效力

支票发票后，发票人应依支票文义承担担保付款责任。但支票经付款人保付后，发票人的担保责任可以免除。支票无承兑制度，因而发票人不承担承兑的义务。

2.对付款人的效力

只要发票人在付款人处的存款足以支付支票金额，并且付款人未收到发票人破产宣告通知的，付款人有全额付款的义务。其付款义务是有条件的、相对的。

3.对收款人的效力

收款人取得支付请求权、票款受领权，但这仅是一种期待权。另外，收款人未受领款项时，可行使追索权。

三、支票的付款

（一）付款提示

支票由持票人向付款人提示，请求付款。支票为支付证券，持票人应在付款提示期间提示。支票的持票人应当自出票日起10日内提示付款，异地使用的支票，其提示付款期限由中国人民银行另行规定。

（二）付款方式

1.全部付款

支票限于见票即付，有相反记载的，该记载无效，也不另行记载付款日期。出票人在付款人处的存款足以支付支票金额时，付款人应于当日足额付款。

2.转账

转账是用支票的交付来调整银行账务的数目。持票人请求银行将出票人签发的支票所载金额转存入持票人的账户，以实现支票上的权利，这与现金支付有相同的效力。

（三）付款人的审查义务

付款人的审查义务只是对持票人是否具备形式上的资格进行审查，而对持票人实际上是否真正是权利人无审查义务。审查的事项包括：(1) 审查票据的形式，是否具备了支票的法定要件；(2) 若有背书转让，审查背书是否连续；(3) 审查支票上的签章与出票人在银行预留的印鉴是否相符。

付款人足额付款后，支票债务人的责任解除，支票由银行收回。

四、空白支票

空白支票是发票人在签发支票时，因某种原因，有意将票据上的应记载事项不记载完全，待以后由自己授权收款人予以补充完备。

空白支票进入流通领域，严格地讲，与票据法的规定及票据特征不相符。但在实践中，发行和使用空白支票是一种根深蒂固的票据使用习惯，许多国家票据法予以承认和允许。

在实践中，一般有金额空白、到期日空白、收款人空白、发票人空白等，尤以金额空白最为常见。空白票据经发票人的授权人对空白部分记载后，成为完全票据。

从我国目前有关票据的法律看，没有明确禁止签发空白支票，但对其有严格的管理，特别是在银行结算中，规定了比较严格的管理制度。比如，企业必须建立健全内部管理制度，对支票的管理要由财务部门负责，指定专人保管银行发售的支票，建立空白支票登记、销号制度，在使用时由专人签发，并将支票与预留银行印鉴分别存放，专人保管，不能将空白支票交给收款人代为保管和签发。单位采购人员如确有需要，携带不填写金额的支票外出采购时，只限于使用转账支票，并且在支票上必须填写签发日期、用途、收款人名称，单位财务部门对采购人员要规定支付限额，严格报账手续。

支票一经签发就具有支付作用，因此，付款人对签发的支票要妥善保管；已签发的现金支票如有遗失可向银行挂失；转账支票遗失，银行不受理挂失，可请求收款人及其开户银行协助防范。对遗失的支票超过有效期或者挂失前已经支付的支票，发生的损失均由遗失的单位和个人负责。

第六节　法律责任

一、票据欺诈行为的法律责任

票据欺诈行为，是指票据有关当事人通过虚构事实、隐瞒真相等手段，故意使其他票据当事人为意思表示不真实的行为。其表现主要有：（1）伪造、变造票据的；（2）故意使用伪造、变造票据的；（3）签发空头支票或者故意签发与其预留的本名签名式样或者印鉴不符的支票，骗取财物的；（4）签发无可靠资金来源的汇票、本票，骗取资金的；（5）汇票、本票的出票人在出票时进行虚假记载，骗取财物的；（6）冒用他人票据，或者故意使用过期或者作废票据，骗取财物的；（7）付款人同出票人、持票人恶意串通，实施上述六项行为之一的。

上述行为，诈骗数额较大的，构成诈骗罪，其中使用盗窃的票据的，构成盗窃罪，依刑法有关规定，追究刑事责任；情节轻微，不构成犯罪的，给予行政处罚；因此给他人造成损失的，承担民事责任。

二、金融机构工作人员违法行为的法律责任

金融机构工作人员在票据业务中玩忽职守，对违反票据法有关规定的票据予以承兑、付款或者保证的，给予行政处分；造成重大损失，构成犯罪的，依法追究刑事责任。

由于金融机构工作人员上述行为给当事人造成损失的，由该金融机构和直接责任人员依法承担赔偿责任。

三、票据付款人违法行为的法律责任

付款人对见票即付或者到期的票据故意压票，拖延支付的，由金融机构的行政管理部门予以罚款，对直接责任人员予以处分。

付款人上述行为给持票人或者他人造成损失的，依法承担赔偿责任。

复习思考题

一、概念题

票据　票据行为　票据抗辩　票据的伪造　票据的变造　挂失止付　背书　汇票　本票　支票　空白支票

二、问答题

1.票据的特征有哪些?
2.票据行为包括哪些种类?
3.票据权利因时效消灭有哪几种情况?
4.票据丧失后法律规定了哪几种补救的办法?
5.票据变造、伪造后的效力表现在哪些方面?
6.关于空白支票我国有关法律是如何规定的?

第十四章　会计法

第一节　会计法概述

一、会计法的概念

会计法是调整会计关系的法律规范的总称。所谓会计关系，是指企业、事业单位、国家机关、社会团体等对开展的经济活动和财务收支进行核算、分析、检查的一种经济管理关系。会计关系具有以下特征：(1) 以货币量度作为统一的尺度；(2) 根据凭证，按照规定的程序，全面地、系统地连续记录和反映经济活动及财务收支情况；(3) 有一套专门的核算、分析、检查的方法。会计法就是对以这些特征形成的经济管理关系进行法律调整。

会计法可以从广义和狭义两方面解释。狭义的会计法就是指1985年1月21日第六届全国人民代表大会常务委员会第九次会议通过的《中华人民共和国会计法》(以下简称《会计法》)。该法于1993年12月29日在第八届全国人大常委会第五次会议上作了修正；1999年10月31日在第九届全国人大常委会第十二次会议上再次作了修正。广义的会计法还包括国家有关机关颁布的一切行之有效的会计法规、规章等，如《会计基础工作规范》、《企业财务通则》、《企业会计准则》、《关于惩治违反会计法犯罪的决定》等。在经济法学中，会计法一般是从广义上来理解的。

二、会计法的任务

根据会计法的规定，会计法的任务可以概括为以下三个方面：

(一) 规范会计行为

会计行为，是指会计人员为完成会计工作所作出的与会计核算、会计监督有关的行为。会计工作是经营管理工作的重要组成部分。我国会计工作近年来虽然有很大进步，但存在的问题仍然很多，诸如数字不实、基础薄弱、家底不清、管理混乱、违反财经纪律的事层出不穷、损失浪费严重等。这些问题的出现，与会计行为不规范有很大关系。规范会计行为就是把会计工作纳入法制轨道，使会计人员及领导人员都能依法办事，保证国家财政制度和各项财经纪律都能得到贯彻执行。

（二）确保会计资料真实、完整

确保会计资料真实、完整，是对会计工作的基本要求。当前，一些单位在会计资料方面管理混乱的问题比较严重，如弄虚作假、残缺不全，甚至随意涂改挖补，从而导致会计核算数字不实。为改变这种状况，会计法规定，各单位必须依法设置会计账簿，并保证其真实、完整。任何单位或者个人不得以任何方式指使、强令会计机构、会计人员伪造、变造会计凭证、会计账簿和其他会计资料，提供虚假财务会计报告。对违反者予以严厉的惩罚。所以，确保会计资料的真实、完整是会计法的一项重要任务。

（三）发挥会计工作在加强经济管理、提高经济效益、维护社会主义市场经济秩序中的作用

会计作为管理社会主义经济的工具，要以国家财政制度和财务制度作为反映和监督的依据。严格执行国家财政制度和财务制度，就会使社会主义市场经济秩序受到保护。同时，会计根据各项生产经营业务的记录，从不同角度系统地记录、计算、报告、分析企业的经营活动，能使企业经营管理水平不断提高，经济效益越来越好。

三、会计法的适用范围

会计法的适用范围就是会计法的效力范围，即在什么空间、对什么人和在什么时间内具有法律效力。

根据会计法的规定，从空间范围来说，其适用于国家机关、社会团体、公司、企业、事业单位和其他组织。这里的“企业、事业单位”，既包括国有企业、事业单位，也包括集体所有制企业、事业单位和外商投资企业、在我国境内的外国企业。由于个体工商户在经营管理和会计工作上有一定的特殊性，会计法的适用范围不包括这些企业，但会计法的基本原则是适用的，具体管理办法由国务院专门规定。从对人的效力范围来说，会计法适用于会计人员、单位行政领导和其他人员。

四、会计工作的管理体制

我国会计工作的管理体制总原则是“统一领导、分级管理”。会计工作的管理体制主要包括会计工作的领导体制、会计制度的制定权限和会计人员的管理体制三个方面。

（一）会计工作的领导体制

会计法规定，国务院财政部门管理全国的会计工作。县级以上地方各级人民政府的财政部门管理本行政区域内的会计工作。

（二）会计制度的制定权限

会计法规定，国家统一的会计制度由国务院财政部门制定。国务院有关部门在同会计法和国家统一的会计制度不相抵触的前提下，可以制定对会计核算和会计监督有特殊要求的行业实施国家统一的会计制度的具体办法或者补充规定，报国务院财政部门审核批准。人民解放军总后勤部可以依照会计法和国家统一的会计制度，制定军队实施国家统一的会计制度的具体办法，报国务院财政部门备案。

（三）会计人员的管理体制

这主要是指对会计人员的管理权限，如会计人员的任免、调遣、奖惩等。有关这方面的规定，将在“会计机构和会计人员”一节中作详细说明。

第二节　会计核算

一、会计核算的概念

会计核算是会计的基本职能之一。会计核算有广义和狭义之分。广义的会计核算是对国家机关、社会团体、公司、企业、事业单位和其他组织的经济活动全过程的核算，包括对经济活动全过程的记录、计算、预测、决策、控制、分析、考核等全部内容。狭义的会计核算，是指以货币为主要计量单位，通过专门的程序和方法，对国家机关、公司、企业、事业单位等组织的经济活动和财务收支情况进行审核和计算。它只是对经济活动和财务收支情况进行连续、系统、全面、综合的记录、计算、分析，并根据记录和计算的资料，编制会计报表，不包括预测、决策、控制等其他方面的内容。会计法规定的会计核算，是指狭义会计核算，即事后的会计核算。根据会计法的规定，各单位必须根据实际发生的经济业务事项进行会计核算，填制会计凭证，登记会计账簿，编制财务会计报告。任何单位不得以虚假的经济业务事项或者资料进行会计核算。

二、会计核算的内容

会计核算的内容即会计核算的对象。会计法规定，对下列经济业务事项，应当办理会计手续，进行会计核算：（1）款项和有价证券的收付；（2）财物的收发、增减和使用；（3）债权债务的发生和结算；（4）资本、基金的增减；（5）收入、支出、费用、成本的计算；（6）财务成果的计算和处理；（7）需要办理会计手续、进行会计核算的其他事项。

上述七项内容，包括两层含义：一是一切经济业务发生时，都必须经过会计记录、计算，如实地进行反映，不能错漏；二是一切经济业务都必须由经办人员和会计人员按规定办理会计手续，这是保证会计核算质量的基础和前提。

三、会计年度

会计年度，是指在会计工作中，为总结国家机关、公司、企业、事业单位等组织的财务收支和业务成果所确定的以年为单位的起讫期间。会计年度通常与财政年度相一致。财政年度也叫预算年度，是指国家预算收支起讫的期间。世界各国有的采用“历年制”，即从公历1月1日起至12月31日止；有的采用“跨年制”，即从本年度某月份起到下年度某月份止，跨两个年度。我国会计法规定，会计年度自公历1月1日起至12月31日止，采用“历年制”。这样规定，使会计年度与国民经济计划年度、财政年度保持一致，有利于国民经济宏观管理。

四、记账的本位币

会计核算以人民币为记账本位币。业务收支以人民币以外的货币为主的单位，可以选定一种货币作为记账本位币，但是编报的财务会计报告应当折算为人民币。

五、会计核算的方法、程序

会计核算的方法，是指对会计对象进行连续、系统、全面的记录、计算、反映和监督所应用的方法；会计核算的程序，是指从会计凭证的整理、填制、传递，到登记账簿、编制财务会计报告的一系列工作过程。对会计核算的方法和程序，会计法规定了五方面内容：

（一）总的要求

会计核算总的要求是：会计凭证、会计账簿、财务会计报告和其他会计资料必须符合国家统一的会计制度的规定。任何单位和个人不得伪造、变造会计凭证、会计账簿及其他会计资料，不得提供虚假的财务会计报告。用电子计算机进行会计核算的，所使用的软件及其生成的会计凭证、会计账簿、财务会计报告和其他会计资料，也必须符合国家统一的会计制度的规定。

（二）填制和审核会计凭证

会计凭证包括原始凭证和记账凭证。办理会计核算的事项，必须填制或者取得原始凭证，并及时送交会计机构。会计机构、会计人员必须按照国家统一的会计制度的规定对原始凭证进行审核，对不真实、不合法的原始凭证有权不予接受，并向单位负责人报告；对记载不准确、不完整的原始凭证予以退回，并要求按照国家统一的会计制度的规定更正、补充。原始凭证记载的各项内容均不得涂改；发现原始凭证有错误，应当由出具单位重开或者更正，更正处应当加盖出具单位印章。原始凭证金额有错误的，应当由出具单位重开，不得在原始凭证上更正。根据经过审核的原始凭证编制记账凭证。

（三）会计账簿登记

会计账簿登记，必须以经过审核的会计凭证为依据，并符合有关法律、行政法规和国家统一的会计制度的规定。会计账簿包括总账、明细账、日记账和其他辅助性账簿。会计账簿应当按照连续编号的页码顺序登记。会计账簿记录发生错误或者隔页、缺号、跳行的，应当按照国家统一的会计制度规定的方法更正，并由会计人员和会计机构负责人（会计主管人员）在更正处盖章。使用电子计算机进行会计核算的，其会计账簿的登记、更正，应当符合国家统一的会计制度的规定。各单位发生的各项经济业务事项应当在依法设置的会计账簿上统一登记、核算，不得违反会计法和国家统一的会计制度的规定私设会计账簿登记、核算。

（四）建立健全财产清查制度

各单位应当建立财产清查制度，定期将会计账簿记录与实物、款项及有关资料相互核对，保证账实相符、账证相符、账账相符、账表相符。

（五）正确编制财务会计报告

各单位按照会计法和国家统一的会计制度关于财务会计报告的编制要求、提供对象和提供期限的规定，根据经过审核的会计账簿记录和有关资料编制财务会计报告。财务会计报告由会计报表、会计报表附注和财务情况说明书组成，须由单位负责人和主管会计工作的负责人、会计机构负责人（会计主管人员）签名并盖章。设置总会计师的单位还须由总会计师签名并盖章。

向不同机关、单位提供的财务会计报告，其编制依据应当一致。有关法律、行政法规规定会计报表、会计报表附注和财务情况说明书须经注册会计师审计的，注册会计师及其会计师事务所出具的审计报告应当随同财务会计报告一并提出。

会计记录的文字应当使用中文。在民族自治地方，可以同时使用当地通用的一种民族文字。在我国境内的外商投资企业、外国企业和其他外国组织的会计记录，可以同时使用一种外国文字。

六、会计档案的管理

会计凭证、会计账簿、财务会计报告和其他会计资料，应当按照国家有关规定建立档案，妥善保管。关于会计档案的保管期限和销毁办法，财政部和国家档案局已于1984年联合颁发了《会计档案管理办法》，其内容是：

（一）统一全国会计档案管理制度

会计档案是国家档案的重要组成部分，也是各单位的重要档案之一。该项工作由各级财政机关和各级档案业务管理机关共同负责，进行业务指导、监督与检查。

（二）确定会计档案的范围

会计档案，是指会计凭证、会计账簿和财务会计报告等会计核算专业材料，不包括预算、计划、制度等文件材料。

（三）规定财会与档案部门各自的职责

各单位每年形成的会计档案，都应由财务会计部门按照归档要求，负责整理立卷或装订成册。档案部门接受保管的会计档案，原则上应当保持原卷册的封装，个别需要拆封重新整理的，应当会同原财务会计部门和经办人员共同拆封整理，以分清责任。向外单位提供利用时，档案原件原则上不得借出，如有特殊需要，须报经上级主管单位批准，但不得拆散原卷册，并应限期归还。会计档案保管期满，需要销毁时，由本单位档案部门提供销毁意见，会同财务会计部门共同签订、严格审查、编造会计档案销毁清册。

（四）规定合理的会计档案保管期限

各种会计档案的保管期限，根据其特点分为永久、定期两类。定期保管期又分为3年、5年、10年、15年、25年五种。会计档案管理办法还按预算会计、建设银行会计、企业会计和建设单位会计，具体规定了会计档案保管期限表，以适应不同专业会计特点的需要。

七、公司、企业会计核算的特别规定

公司、企业进行会计核算，除应当遵守会计法关于会计核算的规定外，还必须根据实际发生的经济业务事项，按照国家统一的会计制度的规定确认、计量和记录资产、负债、所有者权益、收入、费用、成本和利润。公司、企业进行会计核算不得有下列行为：（1）随意改变资产、负债、所有者权益的确认标准或者计量方法，虚列、多列、不列资产、负债、所有者权益。（2）虚列或者隐瞒收入，推迟或者提前确认收入。（3）随意改变费用、成本的确认标准或者计量方法，虚列、多列、不列或者少列费用、成本。（4）随意调整利润的计算、分配方法，编造虚假利润或者隐瞒利润。（5）违反国家统一的会计制度规定的其他行为。

第三节　会计监督

一、会计监督的概念

会计监督，是指会计机构、会计人员在办理财务会计事务过程中，对本单位执行国家财政制度和财务制度的情况以及生产经营活动所实行的监察督促。会计监督是会计工作的又一重要职能。

二、会计监督的机构和人员

会计监督的机构和人员，可分为内部和外部两个方面。

内部监督机构和人员，是指各单位的会计机构、会计人员。他们对本单位实行会计监督。单位内部会计监督制度应当符合下列要求：

(1) 记账人员与经济业务事项和会计事项的审批人员、经办人员、财务保管人员的职责权限应当明确，并相互分离、相互制约；(2) 重大对外投资、资产处置、资金调度和其他重要经济业务的决策和执行的相互监督、相互制约程序应当明确；(3) 财产清查的范围、期限和组织程序应当明确；(4) 对会计资料定期进行内部审计的办法和程序应当明确。

外部监督机构和人员，是指本单位以外负有监督职权的国家行政机关和人员。根据会计法的规定，财政、审计、税务、人民银行、证券监管、保险监管部门按照各自的职责分工，依照有关法律、行政法规的规定，对有关单位的会计资料实施监督检查。各单位必须如实提供会计凭证、会计账簿、财务会计报告和其他会计资料以及有关情况，不得拒绝、隐匿、谎报。这是针对目前一些单位不能正确接受外部单位的监督而规定的。国家有关机关对各单位的财务会计工作实行监督，是社会主义经济监督体系的一个重要方面。它与单位内部由会计机构、会计人员实行的会计监督是相辅相成的。外部监督的健全和发展，是对内部监督的有力支持。

三、会计监督的内容和方法

根据会计法的规定，会计监督的内容和方法主要是：

（一）对会计事项的监督

单位负责人应当保证会计机构、会计人员依法履行职责，不得授意、指使、强令会计机构、会计人员违法办理会计事项。会计机构、会计人员对违反会计法和国家统一的会计制度规定的会计事项，应当拒绝办理或者按照职权予以纠正。

（二）对账簿的监督

会计机构、会计人员发现会计账簿记录与实物、款项及有关资料不符的时候，按照国家统一的会计制度的规定有权自行处理的，应当及时处理；无权自行处理的，应当立即向本单位负责人报告，请求查明原因，作出处理。这就是说，账实不符的具体原因不同，处理的方法也不同。凡是国家财会制度中已有明文规定处理办法的，会计人员应当按其规定处理；没有规定的，会计人员应当按规定请示处理。

（三）对会计制度执行情况的监督

会计机构、会计人员和其他人员对违反会计法和国家统一的会计制度规定的行为，有权检举。收到检举的部门有权处理的，应当依法按照职责分工及时处理；无权处理的，应当及时移送有权处理的部门处理。收到检举的部门、负责处理的部门应当为检举人保密，不得将检举人姓名和检举材料转给被检举人单位和被检举人个人。

四、财政部门的监督

财政部门是会计工作的主管部门，负有对会计工作监督的职责。财政部门的监督是外部监督的重要方面。根据会计法的规定，财政部门对各单位的下列情况实施监督：（1）是否依法设置会计账簿；（2）会计凭证、会计账簿、财务会计报告和其他资料是否真实、完整；（3）会计核算是否符合会计法和国家统一的会计制度的规定；（4）从事会计工作的人员是否具备从业资格。

第四节　会计机构和会计人员

一、会计机构和会计人员的设置

会计法规定，各单位应当根据会计业务的需要设置会计机构，或者在有关机构中设置会计人员并指定会计主管人员。不具备设置条件的，可以委托经批准设立从事会计代理记账业务的中介机构代理记账。

每个国家机关、社会团体、企业、事业单位等，本来都应该设置会计机构，负责本单位的会计工作，但在实际工作中，会计工作与财务工作的关系非常密切，因此，往往把两者结合在一起，设置一个机构。所以，会计法并未规定“单独设置会计机构”，而只是规定“根据会计业务的需要，设置会计机构”。在我国，单位有大小之分，会计业务有繁简之别，对不需要设置会计机构的单位，可设置会计人员，并指定会计主管人员，甚至可以找中介机构代理记账。

国有的和国有资产占控股地位或者主导地位的大、中型企业必须设置总会计师。总会计师的任职资格、任免程序、职责权限由国务院规定。

会计机构内部应当建立稽核制度。稽核，是指在国家机关、社会团体和企事业单位、其他组织内部，由其工作人员或上级机关派驻的人员对会计凭证、账簿和会计报表等所作的审核，也就是通常所说的查对账目。但出纳人员不得兼管稽核工作，也不得兼管会计档案保管和收入、支出、费用、债权债务账目的登记工作。

二、会计人员的资格条件

根据会计法的规定，会计人员的资格条件主要包括以下内容：(1) 从事会计工作的人员必须取得会计从业资格证书。(2) 担任会计机构负责人、会计主管人员的，除取得会计从业资格证书外，还应当具备会计师以上专业技术职务资格或者从事会计工作3年以上经历。(3) 犯有与会计职务有关犯罪的人员，或者被依法吊销会计从业资格证书的人员，不得取得或者重新取得会计从业资格证书。(4) 会计人员从业资格管理办法由国务院财政部门另行制定。

三、会计人员的工作交接

会计人员在任职期间，由于各种原因，可能会发生一些变化，为此，需要办理交接手续。会计法规定，会计人员调动工作或者离职，必须与接管人员办清交接手续。其程序是：一般会计人员办理交接手续，由会计机构负责人（会计主管人员）监交。会计机构负责人（会计主管人员）办理交接手续，由单位负责人监交，必要时可以由主管单位派人会同监交。

第五节 法律责任

一、违反会计核算规定的法律责任

单位领导人、会计人员违反会计法关于会计核算的规定，有下列行为之一的，由县级以上人民政府财政部门责令限期改正，可以对单位并处3 000元以上5万元以下的罚款；对其直接负责的主管人员和其他直接责任人员，可以处2 000元以上2万元以下的罚款；属于国家工作人员的，还应当由其所在单位或者有关单位依法给予行政处分：(1) 不依法设置会计账簿的；(2) 私设会计账簿的；(3) 未按照规定填制、取得原始凭证或者填制、取得的原始凭证不符合规定的；(4) 以未经审核的会计凭证为依据登记会计账簿或者登记会计账簿不符合规定的；(5) 随意变更会计处理方法的；(6) 向不同的会计资料使用者提供的财务会计报告编制依据不一致的；(7) 未按照规定使用会计记录文字或者记账本位币的；(8) 未按照规定保管会计资料，致使会计资料毁损、灭失的；(9) 未按照规定建立并实施单位内部会计监督制度或者拒绝依法实施的监督，或者不如实提供有关会计资料及有关情况的；(10) 任用会计人员不符合法律规定的。会计人员有上述所列行为之一，构成犯罪的，依法追究刑事责任。情节严重的，由财政部门吊销会计从业资格证书。法律另有规定的，依照有关法律办理。

二、违反会计监督规定的法律责任

违反会计监督规定的法律责任主要有以下三个方面：

第一，伪造、变造会计凭证、会计账簿或者编制虚假财务会计报告，构成犯罪的，依法追究刑事责任。情节轻微，尚不构成犯罪的，由财政部门给予通报；可以对单位并处5 000元以上10万元以下的罚款；对直接负责的主管人员和其他直接责任人员，可以处3 000元以上5万元以下的罚款；属于国家工作人员的，还应当由其所在单位或者有关单位依法给予撤职直至开除的行政处分；对其中的会计人员，由财政部门吊销会计从业资格证书。上面所说的“伪造、变造”，是两种不同的违法行为。伪造，即假造或凭空捏造，如制作假发票、假单据、假工资表等原始凭证和假记账凭证，编写假账，搞账外账，给上级或财税部门报一套报表，单位内部还有一套报表等。变造，是指利用涂改、拼接、挖补等方法，对真实的会计凭证、会计账簿、会计报表和其他会计资料进行改制，变更其内容，使之适合自己需要的行为。例如，改变凭证和账簿的日期、姓名、摘要、金额，隐瞒利润。

第二，隐匿或者故意销毁依法应当保存的会计凭证、会计账簿、财务会计报告的，按上述规定依法追究法律责任。

第三，授意、指使、强令会计机构、会计人员及其他人员伪造、变造会计凭证、会计账簿，编制虚假财务会计报告或者隐匿、故意销毁依法应当保存的会计凭证、会计账簿、财务会计报告，构成犯罪的，依法追究刑事责任；不构成犯罪的，可以处5 000元以上5万元以下的罚款；属于国家工作人员的，还应当由其所在单位或者有关单位依法给予降级、撤职、开除的行政处分。

三、侵犯会计人员职权的法律责任

会计人员的职权是受法律保护的。会计法明确规定，任何单位或者个人不得对依法履行职责、抵制违反会计法规定行为的会计人员实行打击报复。所以，单位负责人对依法履行职责、抵制违反会计法规定行为的会计人员以降级、撤职、调离工作岗位、解聘或者开除等方式实行打击报复的，由其所在单位或者有关单位依法给予行政处分；构成犯罪的，依法追究刑事责任。对受打击报复的会计人员，应恢复其名誉和原有职务、级别。

四、监督部门的法律责任

有关行政部门的工作人员在实施监督管理中滥用职权、玩忽职守、徇私舞弊或者泄露国家秘密、商业秘密，构成犯罪的，依法追究刑事责任；尚不构成犯罪的，依法给予行政处分。将检举人姓名和检举材料转给被检举单位和被检举人个人的，依法给予行政处分。

复习思考题

一、概念题

会计法　会计核算　会计监督　会计年度　稽核

二、问答题

1. 会计核算的内容是什么？
2. 会计法对会计监督的内容和程序是怎样规定的？
3. 从事会计工作的人员应具备哪些资格条件？
4. 违反会计监督规定的法律责任有哪些？

第十五章　审计法

第一节　审计法概述

一、审计法的概念

审计法是调整审计关系的法律规范的总称。所谓审计关系，就是指审计机关依法对国家行政机关、国有金融机构和企业事业组织等的财政收支、财务收支活动以及上述单位的其他经济活动进行监督和检查时所形成的经济监督关系。

审计，又称会计检查，是从会计中分离出来的。会计是通过记账、算账、报账、查账等核算手段，对经济财务活动进行反映监督。在会计工作的各个环节，由于各种主观因素，难免会造成会计记录、会计核算的差错，甚至会出现利用会计核算进行违法行为的情况。因此，单纯靠会计监督已经难以胜任这样复杂、繁重的工作，必须建立审计制度，即由国家专门设立的审计机关对有关单位的财政、财务收支活动进行监督检查。要明确审计机关与被审计单位之间的权利义务，必须以法律的形式加以规定。1994年8月31日，第八届全国人民代表大会常务委员会第九次会议通过了《中华人民共和国审计法》(以下简称《审计法》)；2006年2月28日第十届全国人大常委会第二十次会议对该法进行了修订。为保证《审计法》的实施，国务院于1997年颁布了《审计法实施条例》；2010年2月对该条例作了重要修订，使我国的审计制度日臻完善。

二、审计法的任务

根据审计法的规定，其任务主要有四项：

(一) 加强国家的审计监督

审计监督是经济监督的一项重要的、必不可少的内容，它直接关系到国家经济秩序的稳定和经济建设的顺利进行，因此，必须用法律的形式将审计监督制度确定下来，即审计制度的法律化，明确审计机关的职权、审计工作的程序以及违反审计法的法律责任等问题，为审计机关进行审计工作提供明确的法律依据，从而进一步加强审计监督工作。

（二）维护国家财政经济秩序

审计法赋予审计机关应有的职权，审计部门可以依法通过查账，查阅有关文件、资料等方式对国家行政机关、国有金融机构和企事业单位等的财政、财务收支情况进行监督检查，对审计中发现的违反财经法规的单位和个人，审计机关依法予以处分，这对于严肃财经纪律、预防经济犯罪、保护社会主义公有财产、维护正常的经济秩序具有重要作用。

（三）保证财政资金使用效率，促进廉政建设

近些年，一些地方和部门挪用、挤占财政资金的现象十分严重，导致国家财政投资的项目不能按期完成，或加大支出，或偷工减料，降低工程质量，给国家造成重大损失。至于利用公款请客送礼、大吃大喝、挥霍浪费等腐败现象，在一些地方和单位更是滋长蔓延，有的甚至相当严重。存在这些问题的原因尽管是多方面的，但与财务制度执行不严有直接关系。通过加强审计监督，惩处违法事件，能较好地堵塞各种管理上的漏洞，也能教育广大公务人员自觉遵守财经纪律，从而提高财政资金的使用效率，促进廉政建设。

（四）保障国民经济和社会健康发展

审计法明确规定，国家审计机关有权对国家行政机关预算的执行情况和决算，以及预算外资金的管理和使用情况进行审计监督；有权对国家事业组织的财务收支，对国有企业的资产、负债、损益情况及对国家建设项目预算的执行情况和决算进行审计监督。通过审计监督，国家从宏观上对整个国民经济和社会发展进行监督和控制，以保证国民经济和社会健康发展。

三、审计法的适用范围

审计法的适用范围，是指审计法的效力范围。根据审计法的规定，该法适用于下列机关和单位：（1）国务院各部门；（2）地方各级人民政府及各部门；（3）国有金融机构；（4）国有企业事业组织；（5）其他依照审计法规定应当接受审计的单位。

审计机关对上述机关和单位的财政收支或者财务收支的真实、合法和效益，依法进行审计监督。

四、审计法的基本原则

审计法的基本原则，是指审计工作应遵循的主要原则。

（一）依法审计的原则

审计监督固然重要，但审计机关不可滥用权力。正如审计法所规定："审计机关依照法律规定的职权和程序，进行审计监督。"这里包括两层意思：一是审计机关对被审计单位进行审计监督的事项，必须是法律规定的审计机关职权范围内的事项，超越职权即属违法。二是对职权范围内的事项，要依审计法规定的程序进行审计监督，违背了程序，会导致审计结论的错误。所以，依法审计十分重要。

（二）向国家权力机关报告的原则

向国家权力机关报告审计工作，是为了让国家权力机关及时了解情况并便于对政府机关进行监督。根据审计法规定，国务院和县级以上地方人民政府应当每年向本级人民代表大会常务委员会提出审计机关对预算执行和其他财政收支的审计报告。

（三）依法独立行使审计监督权的原则

审计工作的特殊性和重要性决定了审计机关必须依法独立行使监督权。正如审计法所规定的，审计机关依照法律规定独立行使审计监督权，不受其他行政机关、社会团体和个人的干涉。只有坚持这一原则，才能保证各项审计任务的完成。

（四）客观公正、实事求是、廉洁奉公、保守秘密的原则

客观公正，就是在对审计事项进行审计监督时，必须尊重客观事实，切不可主观臆断、偏听偏信；在处理问题时，要严格依法办事，不可畸轻畸重。实事求是，就是从实际出发，对审计中发现的问题不掩饰，对成绩不抹杀，也不搞弄虚作假。廉洁奉公，就是审计机关和审计人员应做到不吃请、不受礼，秉公执法，不徇私情。保守秘密，就是审计机关通报或者公布审计结果，应当依法保守国家秘密和被审计单位的商业秘密。

第二节 审计机关和审计人员

一、审计机关

（一）审计机关的设立及领导体制

审计机关是审计法的执法机关，是代表国家行使审计监督职能的机关。其设置如下：（1）国务院设立审计署。它是国家最高审计机关，在国务院总理领导下，主管全国的审计工作。审计长是审计署的行政首长。（2）县级以上地方人民政府设立审计机关。它们分别在省长、自治区主席、市长、州长、县长、区长和上一级审计机关的领导下，负责本行政区域内的审计工作。（3）审计机关根据工作需要，可以在其审计管辖范围内设立审计派出机构。

审计机关的领导体制是：地方各级审计机关对本级人民政府和上一级审计机关负责并报告工作，审计业务以上级审计机关领导为主。

（二）审计机关的职责

审计机关的职责是审计法赋予审计机关的职权和责任，主要有以下12项：（1）对本级各部门（含直属单位）和下级政府预算的执行情况和决算以及其他财政收支情况进行审计监督。（2）审计署在国务院总理领导下，对中央预算执行情况和其他财政收支情况进行审计监督，向国务院总理提出审计结果报告。地方各级审计机关分别在省长、自治区主席、市长、州长、县长、区长和上一级审计机关的领导下，对本级预算执行情况和其他财政收支情况进行审计监督，向本级人民政府和上一级审计机关提出审计结果报告。（3）审计署对中央银行的财务收支进行审计监督。审计机关对国有金融机构的资产、负债、损益进行审计监督。（4）对国家事业组织和使用财政资金的其他事业组织的财务收支情况进行审计监督。（5）对国有企业的资产、负债、损益进行审计监督。（6）依照国务院的规定，对国有资本占控股地位或者主导地位的企业、金融机构进行审计监督。（7）对政府投资和以政府投资为主的建设项目预算执行情况和决算进行审计监督。（8）对政府部门管理的和其他部门受政府委托管理的社会保障基金、社会捐赠资金以及其他有关基金、资金的财务收支进行审计监督。（9）对国际组织和外国政府援助、贷款项目的财务收支进行审计监督。（10）按照国家的有关规定，对国家机关和依法属于审计机关审计对象的其他单位的主要负责人，在任职期间对本地区、本部门或者本单位的财政收支、财务收支以及有关经济活动应负经济责任的履行情况进行审计监督。（11）对其他法律、行政法规规定应由审计机关进行审计的事项，依法进行审计监督。（12）有权对与国家财政收支有关的特定事项，向有关地方、部门、单位进行专项审计调查，并向本级人民政府和上一级审计机关报告审计调查结果。

（三）审计机关的权限

审计机关为实现上述各项职责，依法享有下列各项权力：（1）有权要求被审计单位按照规定提供预算或者财务收支计划、预算执行情况、决算、财务会计报告，运用电子计算机储存、处理的财政收支、财务收支电子数据和必要的电子计算机技术文档，在金融机构开立账户的情况，社会审计机构出具的审计报告，以及其他与财政收支或者财务收支有关的资料，被审计单位不得拒绝、拖延、谎报。（2）有权检查被审计单位的会计凭证、会计账簿、会计报告和运用电子计算机管理财政收支、财务收支电子数据的系统，以及其他与财政收支或者财务收支有关的资料和资产，被审计单位不得拒绝。（3）有权就审计事项的有关问题向有关单位和个人进行调查，并取得有关证明材料。有关单位和个人应当支持、协助审计机关工作，如实向审计机关反映情况，提供有关证明材料。经县级以上人民政府审计机关负责人批准，有权查询被审计单位在金融机构的账户。如有证据证明被审计单位以个人名义存储公款，经县以上人民政府审计机关主要负责人批准，有权查询被审计单位以个人名义在金融机构的存款。（4）被审计单位不得转移、隐匿、篡改、毁弃会计凭证、会计账簿、财务会计报告以及其他与财政收支或者财务收支有关的资料，不得转移、隐匿所持有的违反国家规定取得的财产。审计机关对被审计单位违反这一规定的行为，有权予以制止；必要时，经县级以上人民政府审计机关负责人批准，有权封存有关资料和违反国家规定取得的资产；对其中在金融机构的有关存款需要予以冻结的，应当向人民法院提出申请。审计机关对被审计单位正在进行的违反国家规定的财政收支、财务收支行为，有权予以制止；制止无效的，经县级以上审计机关负责人批准，通知财政部门和有关主管部门暂停拨付与违反国家规定财政收支、财务收支行为直接有关的款项；已经拨付的，暂停使用。采取该项措施不得影响被审计单位合法的业务活动和生产经营活动。（5）审计机关认为被审计单位所执行的上级主管部门有关财政收支、财务收支的规定与法律、行政法规相抵触的，应当建议有关主管部门纠正；有关主管部门不予纠正的，审计机关应当提请有权处理的机关依法处理。（6）审计机关可以向政府有关部门通报或者向社会公布审计结果，但应依法保守国家秘密和被审计单位的商业秘密，遵守国务院的有关规定。（7）审计机关履行审计监督职责，可以提请公安、监察、财政、税务、价格、工商行政管理等机关予以配合。

二、审计人员

审计人员是具体承担并完成审计任务的国家工作人员。审计人员应当具备与其从事的审计工作相适应的专业知识和业务能力。审计人员在办理审计事项时，与被审计单位或者审计事项有利害关系的，应当回避。审计人员对其在执行职务中知悉的国家秘密和被审计单位的商业秘密负有保密义务。审计人员依法执行职务，受法律保护，任何组织和个人不得拒绝、阻碍审计人员依法履行职务，不得打击报复审计人员。

审计机关负责人依照法定程序任免。审计机关负责人没有违法失职或者其他不符合任职条件情况的，不得随意撤换。地方各级审计机关负责人的任免，应当事先征求上一级审计机关的意见。

第三节　审计程序

一、审计管辖范围

审计管辖范围，是指上下级审计机关或同级审计机关之间的审计监督范围的分工。根据审计法的规定，审计机关根据被审计单位的财政、财务隶属关系或者国有资产监督管理关系，确定审计管辖范围。审计机关之间对审计管辖范围有争议的，由其共同的上一级审计机关确定。

在上下级审计机关之间，上级机关可以将其审计管辖范围内的有关审计事项授权下级审计机关进行审计；上级审计机关对下级审计管辖范围的重大审计事项，可以直接进行审计，但是应当防止不必要的重复审计。

二、审计程序

（一）准备阶段

准备阶段的主要工作是制订审计工作计划，确定审计事项和拟订审计工作方案。在这个阶段，审计机关要根据审计项目计划确定的审计事项组成审计组，并应当在实施审计3日前，向被审计单位送达审计通知书。遇有特殊情况，经本级人民政府批准，可以直接持审计通知书实施审计。

被审计单位应当配合审计机关的工作，并提供必要的工作条件。

（二）实施阶段

实施阶段是对被审计单位审计事项进行审计监督的阶段，是全部审计工作的核心阶段。在这个阶段，审计人员通过审查会计凭证、会计账簿、会计报表，查阅与审计事项有关的文件、资料，检查现金、实物、有价证券，向有关单位和个人调查等方式进行审计，并取得证明材料。

为保证审计工作的顺利进行，审计人员向有关单位和个人进行调查时，应当出示审计人员的工作证件和审计通知书副本。

（三）报告阶段

报告阶段是审计组对被审计单位审计事项进行总结的阶段。写好报告书，对审计事项作出最终评价非常重要。审计组对审计事项审计后，应当提出审计报告。审计报告应包括被审计单位、审计事项、内容、方式，审计中发现的问题与审计事项有关的事实，依据的法律、法规、政府的规定，评价和结论，处理意见和建议等内容。

审计报告报送审计机关前，应当征求被审计单位的意见。被审计单位应当自接到审计报告之日起10日内，将其书面意见送交审计组或者审计机关。

（四）审定和决定阶段

审定和决定阶段是审计机关根据审计组报送的审计报告，经过审定作出终审结论和决定的阶段，这是审计工作的最后阶段。在这个阶段，审计机关根据审计组报送的审计报告，对审计事项作出评价，出具审计意见书；对违反国家规定的财政收支、财务收支行为，需要依法给予处理、处罚的，在法定职权范围内作出审计决定或者向有关主管机关提出处理、处罚意见。

审计机关应当将审计报告和审计决定送达被审计单位和有关主管机关及单位。审计决定自送达之日起生效。

第四节　内部审计和社会审计

一、内部审计

（一）内部审计机构的设立

内部审计，是指由本部门和本单位内部设置的审计机构或配备的专职审计人员依法独立对本部门、本单位及下属单位的财务及有关经济活动的真实性、合法性和效益性进行的评价、鉴证和监督活动。内部审计是国家审计体系的组成部分。根据审计法的规定，依法属于审计机关审计监督对象的单位，包括国务院各部门和地方人民政府各部门、国有金融机构和企业事业组织，应当按照国家有关规定建立健全内部审计制度。内部审计工作应当接受审计机关的业务指导和监督。

（二）内部审计机构的审计事项

内部审计机构对审计范围内的下列事项进行内部审计监督：（1）财务计划或者单位预算的执行和决算；（2）与财务收支有关的经济活动及其经济效益；（3）内部控制制度的健全、有效；（4）国家和单位资产的管理情况；（5）专项资金的提取、使用；（6）国家财经法纪的执行情况；（7）承包、租赁经营的有关审计事项；（8）所在单位领导人交办的和审计机关委托的其他审计事项。

（三）内部审计机构的主要职权

内部审计机构的主要职权有：（1）检查凭证、账表、决算、资金和财产，查阅有关的文件和资料；（2）参加有关会议；（3）对审计中的有关事项进行调查并索取证明材料；（4）对正在进行的严重违反财经法纪、严重损失浪费行为作出临时的制止决定；（5）对阻挠、破坏审计工作以及拒绝提供有关资料的，经单位负责人批准，可以采取必要的临时措施，并提出追究有关人员的责任的建议；（6）提出改进管理、提高效益的建议，以及纠正、处理违反财经法纪行为的意见；（7）对严重违反财经法纪和造成严重损失浪费的人员，提出追究责任的建议；（8）对审计工作中的重大事项，向对其进行指导的上级内部审计机构和审计机关反映。

（四）内部审计工作的主要程序

内部审计工作的主要程序是：（1）根据上级部署和本单位的具体情况，拟订审计项目计划，报经本单位负责人批准后实施。（2）实施审计时，应当事前通知被审计单位。（3）对审计中发现的问题，可随时向有关单位和人员提出改进的意见。审计终结，提出审计报告，征求被审计单位的意见后，报送本单位负责人。经批准的审计结论和决定，被审计单位必须执行。（4）被审计单位对审计结论和决定如有异议，可以向内部审计机构所在单位负责人提出申诉。该负责人应当及时处理。

内部审计人员要依法审计、忠于职守、坚持原则、客观公正、廉洁奉公、保守秘密，不得滥用职权、徇私舞弊、泄露秘密、玩忽职守。内部审计人员依法行使职权受国家法律保护，任何单位及个人不得打击报复。

二、社会审计

（一）社会审计机构的设立

社会审计，是指由经审计机关审核批准成立的独立的审计事务所接受委托，对被审计单位的财务收支及有关的经济活动所进行的审计。

审计事务所是依法独立承办审计查证和咨询服务业务的事业单位，实行有偿服务，自收自支，独立核算，依法纳税。根据审计法的规定，审计事务所依照有关法律和国务院的规定，接受审计机关的指导、监督和管理。

成立审计事务所必须具备法律规定的条件，并经当地审计机关同意，由省、自治区、直辖市以上审计机关审查批准。然后，依有关规定，向当地工商行政管理机关办理登记，领取营业执照，始得开业。

（二）社会审计机构的主要业务

审计事务所接受国家机关、全民所有制企业事业单位、城乡集体经济组织和个人委托，承办下列业务：（1）财务收支、经济效益、经济责任的查证事项；（2）经济案件的鉴定事项；（3）注册资金的验证和年检；（4）基建工程预、决算的验证；（5）建账建制、资产评估、清理债权债务；（6）经济管理咨询服务；（7）培训审计、财务、会计和其他经济管理人员；（8）担任审计、会计咨询服务。

审计事务所办理外商投资企业的查证业务，对有关法律、法规规定必须由中国注册会计师办理的，应当依照《中华人民共和国注册会计师法》的规定执行。审计事务所根据政府的规定，办理城乡集体经济组织的有关审计事项。

（三）社会审计机构的权限

国家机关委托审计事务所办理审计、查证、鉴定、验资等事项，应出具委托书或订立书面协议。国家机关可在自己职权范围内，授予审计事务所下列权限：（1）查阅与委托事项有关的账目、文件、资料，核查资财；（2）参加与委托事项有关的会议；（3）向与委托事项有关的单位和个人进行调查和索取证明材料。

其他委托人委托审计事务所办理业务，应在委托书或书面协议中约定有关查阅账目、文件、资料和检查资财的权限。

（四）社会审计工作的主要程序

社会审计工作的主要程序是：（1）接受委托、订立委托书或书面协议。（2）审计事务所的工作人员遇有下列情形之一的，应当实行回避，委托单位有权要求回避：与委托单位负责人和主管人员或者鉴定事项的当事人有近亲属关系的；有其他直接利害关系，可能影响公正办理委托事项的。（3）依照委托权限进行有关审计活动，并对在执行业务中取得和了解的资料情况按规定保守秘密。（4）提交报告，并对报告内容的正确性和合理性负责。承办审计机关委托的审计事项所提出的审计报告，应报送委托的审计机关审定。审计结论和决定由委托的审计机关作出。

（五）社会审计工作人员

审计事务所的工作人员包括：（1）经政府有关部门批准的事业编制内的人员；（2）聘请的离退休专业人员；（3）招收的劳动合同制人员。审计机关和其他党政机关的工作人员不得在审计事务所兼职。

审计事务所及其工作人员办理社会审计业务，应当遵循依法办事、客观公正、诚实信用、保守秘密的原则，不得弄虚作假、营私舞弊、非法牟利、泄露秘密。

第五节　法律责任

一、被审计单位及有关人员的违法处罚

根据审计法的规定，被审计单位有下列违法行为的，应区别不同情况，分别作出处理：

被审计单位违反审计法的有关规定，拒绝或者拖延提供与审计事项有关的资料的，或者提供的资料不真实、不完整的，或者拒绝、阻碍检查的，由审计机关责令改正，可以通报批评，给予警告；拒不改正的，依法追究责任。

被审计单位违反规定，转移、隐匿、篡改、毁弃会计凭证、会计账簿、财务会计报告以及其他与财政收支、财务收支有关的资料，或者转移、隐匿违反国家规定所取得的资产，审计机关认为对负有直接责任的主管人员和其他直接责任人员依法应当给予处分的，应当提出给予处分的建议，被审计单位或者上级机关、监察机关应当依法及时作出决定，并将结果书面通知审计机关；构成犯罪的，依法追究刑事责任。

对本级各部门（含直属单位）和下级政府违反预算的行为或者其他违反国家规定的财政收支行为，审计机关、人民政府或者有关主管部门在法定职权范围内，依照法律、行政法规的规定，区别情况作出处理。

对被审计单位违反国家规定的财政收支行为，审计机关、人民政府或者有关主管部门在法定职权范围内，依照法律、行政法规的规定，区别情况采取审计法规定的有关措施处理，并可以依法给予处罚。

审计机关依法责令被审计单位上缴应当上缴的款项，被审计单位拒不执行的，审计机关应当通报有关主管部门。有关主管部门应当依照有关法律、行政法规的规定予以扣缴或采取其他处理措施，并将结果书面通知审计机关。

对被审计单位违反国家规定的财政收支、财务收支行为负有直接责任的主管人员和其他直接责任人员，审计机关认为依法应当给予行政处分的，被审计单位或者其上级机关、监察机关应当依法及时作出决定。

被审计单位的财政收支、财务收支违反法律、行政法规的规定，构成犯罪的，依法追究刑事责任。

报复陷害审计人员的，依法给予处分；构成犯罪的，依法追究刑事责任。

二、对审计人员的违法处罚

审计人员滥用职权、徇私舞弊、玩忽职守或者泄露所知悉的国家秘密、行业秘密的，依法给予处分；构成犯罪的，依法追究刑事责任。

复习思考题

一、概念题

审计法　内部审计　社会审计　审计管辖范围　审计机关　审计人员　审计事项

二、问答题

1.我国审计法的基本原则有哪些？
2.审计机关的职责有哪些？
3.审计机关有哪些权限？
4.我国审计法对被审计单位违法行为的处罚是怎样规定的？

第十六章　经济纠纷的解决

第一节　经济纠纷的解决概述

一、经济纠纷的概念

经济纠纷，又称经济争议，是指平等主体之间发生的，以经济权利义务为内容的民事纠纷。经济纠纷有两大类：一类是经济合同纠纷，如买卖合同纠纷、借款合同纠纷、建设工程合同纠纷、技术合同纠纷等；另一类是经济侵权纠纷，如知识产权侵权纠纷、所有权侵权纠纷、经营权侵权纠纷等。在市场经济中，合同是平等的市场主体之间确立交易关系、共同实施交易行为、追求和实现经济目的的法定和普遍形式，因此，合同纠纷是经济纠纷的主要部分。

经济纠纷的存在使社会经济关系处于紊乱和不确定状态，当事人的合法经济权益遭受侵害，扰乱社会正常经济秩序，妨碍甚至梗阻生产和交换活动，影响市场经济机制正常运行，并可能影响社会的稳定，因此，依法正确、及时地解决经济纠纷，对于维护当事人的合法权益、稳定经济关系、维护市场秩序、保障社会稳定具有十分重要的意义。

二、经济纠纷的解决方式

在我国，解决经济纠纷主要有四种方式，即和解、调解、诉讼和仲裁。

（一）和解

和解，也叫协商，是指经济纠纷的各方当事人在自愿互谅的基础上，自行协商解决其经济纠纷的方式。这种方式是以当事人各方平等自愿、协商一致为前提的，可以省去仲裁和诉讼的复杂程序，节省时间和金钱，且有利于保持和发展当事人间的经济交往，是最佳和最受推崇的方式，在实践中得到广泛的运用。

（二）调解

调解，是指经济纠纷的双方当事人在第三方的主持下，通过调解说服，促使当事人双方自愿达成协议，解决经济纠纷的方式。这里所说的调解，是仲裁、诉讼程序之外的调解。采用调解方式解决经济纠纷时，必须坚持自愿和合法原则，任何单位和个人都不得强迫当事人接受调解，经调解达成的协议必须符合法律的规定。通过调解方式解决经济纠纷，双方当事人的自主权利较大，而且不伤和气，有利于争议的彻底解决和调解协议的自动履行。

（三）诉讼

诉讼，是指当事人双方不能通过协商、调解解决经济纠纷，而是向人民法院起诉、应诉，请求人民法院通过审判程序解决经济纠纷的方式。诉讼程序较为复杂，但也较为完善，选择这种方式解决争议，通常能够彻底解决争议。人民法院审理经济纠纷案件必须依照法定的程序进行。在程序上，经济诉讼适用民事诉讼法，所以，经济诉讼是民事诉讼的组成部分。

（四）仲裁

当事人不愿协商、调解的，或协商、调解不成的，可以依据合同中的仲裁条款或者事后达成的仲裁协议提交仲裁机构仲裁解决。仲裁程序简捷，当事人的程序性权利较多，结案迅速，灵活便利，费用较低，符合解决纠纷的效率和效益原则，越来越受到当事人的信任并被选择用来解决经济纠纷。

由于诉讼和仲裁在解决经济纠纷中具有独特的地位和作用，因此，本章只对这两个问题作具体的阐述。

第二节　经济诉讼

一、经济诉讼概述

（一）经济诉讼的概念和任务

经济诉讼，是指人民法院在经济纠纷当事人和其他诉讼参与人的参加下，审理和解决经济纠纷案件的诉讼活动，以及由此而产生的诉讼法律关系的总和。

经济诉讼的任务是保护当事人行使诉讼权利，保证人民法院查明事实，分清是非，正确适用法律，及时审理经济纠纷案件，确认经济权利义务关系，制裁经济违法行为，保护当事人的合法经济权益，维护社会秩序、经济秩序，保障社会主义建设事业的顺利进行。

（二）经济诉讼的主体

1.人民法院

人民法院是国家的审判机关，在经济诉讼中，它代表国家依法行使审判权并履行相应的职责。作为案件的审判者，人民法院在经济诉讼中既是诉讼的参加者，也是诉讼的组织者和指挥者。法律赋予人民法院审判权，使其可以依照法律规定的程序和方式进行活动，依法行使诉讼权利和履行诉讼义务。所以，人民法院在经济诉讼中处于主导地位，对经济纠纷案件的解决起着决定性作用。

2.诉讼当事人

经济诉讼的当事人，是指因经济权益发生纠纷，以自己的名义参加诉讼，受人民法院裁判拘束，与案件审理结果有直接利害关系的公民、法人和其他组织。当事人主要有原告、被告和第三人。原告，是指因自己的经济权益受到侵害或者与他人发生经济权益争议，以自己的名义向人民法院起诉并引起诉讼程序发生的人。被告，是指被诉称侵害了原告合法经济权益或与原告发生经济权益争议而被人民法院通知应诉的人。第三人，是指对原告和被告争议的诉讼标的，即原、被告所争议的经济实体权利，具有独立的请求权，或者虽无独立的请求权但案件的处理结果与其有法律上的利害关系，而参加到诉讼中来的人。第三人可分为有独立请求权的第三人和无独立请求权的第三人两种。当事人作为经济诉讼的主体，其诉讼行为对经济诉讼有重大影响。

3.诉讼代理人

诉讼代理人，是指根据诉讼代理权，以被代理的当事人的名义进行经济诉讼的人。诉讼代理人参加诉讼，是为了维护被代理的当事人的利益。诉讼代理人在代理权限范围内所为的诉讼行为，视为当事人的行为，对被代理的当事人发生法律效力。

4.其他诉讼参与人

其他诉讼参与人，是指除上述人员以外参与诉讼活动的人，包括证人、鉴定人、勘验人、翻译人员等。他们虽然以自己的名义参与诉讼，但与案件没有直接利害关系，不受人民法院裁判拘束，只是根据案件审理的需要，依法履行一定的诉讼义务，协助人民法院完成审判活动。

（三）经济诉讼的基本原则

经济诉讼的基本原则，是指法律规定的在整个经济诉讼过程中起指导作用的基本准则。它是人民法院进行审判活动、经济诉讼当事人和其他诉讼参与人进行诉讼活动所必须遵守的行为准则。经济诉讼的基本原则主要有：

1.当事人诉讼权利平等原则

诉讼权利平等原则，是指双方当事人的诉讼权利是平等的，人民法院应当依法保障当事人平等地行使诉讼权利。首先，经济诉讼双方当事人的诉讼权利平等，即在经济诉讼中享有的诉讼权利和承担的诉讼义务是平等的，不允许一方当事人多享有诉讼权利或者只享有诉讼权利而不承担诉讼义务。诉讼权利平等并不是说双方当事人的诉讼权利完全相同。由于双方当事人在诉讼中所处的地位不同，他们享有的诉讼权利有些是相同的，如委托代理权、申请回避权、辩论权等；有些诉讼权利是对等的，如原告有起诉权、被告有反诉权等。其次，人民法院有责任保障双方当事人充分、平等地行使诉讼权利，不偏袒任何一方当事人。

2.法院调解原则

法院调解原则，是指在人民法院的主持下，在查清事实、分清是非的基础上，对双方当事人进行说服劝导，使他们平等协商，互谅互让，自愿达成协议，解决其民事纠纷。调解是人民法院解决经济纠纷的一种方式，经人民法院调解达成协议制作的调解书具有与生效判决同等的法律效力。人民法院应当根据自愿和合法的原则进行调解；调解不成的，应当及时判决。

3.处分原则

处分原则，是指当事人有权在法律规定的范围内处分自己的经济实体权利和经济诉讼权利。当事人的处分行为不能超出法律允许的范围，不得侵害国家、集体和他人的合法权益；否则，人民法院就要代表国家实行干预。当事人的处分行为只有经人民法院审查认可后方为有效。

4.辩论原则

辩论原则，是指在人民法院的主持下，双方当事人有权就案件的事实和争议的问题，各自陈述自己的主张和根据，互相进行辩驳和论证，以维护自己的合法权益。辩论原则贯穿经济诉讼的全过程。辩论的方式可以是言词辩论，也可以通过书面方式进行辩论。辩论的内容主要围绕经济权利争议的本身进行。双方当事人的辩论、质证，有助于人民法院查清事实，分清是非，正确适用法律，作出正确的判决。

5.同等原则和对等原则

同等原则，是指外国人、无国籍人、外国企业和组织，在我国人民法院进行经济诉讼，与我国公民、法人和其他组织一样，依法享有同等的诉讼权利并承担同等的诉讼义务，不受任何歧视和限制，也不得享有任何特权。对等原则，是指当外国法院对我国公民、法人和其他组织的经济诉讼权利加以限制时，我国人民法院对该外国公民、法人和其他组织的经济诉讼权利也加以相应的限制，以维护我国国家主权和尊严，维护我国公民、法人和其他组织在外国法院进行诉讼时的正当权益。

6.检察监督原则

人民检察院是国家的法律监督机关，对诉讼活动实行法律监督，是法律赋予它的一项重要职权，也是它行使法律监督权的一项重要内容。实行这一原则，对于稳定社会秩序，保障人民法院审判权的正确行使具有重要意义。人民检察院检察监督的内容，既包括对审判活动的监督，也包括对执行活动的监督。

二、经济案件的受案范围和诉讼管辖

（一）受案范围

经济案件的受案范围，是指哪些经济纠纷案件由人民法院受理。确定人民法院对经济案件的受案范围，可以明确人民法院与仲裁机构和有关行政部门之间受理经济纠纷案件的分工和权限。依照法律规定，人民法院受理平等主体的法人之间、其他组织之间、公民之间以及他们相互之间因财产关系发生的经济权益纠纷案件，主要包括各种合同纠纷案件和经济损害赔偿纠纷案件。

专门法院的受案范围与各专门法院的特殊审判任务相联系，如涉及铁路运输、铁路安全、铁路财产的经济纠纷案件，由铁路运输法院管辖，涉及海商合同纠纷案件、海事侵权纠纷案件和其他海事海商纠纷案件，由海事法院管辖。

（二）诉讼管辖

诉讼管辖，是指人民法院系统内部各级人民法院之间和同级人民法院之间受理第一审经济纠纷案件的分工和权限。就当事人而言，管辖实际上是经济纠纷发生后，当事人应当向哪一级、哪一个人民法院起诉的问题；就法院而言，是指对具体的经济纠纷案件由哪一个人民法院来行使审判权的问题。依法正确确定管辖权，可以避免法院在受理案件时相互推诿和争执，便于当事人进行诉讼和人民法院审判。诉讼管辖主要有级别管辖、地域管辖、移送管辖和指定管辖。

1.级别管辖

级别管辖，是指确定不同级别的人民法院受理第一审经济纠纷案件的分工和权限。我国人民法院的设置分为四级，即基层人民法院、中级人民法院、高级人民法院和最高人民法院。这四级人民法院都有权管辖一定范围的第一审民事案件。

基层人民法院管辖大部分第一审案件，即除法律规定由中级人民法院、高级人民法院和最高人民法院管辖的第一审案件外，其余的第一审案件一律由基层人民法院管辖。中级人民法院管辖的第一审案件有：重大涉外案件、在本辖区内有重大影响的案件、最高人民法院确定由中级人民法院管辖的案件。最高人民法院确定由中级人民法院管辖的第一审案件主要有：海事、海商案件，专利纠纷案件，涉港澳台重大经济纠纷案件。高级人民法院管辖在本辖区内有重大影响的第一审案件。最高人民法院管辖在全国范围内有重大影响的案件以及认为应当由本院管辖的案件。实践中，各级人民法院对经济纠纷案件的管辖，一般是以争议额的大小确定的。

2.地域管辖

地域管辖，是指确定同级人民法院之间受理第一审经济纠纷案件的分工和权限。它是案件在确定由哪一级人民法院管辖之后，进一步确定由同一级中的哪一个人民法院管辖的问题。地域管辖包括一般地域管辖、特殊地域管辖、协议管辖和专属管辖。

一般地域管辖，是指依据法院辖区与当事人所在地之间的隶属关系确定的管辖。一般地域管辖通常实行“原告就被告”原则，即原告起诉，只能向被告住所地的人民法院提起。对公民提起的诉讼，由被告住所地人民法院管辖。被告的住所地与经常居住地不一致的，由经常居住地人民法院管辖。对法人或其他组织提起的诉讼，由被告住所地人民法院管辖，即由被告的主要营业地或主要办事机构所在地的人民法院管辖。

特殊地域管辖，是指以诉讼标的物所在地或者引起经济法律关系发生、变更或者消灭的法律事实所在地以及被告所在地为标准确定的管辖。

特殊地域管辖有以下10种：(1) 因合同纠纷提起的诉讼，由被告住所地或者合同履行地人民法院管辖。(2) 因保险合同纠纷提起的诉讼，由被告住所地或者保险标的物所在地人民法院管辖。保险标的物是运输工具或者运输中的货物，由被告住所地或者运输工具登记注册地、运输目的地、保险事故发生地的人民法院管辖。(3) 因票据纠纷提起的诉讼，由票据支付地或者被告住所地人民法院管辖。票据支付地是票据载明的付款地。(4) 因公司设立、确认股东资格、分配利润、解散等纠纷提起的诉讼，由公司住所地人民法院管辖。(5) 因铁路、公路、水上、航空和联合运输合同纠纷提起的诉讼，由运输始发地、目的地或者被告住所地人民法院管辖。(6) 因侵权行为提起的诉讼，由侵权行为地或者被告住所地人民法院管辖。(7) 因铁路、公路、水上和航空事故请求损害赔偿提起的诉讼，由事故发生地或者车辆、船舶最先到达地、航空器最先降落地或者被告住所地人民法院管辖。(8) 因船舶碰撞或者其他海损事故请求损害赔偿提起的诉讼，由碰撞发生地、碰撞船舶最先到达地、加害船舶被扣留地或者被告住所地人民法院管辖。(9) 因海难救助费用提起的诉讼，由救助地或者被救助船舶最先到达地人民法院管辖。(10) 因共同海损提起的诉讼，由船舶最先到达地、共同海损理算地或者航程终止地人民法院管辖。

协议管辖，是指当事人双方在纠纷发生前或纠纷发生后，以书面的方式约定经济纠纷案件的管辖法院，被双方当事人协议约定的法院就取得了对该案的管辖权。

当事人协议约定管辖法院必须符合一定的条件：一是当事人只能就

合同纠纷或者其他财产权益纠纷案件协议选择案件的管辖法院。二是当事人必须以书面形式选择管辖法院。三是选择管辖法院的地点仅限于被告住所地、合同履行地、合同签订地、原告住所地、标的物所在地等与争议有实际联系的地点的人民法院管辖。如果管辖协议约定不明确或者选择了两个以上法院，协议无效。四是协议管辖不得违反级别管辖和专属管辖的规定。

专属管辖，是指某类特殊的经济纠纷案件，法律规定只能由特定的法院行使管辖权。专属管辖具有排他性，既排除一般地域管辖和特殊地域管辖，又排除当事人的协议管辖。专属管辖的种类有：因不动产纠纷提起的诉讼，由不动产所在地人民法院管辖；因港口作业发生纠纷提起的诉讼，由港口所在地人民法院管辖。

3.移送管辖和指定管辖

移送管辖，是指人民法院发现受理的案件不属于本院管辖的，移送给有管辖权的人民法院管辖。指定管辖，是指在某种特殊情况下或管辖权发生争议时，上级人民法院对某个具体案件，指定由某个下级人民法院管辖。

三、经济诉讼程序

（一）第一审程序

第一审程序是人民法院审理第一审经济纠纷案件所适用的程序。第一审程序有普通程序和简易程序两种。简易程序，是指基层人民法院及其派出法庭审理第一审简单的经济纠纷案件所适用的程序。普通程序是人民法院审理第一审经济纠纷案件通常适用的程序，是最完整、最系统的审判程序，包括审判程序的全部主要内容，充分体现了经济诉讼的基本原则和制度，具有广泛的适用性。第一审普通程序包括以下几个阶段：

1.起诉和受理

起诉，是指经济主体的经济权益受到侵害或者与他人发生争议时，以自己的名义，请求人民法院依法审判，给予司法保护的诉讼行为。起诉是当事人的一项重要的诉讼权利，是诉讼程序开始的前提。起诉必须符合下列条件：（1）原告是与本案有直接利害关系的公民、法人和其他组织；（2）有明确的被告；（3）有具体的诉讼请求和事实、理由；（4）属于人民法院受理经济诉讼的范围和受诉人民法院管辖。

起诉应向人民法院递交起诉状，并按被告人数提出副本。人民法院一般都备有起诉状的格式文本，应按格式要求书写。人民法院收到起诉状后，应当进行审查。对符合起诉条件的，必须受理。符合起诉条件的，应当在7日内立案，并通知当事人；不符合起诉条件的，应当在7日内作出裁定书，不予受理；原告对裁定不服的，可以提起上诉。为方便当事人诉讼，目前人民法院在立案时已将立案审查制变为立案登记制。对人民法院依法应该受理的案件，做到有案必立，有诉必理，保障当事人诉权。

2.审理前的准备

审理前的准备是人民法院受理案件后开庭审理前，为保证案件顺利开庭审判，依法所做的各项准备工作。审理前的准备工作有：（1）向被告送达起诉状副本，由被告在收到之日起15日内提出答辩状。人民法院应当在收到答辩状之日起5日内将答辩状副本发送原告。被告不提出答辩状的，不影响人民法院对案件的审理。被告在答辩的同时，有权提出反诉。（2）在受理案件通知书和应诉通知书中向当事人告知有关的诉讼权利和义务。（3）组成合议庭，并在合议庭确定后3日内告知当事人。（4）认真审核诉讼材料，调查收集必要的证据。（5）通知必须共同进行诉讼的当事人参加诉讼。（6）决定采取诉讼保全或先予执行措施。诉讼保全，是指人民法院在经济诉讼期间，对于可能因当事人一方的行为或者其他原因，使判决难以执行或者造成当事人其他损害的案件，根据对方当事人的申请或者依职权，对有关的财产或行为采取的强制性措施。先予执行，是指人民法院对某些经济纠纷案件作出终审判决以前，为解决一方当事人的生活或生产经营的急需，裁定另一方当事人先履行一定给付义务，并立即交付执行的措施。

3.开庭审理

开庭审理，是指人民法院在当事人和其他诉讼参与人的参加下，依照法定程序，在法庭上对经济纠纷案件进行实体审理的诉讼活动。开庭审理是第一审普通程序的一个最基本、最主要的诉讼阶段，是审判过程的中心环节。法院审理经济纠纷案件应当公开进行，但涉及国家秘密、个人隐私或者法律另有规定的除外。涉及商业秘密的案件，当事人申请不公开审理的，可以不公开审理。人民法院审理民事案件，应当在开庭前3日通知当事人和其他诉讼参与人。公开审理的，应当公告当事人姓名、案由和开庭的时间、地点。

开庭按照法庭调查、法庭辩论、评议和判决的程序进行。人民法院宣告判决，一律公开进行。宣告判决分为当庭宣判和定期宣判两种。当庭宣判的，应当在10日内发送判决书；定期宣判的，宣判后应立即发给判决书。人民法院宣告判决时，必须告知当事人上诉权利、上诉期限及上诉法院。

人民法院适用普通程序审理的案件，应当在立案之日起6个月内审结。有特殊情况需要延长的，由本院院长批准，可以延长6个月；还需要延长的，报请上级人民法院批准。

（二）第二审程序

第二审程序是经济诉讼当事人不服第一审人民法院的未生效判决或裁定，向上一级人民法院提出上诉，上一级人民法院依法对案件进行审理所适用的程序。第二审程序可以维护第一审法院的正确裁判，或纠正其错误，保护当事人的合法权益，实现上级法院对下级法院审判工作的指导和监督。

第二审程序因当事人提起上诉而发生。上诉，是指当事人对地方各级人民法院第一审未生效判决、裁定不服，请求上一级人民法院对案件进行审判的诉讼行为。上诉的提起必须具备一定的条件：（1）必须是依法允许上诉的一审裁判，即地方各级人民法院按照第一审程序所作的未生效的一审判决和部分一审裁定。可以上诉的裁定包括不予受理、驳回起诉及管辖权异议的裁定。（2）必须有合格的上诉人和被上诉人，包括第一审程序中的原告、被告、共同诉讼人、诉讼代表人、有独立请求权的第三人和人民法院判决承担实体义务的无独立请求权的第三人。（3）必须在法定的期限内提起上诉。不服第一审判决的上诉期限是判决书送达之日起15日内，不服第一审裁定的上诉期限是裁定书送达之日起10日内。（4）必须递交上诉状。上诉状应当通过原审人民法院提出，当事人也可以直接向第二审人民法院上诉。

第二审人民法院对上诉案件，应当由审判员组成合议庭，开庭审理。经过阅卷、调查和询问当事人，对没有提出新的事实、证据或者理由，合议庭认为不需要开庭审理的，可以不开庭审理。第二审人民法院原则上应由审判员组成的合议庭开庭审理上诉案件，但经过阅卷和必要的调查，在事实核对清楚后，合议庭认为不需要开庭审理的，也可以径行判决。第二审案件的审理应当围绕当事人上诉请求的范围进行，当事人没有提出请求的，不予审理；如果第一审判决违反法律禁止性规定、侵害社会公共利益或者他人利益，不受当事人上诉请求范围的限制，应当予以审理。

第二审人民法院对上诉案件，经过审理，按照下列情形，分别处理：(1) 原判决、裁定认定事实清楚，适用法律正确的，以判决、裁定方式驳回上诉，维持原判决、裁定；(2) 原判决、裁定认定事实错误或者适用法律错误的，以判决、裁定方式依法改判、撤销或者变更；(3) 原判决认定基本事实不清的，裁定撤销原判决，发回原审人民法院重审，或者查清事实后改判；(4) 原判决遗漏当事人或者违法缺席判决等严重违反法定程序的，裁定撤销原判决，发回原审人民法院重审。

人民法院审理对判决的上诉案件，应当在第二审立案之日起3个月内审结。有特殊情况需要延长的，由本院院长批准。人民法院审理对裁定的上诉案件，应当在第二审立案之日起30日内作出终审裁定。

(三) 审判监督程序

审判监督程序亦称再审程序，是指人民法院对确有错误的，已经发生法律效力的判决、裁定或调解书，依照法律规定再行审理的程序。审判监督程序并不是审理每一个案件必经的程序，它是人民法院为纠正已经发生法律效力的错误裁判或调解书所适用的一种补救程序。审判监督程序的发生有三种情况：

1. 人民法院依审判监督程序决定再审

人民法院对发生法律效力且确有错误的裁判可依一定的程序提起再审：(1) 各级人民法院院长对本院已经发生法律效力的判决、裁定调解书，发现确有错误，需要再审的，提交审判委员会讨论决定再审；(2) 最高人民法院对地方各级人民法院已经发生法律效力的判决、裁定、调解书，发现确有错误的，有权提审或指令下级人民法院再审；(3) 上级人民法院对下级人民法院已经发生法律效力的判决、裁定、调解书，发现确有错误的，有权提审或指令下级人民法院再审。

2. 当事人申请再审

当事人申请再审，是指当事人对已经发生法律效力的判决、裁定、调解书，认为确有错误，要求原审人民法院或上一级人民法院对案件进行再次审判的诉讼行为。

当事人申请再审，必须具备一定的条件：（1）当事人申请再审，应当在判决、裁定发生法律效力后6个月内提出；有法律规定情形的，自知道或者应当知道之日起6个月内提出。（2）必须符合法定的情形。根据《民事诉讼法》第200条的规定，申请再审的法定情形包括：有新的证据，足以推翻原判决、裁定的；原判决、裁定认定的基本事实缺乏证据证明的；原判决、裁定认定事实的主要证据是伪造的；原判决、裁定认定事实的主要证据未经质证的；对审理案件需要的主要证据，当事人因客观原因不能自行收集，书面申请人民法院调查收集，人民法院未调查收集的；原判决、裁定适用法律确有错误的；审判组织的组成不合法或者依法应当回避的审判人员没有回避的；无诉讼行为能力人未经法定代理人代为诉讼，或者应当参加诉讼的当事人因不能归责于本人或者其诉讼代理人的事由未参加诉讼的；违反法律规定，剥夺当事人辩论权利的；未经传票传唤，缺席判决的；原判决、裁定遗漏或者超出诉讼请求的；据以作出原判决、裁定的法律文书被撤销或者变更的；审判人员在审理该案件时有贪污受贿、徇私舞弊、枉法裁判行为的；有证据证明调解违反自愿原则的；调解协议的内容违反法律的。（3）当事人申请再审，可以向上一级人民法院申请；当事人一方人数众多或者当事人双方为公民的案件，也可以向原审人民法院申请。（4）应当提交再审申请书等材料。人民法院应当自收到再审申请书之日起3个月内审查，认为符合再审条件的，裁定再审；不符合再审条件的，裁定驳回申请。有特殊情况需要延长的，由本院院长批准。

3. 人民检察院抗诉提起再审

抗诉，是指人民检察院根据对审判的法律监督权，对人民法院已经生效的判决、裁定，发现确有错误，要求人民法院再行审理，纠正错误的诉讼活动。

最高人民检察院对各级人民法院已经发生法律效力的判决、裁定，上级人民检察院对下级人民法院已经发生法律效力的判决、裁定，发现

《民事诉讼法》第200条规定情形之一的，或者发现调解书损害国家利益、社会公共利益的，应当提出抗诉。地方各级人民检察院对同级人民法院已经发生法律效力的判决、裁定，发现有《民事诉讼法》第200条规定情形之一的，或者发现调解书损害国家利益、社会公共利益的，可以向同级人民法院提出检察建议，并报上级人民检察院备案；也可以提请上级人民检察院向同级人民法院提出抗诉。

有下列情形之一的，当事人可以向人民检察院申请检察建议或者抗诉：（1）人民法院驳回再审申请的；（2）人民法院逾期未对再审申请作出裁定的；（3）再审判决、裁定有明显错误的。

人民检察院决定对人民法院的判决、裁定、调解书提出抗诉的，应当制作抗诉书。人民检察院提出抗诉的案件，接受抗诉的人民法院应当自收到抗诉书之日起30日内作出再审的裁定。人民法院再审时，应当通知人民检察院派员出席法庭。

人民法院按照审判监督程序决定再审的案件，裁定中止原判决的执行，并另行组成合议庭审理案件。人民法院按照审判监督程序再审的案件，发生法律效力的判决、裁定是由第一审法院作出的，按照第一审程序审理，所作的判决、裁定，当事人可以上诉；发生法律效力的判决、裁定是由第二审法院作出的，按照第二审程序审理，所作的判决、裁定，是发生法律效力的判决、裁定；上级人民法院按照审判监督程序提审的，按照第二审程序审理，所作的判决、裁定是发生法律效力的判决、裁定。

（四）督促程序

督促程序，是指人民法院经债权人申请，直接向债务人发出给付金钱或有价证券的支付令，督促债务人履行给付义务，如债务人不履行债务也不提出异议，支付令即发生法律效力的程序。督促程序是一种以迅速结案为目的的略式程序，这种程序比简易程序还要简便，它不需要开庭，不需要传唤债务人，不需要进行大量的调查取证，只就债权人提供的事实和证据，即可发出支付令，督促债务人清偿债务。

债权人向人民法院申请支付令，应当具备一定的条件：（1）债权人与债务人之间没有对待给付的义务，只存在债权人的请求权；（2）申请的标的仅限于请求给付金钱或汇票、本票、支票以及股票、债券、国库券、可转让的存款单等有价证券；（3）请求给付的金钱或者有价证券已到期且数额确定，并写明了所根据的事实、证据的；（4）支付令能够送达债务人的。如果债务人下落不明或者居住在境外的，不适用督促程序。

债权人申请支付令，应向有管辖权的基层人民法院提出书面申请。人民法院收到债权人的支付令申请后，经审查符合条件的，应在5日内予以受理，并通知债权人；不符合条件的，应在5日内通知债权人不予受理，并说明理由。

人民法院受理债权人的申请后，经审查，债权债务关系明确、合法的，应当在受理之日起15日内发出支付令。申请不成立的，裁定予以驳回。债务人应当自收到人民法院的支付令之日起15日内清偿债务或者向人民法院提出书面异议。债务人在此期限内既不提出异议，又不履行债务的，支付令发生法律效力。生效的支付令与人民法院生效的判决有同等的效力，债务人拒不履行的，债权人可以此为根据向人民法院申请强制执行。债务人在15日内提出书面异议的，经审查异议成立的，人民法院应当裁定终结督促程序，支付令自行失效。支付令失效的，转入诉讼程序，但申请支付令的一方当事人不同意提起诉讼的除外。

（五）公示催告程序

公示催告程序，是指人民法院根据失去票据的当事人的申请，以公告的方法催促不明确的利害关系人在一定期间内申报权利，如不申报，则判决宣告票据无效的程序。这是对票据权利人丧失票据后进行补救的一种程序。票据一旦丧失，则票据权利人不能依票据主张权利，其票据上的权利还可能被他人冒领，损害票据权利人的利益。适用公示催告程序，票据权利人可以通过人民法院的除权判决重新获得票据上的权利，从而使票据权利人的合法权益不受损害。

申请公示催告应当具备下列条件：（1）所丧失票据必须是可以背书转让的票据；（2）申请公示催告的原因是可以背书转让的票据被盗、遗失或灭失；（3）申请人是票据丧失前的最后持票人；（4）应向票据支付地基层人民法院提交申请书。申请书的内容应包括票据种类、票面金额、发票人、持票人、背书人等票据的主要内容及申请的事实和理由。

人民法院在决定受理申请的同时，应通知支付人停止支付。对该票据负有支付义务的支付人，收到止付通知后，不得向票据持有人再行支付，直至公示催告程序终结。人民法院受理申请后，还应当在3日内发出公告，催促利害关系人申报权利。申报权利的期间由法院指定，但不得少于60日。利害关系人在此期间申报权利的，人民法院应当通知其向法院出示票据，并通知公示催告申请人在指定的期间查看票据。公示催告申请人申请公示催告的票据与利害关系人出示的票据不一致的，应裁定驳回申报。如公示催告的票据与申报人出示的票据相同的，人民法院应裁定终结公示催告程序。申请人和申报人如果对票据有实体上的争议，可以向有管辖权的人民法院起诉，按照普通程序解决。如果在公告期间无人申报权利，或者申报被驳回的，公示催告申请人应自申报权利期间届满的次日起1个月内，申请人民法院作出除权判决；逾期不申请的，终结公示催告程序。除权判决生效后，申请人有权持判决书向支付人请求付款。

（六）执行程序

执行程序，是指在负有义务的一方当事人拒不履行生效法律文书确定的义务时，人民法院依法强制其履行义务所适用的程序。执行程序不是案件的必要程序，如果人民法院的裁判没有给付内容，或虽有给付内容但负有义务的一方当事人履行了义务，或当事人在法定的申请执行期限内没有申请执行，就不会发生执行。

1.执行程序的开始

一般情况下，执行程序的发生是由一方当事人提出申请开始的。当事人申请执行应当具备一定的条件：（1）申请执行的当事人必须是法律文书中享有权利的一方。（2）必须提交申请执行书和据以执行的法律文书。据以执行的法律文书包括人民法院制作的已生效的判决书、裁定书、调解书、支付令，仲裁机关制作的裁决书，公证机关制作的具有强制执行效力的债权文书。（3）必须在法定期限内提出申请。申请执行的期限为2年。申请执行时效的中止、中断，适用法律有关诉讼时效中止、中断的规定。申请执行的期限从法律文书规定履行期间的最后一日起计算；法律文书规定分期履行的，从规定的每次履行期间的最后一日起计算；法律文书未规定履行期间的，从法律文书生效之日起计算。

此外，执行程序也可因移交执行而开始，即由法院的审判人员主动将生效的判决书、裁定书或调解书直接移交执行人员执行而开始。

2.执行管辖

发生法律效力的判决、裁定，由第一审人民法院或者与第一审人民法院同级的被执行的财产所在地人民法院执行。法律规定由人民法院执行的其他法律文书，由被执行人住所地或者被执行的财产所在地人民法院执行。

人民法院自收到申请执行书之日起超过6个月未执行的，申请执行人可以向上一级人民法院申请执行。上一级人民法院经审查，可以责令原人民法院在一定期限内执行，也可以决定由本院执行或者指令其他人民法院执行。

3.执行措施

执行措施是人民法院依法强制被执行人履行义务的具体方法。在民事诉讼中，执行措施主要有以下几项：（1）查询、冻结、划拨被执行人的存款；（2）扣留、提取被执行人的收入；（3）查封、扣押、冻结、拍卖、变卖被执行人的财产；（4）搜查被执行人隐匿的财产；（5）强制被执行人交付法律文书指定的财物和票证；（6）强制被执行人迁出房屋或退出土地；（7）强制被执行人完成法律文书指定的行为；（8）强制被执行人支付迟延履行金或迟延履行期间的债务利息。

第三节　仲　裁

一、仲裁的概念和基本原则

（一）仲裁的概念

仲裁，是指双方当事人在纠纷发生之前或者发生之后达成书面的仲裁协议，自愿将他们之间的纠纷提交给双方同意的仲裁机构进行审理并作出裁决，以解决纠纷的方法。

为保证公正、及时地仲裁经济纠纷，保护当事人的合法权益，保障社会主义市场经济的健康发展，1994年8月31日第八届全国人民代表大会常务委员会第九次会议通过了《中华人民共和国仲裁法》（以下简称《仲裁法》）。该法纠正了以往我国仲裁制度存在的规则分散、仲裁机构依附于行政机关、一裁不终局等诸多弊端，由重新组建的仲裁机构统一受理仲裁案件，实行协议仲裁、或裁或审、一裁终局等制度，有利于我国仲裁制度与国际通行惯例接轨，对于促进我国的经济建设和改革开放具有十分重要的意义。

（二）仲裁的基本原则

仲裁的基本原则是在仲裁过程中起指导作用的准则，也是仲裁机构和双方当事人必须遵守的行为准则。主要有以下几个方面：

1.依法独立仲裁原则

仲裁机关是不依附于任何机关而独立存在的，其仲裁权来自当事人双方的自愿选择，因此，仲裁机构对经济纠纷案件独立仲裁，不受行政机关、社会团体和个人的干涉。当然，仲裁机构在仲裁时，必须遵守国家有关法律的规定，不能独立于国家的法律之外。

2.当事人意思自治原则

我国仲裁法从多方面体现了当事人意思自治原则。例如，当事人可以通过仲裁协议自主决定用仲裁的方式解决纠纷，可以自愿协议选择仲裁机构和仲裁事项，可以自主选择审理案件的仲裁员等。但是，当事人的意思自治并不是绝对的，有时还要受到一定的限制，如约定的仲裁事项不得超出法律规定的仲裁范围，选择仲裁必须订立书面仲裁协议等。

3.协议管辖原则

仲裁机构是根据双方当事人之间的仲裁协议行使仲裁管辖权的，没有仲裁协议，仲裁机构不能受理一方当事人的仲裁申请。当事人的仲裁协议排斥国家审判管辖，并为仲裁机构独立仲裁经济纠纷案件提供了可靠的依据。

4.一裁终局原则

仲裁机构对当事人提交的案件所作的裁决具有终局的法律效力。仲裁机构的裁决对双方当事人均有拘束力，当事人必须自动履行，不得要求该仲裁机构或者其他仲裁机构再次裁决或向人民法院起诉，也不得向其他机关提出变更仲裁裁决的请求。实行一裁终局，对于提高仲裁机构的办案效率、迅速解决经济纠纷、保护当事人的合法权益，具有重要的意义。

5.公平合理原则

仲裁机构在仲裁争议时，要尊重事实，注重调查研究，站在公正的立场上，不偏袒任何一方当事人，做到以事实为根据，以法律为准绳，公平合理地解决纠纷。只有这样，才能使双方当事人心悦诚服，自觉履行仲裁裁决，同时，还能不断提高仲裁机构的威信。

（三）经济仲裁的受案范围

我国经济仲裁的受案范围十分广泛。根据规定，平等主体的公民、法人或其他组织之间发生的合同纠纷或其他财产权益纠纷，可以申请仲裁。但下列纠纷不能申请仲裁：（1）婚姻、收养、监护、扶养、继承纠纷；（2）依法应当由行政机关处理的行政争议。另外，由于劳动争议和农村集体经济组织内部的农业承包合同纠纷不同于一般的经济合同纠纷，它们各自有自己的特点，因此，劳动争议和农村集体经济组织内部的农业承包合同纠纷的仲裁，也不属于仲裁法的受理范围。

二、仲裁机构

仲裁机构，是指有权对当事人提交的经济纠纷进行审理和裁决的机构。仲裁机构是仲裁的组织保证。我国的仲裁机构是依法在各地设立的仲裁委员会，其性质为民间机构。

设立仲裁委员会应具备下列条件：（1）有自己的名称、住所和章程。仲裁委员会有统一、规范的名称，即在仲裁委员会之前冠以所在地的地名，如北京仲裁委员会、武汉仲裁委员会，但不能写北京市仲裁委员会、武汉市仲裁委员会。（2）有必要的财产。（3）有该委员会的组成人员。仲裁委员会由主任1人、副主任2~4人和委员7~11人组成。仲裁委员会的组成人员由法律、经济贸易专家和有实际工作经验的人员担任，其中法律、经济贸易专家不得少于2/3。仲裁委员会下设秘书处，负责处理仲裁委员会的日常事务。（4）有聘任的仲裁员。仲裁委员会不设专职仲裁员，仲裁员由仲裁委员会从公道正派的人员中聘任。仲裁员应当符合下列条件之一：第一，从事仲裁工作满8年的；第二，从事律师工作满8年的；第三，曾任审判员满8年的；第四，从事法律研究、教学工作并具有高级职称的；第五，具有法律知识、从事经济贸易等专业工作并具有高级职称或者具有同等专业水平的。

仲裁委员会在机构设置上具有以下特点：（1）仲裁委员会可以在省、自治区、直辖市人民政府所在地的市设立，也可以根据需要在其他设区的市设立，不按行政区划层层设立。（2）依法可以设立仲裁委员会的市只能设立一个仲裁委员会，负责对各种经济纠纷案件进行仲裁。(3) 仲裁委员会独立于行政机关，与行政机关没有隶属关系。(4) 各仲裁委员会之间都是独立的，相互之间没有隶属关系。中国仲裁协会是由各仲裁委员会作为会员组成的自律性组织，根据章程对仲裁委员会及其组成人员、仲裁员的违纪行为进行监督，它与仲裁委员会也没有隶属关系。

三、仲裁协议

(一) 仲裁协议的概念

仲裁协议，是指双方当事人在经济纠纷发生前或发生后订立的，表示愿意将他们之间的经济纠纷提交仲裁解决的一种书面协议。仲裁协议是双方当事人将经济纠纷提交仲裁以及仲裁机构受理案件的必要依据。

仲裁协议的形式有两种：(1) 仲裁条款，即指双方当事人在合同中订立的将有关争议提交仲裁的条款；(2) 其他表示提交仲裁的文件，包括以合同书、信件和数据电文（包括电报、电传、传真、电子数据交换和电子邮件）等形式达成的请求仲裁的协议。

(二) 仲裁协议的内容

仲裁协议是整个仲裁程序中最重要的文件。仲裁协议的内容直接关系到仲裁申请能否受理，仲裁程序能否进行，仲裁裁决能否得到执行等问题。

根据仲裁法的规定，仲裁协议应当具有以下内容：(1) 请求仲裁的意思表示，即双方当事人在仲裁协议中明确表示愿意将他们之间的经济纠纷提交仲裁解决。请求仲裁的意思表示必须是真实的，是双方当事人自愿的，如果一方当事人采取胁迫手段迫使对方当事人订立仲裁协议，仲裁协议无效。(2) 仲裁事项，即双方当事人在仲裁协议中规定提交仲裁解决的经济纠纷的具体范围。仲裁事项既可以是有关经济法律关系的一切争议，也可以是部分事项的争议。当事人概括约定仲裁事项为合同争议的，基于合同成立、效力、变更、转让、履行、解除、违约责任、解释等产生的纠纷都可以认定为仲裁事项。(3) 选定的仲裁机构，即双方当事人在仲裁协议中协商选定的解决他们之间争议的仲裁机构。被选定的仲裁机构只能有一个，并要在仲裁协议中写明该仲裁机构的名称。

仲裁协议对仲裁事项或者仲裁委员会没有约定或者约定不明确的，

当事人可以补充协议；达不成补充协议的，仲裁协议无效。

（三）仲裁协议的效力

仲裁协议独立存在，合同的变更、解除、终止或者无效，不影响仲裁协议的效力。当事人对仲裁协议的效力有异议的，可以请求仲裁委员会作出决定或者请求人民法院作出裁定。一方请求仲裁委员会作出决定，另一方请求人民法院作出裁定的，由人民法院裁定。当事人对仲裁协议的效力有异议，应当在仲裁庭首次开庭前提出。

当事人向人民法院申请确认仲裁协议效力的案件，由仲裁协议约定的仲裁机构所在地的中级人民法院管辖；仲裁协议约定的仲裁机构不明确的，由仲裁协议签订地或者被申请人住所地的中级人民法院管辖。

有下列情形之一的，仲裁协议无效：（1）约定的仲裁事项超出法律规定的仲裁范围的；（2）无民事行为能力人或者限制民事行为能力人订立的仲裁协议；（3）一方采取胁迫手段，迫使对方订立仲裁协议的。

（四）仲裁协议的放弃

当事人达成仲裁协议而未进入仲裁程序时，双方可再次通过书面协议放弃仲裁协议。

一方当事人向法院起诉未声明有仲裁协议，另一方在首次开庭前未对人民法院受理该案提出异议，视为放弃仲裁协议，人民法院应当继续审理。

四、仲裁程序

（一）申请和受理

当事人之间的经济纠纷发生后，任何一方均可依仲裁协议向仲裁委员会提出仲裁申请。这是仲裁委员会受理案件的前提。申请仲裁应当符合下列条件：（1）有仲裁协议；（2）有具体的仲裁请求和事实、理由；（3）属于仲裁委员会的受理范围。当事人申请仲裁应当向仲裁委员会递交仲裁协议、仲裁申请书及副本。

仲裁委员会收到仲裁申请书之日起5日内，认为符合受理条件的，应当受理，并通知当事人；认为不符合受理条件的，应当书面通知当事人不予受理，并说明理由。仲裁委员会受理仲裁申请后，应当在仲裁规则规定的期限内将仲裁规则和仲裁员名册送达申请人，并将仲裁申请书副本和仲裁规则、仲裁员名册送达被申请人。被申请人收到仲裁申请书副本后，应当在仲裁规则规定的期限内向仲裁委员会提交答辩书。被申请人未提交答辩书的，不影响仲裁程序的进行。一方当事人因另一方当事人的行为或者其他原因，可能使裁决不能执行或难以执行的，可以申请财产保全。

（二）仲裁庭的组成

仲裁庭，是指由仲裁员组成的对具体案件进行仲裁的临时性组织。仲裁庭有两种组织形式：一种是独任仲裁庭，即由一名仲裁员组成的仲裁庭；另一种是合议仲裁庭，即由3名仲裁员组成并设首席仲裁员的仲裁庭。当事人可以约定仲裁庭的组成形式并选定仲裁员。当事人在规定期限内未约定仲裁庭的组成形式或者未选定仲裁员的，由仲裁委员会主任指定。

为保证公正仲裁，对仲裁员实行回避制度。当仲裁员具有法定回避事由时，应当自行回避，当事人也有权申请回避。仲裁员回避由仲裁委员会主任决定；仲裁委员会主任担任仲裁员时，其回避由仲裁委员会集体决定。

（三）开庭和裁决

开庭，是指仲裁庭在双方当事人及其代理人的参加下，依法对经济纠纷案件进行审理和裁决的活动。仲裁应当开庭进行，如当事人协议不开庭，仲裁庭可以根据仲裁申请书、答辩书以及其他材料作出裁决。仲裁庭开庭审理案件不公开进行。如当事人协议公开，除涉及国家秘密的外，可以公开进行。申请人经书面通知，无正当理由不到庭或者未经仲裁庭许可中途退庭的，可以视为撤回仲裁申请。被申请人经书面通知，无正当理由不到庭或者未经仲裁庭许可中途退庭的，可以缺席裁决。

当事人应当对自己的主张提供证据。仲裁庭认为有必要收集的证据，可以自行收集。对案件的专门性问题，可由鉴定部门鉴定。证据应当在开庭时出示，当事人可以质证。在证据可能灭失或者以后难以取得的情况下，当事人可以申请证据保全。当事人申请证据保全的，仲裁委员会应当将当事人的申请提交证据所在地的基层人民法院。在仲裁庭开庭过程中，当事人有权进行辩论。辩论终结时，首席仲裁员或者独任仲裁员应当征询当事人的最后意见。

当事人申请仲裁后，可以自行和解。达成和解协议的，可以请求仲裁庭根据和解协议作出裁决书，也可以撤回仲裁申请。仲裁庭在作出裁决前，可以先行调解。当事人自愿调解的，仲裁庭应当调解。调解不成的，应当及时作出裁决。调解达成协议的，仲裁庭应当制作调解书或者根据协议的结果制作裁决书。调解书与裁决书具有同等法律效力。调解书经双方当事人签收后，即发生法律效力。在调解书签收前当事人反悔的，仲裁庭应当及时作出裁决。裁决应当按照多数仲裁员的意见作出，少数仲裁员的不同意见可以记入笔录。仲裁庭不能形成多数意见时，裁决应当按照首席仲裁员的意见作出。仲裁裁决为终局裁决，裁决书自作出之日起发生法律效力。

（四）裁决的执行

由于仲裁机构是民间性质的机构，对裁决没有强制执行权，因此，在一方当事人不履行裁决所确定的义务的情况下，另一方当事人可以向被执行人住所地或者被执行的财产所在地的中级人民法院申请执行。接受申请的人民法院应当执行。

五、仲裁监督

由于仲裁实行一裁终局制度，且仲裁委员会不能实行仲裁的自我监督，因此，各国都将法院作为仲裁的监督机构，实行以审判权为内容的仲裁司法监督。人民法院对仲裁的监督主要有以下两个方面：

（一）仲裁裁决的撤销

当事人申请撤销仲裁裁决，必须在收到裁决书之日起6个月内向仲裁机构所在地的中级人民法院提出申请。人民法院应当在受理撤销裁决申请之日起2个月内作出撤销裁决或者驳回申请的裁定。

当事人申请撤销国内仲裁机构的仲裁裁决的，必须提出证据证明仲裁裁决符合下列情形之一：（1）没有仲裁协议的；（2）裁决的事项不属于仲裁协议的范围或者仲裁机构无权仲裁的；（3）仲裁庭的组成或者仲裁的程序违反法定程序的；（4）裁决所根据的证据是伪造的；（5）对方当事人隐瞒了足以影响公正裁决的证据的；（6）仲裁员在仲裁该案时有索贿受贿、徇私舞弊、枉法裁决行为的。

人民法院经组成合议庭审查核实，认为仲裁裁决有上述情形之一的，应当裁定撤销仲裁裁决。人民法院认定该裁决违背社会公共利益的，应当裁定撤销。

有下列情形之一的，人民法院可以通知仲裁庭在一定期限内重新仲裁：(1) 仲裁裁决所根据的证据是伪造的；(2) 对方当事人隐瞒了足以影响公正裁决的证据的。仲裁庭在人民法院指定的期限内开始重新仲裁的，人民法院应当裁定终结撤销程序；未开始重新仲裁的，人民法院应当裁定恢复撤销程序。

(二) 仲裁裁决的不予执行

在执行过程中，被申请人向人民法院提出证据证明裁决有下列情形的，经人民法院组成合议庭审查核实后，裁定不予执行：(1) 当事人在合同中没有订立仲裁条款或者事后没有达成书面仲裁协议的；(2) 裁决的事项不属于仲裁协议的范围或者仲裁机构无权仲裁的；(3) 仲裁庭的组成或者仲裁的程序违反法定程序的；(4) 裁决所根据的证据是伪造的；(5) 对方当事人向仲裁机构隐瞒了足以影响公正裁决的证据的；(6) 仲裁员在仲裁该案时有贪污受贿、徇私舞弊、枉法裁决行为的。

仲裁裁决被人民法院裁定不予执行的，当事人可以根据双方达成的书面仲裁协议重新申请仲裁，也可以向人民法院起诉。

复习思考题

一、概念题

起诉　上诉　审判监督程序　督促程序　公示催告程序　财产保全　先予执行　执行仲裁　仲裁协议

二、问答题

1.解决经济纠纷的方式有哪几种？

2.经济诉讼的基本原则有哪些？

3.起诉应具备什么条件？

4.督促程序的基本内容有哪些?

5.在什么条件下可以申请公示催告?

6.强制执行措施有哪些种类?

7.仲裁的基本原则有哪些?

8.人民法院如何对仲裁实行监督?

主要参考书目

[1]郑成思．知识产权法教程[M]．北京：法律出版社，1994．

[2]顾培东．破产法教程[M]．北京：法律出版社，1995．

[3]董开军．《中华人民共和国担保法》原理与条文释义[M]．北京：中国计划出版社，1995．

[4]清华大学经济法教研组．经济法[M]．北京：清华大学出版社，1997．

[5]卞耀武．合伙企业法[M]．北京：中国财政经济出版社，1997．

[6]江平．中华人民共和国合同法精解[M]．北京：中国政法大学出版社，1999．

[7]陈小君．合同法学[M].3版．北京：中国政法大学出版社，2007．

[8]杨紫煊，徐杰．经济法学[M].5版．北京：北京大学出版社，2009．

[9]张守文．经济法学[M].5版．北京：北京大学出版社，2012．

[10]崔建远．合同法[M].2版．北京：北京大学出版社，2013．

[11]陈小君．合同法学[M]．北京：中国政法大学出版社，2014．

[12]郭明瑞，房绍坤．担保法[M]．北京：中国政法大学出版社，2015．

[13]董占军．经济法[M].3版．北京：中国政法大学出版社，2015．

[14]徐孟洲，徐阳光．税法[M]．北京：中国人民大学出版社，2015．

[15]李杰，李宗胜．合同之诉[M]．北京：中国法律出版社，

2015.

[16]邓岩.民事诉讼原理与实务[M].北京：中国政法大学出版社，2016.

[17]杨巧.知识产权法学[M].北京：中国政法大学出版社，2016.

[18]王欣新.公司法[M].3版.北京：中国人民大学出版社，2016.